Das städtebauliche Sanierungsrecht im Konflikt zwischen Individualinteressen und kommunaler Sanierungstätigkeit

Europäische Hochschulschriften

European University Studies

Publications Universitaires Européennes

Reihe II **Rechtswissenschaft**

Series II Law

Série II Droit

Band/Volume **5687**

Amrei Stocksmeyer

Das städtebauliche Sanierungsrecht im Konflikt zwischen Individualinteressen und kommunaler Sanierungstätigkeit

PL ACADEMIC RESEARCH

Bibliografische Information der Deutschen Nationalbibliothek
Die Deutsche Nationalbibliothek verzeichnet diese Publikation in der Deutschen Nationalbibliografie; detaillierte bibliografische Daten sind im Internet über http://dnb.d-nb.de abrufbar.

Zugl.: Hannover, Univ., Diss., 2014

Gedruckt auf alterungsbeständigem,
säurefreiem Papier.

D 89
ISSN 0531-7312
ISBN 978-3-631-65667-9 (Print)
E-ISBN 978-3-653-04979-4 (E-Book)
DOI 10.3726/978-3-653-04979-4

PL Academic Research ist ein Imprint der Peter Lang GmbH.
Peter Lang – Frankfurt am Main · Bern · Bruxelles · New York · Oxford · Warszawa · Wien

Diese Publikation wurde begutachtet.

www.peterlang.com

Inhaltsverzeichnis

Abkürzungsverzeichnis xiii

Einleitung 1

A. Einführung in die Problemstellung 1
B. Gang der Untersuchung 2
C. Beitrag der Dissertation zu der Problemstellung 3

Kapitel 1 Grundlagen des städtebaulichen Sanierungsrechts 5
A. Grundbegriffe des Sanierungsrechts 5
I. Städtebauliche Sanierungsmaßnahmen 5
1. Städtebauliche Missstände 5
a) Substanzschwäche 7
aa) Begriffsbestimmung: „ungesunde" Lebens- und Arbeitsverhältnisse 7
bb) Begriffsbestimmung: „Abweichung" 8
b) Funktionsschwäche 9
2. Wesentliche Verbesserung und Umgestaltung 10
3. Behebung 11
II. Anwendungsvoraussetzungen gemäß § 136 Abs. 1 BauGB 12
1. Einheitliche Vorbereitung 12
2. Zügige Durchführung 13
3. Öffentliches Interesse 14
a) Unschlüssiges Sanierungskonzept 15
b) Gemeinde als Eigentümerin und Eigeninitiative der Eigentümer 15
4. Verknüpfung der Tatbestandsmerkmale 16
5. Erforderlichkeit der Sanierung 17
a) Erforderlichkeit als ungeschriebenes Tatbestandsmerkmal? 17
b) Zwecksetzung der Erforderlichkeitsprüfung 18
aa) Abgrenzung zur Überprüfung von Ordnungs- und Baumaßnahmen 18
bb) Abgrenzung zum planerischen Grundsatz der Erforderlichkeit 19

cc) Abgrenzung zu den Voraussetzungen des § 136 Abs. 1 BauGB 20
c) Prüfungsintensität bei der Erforderlichkeitsprüfung 21
6. Anwendungspflicht 23
a) Vielfältige Entscheidungserfordernisse 24
b) Ermessen nach § 142 Abs. 1 BauGB 24
c) Sperrwirkung 25
d) Selbstverwaltungsgarantie 26
aa) Gewährleistungsumfang 26
bb) Beeinträchtigung 27
cc) Rechtfertigung 29
(1) Kernbereich 29
(2) Verhältnismäßigkeit und Willkürverbot 31
(3) Ergebnis 32
e) Hilfsüberlegung zur Rechtmäßigkeit der Anwendungspflicht 32
III. Wohl der Allgemeinheit 32
1. Keine Allgemeinwohlfiktion 32
2. Keine weitere Anwendungsvoraussetzung 34
IV. Ergebnis 35
B. Verfahrensablauf – Ein Überblick 35
I. Feststellung des Sanierungsverdachts 35
II. Einleitungsbeschluss und vorbereitende Untersuchung 36
III. Festlegung des Sanierungsgebiets 41
IV. Weitere Sanierungsvorbereitung 42
V. Durchführung der Sanierungsmaßnahmen 44
VI. Abschluss der Sanierung 46
C. Weitere Instrumente des besonderen Städtebaurechts im Vergleich 47
I. Städtebauliche Entwicklungsmaßnahme 47
II. Stadtumbaumaßnahmen 48
III. Maßnahmen der sozialen Stadt 49
IV. Erhaltungssatzung 49
Kapitel 2 Der Eingriffscharakter des Sanierungsrechts und seine rechtliche Handhabe 51
A. Relevante Grundrechte 51
I. Eigentum 51
1. Sachlicher Schutzbereich 51

2. Persönlicher Schutzbereich 53
3. Beschränkung und Rechtfertigung 54
a) Inhalts- und Schrankenbestimmung 54
b) Enteignung 55
II. Gleichheit 55
1. Prüfungsmaßstab 55
2. Rechtfertigung 56
III. Rechtsweggarantie 57
1. Sachlicher Schutzbereich 57
a) Vorwirkung im Verwaltungsverfahren 58
b) Entscheidungsspielräume 59
c) Einfluss von Art. 14 Abs. 1 GG 59
2. Persönlicher Schutzbereich 59
3. Rechtsverletzung 60
B. Die Eingriffsregelungen und Rechtsschutz 60
I. Beschluss über die Einleitung des Sanierungsverfahrens 60
II. Beschluss über die Festlegung des Sanierungsgebiets 62
1. Räumliche Festlegung 62
a) Unterscheidung zwischen Einleitungsbeschluss und Sanierungsbeschluss? 64
b) Bewertung 64
2. Zeitliche Festlegung 65
III. Sanierungsvermerk 66
IV. Genehmigungsvorbehalt 68
V. Sanierungsrechtliches Vorkaufsrecht 70
VI. Enteignung 71
VII. Umlegung 72
VIII. Aufhebung und Verlängerung von Miet- und Pachtverhältnissen 74
IX. Städtebauliche Gebote 75
X. Ordnungs- und Baumaßnahmen 77
1. Ordnungsmaßnahmen 77
2. Baumaßnahmen 79
XI. Entrichtung eines Ausgleichsbetrages 80
XII. Ergebnis 80
C. Die tatsächlichen Einflussfaktoren 81
I. Städtebauförderung 81
1. Die Verbindung zwischen den städtebaulichen Erneuerungsmaßnahmen 83

2. Fördermittel und Zielverwirklichung ... 84
a) Leere kommunale Haushalte ... 85
b) Kommunale Wirtschaftsförderung ... 86
c) Förderungsverfahren ... 87
aa) Entwicklungskonzept ... 87
bb) Weitere Sicherungsmechanismen ... 93
cc) Zwischenergebnis Förderverfahren ... 93
3. Fördermittel und Verdrängungsprozesse ... 93
4. Zwischenergebnis Fördermittel und Zielverwirklichung ... 97
II. Fernziele der Kommune ... 97
III. Sanierungsträger ... 99
IV. Städtebauliche Anforderungen im Wandel ... 103
V. Ergebnis ... 107
D. Die Wirkung von Entscheidungsspielräumen ... 107
I. Zu den Grundlagen der Entscheidungsspielräume ... 108
1. Vorstellung der relevanten Entscheidungsspielräume ... 110
a) Dogmatische Grundlagen ... 110
aa) Zur Zweiteilung von Beurteilungsspielräumen und Ermessen ... 110
bb) Zur Zweiteilung von Abwägungsspielräumen und Ermessen ... 112
b) Entscheidungsspielräume ... 113
aa) Unbestimmte Rechtsbegriffe und Beurteilungsspielräume ... 113
bb) Ermessen ... 116
cc) Koppelungsvorschrift ... 117
dd) Planerischer Abwägungsspielraum ... 119
c) Zusammenfassung: Die Entscheidungsspielräume im Vergleich ... 122
2. Zur Verknüpfung von Entscheidungsspielraum und Normstruktur ... 123
a) Konditionalprogramm ... 123
b) Finalprogramm ... 124
aa) Zum finalen Charakter der Planung ... 124
bb) Zur Kritik an dieser Einordnung ... 126
(1) Austauschbarkeit von konditionalen und finalen Formulierungen ... 126

(2) Konditionales Modell der Abwägung ... 128
(3) Zweckorientierung aller Normprogramme ... 129
3. Ergebnis ... 129
II. Zu den Risiken im Zusammenhang mit Entscheidungsspielräumen ... 129
1. Grundsatz ... 130
2. Sanierungsrecht ... 131
III. Zu den Entscheidungsspielräumen im Sanierungsrecht – eine Analyse und Bewertung ... 133
1. Vorgaben der Normstruktur ... 133
2. Vorgaben der Rechtsprechung: Abwägung ... 135
a) Bundesverwaltungsgericht ... 136
aa) Vorgaben des Bundesverwaltungsgerichts ... 136
bb) Bewertung ... 137
(1) Abwägung: Städtebaulicher Missstand ... 138
(2) Abwägung: Sanierungsbedürftigkeit, Erforderlichkeit und Zweckmäßigkeit ... 139
(3) Planerischer Gestaltungsspielraum: Gebietsabgrenzung ... 140
b) OVG Koblenz ... 141
aa) Vorgaben des OVG Koblenz ... 141
bb) Bewertung ... 141
c) Vorgaben des OVG Schleswig ... 142
aa) Vorgaben des OVG Schleswig ... 143
bb) Bewertung ... 143
d) OVG Münster ... 144
aa) Vorgaben des OVG Münster ... 145
bb) Bewertung ... 146
3. Vorgaben von Rechtsprechung und Literatur: Ermessen ... 147
a) Gebietsabgrenzungsermessen ... 147
aa) OVG Bremen, VGH Kassel und Bielenberg ... 147
bb) Bewertung ... 148
b) Entschließungsermessen ... 149
aa) Stüer, Bönker, Dirnberger und Köhler ... 149
bb) Bewertung ... 150
4. Vorgaben von Rechtsprechung und Literatur: Beurteilungsspielraum ... 150
a) Entschließung zur Sanierung ... 151

aa) Fislake ... 151
bb) Bewertung ... 151
(1) Städtebauliche Missstände ... 152
(2) Erforderlichkeit im engeren Sinne ... 153
(3) Gesamtabwägung? ... 155
b) Gebietsabgrenzung ... 155
aa) Fislake, OVG Berlin und OVG Schleswig ... 155
bb) Bewertung ... 156
5. Zusammenfassung der gefundenen Ergebnisse ... 158
a) Verknüpfung der gefundenen Ergebnisse mit den zusätzlichen Beschlüssen über das Verfahren und die Befristung ... 158
aa) Entscheidungen nach § 142 Abs. 4 BauGB ... 159
bb) Entscheidung nach § 142 Abs. 3 Satz 3 BauGB ... 160
b) Ergebnis ... 160
6. Eigene Strukturierung unter Bezugnahme weiterer Rechtsprechung ... 160
a) Sanierungskonzept ... 161
aa) Sanierungsbefugnis ... 163
bb) Sanierungsschranken ... 163
cc) Zusammenstellung des Abwägungsmaterial als Subsumtionsvorgang ... 164
(1) Begründung des Subsumtionsvorgangs ... 164
(2) Kritik und Stellungnahme ... 165
(3) Ergebnis ... 167
dd) Abwägung durch Lagerbildung und Priorisierung ... 171
b) Gebietsabgrenzung ... 171
aa) Zusammenspiel zwischen Abwägungs- und Ermessensentscheidung ... 173
bb) Systembruch: § 214 BauGB ... 174
cc) Systembruch: Bauleitplanung ... 175
c) Sanierungsentschluss ... 176
d) Ergebnis ... 176

Kapitel 3 (Grund-) Rechtsschutz in und durch Verfahren und Organisation ... 177
A. Definition und Zweckbestimmung ... 177
I. Verwaltungsverfahren ... 177
II. Organisation ... 178

B. Anforderungen der Verfassung an Verwaltungsverfahren und Organisation ... 179
I. Verfahren ... 179
1. Verfassungsrechtliche Mindeststandards ... 181
2. Verfassungsrechtliche Mindeststandards im Sanierungsverfahren? ... 182
a) Einfachgesetzliche Vorgaben ... 182
b) Bewertung ... 184
c) Ergebnis ... 188
II. Organisation ... 188
1. Verfassungsrechtliche Mindeststandards ... 189
2. Verfassungsrechtliche Mindeststandards im Sanierungsrecht? ... 189
a) Betrachtung der gemeindeinternen Zuständigkeitsregeln unter Berücksichtigung der im Kapitel 2 gefundenen Ergebnisse: Homogenitätsgebot ... 190
b) Die gemeindeinternen Zuständigkeitsregeln als Untermauerung der im Kapitel 2 gefundenen Ergebnisse: Abwägungsgebot ... 191
III. Ergebnis ... 193
C. Konfliktbewältigung in und durch Verfahren und Organisation ... 193
I. Die Vorteile weiterer Verfahrens- und Organisationsanforderungen ... 193
II. Die Vorteile weiterer Verfahrens- und Organisationsanforderungen im Sanierungsrecht ... 195
1. Abgrenzung zur aktuellen Diskussion im Fachplanungsrecht ... 196
2. Mögliche Maßstände der gesetzgeberischen Normierungsentscheidung ... 197
3. Maßstäbe für die Auswahlentscheidung der Vergleichsregelungen ... 198
a) Verfahren ... 199
aa) § 165 Abs. 7 BauGB: Begründungspflicht ... 199
(1) Gemeinsamkeiten und Unterschiede zwischen § 165 Abs. 7 BauGB und §§ 137, 141 BauGB ... 200
(2) Bewertung der Unterschiede zwischen § 165 Abs. 7 BauGB und §§ 137, 141 BauGB ... 200

bb) § 3 Abs. 2 BauGB: Bekanntmachung des Vorhabens, Auslegung der Unterlagen, Prüfung der vorgebrachten Bedenken und Anregungen 201
(1) Gemeinsamkeiten und Unterschiede zwischen § 3 BauGB und §§ 137, 141 BauGB 201
(2) Bewertung der Unterschiede zwischen § 3 BauGB und §§ 137, 141 BauGB 202
cc) § 11 FlurbG: Ermittlung der Betroffenen 204
(1) Gemeinsamkeiten und Unterschiede zwischen § 11 FlurbG und den §§ 137, 141 BauGB 205
(2) Bewertung der Unterschiede zwischen § 11 FlurbG und den §§ 137, 141 BauGB 205
b) Zwischenergebnis 206
c) Organisation 206
aa) Körperschaften des öffentlichen Rechts: Teilhabe 206
(1) Eigentümerverband und Eigentümergesellschaft 207
(2) Teilnehmergemeinschaft 215
bb) Sonstige Organisationsformen: Transparenz und Neutralität durch die Einbeziehung Dritter 220
(1) § 31 FlurbG: Sachverständige 220
(2) § 45 Abs. 2 BauGB: Umlegungsausschuss 222
cc) Sonstige Organisationsformen: Transparenz und Akzeptanz durch Einbeziehung der Betroffenen 231
(1) Beispiele 231
(2) Gemeinsamkeiten und Unterschiede zwischen den Regelungen zur Sanierungskommission sowie zum Sanierungsbeirat und den §§ 137, 141 BauGB 233
(3) Bewertung der Unterschiede zwischen den Regelungen zur Sanierungskommission sowie zum Sanierungsbeirat und den §§ 137, 141 BauGB 233
(4) Ergebnis 236
dd) Abgrenzung zur plebiszitären Beteiligung 236
d) Zwischenergebnis 238
e) Grundsatz der Planerhaltung 238
f) Ergebnis 239

Ergebnisse in Thesen 241

Literaturverzeichnis 245

Abkürzungsverzeichnis

A. A.	Anderer Ansicht
ABl.	Amtsblatt
Abs.	Absatz
AcP	Archiv für die civilistische Praxis
AEUV	Vertrag über die Arbeitsweise der Europäischen Union in der Fassung der Bekanntmachung vom 9. Mai 2008 (ABl. Nr. C 115 S. 47), zuletzt geändert durch Art. 2 Änderungsbeschluss. 2012/419/EU vom 11. Juli 2012 (ABl. Nr. L 204 S. 131)
AO	Abgabenordnung in der Fassung der Bekanntmachung vom 1. Oktober 2002 (BGBl. I S. 3866), zuletzt geändert durch Art. 2 Abs. 71 Gesetz zur Strukturreform des Gebührenrechts des Bundes vom 7. August 2013 (BGBl. I S. 3154)
AöR	Archiv des öffentlichen Rechts
Art.	Artikel
AufbauG NRW	Gesetz über Maßnahmen zum Aufbau in den Gemeinden vom 29. April 1950 (GVBl. 1950, S. 78) mit Änderung vom 08. April 1952 (GVBl. 1952, S. 73)
BauGB	Baugesetzbuch in der Fassung der Bekanntmachung vom 23. September 2004 (BGBl. I S. 2414), zuletzt durch Artikel 1 des Gesetzes vom 22. Juli 2011 (BGBl. I S. 1509)
BauGB 1976	Baugesetzbuch in der Fassung der Bekanntmachung vom 18. August 1976 (BGBl. I Nr. 105, S. 2221)
BauGB 1986	Baugesetzbuch in der Fassung der Bekanntmachung vom 08. Dezember 1986 (BGBl. I Nr. 64, S. 2253)

BauR	Zeitschrift für das gesamte öffentliche und zivile Baurecht
Bay.	bayerische / bayerischer / bayerischen
Bay. AGFlurbG	Gesetz zur Ausführung des Flurbereinigungsgesetzes des Freistaates Bayern in der Fassung der Bekanntmachung vom 8. Februar 1994 (GVBl. 1994, S. 127), zuletzt geändert durch § 39 des Gesetzes vom 20. Dezember 2011 (GVBl. 1994, S. 689)
Bay. UmlegAusschV	Bayerische Verordnung über die Umlegungsausschüsse und das Vorverfahren in Umlegungsangelegenheiten in der Fassung der Bekanntmachung vom 18. Januar 1961 (BayRS 2130-1-I), zuletzt geändert durch § 1 Änderungsverordnung vom 21. März 2012 (GVBl. S. 84)
BayFiG	Bayerisches Fischereigesetz in der Fassung der Bekanntmachung vom 10. Oktober 2008 (GVBl 2008, 840), zuletzt geändert mit Gesetz vom 25. Februar 2010 (GVBl. 2010, 66)
BayGO	Gemeindeordnung für den Freistaat Bayern in der Fassung der Bekanntmachung vom 22. August 1998 (GVBl S. 796), zuletzt geändert durch Art. 65 Abs. 2 Kommunale Wahlbeamte-Gesetz vom 24. Juli 2012 (GVBl S. 366)
BayRS	Bayerische Rechtssammlung
BayVBl	Bayerische Verwaltungsblätter
BBauG 1960	Bundesbaugesetz in der Fassung der Bekanntmachung vom 23. Juni 1960 (BGBl. I Nr. 30, S. 341)
BBauG 1979	Bundesbaugesetz in der Fassung der Bekanntmachung vom 18. August1976 (BGBl. I S. 2256, 3617), zuletzt geändert durch Art. 9 Nr. 1 der Vereinfachungsnovelle vom 3. Dezember 1976 (BGBl. I S. 3281)

BbgKVerf	Kommunalverfassung des Landes Brandenburg in der Fassung der Bekanntmachung vom 18. Dezember 2007 (GVBl. I S. 286), zuletzt geändert durch Art. 2 Gesetz zur Änderung der verwaltungsvollstreckungs- und abgabenrechtlichen Vorschriften vom 16. Mai 2013 (GVBl. I Nr. 18)
BBR	Bundesamt für Bauwesen und Raumordnung
BBSR	Bundesinstitut für Bau-, Stadt- und Raumforschung
Bd.	Band
Bearb.	Bearbeiter
Begr.	Begründer
BekanntmVO NRW	Verordnung über die öffentliche Bekanntmachung von kommunalem Ortsrecht des Landes Nordrhein-Westfalen in der Fassung der Bekanntmachung vom 26. August 1999 (GVBl. NRW S. 516), zuletzt geändert durch Artikel 1 Änderungsverordnung vom 5. 8. 2009 (GVBl. NRW S. 442)
BFH	Bundesfinanzhof
BGB	Bürgerliches Gesetzbuch in der Fassung der Bekanntmachung vom 2. Januar 2002 (BGBl. I S. 42, 2909; 2003 I S. 738), zuletzt geändert durch Artikel 1 des Gesetzes vom 11. März 2013 (BGBl. I S. 434)
BGBl.	Bundesgesetzblatt
BJagdG	Bundesjagdgesetz in der Fassung der Bekanntmachung vom 29. September 1976 (BGBl. I S. 2849), zuletzt geändert durch Artikel 1 des Gesetzes vom 29. Mai 2013 (BGBl. I S. 1386)
BLN DVO-BauGB	Verordnung zur Durchführung des Baugesetzbuchs des Landes Berlin, Vom 5. November 1998 (GVBl. S. 331), Zuletzt geändert durch Art. I § 6

	Kostenrechtsanpassungsgesetz vom 19. Juni 2006 (GVBl. S. 573)
BMF	Bundesministerium für Finanzen
BMI	Bundesministerium des Innern
BMRBS	Bundesministerium für Raumordnung, Bauwesen und Städtebau (1969 - 1998)
BMVBS	Bundesministerium für Verkehr, Bau- und Stadtentwicklung (seit 2005)
BMVBW	Bundesministerium für Verkehr, Bau- und Wohnungswesen (1998 – 2005)
BRS	Baurechtssammlung
BSG	Bundessozialgericht
BT Drucks.	Deutscher Bundestag Drucksache
BVerfG	Bundesverfassungsgericht
BVerwG	Bundesverwaltungsgericht
BW BauGB-DVO	Verordnung zur Durchführung des Baugesetzbuchs des Landes Baden-Württemberg in der Fassung der Bekanntmachung vom 2. März 1998 (GVBl. 1998, 185), zuletzt geändert durch Artikel 227 der Verordnung vom 25. Januar 2012 (GVBl. S. 65, 90)
bzw.	beziehungsweise
ders.	derselbe
DNotI	Deutsches Notarinstitut
DÖV	Die Öffentliche Verwaltung
DVBl	Deutsches Verwaltungsblatt
e. V.	eingetragener Verein
Erl.	Erläuterung
f.	folgende
ff.	folgende (Plural)
FischG NRW	Fischereigesetz für das Land Nordrhein-Westfalen in der Fassung der Bekanntmachung vom 22. Juni 1994 (GVBl. 1994, 516), zuletzt geändert durch Artikel 1 des Gesetzes vom 09. Februar 2010 (GVBl. S. 137)
FischG S.-H	Fischereigesetz für das Land Schleswig-Holstein in der Fassung der

	Bekanntmachung vom 10. Februar 1996 (GVBl. 1996, S. 211), zuletzt geändert mit Gesetz vom 26. Oktober 2011 (GVBl. S. 295)
FlurbG	Flurbereinigungsgesetz in der Fassung der Bekanntmachung vom 16. März 1976 (BGBl. I S. 546), zuletzt geändert durch Art. 17 Jahressteuergesetz 2009 vom 19. Dezember 2008 (BGBl. I S. 2794)
Fn.	Fußnote
GemO Rlp	Gemeindeordnung des Landes Rheinland-Pfalz in der Fassung der Bekanntmachung vom 31. Januar 1994 (GVBl. S. 153), zuletzt geändert durch Art. 5 Gesetz zur Reform des kommunalen Finanzausgleichs vom 8. Oktober 2013 (GVBl. S. 349)
GenG	Genossenschaftsgesetz in der Fassung der Bekanntmachung vom 16. Oktober 2006 (BGBl. I S. 2230), zuletzt geändert durch Artikel 8 des Gesetzes vom 15. Juli 2013 (BGBl. I S. 2379)
GewArch	Gewerbearchiv
GG	Grundgesetz für die Bundesrepublik Deutschland in der im Bundesgesetzblatt Teil III, Gliederungsnummer 100-1, veröffentlichten bereinigten Fassung, zuletzt geändert durch Artikel 1 des Gesetzes vom 11. Juli 2012 (BGBl. I S. 1478)
GmS	Gemeinsamer Senat der obersten Gerichtshöfe des Bundes
GO	Geschäftsordnung
GO-LHH	Geschäftsordnung des Rates der Landeshauptstadt Hannover, die am 03.11.2011 in Kraft getreten ist (Drucksache Nr. 1958/2011 N1)
GVBl	Gesetz- und Verordnungsblatt
Hrsg.	Herausgeber
HS.	Halbsatz

HVwVfG	Hessisches Verwaltungsverfahrensgesetz in der Fassung der Bekanntmachung vom 15.01.2010 (GVBl. I S. 18), zuletzt geändert durch Art. 9 Gesetz zur Entfristung und zur Veränderung der Geltungsdauer von befristeten Rechtsvorschriften vom 13.12.2012 (GVBl. S. 622)
i. S.	Im Sinne
i. S. d.	im Sinne des / im Sinne der
i. S. e.	im Sinne einer
i. V. m.	in Verbindung mit
IM S.-H.	Innenministerium des Landes Schleswig-Holstein
JA	Juristische Arbeitsblätter
JURA	Juristische Ausbildung
jurisPR	Juris Praxis Report
JuS	Juristische Schulung
JZ	Juristen Zeitung
KrW-/AbfG	Kreislaufwirtschafts- und Abfallgesetz, vom 27. September 1994 (BGBl. I S. 2705), zuletzt geändert durch Art. 4 G zur Demonstration und Anwendung von Technologien zur Abscheidung, zum Transport und zur dauerhaften Speicherung von Kohlendioxid12 13 vom 17. 8. 2012 (BGBl. I S. 1726) und durch Artikel 6 Abs. 1 Satz 2 des Gesetzes vom 24. Februar 2012 (BGBl. I S. 212), am 1. Juni 2012 außer Kraft getreten
KrWG	Kreislaufwirtschaftsgesetz vom 24. Februar 2012 (BGBl. I S. 212), zuletzt geändert durch § 44 Abs. 4 des Gesetzes vom 22. Mai 2013 (BGBl. I S. 1324)
KVLG	Gesetz über die Krankenversicherung der Landwirte
LHH	Landeshauptstadt Hannover
LKV	Zeitschrift Landes- und Kommunalverwaltung
LSG	Landessozialgericht

LT	Landtag
LuftVG	Luftverkehrsgesetz vom 1. August 1922 (RGBl. 1922 I S. 681), zuletzt geändert durch Artikel 2 Absatz 175 des Gesetzes vom 7. August 2013 (BGBl. I S. 3154)
LVG	Landesverwaltungsgericht (von 1947 bis1954 das Verwaltungsgericht zweiter Instanz in Rheinland-Pfalz)
m. w. N.	mit weiteren Nachweisen
MBl.	Ministerialblatt
MDR	Monatsschrift für Deutsches Recht
MIK. NRW	Ministeriums für Inneres und Kommunales des Landes Nordrein Westfalen
MittBayNot	Mitteilungen des Bayerischen Notarvereins, der Notarkasse und der Landesnotarkammer Bayern
NBauO	Niedersächsische Bauordnung in der Fassung der Bekanntmachung vom 03. April 2012 (Nds. GVBl. 2012, 46)
Nds.	Niedersachsen
Nds. AufbauG	Gesetz zur Durchführung der Ortsplanung und de Aufbaus in den Gemeinden vom 09. Mai 1949 (GVBl. 1949, S. 107)
Nds. DVO-BauGB	Niedersächsische Verordnung zur Durchführung des Baugesetzbuches in der Fassung der Bekanntmachung vom 24. Mai 2005 (Nds. GVBl. 2005, 183), zuletzt geändert durch Artikel 2 der Verordnung vom 12. November 2010 (Nds. GVBl. S. 514)
Nds. MS	Niedersächsisches Ministerium für Soziales, Frauen, Familie, Gesundheit und Integration
NdsVBl	Niedersächsische Verwaltungsblätter
NGO	Niedersächsische Gemeindeordnung in der Fassung vom 28. Oktober 2006 (Nds. GVBl. S. 473), zuletzt geändert durch Art. 4 Abs. 1 Gesetz zur Zusammenfassung und Modernisierung des nds.

	Kommunalverfassungsrecht vom 17. Dezember 2010 (Nds. GVBl. S. 576), am 31. Oktober 2011 außer Kraft getreten
NJW	Neue Juristische Wochenschrift
Nr.	Nummer
NRW	Nordrhein-Westfalen
NRWDVBauGB	Verordnung zur Durchführung des Baugesetzbuches des Landes Nordrein-Westfahlen in der Fassung der Bekanntmachung vom 07. Juli 1987 (GVBl. NRW. S. 220), zuletzt geändert durch Art. 1 Sechste Änderungsverordnung vom 18. Juli 2013 (GVBl. NRW. S. 493)
NUR	Natur und Recht
NV	Niedersächsische Verfassung in der Fassung der Bekanntmachunhg vom 19. Mai 1993 (Nds. GVBl 1993, 107), zuletzt geändert durch Artikel 1 des Gesetzes vom 30. Juni 2011 (Nds. GVBl 2011, S. 210)
NVwZ	Neue Zeitschrift für Verwaltungsrecht
o. g.	oben genannt
o. J.	Ohne Jahresangabe
o. O.	Ohne Ortsangabe
o. V.	Ohne Verlagsangabe
OLG	Oberlandesgericht
OVG	Oberverwaltungsgericht
PBefG	Personenbeförderungsgesetz in der Fassung der Bekanntmachung vom 8. August 1990 (BGBl. I S. 1690), zuletzt geändert durch Art. 2 Abs. 147 des Gesetzes vom 7. August 2013 (BGBl. I S. 3154)
RAO	Reichsabgabenordnung
RdL	Recht der Landwirtschaft
Rlp.	Rheinland-Pfalz
Rn.	Randnummer / Randnummern (zitiert nach Juris)
RVO	Reichsversicherungsordnung
Rz.	Randziffer / Randziffern (zitiert nach BeckRS oder Originalurteil)

S.	Seite
SächsUAVO	Sächsische Verordnung über die Umlegungsausschüsse nach dem Baugesetzbuch vom 20. August 2008 (GVBl. 2008, S. 588)
sog.	so genannt(e; en) / sogenannt(e; en)
Sp.	Spalte
StBauFG	Gesetz über städtebauliche Sanierungs- und Entwicklungsmaßnahmen in Gemeinden (Städtebauförderungsgesetz) in verschiedenen Fassungen
StBauFG 1971	Städtebauförderungsgesetz in der Fassung der Bekanntmachung vom 27. Juli 1971 (BGBl. I Nr. 72 S. 1125)
StBauFG-E	Entwurf eines Städtebauförderungsgesetzes
ThürUaVO	Thüringer Umlegungsausschussverordnung in der Fassung der Bekanntmachung vom 22. März 2005 (GVBl. 2005, S. 155)
ThürWaldG	Gesetz zur Erhaltung, zum Schutz und zur Bewirtschaftung des Waldes und zur Förderung der Forstwirtschaft des Landes Thüringen in der Fassung der Bekanntmachung vom 18. September 2008 (GVBl S. 327 ff.), zuletzt geändert durch Art. 2 des Thüringer Gesetz über die Reform der Forstverwaltung vom 25. Oktober 2011 (GVBl. S. 280 ff.)
u. a.	unter anderem
UAVO Rlp.	Umlegungsausschussverordnung des Landes Rheinland-Pfalz in der Fassung der Bekanntmachung vom 27. Juni 2007 (GVBl. 2007, S. 102)
UmlALVO M.-V.	Landesverordnung über die Bildung von Umlegungsausschüssen und das Vorverfahren in Umlegungsangelegenheiten des Landes Mecklenburg-Vorpommern in der Fassung der Bekanntmachung vom 15. November 2006 (GVBl. 2006, S. 827)

UPR	Umwelt und Planungsrecht
v.	von
VBlBW	Verwaltungsblätter für Baden-Württemberg
Verf. NW	Verfassung für das Land Nordrhein-Westfalen in der Fassung der Bekanntmachung vom 28. Juni 1950 (GVBl NRW. 1950, S. 127), zuletzt geändert durch Art. 1 des Gesetzes vom 25. Oktober 2011 (GVBl NRW 2011, S. 499)
VerfGH	Verfassungsgerichtshof
VerwArch	Verwaltungsarchiv
VGH	Verwaltungsgerichtshof
vgl.	Vergleiche
Vorb.	Vorbemerkung / Vorbemerkungen
VV Städtebauförderung	Verwaltungsvereinbarung Städtebauförderung
VVDStRL	Veröffentlichungen der Vereinigungen der Deutschen Staatsrechtslehrer
VwGO	Verwaltungsgerichtsordnung in der Fassung der Bekanntmachung vom 19. März 1991 (BGBl. I S. 686), zuletzt geändert durch Artikel 4 des Gesetzes vom 23. Juli 2013 (BGBl. I S. 2543)
VwVfG	Verwaltungsverfahrensgesetz in der Fassung der Bekanntmachung vom 23. Januar 2003 (BGBl. I S. 102), zuletzt geändert durch Artikel 2 Absatz 1 des Gesetzes vom 14. August 2009 (BGBl. I S. 2827)
WaStrG	Bundeswasserstraßengesetz in der Fassung der Bekanntmachung vom 23. Mai 2007 (BGBl. I S. 962; 2008 I S. 1980), zuletzt geändert durch Artikel 4 Abs. 125 des Gesetzes vom 7. August 2013 (BGBl. I S. 3154)
WiR	Wirtschaftsrecht
WP	Wahlperiode

z. B.	zum Beispiel
ZfBR	Zeitschrift für deutsches und internationales Bau- und Vergaberecht
ZfgG	Zeitschrift für das gesamte Genossenschaftswesen
ZG	Zeitschrift für Gesetzgebung
ZJS	Zeitschrift für das Juristische Studium
ZUR	Zeitschrift für Umweltrecht

Einleitung

A. Einführung in die Problemstellung

Die städtebauliche Sanierung ist eine strukturelle Daueraufgabe, die sich in vielen Städten und Gemeinden zu einer kommunalen Schwerpunktaufgabe entwickelt hat.[1] Ihr Ziel ist die Behebung von Substanzmängeln und Funktionsverlusten bereits bebauter Bereiche (§ 136 Abs. 2 BauGB). Diese Herausforderung verlangt nicht nur die Bewertung eines komplexen Sachverhalts, sondern sie muss auch den wandelnden städtebaulichen Anforderungen im demographischen und wirtschaftlichen Bereich gerecht werden. Unabdingbar ist daher die Verwendung unbestimmter Rechtsbegriffe durch den Gesetzgeber.

Begleitet wird die Sanierungsaufgabe von tatsächlichen Einflussfaktoren, die mitunter zu negativen Auswirkungen führen. So können Subventionen nicht nur die Wirtschaftskraft stärken, sondern auch zu einer formalen Umsetzung von Sanierungszielen führen, ohne die positiven Effekte der Missstandsbehebung zu erzielen. Fehlentwicklungen können auch entstehen, wenn das Gemeinwohlinteresse einer Sanierungsmaßnahme in den Hintergrund gerückt wird, weil die Sanierungsziele allein der Generierung von Gewerbeeinnahmen dienen oder weil sie Gentrifizierungsprozesse hervorrufen.

Neben diesen tatsächlichen Einflüssen gebieten auch die rechtlichen Faktoren die sorgsame Anwendung des Sanierungsrechts. Zum einen hat der Gesetzgeber in den §§ 136 ff. BauGB zahlreiche Regelungen geschaffen, die den Einzelnen in seinen Individualrechten berühren können, wie etwa die Genehmigungspflicht nach §§ 144, 145 BauGB oder die Pflicht zur Zahlung von Ausgleichsbeträgen gemäß § 154 BauGB. Andererseits muss auch in den Blick genommen werden, dass die rechtlichen Regelungen zum städtebaulichen Sanierungsrecht von Entscheidungsspielräumen der Verwaltung geprägt sind. Neben der Anerkennung von Beurteilungsspielräumen und Ermessen sorgt vor allem der planungsrechtliche Einschlag des Sanierungsverfahrens für Freiräume der Verwaltung. Diese

1 *Altrock/Hemprich*, Sanierungsmaßnahmen in unseren Städten und Gemeinden: Abschlussbericht zum Forschungsprojekt „Langzeitwirkungen und Effektivierung der Städtebauförderung“, S. 9; auch schon: *Deutscher Bundestag*, Drucksache 10/4630, S. 50.

erweisen sich als Unsicherheitsfaktor, weil Sanierungsmaßnahmen regelmäßig über mehrere Jahre durchgeführt werden, wodurch Prognoseungenauigkeiten entstehen.

Ziel der Arbeit ist demzufolge die Analyse und Auflösung des Spannungsverhältnisses zwischen dem städtebaulichen Sanierungsrecht als flexibles Rechtsregime, ihrem spezifischen Eingriffscharakter, den behördlichen Letztentscheidungsspielräumen und dem daraus folgenden Bedürfnis nach Verfahrens- und Organisationsregeln.

B. Gang der Untersuchung

Aus dieser Zielsetzung resultiert der nachfolgend dargestellte Untersuchungsgang:

Zunächst (Kapitel 1) werden die zentralen Begriffe des städtebaulichen Sanierungsrechts definiert. Dadurch wird der Anwendungsbereich dieses Sonderrechts naturgemäß begrenzt. Gleichzeitig zeigen die Begriffsbestimmungen aber auch die Flexibilität des Regelungssystems auf, das geeignet ist, eine Vielzahl möglicher Sachverhaltskonstellationen zu erfassen. In diesem Zusammenhang wird bereits das Problem der sanierungsrechtlichen Anwendungspflicht beleuchtet, welche für die anschließende dogmatische Auseinandersetzung der administrativen Letztentscheidungsspielräume eine weitere Relevanz erhält. In der nachfolgenden Darstellung des Verfahrensablaufs werden die Angriffspunkte für mögliche Fehlentwicklungen aufgezeigt.

Im Kapitel 2 wird zunächst die Grundrechtsrelevanz der Sanierungsmaßnahmen herausgearbeitet, um anschließend ihre Wirkung in der konkreten Anwendung zu beleuchten. Neben den besonderen Eingriffsregelungen wird dargestellt, welche politischen, gesellschaftlichen und wirtschaftlichen Impulse (tatsächliche Faktoren) die Anwendung des Sanierungsrechts beeinflussen. Ein besonderes Augenmerk liegt auf den Fehlentwicklungen, die durch eine staatliche Förderung und politisch motivierte Entscheidungen hervorgerufen werden können.

Im Weiteren befasst sich die Arbeit mit den administrativen Letztentscheidungsspielräumen im Sanierungsrecht. Dazu werden zuerst die dogmatischen Grundlagen erläutert, um eine Basis für die anschließende Analyse der sanierungsrechtlichen Regelungen zu schaffen. Mit der dogmatischen Einbettung wird das Verständnis für die Unterschiede der Entscheidungsspielräume erhöht und ihre unterschiedliche Bindungswirkung herausgestellt. Es wird auch aufgezeigt, welche Risiken bei der Rechtsanwendung aus den Normstrukturen sowie den zuvor erarbeiteten rechtlichen Eingriffsmöglichkeiten und tatsächlichen Einflussfaktoren abgeleitet werden können. Anschließend erfolgt eine kritische Analyse und Interpretation der Entscheidungsspielräume anhand der in Literatur und Rechtsprechung vertretenen Auffassungen. Ausgangspunkt ist die Rechtsprechung des Bundesverwaltungsgerichts, da ihr ein maßgeblicher Einfluss bei der Anwendung der Vorschriften in der Praxis zukommt. Danach folgt eine eigene Einordnung der sanierungsrechtlichen Entscheidungen unter Zugrundelegung der herausgearbeiteten dogmatischen Grundlagen, der zuvor erarbeiteten Analyseergebnisse sowie weiterer Rechtsprechung. Es wird dabei dogmatisch zwischen den planungsrechtlich relevanten Entscheidungen über das Sanierungskonzept, die Gebietsabgrenzung und den Sanierungsentschluss unterschieden.

Als Konsequenz aus den Ergebnissen der vorhergehenden Kapitel werden im Kapitel 3 die Auswirkungen für die Verfahrens- und Organisationsregeln im Sanierungsrecht untersucht. Zunächst wird die Einhaltung des Grundsatzes vom Grundrechtsschutz durch und in Verfahren und Organisation im Sanierungsrecht herausgearbeitet. Anschließend werden bereits bekannte Verfahrens- und Organisationsregeln vorgestellt, die auf das Sanierungsrecht übertragen zu mehr Transparenz, Neutralität und Akzeptanz der Betroffenen führen können.

Schließlich werden am Ende dieser Arbeit die herausgearbeiteten Untersuchungsergebnisse zusammengefasst.

C. Beitrag der Dissertation zu der Problemstellung

Die Arbeit überträgt das grundsätzlich bekannte Zusammenwirken zwischen den Impulsen der Rechtsanwendung, administrativen Entscheidungsspielräumen sowie dem Rechtschutz durch und in Verfahren und Organisation auf das Sanierungsrecht. Sie geht über den bisherigen Stand der Wissenschaft hinaus, weil die planungsrechtlich relevanten Entscheidungsspielräume des Sanierungsrechts erstmals im Zusammenhang dogmatisch untersucht und eingeordnet werden. Dabei wird die dogmatische Rückbindung als ein mögliches Mittel verwendet, um das Sanierungsrecht als kontrollfähiges Rechtsgebiet zu erhalten.

Als zweites Mittel werden Verfahrens- und Organisationsregeln, die sich überwiegend in der Rechtsanwendung bewährt haben, im Rahmen einer „rechtsvergleichenden" Betrachtung auf das Sanierungsrecht übertragen. Es wird aufgezeigt, welche Regelungen geeignet sind, mehr Transparenz, Neutralität und Akzeptanz in das Sanierungsverfahren einzubringen.

Kapitel 1 Grundlagen des städtebaulichen Sanierungsrechts

A. Grundbegriffe des Sanierungsrechts

Das städtebauliche Sanierungsrecht der §§ 136 ff. BauGB bezeichnet ein sachlich, räumlich und zeitlich begrenztes Sonderrecht, das neben dem allgemeinen Städtebaurecht zur Anwendung gelangt, soweit dieses nicht ausdrücklich ausgeschlossen ist.[2] Die Rechtsanwendung ist sachlich dadurch begrenzt, dass sich die Vorschriften auf den Einsatz von Maßnahmen zur Behebung städtebaulicher Missstände gemäß § 136 Abs. 2 BauGB beziehen. Eine räumliche Begrenzung resultiert aus der förmlichen Festlegung des Sanierungsgebiets i. S. d. § 142 Abs. 1 Satz 1 BauGB sowie der Ersatz- oder Ergänzungsgebiete nach § 142 Abs. 2 BauGB, denn der Großteil der Maßnahmen muss innerhalb dieser Gebiete durchgeführt werden. Durch die §§ 162 f. BauGB wird die Rechtsanwendung auf den Zeitpunkt befristet, an dem keine städtebaulichen Maßnahmen mehr ausgeführt werden.

I. Städtebauliche Sanierungsmaßnahmen

§ 136 Abs. 2 Satz 1 BauGB definiert die städtebaulichen Sanierungsmaßnahmen als solche Maßnahmen, durch die ein Gebiet zur Behebung städtebaulicher Missstände wesentlich verbessert oder umgestaltet wird. Damit setzt sich der Begriff aus drei Tatbestandsmerkmalen zusammen, auf der einen Seite dem städtebaulichen Missstand und auf der anderen Seite der wesentlichen Verbesserung oder Umgestaltung. Als Ziel bleibt die Behebung der städtebaulichen Missstände.

1. Städtebauliche Missstände

Das Gesetz differenziert in § 136 Abs. 2 Satz 2 BauGB zwischen zwei Formen städtebaulicher Missstände, der Substanzschwäche (Nr. 1) und der Funktionsschwäche (Nr. 2). Diese Begriffe beschreiben die Ausgangslage von Gebieten, die

2 *Deutscher Bundestag*, Drucksache 10/4630, S. 49, 58; *Krautzberger*, in: Ernst/Zinkahn, BauGB, § 136 Rn. 1; *Mitschang*, in: Battis/Krautzberger/Löhr, BauGB, § 136 Rn. 1; *Schmitz*, in: Spannowsky/Uechtritz, BauGB, § 136 Rn. 1.

durch eine Sanierungsbedürftigkeit gekennzeichnet sind.[3] Sie werden durch die in § 136 Abs. 3 BauGB aufgelisteten Kriterien konkretisiert.[4] In der Praxis treten beide Formen oftmals gemeinsam auf.[5] Die Bewertung, ob städtebauliche Missstände vorliegen, erfolgt regelmäßig auf Grundlage eines komplexen Sachverhalts.[6] Die Prüfung erfordert eine wertende Betrachtung aller Umstände.[7] Auch sind prognostische Annahmen zu treffen.[8]

Durch den offenen Wortlaut ist § 136 Abs. 2 BauGB sowohl sich wandelnden Wertevorstellungen als auch vielfältigen, mitunter neuen Aufgabenstellungen zugänglich.[9] Die Rechtsprechung hat dieses Erfordernis schon früh erkannt. Vielfach wird zum Beleg die sog. Kölner Hinterhofentscheidung des *BGH* herangezogen, der seine Ausführungen zu den Voraussetzungen einer Enteignungsentschädigung an die gewandelte gesellschaftliche Anschauung über gesunde Wohnverhältnisse anknüpft, die nach dem Krieg einen Gebäudeaufbau mit Licht und Frischluftzufuhr erforderten.[10]

---

3 *Mitschang*, in: Battis/Krautzberger/Löhr, BauGB, § 136 Rn. 10.

4 *OVG Münster*, Urteil vom 24.07.2009 - 7 D 130/08.NE, Rn. 77; Urteil vom 23.10.2008 - 7 D 37/07.NE, Rn. 77; Urteil vom 16.10.2006 - 7 D 69/05, Rn. 43; *VGH Mannheim*, Urteil vom 08.07.2010 - 5 S 3092/08, Rn. 51; *VG Saarlouis*, Urteil vom 19.09.2008 - 11 K 89/06, Rn. 152; *Mitschang*, in: Battis/Krautzberger/Löhr, BauGB, § 136 Rn. 13.

5 *Gronemeyer*, Die Entwicklung des Städtebauförderungsrechts 1971-1985 - Verfahren und Instrumentarium der Sanierung, in: NVwZ 1986, 92 (92); *Krautzberger*, in: Ernst/Zinkahn, BauGB, § 136 Rn. 75, 80a; *Köhler*, Stadt- und Dorferneuerung in der kommunalen Praxis, Rn. 86; *OVG Schleswig*, Urteil vom 23.05.2006 – 1 LB 8/04, Rn. 41; diese Möglichkeit grundsätzlich bejahend: *BVerwG*, Beschluss vom 24.03.2010 - 4 BN 60/09, Rn. 6.

6 *OVG Bremen*, Urteil vom 13.12.1994 - 1 BA 37/93, Rn. 60; *OVG Saarlouis*, Beschluss vom 31.03.1993 - 2 N 1/91, Rn. 42; *VGH Kassel*, Beschluss vom 29.10.1991 - 4 N 1815/85, Rn. 50.

7 *Deutscher Bundestag*, Drucksache 5/3505, S. 40; Drucksache 4/3491, S. 25; Drucksache 6/510, S. 29.

8 *BVerwG*, Beschluss vom 24.03.2010 - 4 BN 60/09, Rn. 3; *OVG Münster*, Urteil vom 19.01.2011 - 2 D 146/08.NE, Rn. 47.

9 *Krautzberger*, in: Ernst/Zinkahn, BauGB, § 136 Rn. 67; *Mitschang*, in: Battis/Krautzberger/Löhr, BauGB, § 136 Rn. 11 f.

10 *BGH*, Urteil vom 13.07.1967 - III ZR 1/65, Rn. 18; Hinweise finden sich etwa bei: *Köhler*, in: Schrödter, § 136 Rn. 31 und *Gronemeyer*, Die Entwicklung des Städtebauförderungsrechts 1971-1985 - Verfahren und Instrumentarium der Sanierung, in: NVwZ 1986, 92 (92).

a) Substanzschwäche

Der Substanzmangel i. S. d. § 136 Abs. 1 Satz 2 Nr. 1 BauGB knüpft an die vorhandene Bebauung und Beschaffenheit (i. S. e. nichtbaulichen Nutzung)[11] in einem Gebiet an. Diese begründet einen Substanzmangel, wenn ein Zustand besteht, der unsichere oder ungesunde Lebens- oder Arbeitsverhältnisse hervorruft. Beurteilungsmaßstab sind die sog. allgemeinen Anforderungen. Dieser Rechtsbegriff wird nach dem gesetzgeberischen Willen durch die anerkannten städtebaulichen Grundsätze ausgefüllt.[12] Dabei handelt es sich jedenfalls um die jeweils aktuellen rechtlichen Standards.[13] Zum Beispiel öffentlich-rechtliche Vorschriften, wie sie in der Baunutzungsverordnung oder den Landesbauordnungen niedergelegt sind.[14] Angesichts des offenen Wortlauts dürften aber auch technische Regelwerke und anerkannte Fachmeinungen Maßstab bildend sein.

aa) Begriffsbestimmung: „ungesunde" Lebens- und Arbeitsverhältnisse

Neben der Abnutzung von Bausubstanz kann auch die Änderung rechtlicher Standards zu einer Substanzschwäche führen.[15] Fraglich ist hierbei, wie der Begriff des Gesunden auszulegen ist, also welche Faktoren und Einflüsse bei seiner Bewertung berücksichtigt werden dürfen. In der Literatur wird hierzu vertreten, der Begriff beschränke sich nicht auf medizinische und hygienische Verhältnisse. Vielmehr beschreibe er ein generelles Mindestmaß für Wohn- und Arbeitsverhältnisse. Auch strukturelle Mängel im Sinne eines Zurückbleibens der Anforderungen im Bereich der Versorgung oder Infrastruktur seien erfasst.[16]

---

11 *Roeser*, in: Berliner Kommentar, BauGB, § 136 Rn. 15; *Schmitz*, in: Spannowsky/Uechtritz, BauGB, § 136 Rn. 23.

12 *Deutscher Bundestag*, Drucksache 4/3491, S. 25. Zwar wurde dieser Gesetzesentwurf nicht umgesetzt, das Erfordernis der gesunden und sicheren Wohn- und Arbeitsverhältnisse wurde hier aber erstmals als Definition städtebaulicher Missstände verwendet und in die folgenden Entwürfe übernommen.

13 *Krautzberger*, in: Ernst/Zinkahn, BauGB, § 136 Rn. 83, 86 der „insbesondere" die öffentlich rechtlichen Vorschriften benennt; *Schmitz*, in: Spannowsky/Uechtritz, BauGB, § 136 Rn. 24, der pauschal auf die einschlägigen Vorschriften und Rechtsgebiete verweist.

14 *Köhler*, Stadt- und Dorferneuerung in der kommunalen Praxis, Rn. 87; *Krautzberger*, in: Ernst/Zinkahn, BauGB, § 136 Rn. 83; *Mitschang*, in: Battis/Krautzberger/Löhr, BauGB, § 136 Rn. 15; *Roeser*, in: Berliner Kommentar, BauGB, § 136 Rn. 15; *Schmitz*, in: Spannowsky/Uechtritz, BauGB, § 136 Rn. 24.

15 *Schmidt-Eichenstaedt*, in: Brügelmann, BauGB, § 136 Rn. 25.

16 *Köhler*, in: Schrödter, BauGB, § 136 Rn. 44; *Krautzberger*, Städtebauförderungsrecht, § 136 Rn. 21; *Krautzberger*, in: Ernst/Zinkahn, BauGB, § 136 Rn. 81; *Schmitz*, in: Spannowsky/Uechtritz, BauGB, § 136 Rn. 24.

Diese Auffassung ist allerdings zweifelhaft, denn nicht nur der Wortlaut lässt nach seiner natürlichen Bedeutung auf eine medizinische und hygienische Begrenzung schließen. Auch die gesetzgeberischen Motive sprechen dafür, denn danach sollten die allgemeinen Anforderungen an gesunde Verhältnisse insbesondere die Hygiene und den Schutz vor seelischen und körperlichen Beeinträchtigungen betreffen. Eine Funktionsbeeinträchtigung wurde demgegenüber mit quantitativ wie qualitativ unzureichender Ausstattung mit Einrichtungen des Gemeinbedarfs und Anlagen der Infrastruktur (innerstädtisches Verkehrsnetz, Wasserversorgung, Abwasserbeseitigung, Energieversorgung) begründet.[17] Dieser Wille wurde später nicht korrigiert. Zudem erfasst die Funktionsschwäche auch heute noch die Bewertung von Versorgungs- und Infrastrukturanforderungen, § 136 Abs. 3 Nr. 2 lit. a) und b) BauGB. Es ist daher nicht notwendig, den Anwendungsbereich der Substanzschwäche auszuweiten. Des Weiteren findet sich die Formulierung der gesunden Wohn- und Arbeitsverhältnisse auch in § 1 Abs. 6 Nr. 1 BauGB wieder. Soweit ersichtlich, wird hier eine Ausweitung des Begriffs über den hygienisch medizinischen Bereich nicht vorgenommen. Im Sinne einer einheitlichen Gesetzesauslegung sollte daher auch im Rahmen des § 136 Abs. 2 BauGB davon abgesehen werden.

bb) Begriffsbestimmung: „Abweichung“

Ob eine Missstand begründende Abweichung vorliegt, wird, wie bereits bemerkt, anhand einer wertenden Betrachtung aller Umstände geprüft. Die in § 136 Abs. 3 BauGB genannten Kriterien können einzeln, zu mehreren oder insgesamt die Sanierungsbedürftigkeit ergeben. Regelmäßig werden mehrere Umstände zusammentreffen müssen.[18] Dabei werden alle Einflüsse und Faktoren berücksichtigt, die geeignet sind, Bebauung und Beschaffenheit des Gebiets nicht nur unerheblich zu beeinträchtigen.[19]

Fraglich ist, wann die normative Bewertung der zusammengetragenen Informationen zu dem Ergebnis führt, dass ein Missstand vorliegt. Nach dem Wortlaut des § 136 Abs. 2 Satz 2 Nr. 1 BauGB ist dies bereits dann der Fall, wenn den allgemeinen Anforderungen nicht entsprochen wird. Mithin könnte danach jede negative Abweichung vom gesetzlichen Standard einen Zustandsmangel begründen. Dagegen könnte aber sprechen, dass der Missstandsbegriff einen

---

17 *Deutscher Bundestag*, Drucksache 5/3505, S. 40 mit S. 31.

18 *Deutscher Bundestag*, Drucksache 5/3505, S. 40; Drucksache 4/3491, S. 25; Drucksache 6/510, S. 29.

19 *Krautzberger*, in: Ernst/Zinkahn, BauGB, § 136 Rn. 82; *Schmitz*, in: Spannowsky/Uechtritz, BauGB, § 136 Rn. 24.

Zustand beschreiben soll, der ein schnelles, umfassendes und professionelles Gegensteuern erfordert.[20] Denn nur dann kann nach dem Sinn und Zweck der §§ 136 ff. BauGB das Sonderrecht der städtebaulichen Sanierungsmaßnahmen zum Einsatz kommen. Auch sind die gesetzgeberischen Motive zu berücksichtigen, wonach der Missstand regelmäßig anhand einer Würdigung verschiedener Kriterien festgestellt wird. Dieses Erfordernis wäre unangebracht, wenn bereits eine einzige Abweichung von dem gesetzlichen Standard den Tatbestand erfüllen könnte. Zuletzt lässt auch ein Vergleich mit § 136 Abs. 2 Satz 2 Nr. 2 BauGB die Annahme zu, dass nicht jede Abweichung ausreicht, denn dort wird eine erhebliche Funktionsbeeinträchtigung gefordert.

In diesem Sinne, allerdings ohne Begründung, gehen *Krautzberger*[21] und *Andere*[22] davon aus, dass im Einzelfall und in der Summe bezogen auf das Gebiet ein Zustand erforderlich sei, der sich schwerwiegend auf das gesunde Wohnen und Arbeiten auswirken müsse.

b) Funktionsschwäche

Die Funktion i. S. d. § 136 Abs. 2 Satz 2 Nr. 2 BauGB ist die dem Gebiet zugewiesene Aufgabe,[23] diese kann z. B. wirtschaftlicher, kultureller oder verkehrlicher Art sein.[24] Sie ist im städtebaulichen Sinne weit auszulegen[25] und ergibt sich regelmäßig aus formellen und informellen Planungen,[26] kann aber auch von tatsächlichen Einflussfaktoren wie der Lage bestimmt werden.[27] Ob ein Gebiet einen Funktionsmangel aufweist, hängt von der Aufgabe des Gebiets ab, die es künftig erfüllen soll.[28] Dabei können dem Gebiet neue Aufgaben zugewiesen

---

20 Siehe dazu: Kapitel 1, A. II.

21 *Krautzberger*, in: Ernst/Zinkahn, BauGB, § 136 Rn. 86, 97.

22 *OVG Schleswig*, Urteil vom 23.05.2006 1 LB 8/04, Rn. 43 und *Schmitz*, in: Spannowsky/Uechtritz, BauGB, § 136 Rn. 19a und § 142 Rn. 5 jeweils mit Verweis auf Krautzberger.

23 *Mitschang*, in: Battis/Krautzberger/Löhr, BauGB, § 136 Rn. 16; *Schmitz*, in: Spannowsky/Uechtritz, BauGB, § 136 Rn. 26.

24 *Schmitz*, in: Spannowsky/Uechtritz, BauGB, § 136 Rn. 26.1.

25 *Schmitz*, in: Spannowsky/Uechtritz, BauGB, § 136 Rn. 26.

26 *Krautzberger*, in: Ernst/Zinkahn, BauGB, § 136 Rn. 90; *Mitschang*, in: Battis/Krautzberger/Löhr, BauGB, § 136 Rn. 18; *Schmitz*, in: Spannowsky/Uechtritz, BauGB, § 136 Rn. 26.

27 *Köhler*, Stadt- und Dorferneuerung in der kommunalen Praxis, Rn. 89; *Schmitz*, in: Spannowsky/Uechtritz, BauGB, § 136 Rn. 26.2.

28 *BVerwG*, Beschluss vom 24.03.2010 - 4 BN 60/09, Rn. 3; Urteil vom 06.07.1984 - 4 C 14/81, Rn. 23; *OVG Münster*, Urteil vom 24.07.2009 - 7 D 130/08.NE, Rn. 79; Urteil

werden und bereits vorhandene beibehalten und / oder optimiert werden.[29] Die insoweit maßgeblichen Inhalte enthält das kommunale Sanierungskonzept.[30] Zu beachten ist, dass das Vorliegen eines städtebaulichen Misstandes nach dem Wortlaut des § 136 Abs. 2 Nr. 2 BauGB eine erhebliche Funktionsbeeinträchtigung voraussetzt. Diese Voraussetzung darf durchaus wörtlich genommen werden.[31] Mithin scheiden vorbeugende Maßnahmen oder reine Umplanungen eines bislang funktionierenden Gebiets aus.[32]

2. *Wesentliche Verbesserung und Umgestaltung*

Unter die Begriffe der Umgestaltung und der wesentlichen Verbesserung des Gebiets fallen alle Maßnahmen, die zur Behebung der Funktions- und Substanzmängel in dem Gebiet geeignet sind.[33] Umgestaltung bezeichnet dabei die Neuordnung des Gebiets.[34] Wohingegen die wesentliche Verbesserung vorliegt, wenn sich die Sanierungsmaßnahme deutlich positiv auf die städtebauliche Situation auswirkt[35], das Gebiet eine Veränderung und Entwicklung zum städtebaulich Besseren erfährt[36] oder eine wesentliche Verminderung städtebaulicher

---

vom 23.10.2008 - 7 D 37/07.NE, Rn. 80; Urteil vom 16.10.2006 - 7 D 69/05, Rn. 46; *OVG Schleswig*, Urteil vom 01.04.2004 - 1 KN 17/03, Rn. 37; *OVG Bremen*, Urteil vom 13.12.1994 - 1 BA 37/93, Rn. 60; *OVG Saarlouis*, Beschluss vom 31.03.1993 - 2 N 1/91, Rn. 45; *VGH Kassel*, Beschluss vom 29.10.1991 - 4 N 1815/85, Rn. 50.

29 *BVerwG*, Urteil vom 06.07.1984 - 4 C 14/81, Rn. 23; *Mitschang*, in: Battis/Krautzberger/Löhr, BauGB, § 136 Rn. 19; *Schmitz*, in: Spannowsky/Uechtritz, BauGB, § 136 Rn. 27.

30 *BVerwG*, Urteil vom 06.07.1984 - 4 C 14/81, Rn. 23; *OVG Bremen*, Urteil vom 13.12.1994 – 1 BA 37/93, Rn. 60.

31 Vgl. *OVG Münster*, Urteil vom 24.07.2009 - 7 D 130/08.NE, Rn. 77; bestätigt durch: *BVerwG*, Beschluss vom 24.03.2010 - 4 BN 60/09, Rn. 4; *Krautzberger*, in: Ernst/Zinkahn, BauGB, § 136 Rn. 91; *Mitschang*, in: Battis/Krautzberger/Löhr, BauGB, § 136 Rn. 13; *Schmitz*, in: Spannowsky/Uechtritz, BauGB, § 136 Rn. 28.

32 *Schmidt-Eichenstaedt*, in: Brügelmann, BauGB, § 136 Rn. 36.

33 *Schmitz*, in: Spannowsky/Uechtritz, BauGB, § 136 Rn. 15.

34 *Köhler*, in: Schrödter, BauGB, § 136 Rn. 24; *Schmitz*, in: Spannowsky/Uechtritz, BauGB, § 136 Rn. 17.

35 *OVG Münster*, Urteil vom 24.07.2009 - 7 D 130/08.NE, Rn. 87; *Köhler*, in: Schrödter, BauGB, § 136 Rn. 24; *Köhler*, Stadt- und Dorferneuerung in der kommunalen Praxis, Rn. 92; *Krautzberger*, in: Ernst/Zinkahn, BauGB, § 136 Rn. 84; *Mitschang*, in: Battis/Krautzberger/Löhr, BauGB, § 136 Rn. 10; *Schmitz*, in: Spannowsky/Uechtritz, BauGB, § 136 Rn. 16.

36 *OVG Berlin*, Urteil vom 30.01.2004 - 2 B 18/02, Rn. 52.

Missstände in dem Gebiet bewirkt wird[37]. Entscheidend ist, gleich wie das Merkmal der wesentlichen Verbesserung definiert wird, dass der städtebauliche Erfolg im Vordergrund steht und die Instrumentarien des Sanierungsrechts nicht zu einer unbedeutenden Mängelbewältigung eingesetzt werden.[38] Maßgeblicher Beurteilungszeitpunkt ist die Festlegung des Sanierungsgebiets, zu diesem Zeitpunkt muss eine Prognose ergeben, dass die wesentliche Verbesserung oder Umgestaltung unter Beachtung der angestrebten Sanierungsziele und –maßnahmen verwirklichungsfähig erscheint.[39]

Richtungweisend sollen die städtebaulichen Sanierungsmaßnahmen dazu beitragen, die in § 136 Abs. 4 Satz 2 BauGB nicht abschließend aufgezählten Ziele zu verwirklichen.[40] Dabei genügt es, wenn die Sanierung wenigstens einem Ziel dient.[41]

3. *Behebung*

Der Wortlaut des § 136 Abs. 2 Satz 1 BauGB, der die Behebung städtebaulicher Missstände voraussetzt, deutet darauf hin, dass die Sanierung auf die vollständige Genesung der städtebaulichen Strukturen gerichtet sein muss. Dieser restriktiven Auslegung stehen allerdings die gesetzgeberischen Motive entgegen. So sah der Gesetzesentwurf des Bundesrates zur Änderung des Städtebauförderungsgesetzes aus dem Jahr 1984 vor, neben der Behebung auch die Minderung städtebaulicher Missstände zuzulassen.[42] Begründet wurde dieser Vorschlag mit der Feststellung, Sanierungsmaßnahmen müssten nicht immer auf eine totale Behebung von Missständen gerichtet sein, denn eine derartig umfassende Sanierung sei in vielen Fällen aus verschiedenen Gründen nicht durchführbar. Hier müsse es genügen, die städtebaulichen Missstände wenigstens zu mindeRn. Würde man hier wegen zu hoher Anforderungen an den Sanierungsbegriff eine Sanierung ausschließen, so hätte dies zur Folge, dass die Wohn- und Arbeitsverhältnisse in diesen meist schlechten Gebieten überhaupt nicht verbessert werden könnten.[43] Diese Gesetzesänderung wurde zwar nicht umgesetzt,[44] allerdings nur deshalb,

---

37 *BVerwG*, Urteil vom 23.05.1986 - 8 C 42/84, Rn. 17.

38 *Schmidt-Eichenstaedt*, in: Brügelmann, BauGB, § 136 Rn. 5.

39 *Krautzberger*, in: Ernst/Zinkahn, BauGB, § 136 Rn. 72.

40 *Köhler*, Stadt- und Dorferneuerung in der kommunalen Praxis, Rn. 94.

41 *OVG Bremen*, NVwZ 1983, 749 (751), Urteil vom 12.04.1983 - 1 N 1/82.

42 *Deutscher Bundestag*, Drucksache 10/1013, S. 4.

43 *Deutscher Bundestag*, Drucksache 10/1013, S. 11.

44 Vgl. Art. 1 des Gesetzes zur Änderung des Städtebauförderungsgesetzes vom 05.11.1984, BGBl. I Nr. 26, S. 1321, in Kraft getreten am 01.01.1985.

weil diese Ergänzung nicht erforderlich erschien. Nach der Beschlussempfehlung des Ausschusses für Raumordnung, Bauwesen und Städtebau entsprach diese Vorgehensweise bereits dem geltenden Recht.[45] Mit der Einführung des besonderen Städtebaurechts in das BauGB im Jahr 1986 ist diese Regelung des Städtebauförderungsgesetzes („Sanierungsmaßnahmen sind Maßnahmen, durch die ein Gebiet zur Behebung städtebaulicher Missstände [...] wesentlich verbessert oder umgestaltet wird") übernommen[46] und damit auch die Gesetzesbegründung in das heutige Recht integriert worden. Damit lässt sich festhalten, dass mit der städtebaulichen Sanierung auch Standards angestrebt werden können, die nicht dem Optimum entsprechen. Als Mindestanforderung muss lediglich eine wesentliche Verbesserung oder Umgestaltung bewirkt werden.[47] Mithin handelt es sich bei dem Merkmal der Behebung nur um eine sprachlich bedingte Voraussetzung, die neben den Zielbestimmungen der wesentlichen Verbesserung und Umgestaltung keine weitere Anforderung an die Sanierung knüpft.

II. Anwendungsvoraussetzungen gemäß § 136 Abs. 1 BauGB

§ 136 Abs. 1 BauGB beschränkt den Anwendungsbereich des städtebaulichen Sanierungsrechts auf den Fall, in dem die einheitliche Vorbereitung und zügige Durchführung der Sanierungsmaßnahmen im öffentlichen Interesse liegt.

1. Einheitliche Vorbereitung

Das *BVerwG* leitet aus dem Merkmal der einheitlichen Vorbereitung folgende Erwägung ab:

> *„Aus dem Erfordernis der „einheitlichen Vorbereitung" folgt, daß eine städtebauliche Sanierungsmaßnahme danach eine Gesamtmaßnahme ist, die anders als sonstige städtebauliche Maßnahmen (Einzelmaßnahmen, einzelne Planung, einzelnes Vorhaben) darauf angelegt ist, mehrere Maßnahmen koordiniert und aufeinander abgestimmt für ein bestimmtes Gebiet vorzubereiten und durchzuführen."*[48]

Demzufolge muss sich der Handlungsbedarf der Kommune im Sinne eines ganzheitlichen Ansatzes auf ein Gebiet beziehen,[49] wobei das Gesetz keine

---

45 *Deutscher Bundestag*, Drucksache 10/2039, S. 12.

46 *Deutscher Bundestag*, Drucksache 10/4630, S. 49 f., 118.

47 *Mitschang*, in: Battis/Krautzberger/Löhr, BauGB, § 136 Rn. 10; *Schmitz*, in: Spannowsky/Uechtritz, BauGB, § 136 Rn. 16.

48 *BVerwG*, Urteil vom 23.05.1986 - 8 C 42/84, Rn. 17.

49 *Krautzberger*, in: Ernst/Zinkahn, BauGB, § 136 Rn. 49; *Mitschang*, in: Battis/Krautzberger/Löhr, BauGB, § 136 Rn. 3; *Schmidt-Eichstaedt*, in: Brügelmann, BauGB, § 136

Mindestgröße festschreibt.[50] Zudem muss die Sanierung auf die Umsetzung eines Maßnahmebündels gerichtet sein, zur Verwirklichung eines Planungskonzepts.[51] Dieses Konzept benennt die Ziele der Sanierung sowie die erforderlichen Durchführungsmaßnahmen.[52]

In der Rechtsprechung wird dieses Merkmal mit dem Erfordernis der wechselseitigen Abstimmung einzelner Maßnahmen[53] sowie deren Verflechtung[54] umschrieben.

2. *Zügige Durchführung*

Die Anwendung des Sanierungsrechts kommt nur dann in Betracht, wenn die zügige Durchführung der Maßnahmen gewährleistet ist. In der Rechtsprechung heißt es dazu:

> *„Mit diesem Zügigkeitserfordernis will der Gesetzgeber zum einen vermeidbaren Verzögerungen vorbeugen, die dadurch eintreten können, dass die Gemeinden die Sanierung ohne schlüssiges Konzept oder sonst unsachgemäß betreiben. Zum anderen muss wegen der besonderen Einschränkungen, denen Eigentümer und Nutzungsberechtigte in den Sanierungsgebieten ausgesetzt sind, eine Aussicht darauf bestehen, dass sich die städtebaulichen Sanierungsmaßnahmen innerhalb eines absehbaren Zeitraums durchführen lassen.“*[55]

Rn. 17; *Roeser*, in: Berliner Kommentar, BauGB, § 136 Rn. 4; *Schmitz*, in: Spannowsky/Uechtritz, BauGB, § 136 Rn. 4.

50 *Schmidt-Eichstaedt*, in: Brügelmann, BauGB, § 136 Rn. 17, der einen Vergleich zum Bebauungsplan zieht; wohl auch: *Krautzberger*, in: Ernst/Zinkahn, BauGB, § 136 Rn. 49; a. A. wohl: *Schmitz*, in: Spannowsky/Uechtritz, BauGB, § 136 Rn. 4, der davon ausgeht, dass der Handlungsbedarf nicht nur einzelne Grundstücke betreffen dürfe.

51 *BVerwG*, Urteil vom 03.07.1998 - 4 CN 2/97, Rn. 11: zwar befasst sich diese Rechtsprechung mit der städtebaulichen Entwicklungsmaßnahme, allerdings dürfte sie auch für Sanierungsmaßnahmen gelten, da die Entscheidung durch das Urteil des *BVerwG* vom 24.05.2006 - 4 C 9/04, Rn. 22 bei der Beschreibung der sanierungsrechtlichen Gesamtmaßnahme in Bezug genommen wurde. Dass das Gericht bei beiden Maßnahmen Parallelen sieht, ergibt sich auch aus *BVerwG*, Beschluss vom 24.03.2010 - 4 BN 60/09, Rn. 10 und der Tatsache, dass § 136 Abs. 1 und § 165 Abs. 1 BauGB einen identischen Wortlaut aufweisen.

52 *Krautzberger*, in: Ernst/Zinkahn, BauGB, § 142 Rn. 43.

53 *VGH Kassel*, Beschluss vom 29.10.1991 - 4 N 1815/85, Rn. 60.

54 *OVG Bremen*, Urteil vom 13.12.1994 - 1 BA 37/93, Rn. 65.

55 *OVG Münster*, Urteil vom 19.01.2011 - 2 D 146/08.NE, Rn. 117; mit ähnlichem Wortlaut: *BVerwG*, Urteil vom 10.07.2003 - 4 CN 2/02, Rn. 19; *OVG Münster*, Urteil vom 23.10.2008 - 7 D 37/07.NE, Rn. 93; *OVG Münster*, Urteil vom 16.10.2006 - 7 D 69/05. NE, Rn. 63; *VGH Kassel*, Urteil vom 30.09.2010 - 4 C 1718/09.N, Rn. 48.

Die Länge dieses absehbaren Zeitraumes hängt vom Einzelfall ab und ist von der Kommune mittels einer Prognose abzuschätzen.[56] Als Bestimmungskriterium gilt etwa der Umfang der Maßnahmen, die Ausgangssituation und die Bereitwilligkeit der Betroffenen an der Sanierung mitzuwirken.[57] Auch die Finanzierungsmöglichkeit bildet einen entscheidenden Beurteilungsfaktor.[58] Nach den gesetzlichen Vorgaben soll eine Dauer von 15 Jahren nicht überschritten werden, § 142 Abs. 3 Satz 3 BauGB.[59] Allerdings rechtfertigt die Komplexität von Sanierungsmaßnahmen auch eine längere Dauer des Verfahrens.[60] Daher sieht das Gesetz in § 142 Abs. 3 Satz 4 BauGB eine Verlängerungsmöglichkeit vor.

3. *Öffentliches Interesse*

Die Durchführung des städtebaulichen Sanierungsverfahrens muss im öffentlichen Interesse liegen. Das Vorliegen dieser Voraussetzung lässt sich vor allem mit den in § 136 Abs. 4 Satz 2 BauGB aufgelisteten Zielen städtebaulicher Sanierungsmaßnahmen begründen.[61] Aber auch gewichtige städtebauliche Belange i. S. d. § 1 Abs. 5 und Abs. 6 BauGB dienen der Konkretisierung.[62] Das bedeutet, in dem Sanierungsgebiet muss ein Zustand vorzufinden sein, der diesen gesetzlichen Zielvorgaben nicht entspricht. Liegt eine Sanierungsmaßnahme allein oder überwiegend im privaten Interesse, sind diese Voraussetzungen nicht gegeben.[63]

---

56 *BVerwG*, Urteil vom 10.07.2003 - 4 CN 2/02, Rn. 19; *VGH Mannheim*, Urteil vom 08.07.2010 - 5 S 3092/08, Rn. 55; *OVG Münster*, Urteil vom 19.01.2011 - 2 D 146/08. NE, Rn. 119.

57 *Schmitz*, in: Spannowsky/Uechtritz, BauGB, § 136 Rn. 8.

58 *BVerwG*, Beschluss vom 16.02.2001 - 4 BN 56/00, Rn. 9 zur Entwicklungsmaßnahme, für die nach § 171 Abs. 2 Satz 1 BauGB auch § 149 BauGB Anwendung findet; *Gronemeyer*, Die Entwicklung des Städtebauförderungsrechts 1971-1985 - Verfahren und Instrumentarium der Sanierung, in: NVwZ 1986, 92 (95).

59 Eingefügt durch das Gesetz zur Erleichterung von Planungsvorhaben für die Innenentwicklung von Städten vom 21.12.2006, BGBl. I Nr. 64 S. 3318, in Kraft getreten am 01.01.2007.

60 *BVerwG*, Beschluss vom 07.06.1996 - 4 B 91/96, Rn. 7; *OVG Koblenz*, Urteil vom 18.04.2002 - 1 C 10590/01, Rn. 7 m. w. N.

61 *Mitschang*, in: Battis/Krautzberger/Löhr, BauGB, § 136 Rn. 28; *Stüer*, in: Bau- und Fachplanung, Rn. 2139; *Köhler*, Stadt- und Dorferneuerung in der kommunalen Praxis, Rn. 57.

62 *Krautzberger*, in: Ernst/Zinkahn, BauGB, § 136 Rn. 43; *Mitschang*, in: Battis/Krautzberger/Löhr, BauGB, § 136 Rn. 3.

63 *Schmidt-Eichenstaedt*, in: Brügelmann, BauGB, § 136 Rn. 4; *Krautzberger*, in: Ernst/Zinkahn, BauGB, § 136 Rn. 50; *Stüer*, in: Bau- und Fachplanung, Rn. 2139; *Köhler*,

Was auch schon der natürliche Wortsinn ergeben dürfte, da die Begriffe „öffentliches Interesse" und „privates Interessen" regelmäßig als Gegensatzpaar mit Zwischenstufen (graduell antonym) verwendet werden.

a) Unschlüssiges Sanierungskonzept

In der Literatur werden weitere Beispiele genannt. So soll das öffentliche Interesse nach *Schmitz* ausscheiden, wenn die Sanierung von keinem erkennbaren Konzept getragen werde.[64] Er verweist dabei auf eine Entscheidung des *OVG Münster*[65] aus dem Jahr 2011. Dort heißt es unter Rn. 117:

> *„§ 136 Abs. 1 Satz 1 BauGB hebt das öffentliche Interesse an einer zügigen Durchführung der städtebaulichen Maßnahmen hervor. Mit diesem Zügigkeitserfordernis will der Gesetzgeber zum einen vermeidbaren Verzögerungen vorbeugen, die dadurch eintreten können, dass die Gemeinden die Sanierung ohne schlüssiges Konzept oder sonst unsachgemäß betreiben".*

Mithin bringt das Gericht die Konzeptionslosigkeit eher mit dem Tatbestandsmerkmal der zügigen Durchführung in Verbindung, das neben dem öffentlichen Interesse steht. Unabhängig davon hätte die Aussage von *Schmitz* auch deshalb differenzierter ausfallen müssen, weil ein unschlüssiges Konzept zwar auch darauf beruhen kann, dass keine im öffentlichen Interesse liegenden städtebaulichen Ziele verfolgt werden. In jedem Fall führen sie aber zu Verzögerungen. Entweder, weil das Konzept überarbeitet werden muss oder, weil wahllos Maßnahmen durchgeführt werden, die keinen Sanierungserfolg versprechen.

b) Gemeinde als Eigentümerin und Eigeninitiative der Eigentümer

Nach *Köhler* soll das Vorliegen des öffentlichen Interesses verneint werden, wenn die Sanierungsbetroffenen bereit seien, die von der Gemeinde geplanten Maßnahmen i. S. d. § 146 BauGB durchzuführen oder wenn die Gemeinde selbst Eigentümerin der betroffenen Grundstücke sei.[66] Auch diese Aussage ist ungenau, da sie nicht durch eine schlichte Subsumtion unter den Begriff des öffentlichen Interesses bestätigt wird. Zwar gibt *Köhler* vorab den Hinweis, es müsse ein sog. qualifiziertes öffentliches Interesse vorliegen und die

---

Stadt- und Dorferneuerung in der kommunalen Praxis, Rn. 61; *Schmitz*, in: Spannowsky/Uechtritz, BauGB, § 136 Rn. 9.

64 *Schmitz*, in: Spannowsky/Uechtritz, BauGB, § 136 Rn. 9.

65 *OVG Münster*, Urteil vom 19.01.2011 - 2 D 146/08.NE, Rn. 117.

66 *Köhler*, in Schrödter, BauGB, § 136 Rn. 15; *Schmitz*, in: Spannowsky/Uechtritz, BauGB, § 136 Rn. 9 mit Verweis auf Köhler.

Gemeinden hätten das Übermaßverbot zu beachten. Die Prüfungsschritte sind aber getrennt voneinander zu beurteilen, wie im Folgenden ausgeführt wird.

4. *Verknüpfung der Tatbestandsmerkmale*

Durch den Wortlaut, wonach die einheitliche Vorbereitung und zügige Durchführung der Sanierungsmaßnahmen im öffentlichen Interesse liegen muss, wird zugleich eine besondere Verknüpfung der Tatbestandsmerkmale hergestellt. Es wird zum Ausdruck gebracht, dass nur solche Vorhabengebiete dem Sanierungsrecht unterfallen sollen, deren städtebaulich begründeter Handlungsbedarf ein alsbaldiges und von der Kommune aufeinander abgestimmtes Maßnahmenpaket erfordert. Mit dieser Gesetzesfassung soll der Anwendungsbereich des Sanierungsrechts begrenzt werden, denn Anlass der gesetzgeberischen Tätigkeit waren vielfältige städtebauliche Probleme,[67] deren Behebung mit den vorhandenen Instrumenten des BBauG 1960 nicht möglich erschien.[68] Bereits in dem ersten Gesetzesentwurf aus dem Jahr 1965 stellte die Bundesregierung klar, das öffentliche Interesse an der Planverwirklichung mache es der Gemeinde zur Aufgabe, auch für die Durchführung einer von ihr beschlossenen Sanierung zu sorgen, die Abstimmung der verschiedenen der Durchführung dienenden Maßnahmen aufeinander zu veranlassen und die ihr selbst obliegenden Maßnahmen rechtzeitig in Angriff zu nehmen.[69] Dieser Gedanke wird in den späteren Gesetzesentwürfen aufgegriffen. So verlange das öffentliche Interesse nicht nur eine umfassende Sanierungsleitung durch die öffentliche Hand, sondern auch ihre alsbaldige Verwirklichung.[70] In dieser Entstehungsphase des Gesetzes wird das Sanierungsrecht bereits mit der heute noch bestehenden Terminologie eingeleitet.

Folglich scheidet die Anwendung des Sanierungsrechts aus, wenn die Situation so wenig komplex ist, dass die notwendigen Maßnahmen (Maßnahmenbündel) freiwillig und in Eigeninitiative der Eigentümer durchgeführt werden könnten.

---

67 Vgl. *Deutscher Bundestag,* Drucksache 4/3491, S. 19 f.; Drucksache 5/3505, S. 30 f. mit dem Hinweis auf kritische Zustände, die sich aller Voraussicht nach verschärfen werden; Drucksache, 6/510, S. 25 f.

68 *Deutscher Bundestag,* Drucksache 5/3505, S. 33; Drucksache, 6/510, S. 26.

69 *Deutscher Bundestag,* Drucksache 4/3491, S. 20.

70 *Deutscher Bundestag,* Drucksache 5/3505, S. 33; Drucksache, 6/510, S. 26; Drucksache, 6/1497, S. 11.

5. *Erforderlichkeit der Sanierung*

In der Rechtsprechung wird bei der Überprüfung der sanierungsrechtlichen Instrumente oftmals problematisiert, ob eine Sanierung aus Sicht der Gemeinde erforderlich ist.[71] Hierbei stellt sich die Frage, woher dieses Prüfungserfordernis stammt, da sich in dem Wortlaut der §§ 136 ff. BauGB kein ausdrücklicher Hinweis darauf findet. In diesem Zusammenhang ist auch relevant, welche Zwecksetzung mit der Erforderlichkeitsprüfung verfolgt wird und mit welcher Prüfungsintensität sie umgesetzt wird.

a) Erforderlichkeit als ungeschriebenes Tatbestandsmerkmal?

Im Wortlaut der §§ 136 ff. BauGB, insbesondere in § 136 Abs. 1 BauGB, findet sich kein Hinweis darauf, dass die Sanierung erforderlich sein muss. Etwas anderes galt noch für die Vorgängervorschriften aus dem StBauFG. Auf Vorschlag des Bundesrates wurde in § 3 Abs. 1 StBauFG 1971 die Erforderlichkeitsvoraussetzung aufgenommen. Danach konnten die Gemeinden ein Gebiet, das städtebauliche Missstände aufwies, deren Beseitigung durch Sanierungsmaßnahmen erforderlich war, durch Beschluss förmlich als Sanierungsgebiet festlegen. Begründet wurde dieser Schritt mit dem Hinweis, es solle wie bei vergleichbaren Vorschriften im Baugesetzbuch auf die Erforderlichkeitsvoraussetzung abgestellt werden. Dadurch werde der Verhältnismäßigkeitsgrundsatz besser zum Ausdruck gebracht.[72]

Bei Übernahme der Sanierungsregelungen in das BauGB änderte sich der Wortlaut der Satzungsermächtigung dahingehend, dass eine Erforderlichkeitsprüfung nicht mehr ausdrücklich verlangt wurde. Zu dieser Änderung wird ausgeführt, da sich bereits aus der in § 136 Abs. 3 BauGB enthaltenen Definition städtebaulicher Sanierungsmaßnahmen ergebe, dass sie der Behebung städtebaulicher Missstände diene, könnten mit der vorgeschlagenen Neufassung unnötige Wiederholungen vermieden werden.[73] Bei dem im Entwurf

---

71 Z. B. *BVerwG*, Urteil vom 04.03.1999 - 4 C 8/98, Rn. 19; Beschluss vom 24.03.2010 - 4 BN 60/09, Rn. 3; *OVG Koblenz*, Urteil vom 18.04.2002 - 1 C 10590/01, Rn. 23; BauR 1998, 754 (754), Urteil vom 27.01.1998 - 6 A 12252/97; *VGH Kassel*, Urteil vom 30.09.2010 - 4 C 1718/09.N, Rn. 38; Beschluss vom 29.10.1991 - 4 N 1815/85, Rn. 54; *OVG Münster*, Urteil 19.01.2011 - 2 D 146/08.NE, Rn. 86, 90; Urteil vom 09.04.1990 - 22 A 1185/89, Rn. 18; *VG Halle*, Urteil vom 27.06.2001 - 2 A 1920/98, Rn. 37; *VG Berlin*, Beschluss vom 23.04.2013 - 19 L 117.12, Rn. 36; *VGH Mannheim*, Urteil vom 08.07.2010 - 5 S 3092/08, Rn. 52; *OVG Bremen*, Urteil vom 13.12.1994 - 1 BA 37/93, Rn. 63; *BGH*, Urteil vom 08.05.1980 - III ZR 27/77, Rn. 14.

72 *Deutscher Bundestag*, Drucksache 6/510 S. 57.

73 *Deutscher Bundestag*, Drucksache 10/4630, S. 121.

vorgeschlagenen § 136 Abs. 3 BauGB handelt es sich um den mit BauGB 1986 eingefügten und auch heute noch wortgleich bestehenden § 136 Abs. 2 BauGB. Hier wird zwar definiert, wie der Gesetzgeber den Begriff der städtebaulichen Sanierungsmaßnahme versteht, ein Hinweis auf eine Erforderlichkeitsprüfung enthält die Vorschrift aber nicht. Mithin könnte die These vertreten werden, dass zur Vermeidung von Wiederholungen nur die Passage über die städtebaulichen Missstände gestrichen wurde, der Wegfall der Erforderlichkeitsprüfung aber andere Gründe hatte. Gegen diese differenzierte Betrachtung dürften allerdings die Gesetzesmotive sprechen. Zum einen fehlt ein ausdrücklicher Hinweis darauf, die Verhältnismäßigkeitsprüfung abschaffen zu wollen. Da es sich dabei um einen allgemeinen Grundsatz[74] handelt, wäre dieser aber aus Gründen der Rechtsklarheit sinnvoll gewesen. Zum anderen wurde das Sanierungsrecht geschaffen, um mit besonderen Instrumenten weitreichende städtebauliche Probleme zu bekämpfen. Vor diesem Hintergrund drängt sich eine Prüfung milderer Mittel geradezu auf. Des Weiteren spricht die bereits beschriebene Einführung des Tatbestandsmerkmals der Erforderlichkeit während des Gesetzgebungsverfahrens für diese Sichtweise, da sie nur klarstellenden Charakter hatte. Demzufolge hat auch der Wegfall keine Auswirkung. Folglich kann davon ausgegangen werden, dass die Erforderlichkeitsprüfung nicht gänzlich wegfallen sollte. Ihr Erfordernis besteht auch ohne ausdrücklichen Hinweis als allgemeiner Grundsatz fort.[75]

b) Zwecksetzung der Erforderlichkeitsprüfung

Geklärt wird nun, welchen Zweck die Erforderlichkeitsprüfung im hier verstandenen Sinne erfüllen soll, da dieses Prüfungserfordernis an unterschiedlichen Stellen im Gesetz auftritt.

aa) Abgrenzung zur Überprüfung von Ordnungs- und Baumaßnahmen

Aus dem Zusammenspiel zwischen der Erforderlichkeitsprüfung und dem Erlass der Sanierungssatzung in § 3 Abs. 1 Satz 2 StBauFG 1971 sowie der in

74 Vgl. z. B. *BVerfG*, Urteil vom 05.03.1968 - 1 BvR 579/67, Rn. 19, wonach sich die Grundsätze der Verhältnismäßigkeit und des Übermaßverbotes als übergreifende Leitregeln allen staatlichen Handelns zwingend aus dem Rechtsstaatsprinzip ergäben und deshalb Verfassungsrang hätten.

75 Dieselbe Schlussfolgerung ohne Differenzierung: *Krautzberger*, in: Ernst/Zinkahn, BauGB, § 142 Rn. 10 f.; *VGH Mannheim*, Urteil vom 08.07.2010 - 5 S 3092/08, Rn. 52 mit Verweis auf Krautzberger; a. A. wohl: *VG Berlin*, Beschluss vom 23.04.2013 - 19 L 117.12, Rn. 36 mit Verweis auf § 141 Abs. 1 BauGB der die „Notwenigkeit" ausdrücklich voraussetze.

Bezug genommenen Rechtsprechung lässt sich zunächst schließen, dass mit den Sanierungsmaßnahmen nicht die einzelnen Ordnungs- und Baumaßnahmen i. S. d. § 146 Abs. 1 BauGB, sondern die Sanierung als Gesamtmaßnahme gemeint ist. Für dieses Ergebnis spricht auch, dass die Durchführungsmaßnahmen in § 12 StBauFG 1971 und in den Folgefassungen einer eigenständigen Erforderlichkeitsprüfung unterliegen. Auch der Wortlaut, der ansonsten wahrscheinlich zwischen Vorbereitungs- und Durchführungsmaßnahmen differenziert hätte, stützt diese Annahme.

bb) Abgrenzung zum planerischen Grundsatz der Erforderlichkeit

Die Erforderlichkeitsprüfung ist auch vom planungsrechtlichen Grundsatz der Erforderlichkeit, der sich auf die Planungsbefugnis bezieht,[76] abzugrenzen. Dieser soll im Rahmen der Bauleitplanung nach § 1 Abs. 3 Satz 1 BauGB (§ 2 Abs. 1 BBauG 1960) etwa eine reine Negativplanung[77] oder Planungen zu ausschließlich privatnützigen Zwecken[78] ausschließen. Im hier verstandenen Sinne dürfte sich die Erforderlichkeitsprüfung auf die Frage beschränken, ob die Sanierungsziele durch eine alternative Vorgehensweise mit milderen Mitteln und unter angemessener Berücksichtigung betroffener Belange erreicht werden können, denn nach den Gesetzesmotiven sollte durch dieses Prüfungserfordernis der Grundsatz der Verhältnismäßigkeit besser zum Ausdruck gebracht werden. In diesem Zusammenhang beschreibt die Erforderlichkeit rechtsgebietsübergreifend die Prüfung von Alternativen mit geringerer Eingriffintensität. Auch die Bezugnahme der Motive auf vergleichbare Vorschriften des BBauG spricht für diese Sichtweise. Im BBauG 1960 wurde die Erforderlichkeitsprüfung etwa für die Grundstücksenteignung (heute in § 92 Abs. 1 BauGB geregelt) oder die Umlegung (heute in § 46 Abs. 1 BauGB geregelt) vorgeschrieben. Für beide Maßnahmen ist anerkannt, dass sie Ausdruck des Verhältnismäßigkeitsgrundsatzes sind.[79] Da auch § 3 Abs. 1 StBauFG 1974 maßnahmenbezogen formuliert wurde, dürften die Instrumente insoweit vergleichbar sein.

---

76 Zu dem Begriff und der Definition: *Battis*, in: Battis/Krautzberger/Löhr, BauGB, § 1 Rn. 127.

77 *BVerwG*, Beschluss vom 18.12.1990 - 4 NB 8/90, Rn. 12; Beschluss vom 23.06.1992 - 4 B 55/92, Rn. 3; Beschluss vom 15.03.2012 - 4 BN 9/12, Rn. 3.

78 *BVerwG*, Urteil vom 12.12.1969 - IV C 105/66, Rn. 22; Beschluss vom 10.02.2005 - 4 BN 7/05, Rz. 1.

79 *Otte*, in: Ernst/Zinkahn, BauGB, § 46 Rn. 5; *Reidt*, in: Battis/Krautzberger/Löhr, BauGB, § 46 Rn. 5 f.; wohl im Ergebnis auch: *Birk*, in: Spannowsky/Uechtritz, BauGB, § 46 Rn. 1-10; bei der Anordnung und Durchführung der Umlegung abstellend

cc) Abgrenzung zu den Voraussetzungen des § 136 Abs. 1 BauGB

Vielfach werden die Voraussetzungen des § 136 Abs. 1 BauGB mit der Frage der Erforderlichkeit gleichgesetzt.[80] Diese Vorgehensweise ist ungenau, weil sie den Anwendungsbereich des Erforderlichkeitsgrundsatzes unnötig einschränkt. Mit Übernahme der Sanierungsregelungen in das BauGB hat der Gesetzgeber darauf verzichtet, den Grundsatz ausdrücklich festzuschreiben, um unnötige Wiederholungen zu vermeiden. Er verweist dabei auf den im Entwurf vorgeschlagenen § 136 Abs. 3 BauGB. Hierbei handelt es sich, wie bereits belegt, um den mit BauGB 1986 eingefügten und auch heute noch wortgleich bestehenden § 136 Abs. 2 BauGB. Eine Bezugnahme auf § 136 Abs. 1 BauGB bzw. § 1 Abs. 1 StBauFG fehlt. Die Anknüpfung der Erforderlichkeitsprüfung an das Sanierungsrecht erfolgt durch die Frage, ob ein städtebaulicher Zustand existiert, der den Einsatz von Sanierungsmaßnahmen erfordert, oder ob mildere Mittel in Betracht kommen. Daneben und völlig unabhängig von dieser Entscheidung erfordert die Anwendung des Sanierungsrechts ein öffentliches Interesse sowie das Erfordernis einer einheitlichen Vorbereitung und zügigen Durchführung der Maßnahmen. Dass die Erforderlichkeitsprüfung neben der Prüfung des öffentlichen Interesses einen eigenständigen Anwendungsbereich aufweist, zeigen folgende Erwägungen:

Die Erforderlichkeitsprüfung ist relevant bei der Frage, ob alternative Standorte im Sinne einer anderen Gebietsabgrenzung in Betracht kommen, denn eine Gebietsabgrenzung kann dem Grunde nach zweckmäßig sein, aber unerträgliche Folgen haben für einzelne Betroffene. Diese Frage stellt sich unabhängig davon, ob die Gebietsabgrenzung als Abwägungs- oder Ermessensentscheidung qualifiziert wird[81], weil beide Rechtsinstitute auf dem Verhältnismäßigkeitsgrundsatz beruhen.

---

auf den Verfassungsgrundsatz des geringst möglichen Eingriffs: *BGH*, Urteil vom 10.11.1983 - III ZR 131/82, Rn. 23; Urteil vom 12.03.1987 - III ZR 29/86, Rn. 14; Beschluss vom 28.07.1988 - III ZR 47/87, Rn. 5; *Runkel*, in: Ernst/Zinkahn, BauGB, § 92 Rn. 1; *Battis*, in: Battis/Krautzberger/Löhr, BauGB, § 92 Rn. 1; *Petz*, in: Spannowsky/Uechtritz, BauGB, § 92 vor Rn. 1.

80 Z. B. *BGH*, Urteil vom 08.05.1980 - III ZR 27/77, Rn. 14; Urteil vom 17.12.1981, Az. III ZR 72/80, Rn. 28; *OVG Bremen*, Urteil vom 13.12.1994 - 1 BA 37/93, Rn. 63; *VGH Kassel*, Beschluss vom 29.10.1991 - 4 N 1815/85, Rn. 54; *VGH Mannheim*, Urteil vom 08.07.2010 - 5 S 3092/08, Rn. 55; *Schmitz*, in: Spannowsky/Uechtritz, BauGB, § 136 Rn. 9; *Köhler*, Stadt- und Dorferneuerung in der kommunalen Praxis, Rn. 61; *Köhler*, in Schrödter, BauGB, § 136 Rn. 15; *Gronemeyer*, Die Entwicklung des Städtebauförderungsrechts 1971-1985 - Verfahren und Instrumentarium der Sanierung, in: NVwZ 1986, 92 (94).

81 Vgl. dazu im Einzelnen: Kapitel 2, D.

Auch bei der Entscheidung, ob eine mildere Gesamtmaßnahme zur Anwendung gebracht werden soll, hilft die Erforderlichkeitsprüfung weiter, denn auch bei den Maßnahmen der sozialen Stadt[82] i. S. d. § 171e BauGB und der Stadtumbaumaßnahme[83] i. S. d. § 171a BauGB werden Maßnahmenbündel initiiert.

Einen gemeinsamen Anwendungsbereich haben die beiden Prüfungen dagegen im Hinblick auf die Frage, ob statt einer Gesamtmaßnahme auch die Durchführung von Einzelmaßnahmen ausreicht, um die städtebaulichen Mängel zu beheben. Gleiches gilt, wenn die Eigentümer des betroffenen Gebiets freiwillig handeln oder ein alsbaldiges Tätigwerden nicht erforderlich ist.[84]

c) Prüfungsintensität bei der Erforderlichkeitsprüfung

Es stellt sich nun die Frage, welche Anforderungen an die Prüfungsintensität der Erforderlichkeitsprüfung gestellt werden. Das *BVerwG* geht von Folgendem aus:

> *„Ob ein bestimmtes Gebiet sanierungsbedürftig ist und ob seine Sanierung aus der maßgeblichen Sicht der Gemeinde erforderlich ist, läßt sich abschließend nur unter Berücksichtigung des - seinerseits auf einer Abwägung beruhenden - Sanierungskonzepts und aller übrigen öffentlichen und privaten Belange, also im Wege einer Abwägung, entscheiden.“*[85]

Danach beruht das Ergebnis der Erforderlichkeitsprüfung auf einer Abwägungsentscheidung, die neben weitere Abwägungen tritt. Eine Differenzierung hinsichtlich der Ermittlung, Einstellung und Bewertung der Belange lässt das Gericht zwischen den verschiedenen Abwägungsprüfungen nicht erkennen. Mithin liegt der Schluss nahe, dass an die Erforderlichkeitsprüfung keine geringeren Anforderungen gestellt werden, als an alle anderen sanierungsrechtlichen Abwägungsentscheidungen.

Gegen diese These könnte die Rechtsprechung, die zu anderen Planungsentscheidungen ergangen ist, sprechen. So stellt das *BVerwG* in ständiger Rechtsprechung fest, dass bei Fachplanungsvorhaben Alternativlösungen im Rahmen der Abwägung zu würdigen seien, wenn sie sich nach Lage der konkreten

82 Vgl. dazu: Kapitel 1, C. III.

83 Vgl. dazu: Kapitel 1, C. II.

84 Vgl. zu diesen Voraussetzungen des § 136 Abs. 1 BauGB: Kapitel 1, A. II.

85 *BVerwG*, Urteil vom 04.03.1999 - 4 C 8/98, Rn. 19 unter Bezugnahme auf § 3 Abs. 1 Satz 1 StBauFG; Beschluss vom 24.03.2010 - 4 BN 60/09, Rn. 3 unter Bezugnahme auf das Urteil vom 04.03.1999; nachfolgend auch: *VGH Kassel*, Urteil vom 30.09.2010 - 4 C 1718/09.N, Rn. 38 und *OVG Koblenz*, Urteil vom 18.04.2002 - 1 C 10590/01, Rn. 23.

Verhältnisse aufdrängten oder zumindest nahelägen.[86] Ebenso verhält sich das Gericht bei der Berücksichtigung von abwägungserheblichen Belangen.[87] Diese Rechtsprechung hat das Gericht auf städtebauliche Entwicklungsmaßnahmen bezüglich der Frage alternativer Standorte übertragen.[88] Da diese Entscheidungen auf der Anwendung des Verhältnismäßigkeitsgrundsatzes beruhen, dürfte auch eine Übertragung auf Sanierungsmaßnahmen und alternative Vorgehensweisen möglich sein.

In diesem Sinne gehen auch im Sanierungsrecht z. B. das *OVG Münster*[89] und das *VG Berlin*[90] davon aus, dass beim Vorliegen städtebaulicher Missstände in der Regel von der Erforderlichkeit auszugehen sei. Zwar beziehen sich diese Entscheidungen allein auf die Frage, ob die Voraussetzungen des § 136 Abs. 1 BauGB vorliegen. Da es sich hierbei aber um eine besondere Ausprägung des Übermaßverbotes handelt und die Inbezugnahme nur eine unnötige Begrenzung des Prüfungsrahmens darstellt, sich also nicht grundlegend von der allgemeinen Verhältnismäßigkeitsprüfung unterscheidet, sind diese Anforderungen auf die Prüfung der Erforderlichkeit im hier verstandenen Sinne übertragbar. Folglich ist davon auszugehen, dass an die Prüfung nur geringe Anforderungen zu stellen sind i. S. e. Vertretbarkeitsprüfung. Für diesen reduzierten Prüfungsmaßstab spricht einerseits der Grundsatz der Planungshoheit, durch den der Kommune auch das Recht eingeräumt wird, zwischen verschiedenen Planungsinstrumenten auszuwählen. Auf der anderen Seite ist die Prüfung durch - was noch zu belegen sein wird[91] - unbestimmte

86 Z. B. *BVerwG*, Urteil vom 11.12.1978 - 4 C 13/78, Rn. 48; Beschluss vom 20.07.1979 - 7 CB 21/79, Rn. 6; Urteil vom 30.05.1984 - 4 C 58/81, Rn. 53; Beschluss vom 20.12.1988 - 4 B 211/88, Rn. 8; Beschluss vom 14.05.1996 - 7 NB 3/95, Rn. 24; Beschluss vom 02.10.2002 - 9 VR 11/02, Rn. 16.

87 Z. B. für die Bauleitplanung und Fachplanungen: *BVerwG*, Beschluss vom 09.11.1979 - 4 N 1/78, Rn. 52; Urteil vom 27.03.1980 - 4 C 34/79, Rn. 25; Urteil vom 13.09.1985 - 4 C 64/80, Rn. 10; Urteil vom 03.07.1987 - 4 C 12/84, Rn. 9; Beschluss vom 07.12.1988 - 7 B 98/88, Rn. 4; *VGH Mannheim*, Beschluss vom 14.01.1980 - V 1239/79, Rn. 13; *OVG Berlin*, Urteil vom 10.08.2010 - OVG 10 A 14.07, Rn. 60.

88 *BVerwG*, Beschluss vom 31.03.1998 - 4 BN 4/98, Rn. 10; Beschluss vom 22.01.2013 - 4 BN 4/12, Rn. 11.

89 *OVG Münster*, Urteil 19.01.2011 - 2 D 146/08.NE, Rn. 86, 90, 99.

90 *VG Berlin*, Beschluss vom 23.04.2013 - 19 L 117.12, Rn. 36: nimmt unter Rn. 37 sogar an, dass städtebauliche Missstände nach dem zuvor Gesagten die Erforderlichkeit indizierten.

91 Vgl. dazu: Kapitel 2, D. III. 4. a).

Rechtsbegriffe mit Beurteilungsspielraum geprägt, die Raum für selbstständige Entscheidungen schaffen.

6. Anwendungspflicht

Nach der Einleitungsvorschrift des § 136 Abs. 1 BauGB werden städtebauliche Sanierungsmaßnahmen, deren einheitliche Vorbereitung und zügige Durchführung im öffentlichen Interesse liegen, nach den Vorschriften der §§ 136 ff. BauGB vorbereitet und durchgeführt. Fraglich ist, welche Auswirkung diese Vorschrift auf das Anwendungserfordernis des Sanierungsrechts hat. In der Literatur wird sie teilweise als gesetzgeberische Wertung gesehen, wonach bei Vorliegen der Tatbestandsvoraussetzungen die Notwendigkeit der Anwendung des Sanierungsrechts vermutet werden könne.[92] Eine Pflicht hierzu werde dagegen nicht statuiert. Begründet wird diese Sichtweise zum Teil mit den vielfältigen Gesichtspunkten, die für eine Gebietsfestlegung nach § 142 Abs. 1 BauGB maßgeblich seien, wie etwa der städtebaulichen Situation, den Zielen oder der Finanzierbarkeit.[93] Andere stellen auf die unerträglichen Folgen ab, da der Anwendungszwang zu einer Sperre anderer städtebaulicher Maßnahmen führen würde, die auch Gegenstand einer Sanierungsmaßnahme sein könnten.[94] Wieder Andere lehnen selbst diese gesetzgeberische Wertung mit der Begründung ab, § 142 Abs. 1 BauGB stelle den Erlass der Satzung in das pflichtgemäße Ermessen. § 136 Abs. 1 BauGB sei so zu lesen, dass die Kommune die Vorschriften der §§ 136 ff. BauGB anwenden solle, wenn sie eine derartige Sanierungsmaßnahme durchführen wolle.[95] Demgegenüber weist *Köhler* - zu Recht - darauf hin, dass der Wortlaut für eine Anwendungspflicht spreche.[96]

Nicht nur der Wortlaut, auch die gesetzgeberischen Motive stützen die These, dass durch § 136 Abs. 1 BauGB unter bestimmten Voraussetzungen eine Anwendungspflicht begründet wird. So wurde der Wortlaut während des Gesetzgebungsverfahrens zur Vorgängervorschrift des § 1 StBauFG von einer Kann-Vorschrift in die heutige Formulierung geändert. Der Ursprungsfassung

---

92 *Rosener*, in: Berliner Kommentar, BauGB, § 136 Rn. 7; *Krautzberger*, in: Städtebauförderungsrecht, § 136 Rn. 10.

93 *Rosener*, in: Berliner Kommentar, BauGB, § 136 Rn. 7; *Schmitz,* in: Spannowsky/Uechtritz, BauGB, § 136 Rn. 12 f.

94 *Krautzberger*, in: Städtebauförderungsrecht, § 136 Rn. 12.

95 *Schmidt-Eichstaedt*, in: Brügelmann, BauGB. § 136 Rn. 3.

96 *Köhler*, in: Schrödter, BauGB, § 136 Rn. 18, der allerdings unter § 142 Rn. 5 von einem Ermessen der Kommune hinsichtlich der Frage ausgeht, ob und wann ein Sanierungsgebiet festgelegt wird.

lag der Gedanke zu Grunde, dass damit im Interesse der Rechtsklarheit der Anwendungsbereich der Sondermaßnahmen auf solche Gebiete beschränkt werde, die förmlich als Sanierungsgebiet festgelegt worden seien.[97] Demgegenüber entschied der Ausschuss für Städtebau und Wohnungswesen, dass die Gemeinden zur Beseitigung städtebaulicher Missstände in einem Gebiet verpflichtet sein sollten, das Instrumentarium des Gesetzes anzuwenden, wenn die einheitliche Vorbereitung und zügige Durchführung dieser Maßnahmen im öffentlichen Interesse liege,[98] woraufhin der Wortlaut in beschriebener Weise geändert worden ist.

Es stellt sich also die Frage, ob der Gesetzgeber die Einwendungen gegen eine solche Pflicht übersehen hat oder ob diese unbegründet sind.

a) Vielfältige Entscheidungserfordernisse

Das Argument, die Gebietsfestlegung erfordere die Beachtung vielfältiger Gesichtspunkte, spricht nicht gegen die gesetzgeberischen Motive. Denn diese sind bereits bei der Subsumtion unter die Anwendungsvoraussetzungen des § 136 Abs. 1 BauGB zu beachten. So schließt die fehlende Finanzierbarkeit etwa die Möglichkeit aus, die Sanierung zügig durchzuführen. Die städtebauliche Situation und die Ziele werden bei der Bewertung der städtebaulichen Missstände und der angestrebten Maßnahmen nach § 136 Abs. 2 BauGB beachtet. Auch die Ziele der Sanierung und das Maß der Behebung kann die Kommune in eigener Verantwortung festlegen. Wenn sie also unter Beachtung der gesetzlichen Vorgaben zu dem Ergebnis kommt, dass die Voraussetzungen des § 136 Abs. 1 BauGB erfüllt sind, spricht nichts dagegen, sie in einem zweiten Schritt zur Anwendung des Sanierungsrechts zu verpflichten.

b) Ermessen nach § 142 Abs. 1 BauGB

Richtig ist, dass die Gemeinde nach § 142 Abs. 1 Satz 1 BauGB (ebenso schon § 3 Abs. 1 Satz 1 StBauFG) ein Sanierungsgebiet festlegen kann. Nach *Bielenberg* trägt diese Gesetzesfassung nur dem Umstand Rechung, dass auf die Durchführung der Sanierungsmaßnahme kein Rechtsanspruch bestehe.[99] Dieser Begründung ist aus heutiger Perspektive beizupflichten, weil nach § 1 Abs. 3 Satz 2 HS. 1 BauGB auf die Aufstellung städtebaulicher Satzungen kein Anspruch besteht. Da es sich bei dieser Vorschrift lediglich um eine Klarstellung zum Schutz der

---

97 *Deutscher Bundestag*, Drucksache, 6/510, S. 28.

98 *Deutscher Bundestag*, Schriftlicher Bericht zu Drucksache, 6/2204, S. 3.

99 *Bielenberg*, in: Bielenberg, Städtebauförderungsrecht, § 1 Rn. 10.

planerischen Gestaltungsfreiheit handelt,[100] galt der Grundsatz auch schon vor seiner ausdrücklichen gesetzlichen Niederlegung, als der Gesetzgeber die Formulierung für § 3 Abs. 1 Satz 1 StBauFG bzw. § 142 Abs. 1 BauGB wählte und diese ausdrückliche Klarstellung für das Sanierungsrecht noch fehlte. Hinsichtlich der Entschließung der Gemeinde, tätig zu werden („ob"), ist der Wortlaut daher ungenau. Er kann folglich nicht als tragendes Argument gegen die Anwendungspflicht herangezogen werden.

c) Sperrwirkung

Auch der Hinweis, eine Anwendungspflicht führe zu unerträglichen Zuständen, da die allgemeinen städtebaulichen Maßnahmen dadurch gesperrt würden, ist nicht tragfähig, denn dieser Schluss von der Anwendungspflicht auf die Sperrwirkung ist nicht belegt. Aus den gesetzgeberischen Motiven ergibt sich allein der Wille, die Anwendung der sanierungsrechtlichen Instrumentarien in den Fällen des § 136 Abs. 1 BauGB sicherzustellen. Ein Ausschluss anderer Maßnahmen wurde nicht erwähnt. Auch § 86 StBauFG 1971 spricht gegen eine solche Wirkung, denn danach galten die Vorschriften des BauGB, soweit sich aus dem StBauFG nichts anderes ergab. In der Begründung hieß es dazu, die grundsätzliche Anwendung des Bundesbaugesetzes werde in allen Teilen des Gesetzentwurfs vorausgesetzt.[101] Mithin erscheint es möglich, die Sanierung mit anderen städtebaulichen Mitteln, wie dem Erlass eines Bebauungsplans, vorzubereiten und danach das förmliche Sanierungsverfahren einzuleiten.

Dementsprechend dürfte diese Argumentation der Tatsache geschuldet sein, dass eine Sperrwirkung zur Zeit des StBauFG aus den Einführungserlassen der Länder abgeleitet wurde.[102] Diese existieren in der Form aber heute nicht mehr.[103]

---

100 *Battis*, in: Battis/Krautzberger/Löhr, BauGB, § 1 Rn. 31.

101 *Deutscher Bundestag*, Drucksache, 6/510, S. 52.

102 Vgl. *Bielenberg*, in: Bielenberg, Städtebauförderungsgesetz, § 1 Rn. 12.

103 Vgl. z. B. Runderlass des Nds. MS vom 02.05.1988 - 301.1-21013: Verwaltungsvorschriften zum Baugesetzbuch (VV-BauGB), in: Nds. MBl. 1988, S. 547; *MIK NRW*, Geltende Erlasse (SMBl. NRW), abrufbar unter: https://recht.nrw.de/lmi/owa/br_bes?ver=4&val=2&sg=0&menu=1&anw_nr=1&gld_nr=2&ugl_id=430&menu=1&aufgehoben=N; *IM S.-H.*, Städtebau, Bau- und Wohnungswesen - Rechtliche Grundlagen - Bauplanung, abrufbar unter: http://www.schleswig-holstein.de/IM/DE/StaedteBauenWohnung/Rechtsgrundlagen/Bauplanung/Bauplanung_node.html#doc842546bodyText4.

d) Selbstverwaltungsgarantie

Bielenberg und *Krautzberger* werfen die Frage auf, ob die o. g. Sperrwirkung gegen Art. 28 Abs. 2 GG verstoßen könnte.[104] Da der Anwendungszwang zumindest mittelbar die kommunale Instrumentenwahl des Städtebaurechts beeinflussen würde, ist zu überprüfen, ob die Selbstverwaltungsgarantie gegen die Verpflichtung spricht.

aa) Gewährleistungsumfang

Gemäß Art. 28 Abs. 2 Satz 1 GG muss den Gemeinden das Recht gewährleistet sein, alle Angelegenheiten der örtlichen Gemeinschaft im Rahmen der Gesetze in eigener Verantwortung zu regeln. Diese Gewährleistung sichert den Gemeinden nach ständiger Rechtsprechung des *BVerfG* einen grundsätzlich alle Angelegenheiten der örtlichen Gemeinschaft umfassenden Aufgabenbereich (Allzuständigkeit) sowie die Befugnis zu eigenverantwortlicher Führung der Geschäfte in diesem Bereich.[105] Angelegenheiten der örtlichen Gemeinschaft sind diejenigen Bedürfnisse und Interessen, die in der örtlichen Gemeinschaft wurzeln oder zu ihnen einen spezifischen Bezug haben.[106] Der Aufgabenbereich wird gegenständlich durch die sog. gemeindlichen Hoheiten konkretisiert. Dazu gehört u. a. die Planungshoheit.[107] Sie wird definiert als Recht auf Planung und Regelung der Bodennutzung in einem Gebiet.[108] Die Eigenverantwortlichkeitsgarantie bedeutet die Freiheit vor staatlicher Reglementierung

---

104 *Bielenberg*, in: Bielenberg, Städtebauförderungsgesetz, § 1 Rn. 11; *Krautzberger*, in: Städtebauförderungsrecht, § 136 Rn. 12.

105 Z. B. *BVerfG*, Beschluss vom 24.06.1969 - 2 BvR 446/64, Rn. 41; Beschluss vom 07.10.1980 - 2 BvR 584/76, 2 BvR 598/76, 2 BvR 599/76, 2 BvR 604/76, Rn. 43; Beschluss vom 12.01.1982 - 2 BvR 113/81, Rn. 27; Beschluss vom 23.11.1988 - 2 BvR 1619/83, 2 BvR 1628/83, Rn. 41; Beschluss vom 26.10.1994 - 2 BvR 445/91, Rn. 26; Beschluss vom 19.11.2002 - 2 BvR 329/97, Rn. 42; Beschluss vom 18.05.2004 - 2 BvR 2374/99, Rn. 133.

106 *BVerfG*, Beschluss vom 23.11.1988 - 2 BvR 1619/83, 2 BvR 1628/83, Rn. 59.

107 *Mehde*, in: Maunz/Dürig, GG, Art. 28 Rn. 57; *Püttner*, in: Isensee/Kirchhof, Handbuch des Staatsrechts, Bd. VI, 2008, § 144 Rn. 36; *Vogelsang*, in: Berliner Kommentar, GG, Art. 28 Rn. 118.

108 *BVerwG*, Urteil vom 19.03.1976 - VII C 71/72, Rn. 23; Urteil vom 11.05.1984 - 4 C 83/80, Rn. 13; *VGH Kassel*, Beschluss vom 07.02.1991 - 7 TH 3215/89, Rn. 37; differenzierter durch Einbeziehung von Bereichen außerhalb des Städtebaurechts: *Löwer*, in: v. Münch/Kunig, GG, Art. 28 Rn. 83; differenzierter: *Hellermann*, in: Epping/Hillgruber, GG, Art. 28 Rn. 40.5 unter Hinweis auf verschiedene Literaturmeinungen.

hinsichtlich der Art und Weise der Aufgabenerledigung.[109] Sie umfasst die Organisationshoheit[110], wonach die Gemeinden für die Wahrnehmung ihrer Aufgaben die Abläufe und Entscheidungszuständigkeiten im Einzelnen festlegen und damit auch über Gewichtung, Qualität und Inhalt ihrer Entscheidungen bestimmen.[111] Auch die Finanzhoheit wird aus der Eigenverantwortlichkeitsgarantie abgeleitet.[112] Sie gewährleistet den Kommunen eine selbstbestimmte Einnahmen- und Ausgabenwirtschaft im Rahmen eines gesetzlich geordneten Haushaltswesens.[113]

bb) Beeinträchtigung

Eine Beeinträchtigung der Selbstverwaltungsgarantie kann nicht nur durch den klassischen Fall des Entzugs örtlicher Aufgaben bewirkt werden, sondern auch durch die Aufgabenzuweisung. So beanspruchen etwa pflichtige Selbstverwaltungsaufgaben finanzielle und personelle Mittel, die bei der Wahrnehmung freiwilliger Selbstverwaltungsaufgaben fehlen.[114] Dadurch können einzelne Hoheiten oder die kommunale Allzuständigkeit insgesamt betroffen werden. Demzufolge könnte die Auslegung, wonach § 136 Abs. 1 BauGB eine Anwendungspflicht für

---

109 Z.B. *BVerfG*, Beschluss vom 07.02.1991 - 2 BvL 24/84, Rn. 67; Beschluss vom 07.01.1999 - 2 BvR 929/97, Rn. 32; Beschluss vom 19.11.2002 - 2 BvR 329/97, Rn. 46; Urteil vom 20.12.2007 - 2 BvR 2433/04, 2 BvR 2434/04, Rn. 146; *BVerwG*, Beschluss vom 26.02.2010 - 8 B 91/09, Rn. 4.

110 *BVerfG*, Beschluss vom 07.02.1991 - 2 BvL 24/84, Rn. 67; Beschluss vom 26.10.1994 - 2 BvR 445/91, Rn. 26; *BVerwG*, Urteil vom 06.04.2005 - 8 CN 1/04, Rn. 30.

111 *BVerfG*, Beschluss vom 26.10.1994 - 2 BvR 445/91, Rn. 26.

112 *BVerfG*, Beschluss vom 07.02.1991 - 2 BvL 24/84, Rn. 67; Beschluss vom 07.01.1999 - 2 BvR 929/97, Rn. 32; Urteil vom 20.12.2007 - 2 BvR 2433/04, 2 BvR 2434/04, Rn. 146.

113 *BVerfG*, Beschluss vom 07.01.1999 - 2 BvR 929/97, Rn. 43; Beschluss vom 27.11.1986 - 2 BvR 1241/82, Rn. 12; Urteil vom 15.10.1985 - 2 BvR 1808/82, 2 BvR 1809/82, 2 BvR 1810/82, Rn. 37; Entscheidung vom 24.06.1969 - 2 BvR 446/64, Rn. 62.

114 *BVerfG*, Beschluss vom 07.02.1991 - 2 BvL 24/84, Rn. 70 ff.; *VerfGH Rlp.*, Urteil vom 16.03.2001 - VGH B 8/00, Rn. 27; *Schoch/Wieland*, Die Verfassungswidrigkeit des § 96 Abs. 1 Satz 1 BSHG, in: JZ 1995, 982 (986); *Ipsen*, Schutzbereich der Selbstverwaltungsgarantie und Einwirkungsmöglichkeiten des Gesetzgebers, in: ZG 1994, 194 (203); *Thiele*, NKomVG, § 6 Erl. 5; *Thiele*, NGO, 4 Erl. 2; bezogen auf die Übertragung von staatlichen Aufgaben: *VerfGH NRW*, Urteil vom 12.12.1995 - 5/94, Rn. 42; *BVerfG*, Urteil vom 20.12.2007 - 2 BvR 2433/04, 2 BvR 2434/04, Rn. 118; *VerfGH NRW*, Urteil vom 12.12.1995 - 5/94, Rn. 42; *Löwer*, in: v. Münch/Kunig, GG, Art. 28 Rn. 59; *Mehde*, in: Maunz/Dürig, GG, Art. 28 Rn. 100; *Henneke*, in: Schmidt-Bleibtreu, GG, Art. 28 Rn. 50a.

das städtebauliche Sanierungsrecht bei Vorliegen der Tatbestandsmerkmale begründet, folgende Eingriffe in Art. 28 Abs. 2 Satz 1 GG bewirken:

Die Aufgabenzuweisung schmälert die Kapazitäten der Gemeinde andere Selbstverwaltungsaufgaben wahrzunehmen. Die Durchführung der städtebaulichen Sanierungsmaßnahmen stellt unter Anwendung der Vorgaben des *BVerfG* eine Aufgabe der Selbstverwaltung dar,[115] denn die Sanierung betrifft das Zusammenleben der Gemeindebürger, indem Nutzungskonflikte gelöst und die örtlichen Wohn- und Arbeitsverhältnisse verbessert werden. Der spezielle Ortsbezug wird dadurch augenscheinlich, dass die städtebaulichen Missstände in jedem Einzelfall bewertet werden müssen, wobei die Bedürfnisse und Interessen der Bewohner zu berücksichtigen sind. Auch die Ausstrahlungswirkung der städtebaulichen Missstände kennzeichnet die Örtlichkeit der Aufgabe, da die negativen Effekte innerhalb der kommunalen Grenzen verbleiben.

Aufgrund der gesetzlichen Zuweisung der Aufgabe an die Kommunen, ist die Durchführung der Sanierung als sog. pflichtige Selbstverwaltungsaufgabe zu qualifizieren, die grundsätzlich geeignet ist, die freiwilligen Aufgabenwahrnehmungen zu verdrängen.

Durch die Aufgabenzuweisung werden der Gemeinde auch Vorgaben zur Art und Weise der städtebaulichen Planung gemacht. Ihre Eigenverantwortlichkeit wird insoweit tangiert, als dass die Kommune gegen bestimmte städtebauliche Erscheinungen nicht mehr mit dem Instrumentarium der Bauleitplanung vorgehen kann, sondern die sanierungsrechtliche Gesamtmaßnahme zur Anwendung kommen muss. Der Organisation über Ablauf und Inhalt städtebaulicher Planungen werden damit Vorgaben gemacht.

Dagegen wird die Bauleitplanung als Teil der Planungshoheit[116] nicht beeinträchtigt. Denn sie ist als Abwehrrecht nur dann betroffen, wenn bereits konkretisierte Planungen verhindert oder ein Gemeindeteil der kommunalen Planung gänzlich entzogen wird.[117] Ein solcher Fall liegt nicht vor, da die Anwendungspflicht nur die Konkurrenz zweier Planungsinstrumente begründet. Der

115 So auch im Ergebnis: *Stüer*, Bau- und Fachplanungsrecht, Rn. 2143.

116 So: *BVerfG*, Beschluss vom 07.05.2001 - 2 BvK 1/00, Rn. 132; Beschluss vom 07.01.1999 - 2 BvR 929/97, Rn. 40; Beschluss vom 07.10.1980 - 2 BvR 584/76, 2 BvR 598/76, 2 BvR 599/76, 2 BvR 604/76, Rn. 40.

117 Vgl. z. B. *BVerwG*, Urteil vom 30.05.1984 - 4 C 58/81, Rn. 33; Urteil vom 11.04.1986 - 4 C 51/83, Rn. 36; Beschluss vom 15.03.1989 - 4 NB 10/88, Rn. 17; Urteil vom 27.03.1992 - 7 C 18/91, Rn. 20; *Stüer*, Planungshoheit und Planungspflicht in der Abwägungs- und Rechtsschutzpyramide, in: NVwZ 2004, 814 (815) m. w. N.

Kommune bleibt die Möglichkeit, unter Beachtung des Erforderlichkeitsgrundsatzes gemäß § 1 Abs. 3 BauGB einen Bebauungsplan nach den allgemeinen Regelungen[118] aufzustellen.

Ebenso wenig stellt die Tatsache, dass die Sanierung regelmäßig mit erheblichen finanziellen Aufwendungen verbunden ist, eine Beeinträchtigung der kommunalen Finanzhoheit dar. Eine solche scheidet nämlich regelmäßig dann aus, wenn eine Aufgabenübertragung die finanziellen Verhältnisse der Kommune nur mittelbar tangiert und - was im Folgenden zu belegen ist - die Aufgabenzuweisung selbst rechtmäßig erfolgt.[119] Im Übrigen schützt der Tatbestand des § 136 Abs. 1 BauGB vor finanziellen Einbußen, da eine Sanierungsmaßnahme unter dem Vorbehalt der zügigen Durchführbarkeit steht, die eine Finanzierungssicherheit erfordert.

cc) Rechtfertigung

Die Gewährleistung des Art. 28 Abs. 2 GG gilt nicht uneingeschränkt. Sie steht unter dem Vorbehalt des Gesetzes. Mithin obliegt dem Gesetzgeber die Ausgestaltung der benannten Garantien.

(1) Kernbereich

Nach der Rechtsprechung des *BVerfG* setzt zunächst der Kernbereich der Selbstverwaltungsgarantie dem Gesetzgeber eine Grenze. Hiernach darf der Wesensgehalt der gemeindlichen Selbstverwaltung nicht ausgehöhlt,[120] also faktisch oder tatsächlich beseitigt werden.[121] Der Wesensgehalt umfasst das Essentiale, das aus einer Institution nicht entfernt werden kann, ohne deren Struktur und

---

118 *Battis*, Öffentliches Baurecht und Raumordnungsrecht, S. 171: „Wenn, wie im Regelfall, Bebauungspläne zur Durchführung der Sanierung gem. § 1 III BauGB erforderlich sind, so richten sich diese nach Inhalt und Verfahren nach den allgemeinen Vorschriften."

119 *BVerfG*, Entscheidung vom 24.06.1969 - 2 BvR 446/64, Rn. 62; Beschluss vom 27.11.1986 - 2 BvR 1241/82, Rn. 12; *Schoch/Wieland*, Die Verfassungswidrigkeit des § 96 Abs. 1 Satz 1 BSHG, in: JZ 1995, 982 (986, Fn. 47); *Ipsen*, Schutzbereich der Selbstverwaltungsgarantie und Einwirkungsmöglichkeiten des Gesetzgebers, in: ZG 1994, 194 (203); *Mehde*, in: Maunz/Dürig, GG, Art. 28 Rn. 81.

120 *BVerfG*, Urteil vom 20.03.1952 - 1 BvR 267/51, Rn. 9 f.; Urteil vom 10.12.1974 - 2 BvK 1/73, Rn. 72; Beschluss vom 23.06.1987 - 2 BvR 826/83, Rn. 37; Beschluss vom 23.11.1988 - 2 BvR 1619/83, 2 BvR 1628/83, Rn. 47; Beschluss vom 26.10.1994 - 2 BvR 445/91, Rn. 31; Beschluss vom 07.05.2001 - 2 BvK 1/00, Rn. 123.

121 *BVerfG*, Beschluss vom 07.05.2001 - 2 BvK 1/00, Rn. 123; Beschluss vom 19.11.2002 - 2 BvR 329/97, Rn. 45.

Typus zu verändern.[122] Der Grundsatz der kommunalen Allzuständigkeit sowie die Organisationshoheit sind grundsätzlich Teil des Kernbereichs.[123] Nach den benannten Maßstäben kann aber für beide Bereiche keine Kernbereichsverletzung festgestellt werden:

Die kommunale Allzuständigkeit wird im Kern gewahrt, denn durch die Anwendung des Sanierungsrechts werden personelle und finanzielle Ressourcen nicht in einem solchen Maß gebunden, dass die eigenverantwortliche Wahrnehmung anderer Aufgaben ausscheidet. In finanzieller Hinsicht wird die Kommune durch die Bereitstellung von Fördermitteln gemäß §§ 164a, 164b BauGB unterstützt. Abgemildert wird die Belastung auch durch die Möglichkeit, Ausgleichsbeträge zu erheben, §§ 152 ff. BauGB. Die Inanspruchnahme personeller Ressourcen wird dadurch reduziert, dass die Behebung städtebaulicher Missstände auf übersichtliche Gebiete begrenzt werden kann. Auch sind die tatbestandlichen Vorgaben des § 136 Abs. 1 BauGB zu beachten, wonach die Maßnahmen in absehbarer Zeit durchgeführt werden sollen. Folglich bleibt es der Kommune überlassen, die Gebietsabgrenzung ihren Ressourcen anzupassen. Auch können die Maßnahmen für andere kommunale Aufgaben positive Effekte erzielen. Etwa, wenn mit der Sanierung die Errichtung oder Verlagerung von Einrichtungen der Daseinsvorsorge einhergeht oder sie mit weiteren Planungen verknüpft wird.

Auch die Annahme, dass die kraftvolle Betätigung der Kommunen erst durch die Kumulation verschiedener Aufgabenzuweisungen ihre Grenze findet, ändert dieses Ergebnis nicht, denn die sanierungsrechtlichen Sonderregeln kommen nur im Ausnahmefall zur Anwendung. Sie sind für die betroffenen Kommunen keine Dauerbelastung, so dass sie bei dem Additionseffekt nicht wesentlich mitwirken. Ohnehin müsste bei dieser Bewertung beachtet werden, dass das Sanierungsrecht bereits 1971 in Kraft trat und damit anderen pflichtigen Selbstverwaltungsaufgaben vorginge.

Auch der Wesensgehalt der Organisationshoheit wird durch eine Anwendungspflicht des § 136 Abs. 1 BauGB nicht berührt. Den Kommunen bleibt durch diese Regelung ausreichend Handlungsspielraum, denn auf der einen Seite ist das Sanierungsrecht als Sonderrecht konzipiert, das nur zur Anwendung kommt, wenn die städtebauliche Situation einen qualifizierten Handlungsbedarf erfordert. Mithin wurde der Kommune ein Werkzeug für Ausnahmesituationen

---

122 *Tettinger*, in: Mann/Püttner, Kommunalverfassung, § 11 Rn. 18; *Löwer*, in: v. Münch/Kunig, GG, Art. 28 Rn. 50.

123 *BVerfG*, Urteil vom 24.07.1979 - 2 BvK 1/78, Rn. 70; *BVerwG*, Urteil vom 27.01.1984 - 8 C 128/81, Rn. 18; *Vogelsang*, in: Berliner Kommentar, GG, Art. 28 Rn. 139.

an die Hand gegeben. Andererseits bietet der auslegungsbedürftige Tatbestand des § 136 BauGB der Kommune vielfältige Möglichkeiten verschiedene Planungen zu kombinieren oder die Sanierung im Ergebnis abzulehnen. Mithin wird die Kommune nicht aus ihrer Verantwortung verdrängt. Ihre Entscheidungsspielräume werden lediglich in ein anderes städtebauliches Instrument verlagert.

(2) Verhältnismäßigkeit und Willkürverbot
Aber auch außerhalb des Kernbereichs ist der Gesetzgeber nicht frei bei der Beschränkung der Selbstverwaltungsgarantie. Er muss vielmehr das Willkürverbot und den Grundsatz der Verhältnismäßigkeit beachten.[124] Diese Voraussetzungen sind erfüllt. Das Sanierungsrecht dient nach den bereits vielzitierten Gesetzesbegründungen der Bekämpfung besonders verheerender städtebaulicher Situationen. Die betroffenen Belange erfordern ein konzeptionelles und umfassendes Einschreiten. Mithin rechtfertigt sich das Sanierungsinstrument aus gewichtigen Gemeinwohlbelangen. Wie bereits unter dem Aspekt der Erforderlichkeit erörtert, ist es erst anzuwenden, wenn kein milderes Mittel zur Verfügung steht. Die Anwendungspflicht ist auch angemessen, denn die Beschränkung der Bauleitplanung ist nur geringfügig. Bei beiden Instrumenten erhält die Kommune die Möglichkeit mittels Abwägung privater und öffentlicher Belange unter Berücksichtigung städtebaulicher Belange ihre Planung festzulegen. Das bedeutet, die Planungsentscheidung, die eigentlich bei der Aufstellung der Bauleitpläne vollzogen würde, wird teilweise auf die Sanierungsplanung verlagert, mit der Möglichkeit weitergehender Maßnahmen. Dabei kann die Kommune beide Planungsinstrumente kombinieren. Zudem ist der Tatbestand, der die Anwendungsvoraussetzungen des Sanierungsrechts niederlegt, offen ausgestaltet. Das vielfache Erfordernis die Einzelfallsituation zu beurteilen, lässt der Kommune weite Entscheidungsmöglichkeiten und trägt dem Grundsatz der Eigenverantwortlichkeit Rechnung. Auch müssen keine fremden Planungen einbezogen werden, so dass die Instrumentenwahl im Ergebnis nur in wenigen Fällen vorgeschrieben wird. Angesichts der Missstände, die mit dem Sanierungsrecht behoben werden sollen, erscheint diese Beschränkung angemessen. Gleiches gilt für die Beschränkung der Kapazität für freiwillige Selbstverwaltungsaufgaben.

---

124 *BVerfG*, Beschluss vom 07.10.1980 - 2 BvR 584/76, 2 BvR 598/76, 2 BvR 599/76, 2 BvR 604/76, Rn. 45; Beschluss vom 07.05.2001 - 2 BvK 1/00, Rn. 124; *VerfGH Rlp.*, Urteil vom 16. 3. 2001 - VGH B 8/00, Rn. 28; *VerfGH NRW*, Urteil vom 09.02.1993 - 18/91, 2/92, Rn. 44.

(3) Ergebnis
Dementsprechend stellt die Anwendungspflicht des § 136 Abs. 1 BauGB keine Verletzung der Selbstverwaltungsgarantie dar. Es sprechen keine tragfähigen Gründe gegen diese Verpflichtung.

e) Hilfsüberlegung zur Rechtmäßigkeit der Anwendungspflicht

Das *BVerwG* ging in einer Entscheidung aus dem Jahr 2003 davon aus, dass sich das Planungsermessen einer Gemeinde im unbeplanten Innenbereich zu einer strikten Planungspflicht verdichten könne, wenn qualifizierte städtebauliche Gründe von besonderem Gewicht vorlägen. Ein solcher Zustand sei jedenfalls dann erreicht, wenn städtebauliche Missstände oder Fehlentwicklungen bereits eingetreten seien oder in naher Zukunft einzutreten drohten. Anhaltspunkte für einen solchen Zustand könnten aus § 136 Abs. 2 und Abs. 3 gewonnen werden.[125] Die prinzipielle Verankerung einer Planungspflicht sei mit der Garantie der kommunalen Selbstverwaltung aus Art. 28 Abs. 2 Satz 1 GG vereinbar.[126]

Diese Entscheidung spricht dafür, dass die Kommunen auch im Bereich des städtebaulichen Sanierungsrechts zur Planung verpflichtet werden können. Der vom Gericht benannte Maßstab gilt hier sogar originär. Zudem wird die Verpflichtung, wie dargelegt, an weitere Voraussetzungen geknüpft, die eine Ausuferung vermeiden.

III. Wohl der Allgemeinheit

Gemäß § 136 Abs. 4 Satz 1 BauGB dienen städtebauliche Sanierungsmaßnahmen dem Wohl der Allgemeinheit.

1. Keine Allgemeinwohlfiktion

Mit dieser Wendung soll die besondere Wertigkeit der städtebaulichen Sanierungsmaßnahmen zum Ausdruck gebracht werden.[127] Der Formulierung kann nicht die Fiktion für das stete Vorliegen der Allgemeinwohlbelange bei Festlegung eines Sanierungsgebiets entnommen werden.[128] Denn andernfalls würden

---

125 *BVerwG*, Urteil vom 17.09.2003 - 4 C 14/01, Rn. 16; zustimmend: *VGH München*, Urteil vom 09.08.2012 - 8 A 10.40050, Rn. 24.

126 *BVerwG*, Urteil vom 17.09.2003 - 4 C 14/01, Rn. 12.

127 *Köhler*, Stadt- und Dorferneuerung in der kommunalen Praxis, Rn. 106; *Krautzberger*, in: Ernst/Zinkahn, BauGB, § 136 Rn. 125.

128 *Mitschang*, in: Battis/Krautzberger/Löhr, BauGB, § 136 Rn. 27; *Köhler*, in: Schrödter, BauGB, § 136 Rn. 71, jeweils ohne Begründung.

die verfassungsrechtlichen Vorgaben unterlaufen werden, nach denen das Wohl der Allgemeinheit (z. B. Art. 14 Abs. 3 Satz 1 GG, übernommen in § 87 Abs. 1 BauGB) anhand einer Einzelfallprüfung[129] festgestellt werden soll.[130] Auch die Motive des Gesetzgebers deuten auf eine solche Auslegung hin. Durch den Ausschuss für Städtebau und Wohnungswesen wurde in den Entwurf zum StBauFG in § 1 Abs. 4 Satz 1 erstmals die Formulierung eingefügt, dass Sanierungs- und Entwicklungsmaßnahmen dem Wohl der Allgemeinheit dienen.[131] Begründet wurde dieser Zusatz nicht.[132] Auch der inhaltlich in Bezug genommene Entwurf der CDU / CSU Fraktion enthielt weder diese Formulierung noch Erwägungen zur Interpretation sanierungsrechtlicher Allgemeinwohlbelange.[133] Allerdings wurden in dem Entwurf zum StBauFG der Bundesregierung in § 19 besondere Vorschriften über die Enteignung niedergelegt. Danach waren bei der Enteignung eines im förmlich festgelegten Sanierungsgebiet gelegenen Grundstücks zugunsten der Gemeinde zwingende städtebauliche Gründe im Sinne des § 88 BBauG als gegeben anzusehen.[134] In der Begründung heißt es dazu:

> *„In Absatz 1 wird im Wege einer Gesetzesinterpretation festgelegt, daß „zwingende städtebauliche Gründe" im Sinne des 88 BBauG in einem förmlich festgelegten Sanierungsgebiet immer vorliegen. Im übrigen müssen selbstverständlich die Voraussetzungen einer Enteignung gegeben sein."*[135]

Bereits §§ 87 Abs. 1, 88 BBauG 1960 enthielten die heute noch bestehenden Formulierungen „Wohl der Allgemeinheit" und „zwingende städtebauliche Gründe". Diese gesetzgeberische Intention wurde von dem Ausschuss für Städtebau und Wohnungswesen inhaltlich auch nicht geändert.[136] Mithin kann aus der Gesetzesbegründung, die eine Fiktion lediglich für die zwingenden städtebaulichen Gründe festschreibt und in einem gesonderten Abschnitt abweichende Vorschriften über Enteignungsmaßnahmen schafft,

---

129 *Deutscher Bundestag*, Drucksache 3/336, S. 25, 89 zu § 96 Abs. 2 der Entwurfsfassung, der inhaltlich als § 87 Abs. 1 BauGB 1960 in Kraft getreten ist.

130 *Meyer*, Betrachtungen über das Städtebauförderungsgesetz im Spannungsfeld des Grundgesetzes, in: AöR 97 (1972), 12 (17).

131 *Deutscher Bundestag*, Drucksache 6/2204, S. 3.

132 *Deutscher Bundestag*, Schriftlicher Bericht zu Drucksache 6/2204, S. 3.

133 Vgl. zu der in Bezug genommenen Regelung: *Deutscher Bundestag*, Drucksache 6/434, S. 4, 34.

134 *Deutscher Bundestag*, Drucksache 6/510, S. 10.

135 *Deutscher Bundestag*, Drucksache 6/510, S. 37.

136 *Deutscher Bundestag*, Drucksache 6/2204, S. 11; Bericht zur Drucksache 6/2204, S. 12.

im Umkehrschluss gefolgert werden, dass die Allgemeinwohlbelange i. S. d. Enteignungsrechts weiterhin im Einzelfall festgestellt werden müssen - wenn davon auszugehen ist, dass die Begriffe „Wohl der Allgemeinheit“ und „zwingende städtebauliche Gründe“ einen unterschiedlichen Inhalt aufweisen. Für eine solche Auslegung spricht einerseits der unterschiedliche Wortlaut, der nur einen Sinn ergibt, wenn der Gesetzgeber einen unterschiedlichen Inhalt der Vorschriften zum Ausdruck bringen wollte. Auch das Regel-Ausnahme-System spricht für diese Interpretation, da die Verfahrenserleichterung des § 88 BauGB nur zu rechtfertigen ist, wenn an sie weitere Voraussetzungen geknüpft werden. Andernfalls würden die Anforderungen an das Regelverfahren unterlaufen werden. Mithin sind zwingende Gründe dann anzunehmen, wenn eine alsbaldige Vollziehung der Enteignung erforderlich erscheint,[137] denn Sinn und Zweck der Regelung ist die Möglichkeit, die von der Verfahrensvereinfachung eingeschlossenen Maßnahmen möglichst schnell abschließen zu können.[138]

2. Keine weitere Anwendungsvoraussetzung

Auch legt § 136 Abs. 4 Satz 1 BauGB keine weitere Anwendungsvoraussetzung für das Sanierungsrecht nieder.[139] Dafür spricht nicht nur der klarstellende Charakter der Formulierung, sondern auch die Tatsache, dass der Begriff des Allgemeinwohls einen sehr abstrakten Rechtsbegriff darstellt, der eine Vielfalt von Sachverhalten abdeckt.[140] Er lässt eine sachgerechte Prüfung ohne weitere Konkretisierung nicht zu. Die Allgemeinwohlbelange dienen stattdessen als Auslegungshilfe zur Beurteilung des öffentlichen Interesses.[141]

---

137 *OVG Berlin*, Urteil vom 10.08.2010 - OVG 10 A 14.07, Rn. 64; ähnlich: *BGH*, BRS 19 Nr. 55, S. 92, Urteil vom 14.03.1968 – III ZR 105/67: „§ 88 BBauG soll Erleichterungen [...] für die Fälle schaffen, die in der städtebaulichen Ordnung und Entwicklung im gewissen Sinne eine Schlüsselrolle einnehmen und deshalb wegen ihrer besonderen Bedeutung für die Allgemeinheit vordringlich einer baulichen Lösung zugeführt werden müssen.“

138 *Deutscher Bundestag*, Drucksache 6/510, S. 37 für das Sanierungsverfahren.

139 *Köhler*, in: Schrödter, BauGB, § 136 Rn. 73; *Mitschang*, in: Battis/Krautzberger/Löhr, BauGB, § 136 Rn. 27; *Schmitz*, in: Spannowsky/Uechtritz, BauGB, § 136 Rn. 51.

140 So z. B. *BVerfG*, Entscheidung vom 18.12.1968 - 1 BvR 638/64, 1 BvR 673/64, 1 BvR 200/56, 1 BvR 238/56, 1 BvR 249/56, Rn. 124 zu Art. 14 Abs. 3 Satz 1 GG.

141 Vgl. dazu: Kapitel 1, A. II. 3.

IV. Ergebnis

Rechtsprechung und Literatur versuchen den abstrakten Grundbegriffen des Sanierungsrechts durch die Formulierung von Definitionen Herr zu werden. Diese Begriffsbestimmungen enthalten Wendungen wie „erheblich“, „Gesamtsituation des Einzelfalls“, „deutlich positiv“, „absehbarer Zeitraum“ oder „gewichtige städtebauliche Belange“. Mithin können sie nur als Umschreibungen gewertet werden, die selbst eine weitere Konkretisierung erfahren müssen. Diese Ausfüllung wird von der Rechtsprechung vorgenommen. Problematisch dabei ist, dass jeder Entscheidung unterschiedliche Ausgangsbedingungen, wie etwa die Gebietsgröße, die vorhandenen Missstände oder die kommunalen Zielvorstellungen zu Grunde liegen, denn diese Einzelfallrechtsprechung birgt Unsicherheiten bei der Rechtsanwendung und dem Rechtschutz.

B. Verfahrensablauf – Ein Überblick

Das städtebauliche Sanierungsverfahren gliedert sich im Wesentlichen in sechs, sich teilweise überlappende, Phasen:

1. Feststellung des Sanierungsverdachts,
2. Erlass des Einleitungsbeschlusses mit den vorbereitenden Untersuchungen (§ 140 Nr. 1 BauGB),
3. Erlass der Sanierungssatzung,
4. Weitere Vorbereitung (§§ 140 Nr. 2 bis Nr. 7 BauGB),
5. Durchführung (§ 146 BauGB) und
6. Abschluss der Sanierung (§§ 162, 163 BauGB).

Diese Phasen sollen nachfolgend nicht nur systematisch dargestellt werden, sondern es soll auch aufgezeigt werden, wo die entscheidenden Schnittstellen liegen, die zu einer Fehlentwicklung bzw. der Fehlanwendung des Sanierungsrechts führen können.

I. Feststellung des Sanierungsverdachts

Der erste Schritt, den die Anwendung des Sanierungsrechts erfordert, ist die Befürchtung der Kommune, dass ein Gebiet städtebauliche Missstände im Sinne des § 136 Abs 2 Satz 2 BauGB aufweist. Ein solcher Sanierungsverdacht liegt vor, wenn hinreichende Anhaltspunkte die Annahme rechtfertigen, dass ein Gebiet sanierungsbedürftig ist.[142] Diese Erkenntnis hat die Kommune entweder im

142 *Schmitz*, in: Spannowsky/Uechtritz, BauGB, § 141 Rn. 1.

Rahmen anderer Planungen erhalten, etwa bei der Aufstellung von Bauleitplänen im Sinne des § 1 Abs. 2 BauGB oder bei der Entwicklung städtebaulicher Rahmenplanungen.[143] Oder sie hat in eigener Initiative eine Voruntersuchung zur Feststellung eines Sanierungsverdachtsgebiets eingeleitet, indem sie die erforderlichen Kenndaten (z. B. Leerstände, Sozialstruktur, Bausubstanz) im Rahmen einer Grobanalyse zusammengestellt hat. Eine gesetzliche Grundlage für diese Maßnahme existiert nicht. Die Begründung hierfür ist vielfältig. So wird angeführt, eine Grundlage werde nicht benötigt, da nicht in Rechte der Bürger eingegriffen werde.[144] Andere stellen darauf ab, dass auf allgemeine Regelungen zurückgegriffen werden könne.[145] Es wird aber auch die Auffassung vertreten, das Gesetz gehe von einer allgemeinen Kenntnis über Problemgebiete aus.[146] Im Kern dürften alle Meinungen zutreffend sein, denn nach der im Städtebaubericht 1970 entäußerten Ansicht der Bundesregierung zu ihrem ersten Entwurf des StBauFG, erfolge die Abgrenzung des Sanierungsverdachtgebiets durch die Erhebung flächenbezogener, sanierungsrelevanter Sachverhalte. Die hierbei benötigten statistischen Daten könnten durch die Auswertung sekundärstatistischen Materials und Begehungen des Gebiets gewonnen werden.[147]

Diese vorgelagerte Phase ist nur insoweit für die Anwendung des Sanierungsrechts bedeutend, als dass sie den Anstoß zum kommunalen Tätigwerden bewirkt. Problematisch dürfte lediglich der Fall sein, dass die Kommune trotz ihrer Erkenntnisse nicht handelt. Da in dieser Konstellation aber keine Fehlanwendung zu befürchten steht, soll sie nicht weiter beleuchtet werden.

II. Einleitungsbeschluss und vorbereitende Untersuchung

Auf Grundlage dieser allgemeinen Erkenntnisse beschließt die Gemeinde in der Regel die Einleitung des Sanierungsverfahrens, §§ 140 Nr. 1, 141 Abs. 3 Satz 1 BauGB. Dieser sog. Einleitungsbeschluss kennzeichnet den Beginn des gesetzlich geregelten Sanierungsverfahrens.[148] Er verpflichtet die Gemeinde einerseits,

---

143 *Krautzberger*, in: Ernst/Zinkahn, BauGB, § 141 Rn. 74; *Mitschang*, in: Battis/Krautzberger/Löhr, BauGB, § 141 Rn. 10; *Schmitz*, in: Spannowsky/Uechtritz, BauGB, § 141 Rn. 9.

144 *Schmitz*, in: Spannowsky/Uechtritz, BauGB, § 141 Rn. 4.

145 *Krautzberger*, in: Ernst/Zinkahn, BauGB, § 141 Rn. 74.

146 *Krautzberger*, in: Ernst/Zinkahn, BauGB, § 141 Rn. 74; *Mitschang*, in: Battis/Krautzberger/Löhr, BauGB, § 141 Rn. 10.

147 *Deutscher Bundestag*, Drucksache 6/1497, S. 89.

148 *Krautzberger*, in: Ernst/Zinkahn, BauGB, § 141 Rn. 18, 71; *Mitschang*, in: Battis/Krautzberger/Löhr, BauGB, § 141 Rn. 9; *Schmidt/Gstöttner*, Städtebauförderung, S. 19; *Köhler*, Stadt- und Dorferneuerung in der kommunalen Praxis, Rn. 110.

die in § 141 Abs. 1 Satz 1 BauGB beschriebene vorbereitende Untersuchung zur Feststellung der Sanierungsbedürftigkeit durchzuführen,[149] andererseits dient er aber auch als tatbestandliche Voraussetzung von Untersuchungsmaßnahmen, die Rechte Dritter berühren.[150] Des Weiteren erfüllt er mit seiner Bekanntmachung gemäß § 141 Abs. 3 Satz 2 BauGB eine Hinweisfunktion an die möglicherweise sanierungsbetroffenen Bürger und öffentlichen Träger.[151]

Wie bereits angedeutet, treten mit Wirksamwerden des Einleitungsbeschlusses Rechtswirkungen ein. Gemäß § 141 Abs. 4 Satz 1 HS. 1 BauGB finden die §§ 137, 138 und § 139 über die Beteiligung und Mitwirkung der Betroffenen und öffentlichen Aufgabenträger sowie die Auskunftspflicht nunmehr Anwendung. Ab diesem Zeitpunkt ist auch das Rechtsinstitut der Zurückstellung gemäß § 15 BauGB auf die Durchführung eines Vorhabens i. S. d. § 29 Abs. 1 BauGB und auf die Beseitigung einer baulichen Anlage entsprechend anzuwenden, § 141 Abs. 3 Satz 1 HS. 2 BauGB. Allerdings nur bis zur förmlichen Festlegung eines Sanierungsgebiets, denn dann greift das Genehmigungserfordernis nach § 144 Abs. 1 Nr. 1 BauGB, wie § 15 Abs. 2 BauGB zu entnehmen ist. Zudem bestimmt § 140 Nr. 7 BauGB, dass bereits einzelne Ordnungs- und Baumaßnahmen durchgeführt werden können. Erforderlichenfalls kann die Gemeinde außerdem eine Vorkaufssatzung gemäß § 25 Abs. 1 Satz 1 Nr. 2 BauGB erlassen.[152] Nach § 138 Abs. 1 BauGB besteht für Eigentümer und alle zum Besitz oder der Nutzung Berechtigten eines Grundstücks oder Gebäude(-teils) eine Auskunftspflicht über objekt- und personenbezogene Daten. Die Pflicht kann gemäß § 138 Abs. 4 Satz 1 i. V. m. § 208 BauGB zwangsweise durchgesetzt werden. Da der Einleitungsbeschluss also Rechte und Pflichten für die Beteiligten begründet, muss das Untersuchungsgebiet eindeutig festgelegt werden.[153]

Die vorbereitende Untersuchung ist eine maßgebliche Weichenstellung für den späteren Ablauf des Sanierungsverfahrens, wie sich bereits aus dem Wortlaut von § 141 Abs. 1 BauGB ergibt. Denn die Untersuchung dient dem Nachweis

149 *Krautzberger*, in: Ernst/Zinkahn, BauGB, § 141 Rn. 77.

150 *Mitschang*, in: Battis/Krautzberger/Löhr, BauGB, § 141 Rn. 13; *Stemmler*, Berliner Kommentar, BauGB, § 141 Rn. 23.

151 *Krautzberger*, in: Ernst/Zinkahn, BauGB, § 141 Rn. 77; *Schmidt-Eichenstaedt*, in: Brügelmann, BauGB, § 141 Rn. 16.

152 *Krautzberger*, in: Ernst/Zinkahn, BauGB, § 141 Rn. 82.

153 *Krautzberger*, in: Ernst/Zinkahn, BauGB, § 141 Rn. 73; *Mitschang*, in: Battis/Krautzberger/Löhr, BauGB, § 141 Rn. 9; *Schmitz*, in: Spannowsky/Uechtritz, BauGB, § 141 Rn. 5, der nur eine möglichst exakte Abgrenzung des Untersuchungsgebiets verlangt, statt einer parzellenscharfen Abgrenzung.

darüber, ob und welche städtebaulichen Missstände i. S. d. § 136 Abs. 2 BauGB in dem untersuchten Gebiet vorliegen, nebst den sonstigen sozialen, strukturellen und städtebaulichen Verhältnissen und Zusammenhängen.[154] Dazu gehört auch eine Begutachtung über die nachteiligen Auswirkungen der beabsichtigten Maßnahmen, um die Erarbeitung des Sozialplans nach §§ 140 Nr. 6, 180 BauGB zu ermöglichen.[155] Diese Ergebnisse dienen der Kommune dann als Rechtfertigung der Sanierung[156] sowie als Grundlage für die Festlegung der allgemeinen Sanierungsziele (§§ 140 Nr. 3, 136 Abs. 4 BauGB), deren Gewichtung und Durchführbarkeit.[157] Dabei sind auch die allgemeinen planungsrechtlichen Rahmenbedingungen, wie die Raumordnungspläne, Fachplanungen oder Bauleitpläne zu berücksichtigen.[158] Zudem sollen die Untersuchungsergebnisse die Möglichkeit zur zweckmäßigen Abgrenzung des Sanierungsgebiets (§ 140 Nr. 4 BauGB) schaffen.[159] Gemäß § 149 Abs. 1 BauGB hat die Kommune nach dem Stand der Planung eine Kosten- und Finanzübersicht aufzustellen. Das bedeutet nach der Rechtsprechung, dass schon im Rahmen der vorbereitenden Untersuchungen die Kosten der Gesamtmaßnahme überschlägig zu ermitteln und die Finanzierungsmöglichkeiten zu erkunden sind.[160] Die Übersicht ist in dem Maße, in dem die Planung sich verfestigt, zu konkretisieren.[161] In diesem Stadium wird auch die Anmeldung zur Teilnahme an den Städtebauförderprogrammen

---

154 *Krautzberger*, in: Ernst/Zinkahn, BauGB, § 140 Rn. 30 und § 141 Rn. 26; *Mitschang*, in: Battis/Krautzberger/Löhr, BauGB, § 141 Rn. 2; *Schmitz*, in: Spannowsky/Uechtritz, BauGB, § 141 Rn. 18 f.; *Schmidt/Gstöttner*, Städtebauförderung, S. 19.

155 *Krautzberger*, in: Ernst/Zinkahn, BauGB, § 141 Rn. 18, 48; *Mitschang*, in: Battis/Krautzberger/Löhr, BauGB, § 141 Rn. 4; *Schmidt-Eichenstaedt*, in: Brügelmann, BauGB, § 141 Rn. 7.

156 *Krautzberger*, in: Ernst/Zinkahn, BauGB, § 141 Rn. 25; *Mitschang*, in: Battis/Krautzberger/Löhr, BauGB, § 141 Rn. 2; *Schmitz*, in: Spannowsky/Uechtritz, BauGB, § 141 Rn. 17.

157 *Krautzberger*, in: Ernst/Zinkahn, BauGB, § 140 Rn. 29; *Krautzberger*, in: Ernst/Zinkahn, BauGB, § 141 Rn. 1, 26, 33, 40; *Mitschang*, in: Battis/Krautzberger/Löhr, BauGB, § 141 Rn. 2; *Schmitz*, in: Spannowsky/Uechtritz, BauGB, § 141 Rn. 13, 22, 25; *Schmidt-Eichenstaedt*, in: Brügelmann, BauGB, § 141 Rn. 6.

158 *Krautzberger*, in: Ernst/Zinkahn, BauGB, § 141 Rn. 27; *Schmidt-Eichenstaedt*, in: Brügelmann, BauGB, § 141 Rn. 10.

159 *Krautzberger*, in: Ernst/Zinkahn, BauGB, § 140 Rn. 30 und § 141 Rn. 1; *Mitschang*., in: Battis/Krautzberger/Löhr, BauGB, § 141 Rn. 2.

160 *BVerwG*, Beschluss vom 16.02.2001 - 4 BN 56/00, Rn. 9 zur Entwicklungsmaßnahme, für die nach § 171 Abs. 2 Satz 1 BauGB auch § 149 BauGB Anwendung findet.

161 *BVerwG*, Beschluss vom 16.02.2001 - 4 BN 56/00, Rn. 9.

eingereicht.[162] Des Weiteren entscheidet die Kommune anhand ihrer Ergebnisse auch darüber, ob sie die Sanierung im normalen oder vereinfachten Verfahren gemäß § 142 Abs. 4 BauGB durchführt.[163]

Letzteres ist von Bedeutung, weil sich die belastende Wirkung der beiden Verfahrenstypen unterschiedlich darstellt. Das Normalverfahren ist dadurch gekennzeichnet, dass die Sanierung unter Anwendung aller Vorschriften des Sanierungsrechts durchgeführt wird. Demgegenüber bedeutet die Sanierung im vereinfachten Verfahren nach § 142 Abs. 4 HS. 1 BauGB, dass die Erhebung von Ausgleichsbeträgen ausgeschlossen wird. Der Gesetzgeber sah bei Erlass dieser Vorschrift das Normalverfahren als Regelfall an. Dementsprechend bedarf die Entscheidung für das vereinfachte Verfahren einer Rechtfertigung.[164] Diese ist immer dann gegeben, wenn Sanierungsziele angestrebt werden, deren Umsetzung prognostisch zu keiner bzw. zu einer nur geringen Wertsteigerung der Grundstücke führt,[165] dann ist nämlich die Anwendung der Vorschriften über die Ausgleichsbeträge nicht erforderlich. Mit der Wahl des vereinfachten Verfahrens überträgt der Gesetzgeber den Gemeinden weitere Ausgestaltungsmöglichkeiten. So kann nach § 142 Abs. 4 HS. 2 BauGB darüber entschieden werden, ob die Verfügungs- und Veränderungssperre nach § 144 BauGB ganz oder teilweise zur Anwendung kommen soll oder auf die allgemeinen Sicherungsmittel zurückgegriffen werden kann.[166] Mithin stellt das vereinfachte Verfahren das weniger belastende Verfahren dar. Seine Anwendung steht regelmäßig im Interesse der Sanierungsbetroffenen.

Der Umfang der Untersuchungsmaßnahmen wird durch § 141 Abs. 2 BauGB auf die Ermittlung einer hinreichenden Beurteilungsgrundlage begrenzt. Welche Untersuchungsanforderungen daraus resultieren, variiert naturgemäß in jedem Einzelfall. Allerdings zeigen die dargelegten Zweckrichtungen, dass die vorbereitende Untersuchung mitunter vielfältig und aufwendig sein kann. Nicht nur deshalb, sondern auch, weil sie die Grundlage für das weitere Verfahren bildet, muss sie besonders sorgfältig erledigt werden. Daraus folgt auch, dass die Kommune die ihr für die Informationsgewinnung zur Verfügung gestellten Auskunfts- und

162 Vgl. dazu: Kapitel 2, C. I. 2. c).

163 *Krautzberger*, in: Ernst/Zinkahn, BauGB, § 140 Rn. 30 und § 141 Rn. 3; *Mitschang*, in: Battis/Krautzberger/Löhr, BauGB, § 141 Rn. 2; *Schmidt-Eichenstaedt*, in: Brügelmann, BauGB, § 141 Rn. 12.

164 *Schmidt-Eichenstaedt*, in: Brügelmann, BauGB, § 142 Rn. 38.

165 *Krautzberger*, in: Ernst/Zinkahn, BauGB, § 142 Rn. 98.

166 *Schmidt-Eichenstaedt*, in: Brügelmann, BauGB, § 142 Rn. 54, 56; *Battis*, Öffentliches Baurecht und Raumordnungsrecht, S. 166.

Beteilungsrechte gemäß § 137 bis § 139 BauGB sachgerecht einsetzen sollte. In diesem Zusammenhang ist zu berücksichtigen, dass bestimmte Daten nur von den Sanierungsbetroffenen selbst erlangt werden können. Hierzu zählen zum Beispiel die Sozialdaten über die Berufs- und Familienverhältnisse oder Wohnbedürfnisse.[167] Hat die Kommune die Schwelle der hinreichenden Beurteilungsgrundlage erreicht, schließt sie die Untersuchung ab.

Einen anderen Verlauf nimmt das Verfahren, wenn gemäß § 141 Abs. 2 BauGB von der vorbereitenden Untersuchung abgesehen wird, weil hinreichende Beurteilungsunterlagen bereits vorliegen. Aufgrund dieses offenen Wortlauts dürfte die Norm sowohl die Konstellation erfassen, in der die Kommune die Untersuchungen auf Teilbereiche beschränkt, als auch die Fallgestaltung in der sie gänzlich darauf verzichtet.[168] Die zuletzt genannte Variante kann aber nur dann eintreten, wenn die herangezogenen Unterlagen den aktuellen Stand wiedergeben und die Beteiligungsrechte der Betroffenen und öffentlichen Träger in einer den Anforderungen des Sanierungsrechts entsprechenden Weise eingehalten wurden.[169]

Die Phase der vorbereitenden Untersuchung endet entweder mit dem Beschluss über die förmliche Festlegung des Sanierungsgebiets, § 140 Nr. 2 BauGB.[170] Andererseits kann die Gemeinde die Untersuchungen auch ohne besondere Begründung einstellen, wenn sich herausstellt, dass ein Sanierungsbedarf nicht besteht.[171]

---

167 *Krautzberger*, in: Ernst/Zinkahn, BauGB, § 141 Rn. 58; *Köhler*, Stadt- und Dorferneuerung in der kommunalen Praxis, Rn. 125.

168 So auch: *Krautzberger*, in: Ernst/Zinkahn, BauGB, § 141 Rn. 66, 68; *Mitschang*, in: Battis/Krautzberger/Löhr, BauGB, § 141 Rn. 8; *Schmitz*, in: Spannowsky/Uechtritz, BauGB, § 141 Rn. 40.

169 *Krautzberger*, in: Ernst/Zinkahn, BauGB, § 141 Rn. 68 f.; *Mitschang*, in: Battis/Krautzberger/Löhr, BauGB, § 141 Rn. 8; *Schmitz*, in: Spannowsky/Uechtritz, BauGB, § 141 Rn. 38, 39.1.

170 *Krautzberger*, in: Ernst/Zinkahn, BauGB, § 140 Rn. 15; so wohl auch: *Schmitz*, in: Spannowsky/Uechtritz, BauGB, § 141 Rn. 10 der zwar davon ausgeht, dass die Gemeinde aufgrund des prozesshaften Charakters der Sanierung als Ablaufprogramm auch nach der Festlegung des Sanierungsgebiets nicht daran gehindert sei, weitere Untersuchungen durchzuführen. Die von ihm nachfolgend aufgeführten Beispiele beziehen sich aber ausschließlich auf nachträglich festgelegte Gebietserweiterungen, so dass davon auszugehen sein dürfte, dass sich die Untersuchungsmöglichkeit auf die neuen Areale beschränkt.

171 *Krautzberger*, in: Ernst/Zinkahn, BauGB, § 141 Rn. 88; *Schmitz*, in: Spannowsky/Uechtritz, BauGB, § 141 Rn. 34 nur darauf hinweisend, dass das Gesetz zu den Modalitäten der Einstellung schweigt.

III. Festlegung des Sanierungsgebiets

Die Kommune beschließt also auf Grundlage der vorbereitenden Untersuchungen oder der ihr bereits vorliegenden Unterlagen die förmliche Festlegung des Sanierungsgebiets durch Erlass einer Sanierungssatzung i. S. d. § 142 Abs. 3 Satz 1 BauGB. Diese Satzung ist - neutral formuliert[172] - als Ausdruck einer planerischen Entscheidung das Ergebnis einer Abwägung i. S. d. § 136 Abs. 4 Satz 2 BauGB.[173] Grundlage der Satzung ist die Erkenntnis der Kommune, dass in einem bestimmten räumlichen Bereich städtebauliche Missstände i. S. d. § 136 Abs. 2 BauGB vorgefunden wurden, deren zeit- und sachgerechte Beseitigung mit Hilfe von Sanierungsmaßnahmen im öffentlichen Interesse steht.[174] Neben dem räumlichen Geltungsbereich muss die Satzung nach § 142 Abs. 4 BauGB darüber entscheiden, ob die Sanierung im vereinfachten Verfahren durchgeführt wird. Zudem wird mit gesondertem Beschluss[175] gemäß § 142 Abs. 3 Satz 2 BauGB eine Frist bestimmt, in der die Sanierung abgeschlossen werden soll.

Mit Bekanntmachung tritt die Satzung in Kraft, § 143 Abs. 1 Satz 4 BauGB. Ab diesem Zeitpunkt finden die bodenrechtlichen Vorschriften der § 152 bis § 156a BauGB Anwendung, sofern die Sanierung nicht im vereinfachten Sanierungsverfahren durchgeführt wird, § 152 BauGB. Ebenfalls werden die Vorschriften über die sanierungsrechtliche Veränderungs- und Verfügungssperre nach §§ 144, 145 BauGB und die Durchführungsvorschriften der §§ 146 ff. BauGB aktiviert, wie sich aus dem Wortlaut dieser Normen ergibt, die im Tatbestand auf das förmlich festgelegte Sanierungsgebiet Bezug nehmen. Zudem finden die allgemeinen städtebaulichen Regelungen Anwendung, die auf das Regime der §§ 136 ff. BauGB verweisen. Das sind die Regelungen zum Vorkaufsrecht nach § 24 Abs. 1 Satz 1 Nr. 2 und § 27a Abs. 1 Satz 1 Nr. 2 BauGB und zur Enteignung gemäß § 87 Abs. 3 Satz 3 und § 88 Satz 2 BauGB.[176]

---

172 Vgl. zur dogmatischen Einordnung im Einzelnen: Kapitel 2, D.

173 Vgl. *Krautzberger*, in: Ernst/Zinkahn, BauGB, § 142 Rn. 3; *Mitschang*, in: Battis/Krautzberger/Löhr, BauGB, § 142 Rn. 5; *Schmitz*, in: Spannowsky/Uechtritz, BauGB, § 142 Rn. 19; *Schmidt-Eichenstaedt*, in: Brügelmann, BauGB, § 142 Rn. 3; *Battis*, Öffentliches Baurecht und Raumordnungsrecht, S. 168.

174 *Krautzberger*, in: Ernst/Zinkahn, BauGB, § 140 Rn. 31; *Schmidt-Eichenstaedt*, in: Brügelmann, BauGB, § 142 Rn. 6.

175 Vgl. *OVG Münster*, Urteil vom 19.01.2011 - 2 D 146/08.NE, Rn. 128; *Krautzberger*, in: Ernst/Zinkahn, BauGB, § 142 Rn. 75a; *Mitschang*, in: Battis/Krautzberger/Löhr, BauGB, § 142 Rn. 11; *Schmidt-Eichenstaedt*, in: Brügelmann, BauGB, § 142 Rn. 4.

176 *Krautzberger*, in: Ernst/Zinkahn, BauGB, § 142 Rn. 87; *Battis*, Öffentliches Baurecht und Raumordnungsrecht, S. 168; *Köhler*, in: Schrödter, BauGB, § 136 Rn. 2.

Rechtspflicht zur Aufstellung des Plans, wenn die Tatbestandsvoraussetzungen der Norm vorliegen.[188] § 140 Nr. 6 BauGB schreibt in diesem Zusammenhang nicht nur die Erarbeitung, sondern auch die Fortschreibung der Sozialplanung vor. Damit einher geht eine umfassende Beratungs- und Belehrungspflicht.[189] In § 180 Abs. 1 Satz 2 BauGB wird der Inhalt eines solchen Sozialplans beispielhaft beschrieben.[190] Angesichts der Tatsache, dass die städtebaulichen Sanierungsmaßnahmen durch Eingriffe in bestehende Strukturen, die in dem Gebiet wohnenden und arbeitenden Menschen nachhaltig treffen können,[191] dürfte das Instrument der Sozialplanung von zentraler Bedeutung sein.

V. Durchführung der Sanierungsmaßnahmen

Die Durchführung umfasst gemäß § 146 Abs. 1 BauGB die Ordnungsmaßnahmen und die Baumaßnahmen innerhalb des förmlich festgelegten Sanierungsgebiets, die nach den Zielen und Zwecken der Sanierung erforderlich sind. Ausnahmsweise können einzelne Maßnahmen auch schon vor der förmlichen Festlegung des Sanierungsgebiets angewendet werden, wie sich aus § 140 Nr. 7 BauGB ergibt. § 147 Satz 3 und § 148 Abs. 1 Satz 2 BauGB bestimmen zudem, dass die Maßnahmen unter den benannten Voraussetzungen auch außerhalb des Gebiets durchgeführt werden können.

Eine Spezialregelung zu den Ordnungsmaßnahmen trifft § 147 BauGB. Nach der Legaldefinition des Absatzes 1 dienen die Maßnahmen dazu, die rechtlichen und sonstigen Voraussetzungen für die Neugestaltung des Sanierungsgebiets zu schaffen.[192] Die Durchführung und Kostentragung obliegt der Gemeinde.[193]

---

188 So auch hier: *Mitschang*, in: Battis/Krautzberger/Löhr, BauGB, § 180 Rn. 6; *Oehmen*, in: Spannowsky/Uechtritz, BauGB, § 180 Rn. 5; *Schmidt-Eichenstaedt*, in: Brügelmann, BauGB, § 180 Rn. 19.

189 *Oehmen*, in: Spannowsky/Uechtritz, BauGB, § 180 Rn. 4; *Schmidt-Eichenstaedt*, in: Brügelmann, BauGB, § 180 Rn. 28.

190 *Mitschang*, in: Battis/Krautzberger/Löhr, BauGB, § 180 Rn. 1; *Köhler*, Stadt- und Dorferneuerung in der kommunalen Praxis, Rn. 72; zu weiteren Beispielen vgl.: *Mitschang*, in: Battis/Krautzberger/Löhr, BauGB, § 180 Rn. 5.

191 *Krautzberger*, in: Ernst/Zinkahn, BauGB, § 180 Rn. 37.

192 Vgl. auch: *Krautzberger*, in: Ernst/Zinkahn, BauGB, § 148 Rn. 2, 17; *Schmidt-Eichenstaedt*, in: Brügelmann, BauGB, § 147 Rn. 3; *Köhler*, Stadt- und Dorferneuerung in der kommunalen Praxis, Rn. 205.

193 *Krautzberger*, in: Ernst/Zinkahn, BauGB, § 146 Rn. 9; *Mitschang*, in: Battis/Krautzberger/Löhr, BauGB, § 146 Rn. 1; *Schmitz*, in: Spannowsky/Uechtritz, BauGB, § 146 Rn. 5; *Schmidt-Eichenstaedt*, in: Brügelmann, BauGB, § 147 Rn. 7; *Battis*, Öffentliches Baurecht und Raumordnungsrecht, S. 171.

Betreffen Ordnungsmaßnahmen nicht gemeindeeigene Grundstücke, so kann die Ausführung nach § 146 Abs. 3 Satz 1 BauGB auf Grundlage eines Vertrags auch dem jeweiligen Grundstückseigentümer überlassen werden. Demgegenüber richten sich die Durchführungs- und Kostentragungspflichten bezogen auf die in § 148 BauGB geregelten Baumaßnahmen, die der Verwirklichung der Ziele und Zwecke der Sanierung dienen, an die Grundstückseigentümer.[194] Erst, wenn diese die Baumaßnahme nicht zügig und zweckmäßig durchführen, kann die Gemeinde subsidiär tätig werden, § 148 Abs. 1 Satz 1 HS. 1 BauGB. Denn ihr verbleibt in allen Konstellationen die Gesamtverantwortung für die Sanierung.[195]

Diese Aufgabenverteilung führt dazu, dass der Grundstückseigentümer die Ausführungstätigkeit der Gemeinde auf seinem Grundstück dulden muss, wenn er sie nicht selbst übernimmt. Die Gemeinde kann die Umsetzung der Maßnahmen unter Anwendung des besonderen Bodenrechts (Vorkaufsrecht nach § 24 Abs. 1 Satz 1 Nr. 3, Enteignung nach § 85, Verfügungs- und Veränderungssperre nach § 144, Erlass städtebaulicher Gebote nach §§ 175 ff., Umlegung nach §§ 45 ff.) hoheitlich durchsetzen.[196]

Beschränkt wird die Anwendbarkeit dieser Vorschrift dadurch, dass nur solche Maßnahmen erlaubt werden, die zur Umsetzung des Sanierungskonzepts erforderlich sind. Das bedeutet, Maßnahmen, die nur bei Gelegenheit ausgeführt werden, fallen nicht darunter.[197] Diese Unterscheidung ist nicht nur für die Kostentragungspflicht relevant, sondern auch für abgaben-, steuer- und förderungsrechtliche Vorschriften.[198]

Demzufolge kann die Durchführungsphase auf der einen Seite zu hoheitlichen Eingriffen im Rahmen der Umsetzung des Sanierungskonzepts führen. Auf der anderen Seite ist sie aber auch bei der Beurteilung finanzieller Belastungen im Anschluss an die Sanierung relevant.

---

194 *Krautzberger*, in: Ernst/Zinkahn, BauGB, § 146 Rn. 9; *Krautzberger*, in: Ernst/Zinkahn, BauGB, § 148 Rn. 16; *Mitschang*, in: Battis/Krautzberger/Löhr, BauGB, § 146 Rn. 1; *Schmitz*, in: Spannowsky/Uechtritz, BauGB, § 146 Rn. 5 f.; *Schmitz*, in: Spannowsky/Uechtritz, BauGB, § 148 Rn. 6; *Battis*, Öffentliches Baurecht und Raumordnungsrecht, S. 172.

195 *Krautzberger*, in: Ernst/Zinkahn, BauGB, § 146 Rn. 1; *Schmitz*, in: Spannowsky/Uechtritz, BauGB, § 146 Rn. 6.

196 *Krautzberger*, in: Ernst/Zinkahn, BauGB, § 147 Rn. 21; *Krautzberger*, in: Ernst/Zinkahn, BauGB, § 148 Rn. 14; *Köhler*, Stadt- und Dorferneuerung in der kommunalen Praxis, Rn. 223; vgl. zu den Maßnahmen im Einzelnen: Kapitel 2, B.

197 *Mitschang*, in: Battis/Krautzberger/Löhr, BauGB, § 146 Rn. 2; *Schmitz*, in: Spannowsky/Uechtritz, BauGB, § 146 Rn. 4.

198 *Schmitz*, in: Spannowsky/Uechtritz, BauGB, § 146 Rn. 4.

VI. Abschluss der Sanierung

Das Sanierungsverfahren wird durch einen formellen Akt abgeschlossen. Dieser Akt kann entweder darin bestehen, dass die Sanierungssatzung ganz oder teilweise durch einen Satzungsbeschluss aufgehoben wird, wenn die in § 162 Abs. 1 BauGB abschließend[199] aufgezählten Aufhebungsgründe eingetreten sind. Er kann sich aber auch, zeitlich vorgelagert, zunächst nur auf einzelne Grundstücke beschränken, indem die Gemeinde eine grundstücksbezogene Abschlusserklärung in Form eines Verwaltungsaktes[200] abgibt, § 163 BauGB. In beiden Fällen endet die Anwendbarkeit des sanierungsrechtlichen Sonderrechts im Wesentlichen.[201] Es folgt die Abwicklung der noch bestehenden Rechtsbeziehungen zwischen den Beteiligten,[202] etwa durch die Löschung der Sanierungsvermerke nach § 162 Abs. 3 und § 163 Abs. 3 Satz 2 BauGB oder durch die Anwendung der Veräußerungspflichten nach §§ 89, 159 Abs. 3 BauGB. Durch den Abschluss der Sanierung wird zudem der Rückübertragungsanspruch gemäß § 164 BauGB und das Ausgleichsbetragsrecht aktiviert.[203]

Ein automatisches Außerkrafttreten der Satzung wegen Zeitablaufs oder, weil die Sanierung nicht zügig betrieben wird, kommt wegen der damit einhergehenden Rechtsunsicherheiten nicht in Betracht.[204]

---

199 *Krautzberger*, in: Ernst/Zinkahn, BauGB, § 162 Rn. 8; *Schmitz*, in: Spannowsky/Uechtritz, BauGB, § 162 Rn. 1.

200 *Krautzberger*, in: Ernst/Zinkahn, BauGB, § 163 Rn. 21; *Mitschang*, in: Battis/Krautzberger/Löhr, BauGB, § 163 Rn. 1; *Schmitz*, in: Spannowsky/Uechtritz, BauGB, § 163 Rn. 13.

201 Mit der (Teil-)Aufhebung der Sanierungssatzung nach § 162 BauGB endet die Anwendbarkeit derjenigen Vorschriften, deren Tatbestand an die Festlegung des Sanierungsgebiets anknüpfen. Die Normen wurden bereits in Kapitel 1 B. III. benannt. Mit der Abschlusserklärung des § 163 BauGB sind die in Absatz 3 benannten Regelungen nicht mehr anwendbar. Zur Frage, ob die anderen besonderen sanierungsrechtlichen Vorschriften weiterhin eingreifen, vgl. Diskussion bei: *Krautzberger*, in: Ernst/Zinkahn, BauGB, § 163 Rn. 24, *Mitschang*, in: Battis/Krautzberger/Löhr, BauGB, § 163 Rn. 11 und *Schmitz*, in: Spannowsky/Uechtritz, BauGB, § 163 Rn. 18.

202 *Krautzberger*, in: Ernst/Zinkahn, BauGB, § 162 Rn. 34; *Mitschang*, in: Battis/Krautzberger/Löhr, BauGB, § 162 Rn. 19; *Mitschang*, in: Battis/Krautzberger/Löhr, BauGB, § 163 Rn. 15; *Schmitz*, in: Spannowsky/Uechtritz, BauGB, § 162 Rn. 16.2.

203 *Krautzberger*, in: Ernst/Zinkahn, BauGB, § 162 Rn. 35; *Krautzberger*, in: Ernst/Zinkahn, BauGB, § 163 Rn. 27; *Mitschang*, in: Battis/Krautzberger/Löhr, BauGB, § 162 Rn. 18; *Mitschang*, in: Battis/Krautzberger/Löhr, BauGB, § 163 Rn. 13; *Schmitz*, in: Spannowsky/Uechtritz, BauGB, § 162 Rn. 16.2.

204 *BVerwG*, Urteil vom 20.10.1978 - 4 C 48/76, Rn. 21; Beschluss vom 12.04.2011 - 4 B 52/10, Rn. 6.

Der Gesetzeswortlaut in § 162 Abs. 1 Satz 1 („ist") und § 163 Abs. 1 Satz 2 („hat") legt der Gemeinde eine Pflicht zum Abschluss der Sanierung auf. Sie lässt sich auch verfassungsrechtlich herleiten, da die sanierungsrechtlichen Beschränkungen nicht mehr erforderlich sind, wenn die Maßnahmen nicht mehr fortgeführt werden.[205] Allerdings steht ihr bei der Beurteilung, ob die Aufhebungsgründe eingetreten sind, ein Gestaltungsspielraum zu, der sich an den Sanierungszielen orientiert.[206] Dementsprechend liegt in dieser Phase das Potenzial zur Fehlanwendung des Sanierungsrechts vor allem in der Bestimmung des richtigen Zeitpunktes für den Abschluss des Verfahrens.

Abschließend erfolgt die Abwicklung des Sanierungsverhältnisses. Das bedeutet beispielweise die Erhebung von Ausgleichsbeträgen nach §§ 154 ff. BauGB für Werterhöhungen von Grundstücken oder die Löschung des Sanierungsvermerks und der erhobenen personenbezogenen Daten.[207]

C. Weitere Instrumente des besonderen Städtebaurechts im Vergleich

Das besondere Städtebaurecht kennt neben dem städtebaulichen Sanierungsrecht vier weitere Maßnahmen, nämlich die städtebaulichen Entwicklungsmaßnahmen, die Maßnahmen Stadtumbau und Soziale Stadt sowie die Möglichkeit zum Erlass einer Erhaltungssatzung. Diese sollen nun zielorientiert und vergleichend vorgestellt werden. Es soll aufgezeigt werden, dass die besonderen Instrumente des Städtebaurechts zum Teil einen überschneidenden Anwendungsbereich aufweisen. Das erfordert teilweise eine Abgrenzung der Maßnahmen. Andererseits kann sich aber auch die Möglichkeit zur Kombination der Instrumente anbieten.

I. Städtebauliche Entwicklungsmaßnahme

Städtebauliche Entwicklungsmaßnahmen dienen gemäß § 165 Abs. 2 BauGB der erstmaligen Entwicklung unbebauter Flächen (Außenentwicklungsmaßnahme) sowie der Neuordnung bereits bebauter Gebiete mit dem Ziel der Neustrukturierung (Innenentwicklungsmaßnahme).[208] Der Begriff ist vornehmlich qualitativ

---

205 *Krautzberger*, in: Ernst/Zinkahn, BauGB, § 162 Rn. 24; *Schmitz*, in: Spannowsky/Uechtritz, BauGB, § 163 Rn. 1.

206 *Krautzberger*, in: Ernst/Zinkahn, BauGB, § 162 Rn. 8.

207 *Mitschang*, in: Battis/Krautzberger/Löhr, BauGB, § 162 Rn. 19, auch mit weiteren Beispielen.

208 *Deutscher Bundestag*, Drucksache 12/4340, S. 21; *BVerwG*, Beschluss vom 08.07.1998 - 4 BN 22/98, Rn. 12; *Battis*, Öffentliches Baurecht und Raumordnungsrecht, S. 175.

zu verstehen.[209] Das bedeutet, die Entwicklungsmaßnahmen sollen dazu dienen, funktionsfähige Bereiche zu schaffen,[210] z. B. durch die Errichtung von Wohn- und Arbeitsstätten oder Gemeinbedarfseinrichtungen, § 165 Abs. 2 BauGB. In dieser Zielsetzung bestehen Überschneidungen mit der Funktionsmängelsanierung des § 136 Abs. 2 Nr. 2 BauGB, denn auch sie dient dazu, bestehende Beeinträchtigungen der bisherigen Aufgabenzuweisung eines brachliegenden oder bebauten Gebiets zu beheben.

Die Abgrenzung beider Maßnahmen erfolgt anhand der Erforderlichkeit der jeweils unterschiedlichen Durchführungsmaßnahmen.[211] Maßgeblich ist insbesondere, ob es zur Zielerreichung einer Bündelung des Grundeigentums in der Hand der Gemeinde bedarf.[212] Denn nach der Grundkonzeption soll die Gemeinde die Grundstücke im städtebaulichen Entwicklungsbereich erwerben, § 166 Abs. 3 Satz 1 BauGB. Welche Maßnahme die Kommune ergreift, bleibt ihr im Rahmen der jeweiligen tatbestandlichen Voraussetzungen selbst überlassen.[213]

Die Regelungen im Sanierungs- und Entwicklungsrecht stimmen weitgehend überein, da einige Tatbestände wortgleich sind und das Recht der städtebaulichen Entwicklungsmaßnahmen auf eine Vielzahl sanierungsrechtlicher Vorschriften verweisend Bezug nimmt. Demzufolge sind die Auslegungsgrundsätze der Rechtsprechung oftmals übertragbar.

II. Stadtumbaumaßnahmen

Mit den Stadtumbaumaßnahmen nach § 171a BauGB soll erheblichen städtebaulichen Funktionsverlusten, insbesondere bei einem dauerhaften Überangebot von baulichen Anlagen, entgegengewirkt werden.[214] Stadtumbau bedeutet insoweit die Bewältigung von Schrumpfungsprozessen durch Rückbau.[215] Da

---

209 *Deutscher Bundestag*, Drucksache 5/3503, S. 35.

210 *Runkel*, in: Ernst/Zinkahn, BauGB, § 165 Rn. 25.

211 *Deutscher Bundestag*, Drucksache 11/6636, S. 27; *BVerwG*, Urteil vom 03.07.1998 - 4 CN 5/97, Rn. 49, das bei der Beurteilung der erforderlichen Maßnahme richtigerweise auch den Abschluss von städtebaulichen Verträgen und die Aufstellung eines Bauleitplanes berücksichtigt.

212 So bereits: *Deutscher Bundestag*, Drucksache 5/3503, S. 38; *Runkel*, in: Ernst/Zinkahn, BauGB, Vorbemerkungen zu den §§ 165 bis 171, Rn. 38.

213 *BVerwG*, Beschluss vom 02.11.2000 - 4 BN 51/00, Rn. 3.

214 *Stüer*, Bau- und Fachplanungsrecht, Rn. 2229.

215 *Schmidt-Eichenstadt*, Stadtumbau: neue Aufgabe - alte Instrumente, in: Informationen zur Raumentwicklung 2003, 695 (695).

der Begriff des sanierungsrechtlichen Funktionsmangels gemäß § 136 Abs. 2 Satz 2 Nr. 2 BauGB den des Funktionsverlustes umfasst,[216] können sich die Instrumente dieser Maßnahmen gegenseitig ergänzen und ersetzen.[217] Dass auch das Sanierungsrecht auf den Rückbau ausgerichtet ist, zeigen die Gesetzesbegründungen. Denn mit der Übernahme des Sanierungsrechts in das BauGB wurde ausdrücklich erklärt, dass die Regelung des § 136 Abs. 4 Nr. 4 BauGB, wonach das Sanierungsrecht dazu beitragen soll, dass die Siedlungsstruktur den Anforderungen an gesunde Lebens- und Arbeitsbedingungen der Bevölkerung entspricht, zur Lösung der sich aus der Bevölkerungsentwicklung möglicherweise ergebenden Rückwirkungen auf die Siedlungsstruktur (sog. „Rückbau") beitragen sollte.[218] Bei Erlass der Regelungen über den Stadtumbau wurde in den Gesetzesbegründungen klargestellt, dass es sich dabei um Ergänzungen handele, wenn es des Einsatzes des umfangreichen Instrumentariums der §§ 136 ff. BauGB nicht oder nicht in vollem Umfang bedürfe.[219]

III. Maßnahmen der sozialen Stadt

Die Maßnahmen der sozialen Stadt dienen nach § 171f Abs. 2 BauGB der Bekämpfung sozialer Missstände. Sie können mit Maßnahmen kombiniert werden, die der Beseitigung städtebaulicher Missstände dienen. Insoweit ergeben sich keine Gegensätze.[220]

IV. Erhaltungssatzung

Gemäß § 172 Abs. 1 BauGB dient die Erhaltungssatzung der Erhaltung der städtebaulichen Eigenart des Gebiets auf Grund seiner städtebaulichen Gestalt, der Erhaltung der Zusammensetzung der Wohnbevölkerung (Milieuschutz) sowie der Begleitung städtebaulicher Umstrukturierungsmaßnahmen. Hierbei sind Überschneidungen mit der Sanierungssatzung denkbar. Denn die Sanierungssatzung kann neben den städtebaulichen Zielsetzungen auch dem Erhalt

216 *Reith*, in: Battis/Krautzberger/Löhr, BauGB, § 171a Rn. 4.

217 *Krautzberger*, in: Ernst/Zinkahn, BauGB, § 171a Rn. 1; *Stüer*, Bau- und Fachplanungsrecht, Rn. 2229.

218 *Deutscher Bundestag*, Drucksache 10/4630, S. 117; a. A. wohl *Möller*, Siedlungsrückbau in den neuen Ländern nach Stadtumbau- und Sanierungsrecht, S. 143, der davon ausgeht, dass sich Sanierungsmaßnahmen bereits begrifflich nicht allein auf Rückbaumaßnahmen beschränken könnten.

219 *Deutscher Bundesrat*, Drucksache 756/03, S. 87.

220 *Stüer*, Bau- und Fachplanungsrecht, Rn. 2229.

der Wohnbevölkerungszusammensetzung in seiner bestehenden Sozialstruktur in einem Sanierungsgebiet dienen,[221] wobei die Kommune bei der Umsetzung auf den Einsatz sanierungsrechtlicher Instrumente festgelegt wird.[222] Nach der Rechtsprechung des *BVerwG* dürfe jedenfalls zu Beginn des Sanierungsverfahrens das Ziel des Verdrängungsschutzes auch ohne den Erlass einer Erhaltungssatzung verfolgt werden. Auf Dauer lasse sich dieses Ziel aber nur durch den Erlass einer Erhaltungssatzung gemäß § 172 Abs. 1 Satz 1 Nr. 2 BauGB erreichen.[223]

---

221 *BVerwG*, Urteil vom 24.05.2006 - 4 C 9/04, Rn. 22-24; *OVG Berlin*, Beschluss vom 10.10.1995 - 2 S 7/95, Rn. 4.

222 *BVerwG*, Urteil vom 24.05.2006 - 4 C 9/04, Rn. 25; kritisch dazu: *Tietzsch*, Soziale Sanierungsziele - Ziele ohne Mittel?, in: NVwZ 2007, 299-301; *Gatz*, Nebenbestimmungen zu sanierungsrechtlichen Genehmigungen, in: jurisPR-BVerwG 23/2006 Anmerkung 3 zu BVerwG, Urteil vom 24.05.2006 - 4 C 9/04.

223 *BVerwG*, Urteil vom 24.05.2006 - 4 C 9/04, Rn. 24.

Kapitel 2 Der Eingriffscharakter des Sanierungsrechts und seine rechtliche Handhabe

A. Relevante Grundrechte

Vielfach wird der Sonderrechtscharakter des Sanierungsrechts mit den besonderen Instrumenten und Verfahrensweisen des städtebaulichen Sanierungsrechts begründet, die eine besondere Belastung für die Betroffenen darstellen. Diese These wird im Folgenden überprüft, indem zunächst die wichtigsten Rechte auf Ebene des Grundgesetzes vorgestellt und im Anschluss der Eingriffscharakter des Sanierungsrechts untersucht wird.

I. Eigentum

Art. 14 Abs. 1 GG gewährleistet das Eigentum. Inhalt und Schranken werden durch die Gesetze bestimmt.

1. Sachlicher Schutzbereich

Nach der althergebrachten Definition der Rechtsprechung umfasst das Eigentum grundsätzlich alle vermögenswerten Rechte, die dem Berechtigten von der Rechtsordnung in der Weise zugeordnet sind, dass er die damit verbundenen Befugnisse nach eigenverantwortlicher Entscheidung zu seinem privaten Nutzen ausüben darf.[224] Da Art. 14 GG eine eigenverantwortliche Gestaltung des Lebens ermöglichen soll, wird nur der konkrete Bestand geschützt, so dass künftige Gewinnchancen und Verdienstmöglichkeiten grundsätzlich nicht von dem Schutzbereich erfasst werden.[225] Auch ist das „Vermögen als solches" nicht geschützt, so dass - bereits die nächste Prüfungsebene betreffend - die Auferle-

---

224 *BVerfG*, Beschluss vom 08.05.2012 - 1 BvR 1065/03, Rn. 41; Beschluss vom 09.01.1991 - 1 BvR 929/89, Rn. 36; Beschluss vom 13.05.1986 - 1 BvR 99/85, 1 BvR 461/85, Rn. 43; Urteil vom 28.02.1980 - 1 BvL 17/77, Rn. 148; *BVerwG*, Urteil vom 14.11.2012 - 9 C 14/11, Rn. 11; *OVG Berlin*, Urteil vom 30.05.2013 - OVG 70 A 1.11, Rn. 23.

225 *BVerfG*, Beschluss vom 10.06.2009 - 1 BvR 198/08, Rn. 20; Beschluss vom 31.10.1984 - 1 BvR 35/82, Rn. 77; Beschluss vom 21.06.1977 - 2 BvR 70/75, Rn. 42; Entscheidung vom 16.03.1971 - 1 BvR 52/66, Rn. 111.

gung einer Geldleistungspflicht regelmäßig nicht zu einer Eigentumsbeeinträchtigung führt.[226] Eine Ausnahme gilt, wenn der Belastung erdrosselnde Wirkung zukommt.[227] Diese Sichtweise resultiert aus der Gegebenheit, dass der Begriff des Vermögens lediglich die Zusammenfassung der einzelnen Vermögensgüter umschreibt[228] und daher keines weiteren Schutzes bedarf.

Dem Gesetzgeber ist nach Art. 14 Abs. 1 Satz 2 GG der Auftrag zugewiesen, eine Eigentumsordnung zu schaffen.[229] Umstritten ist hierbei, in welchem Verhältnis Eigentumsdefinition und Ausgestaltungsauftrag stehen. Zum Teil wird die Auffassung vertreten, es gäbe einen spezifisch verfassungsrechtlichen Eigentumsbegriff, der den Maßstab für die gesetzgeberische Ausgestaltung bilde.[230] Demgegenüber gehen Andere davon aus, das Eigentum sei ein Produkt der Rechtsordnung.[231] Welche Sichtweise das *BVerfG* vertritt, bleibt unklar, denn einerseits geht es davon aus, der Begriff müsse aus der Verfassung selbst gewonnen werden.[232] Das Grundgesetz enthalte zwar keine Definition des Eigentumsbegriffs im verfassungsrechtlichen Sinn, bei der Beantwortung der Frage, welche vermögenswerten Güter als Eigentum i. S. d. Art 14 GG anzusehen seien, müsse daher auf den Zweck und die Funktion der Eigentumsgarantie unter Berücksichtigung ihrer Bedeutung im Gesamtgefüge der Verfassung zurückgegriffen werden.[233] Gleichzeitig stellt es aber fest, welche Befugnisse einem Eigentümer in einem

---

226 *BVerfG*, Beschluss vom 01.10.2012 - 1 BvR 3046/11, Rn. 5; Urteil vom 12.10.1973 - IV C 56.70, Rn. 31; Urteil vom 20.07.1954 - 1 BvR 459/52, Rn. 34 und Leitsatz Nr. 4; zur Kritik vgl. *Sieckmann*, Berliner Kommentar, GG, Art. 14 Rn. 53, 107, *Wendt*, in: Sachs, GG, Art. 14 Rn. 38 und *Depenheuer*, in: v. Mangoldt/Klein/Starck, GG, Art. 14 Rn. 167-169.

227 *BVerfG*, Beschluss vom 02.02.2009 - 1 BvR 2553/08, Rn. 18; Urteil vom 24.07.1962 - 2 BvL 15/61, Rn. 79; Entscheidung vom 09.03.1971 - 2 BvR 326/69, Rn. 61; zu der dogmatischen Widersprüchlichkeit dieses Regel-Ausnahme-Systems siehe: *Depenheuer*, in: v. Mangoldt/Klein/Starck, GG, Art. 14 Rn. 163.

228 *Depenheuer*, in: v. Mangoldt/Klein/Starck, GG, Art. 14 Rn. 161.

229 *BVerfG*, Beschluss vom 15.07.1981 - 1 BvL 77/78, Rn. 137; *Wieland*, in: Dreier, GG, Art. 14 Rn. 27; *Depenheuer*, in: v. Mangoldt/Klein/Starck, GG, Art. 14 Rn. 29.

230 *Depenheuer*, in: v. Mangoldt/Klein/Starck, GG, Art. 14 Rn. 34; *Hufen*, Staatsrecht II, § 38 Rn. 8.

231 *Wieland*, in: Dreier, GG, Art. 14 Rn. 27; *Berg*, Entwicklung und Grundstrukturen der Eigentumsgarantie, in: JuS 2005, 961 (962); *Sieckmann*, in: Berliner Kommentar, GG, Art. 14 Rn. 1.

232 *BVerfG*, Beschluss vom 15.07.1981 - 1 BvL 77/78, Rn. 136.

233 *BVerfG*, Urteil vom 08.07.1976 - 1 BvL 19/75, Rn. 120; Beschluss vom 15.01.1974 - 1 BvL 5/70, Rn. 28.

bestimmten Zeitpunkt konkret zuständen, ergäbe sich aus der Zusammenschau aller in diesem Zeitpunkt geltenden, die Eigentümerstellung regelnden gesetzlichen Vorschriften.[234] Aus dieser Widersprüchlichkeit ziehen einige Autoren den Schluss, Eigentum i. S. d. Art 14 GG sei eben doch alles, was das einfache Recht zu einem bestimmten Zeitpunkt als Eigentum definiere.[235] Für diese Sichtweise spricht, dass der gesetzgeberischen Tätigkeit - wie sogleich belegt wird - verfassungsrechtliche Grenzen gesetzt werden, die im Ergebnis das Stufenverhältnis von Grundgesetz und einfachgesetzlicher Ausgestaltung wiederherstellen.[236] Auch das *BVerfG* selbst liefert ein Argument für diese Ansicht, denn es geht davon aus, Inhalt und Funktion des Eigentums seien der Anpassung an die gesellschaftlichen und wirtschaftlichen Verhältnisse fähig und bedürftig,[237] einen absoluten Begriff des Eigentums gäbe es nicht.[238] Angesichts dieser Unsicherheiten lässt sich ein verfassungsimmanenter Eigentumsbegriff gerade nicht begründen.

Der für das Sanierungsverfahren relevante Schutz bezieht sich derzeit z. B. auf die umfassende Befugnis des Eigentümers über sein Grund und Boden zu verfügen (§ 903 Satz 1 BGB) sowie das Recht, im Rahmen der bestehenden Gesetze zu bauen (z. B. § 70 Abs. 1 Satz 1 NBauO).

2. Persönlicher Schutzbereich

Grundrechtsträger sind alle natürlichen Personen des In- und Auslands.[239] Der Schutzbereich des Art. 14 GG wird durch Art. 19 Abs. 3 GG auf inländische juristische Personen erweitert.[240] Nach der neueren Rechtsprechung des *BVerfG* erstreckt sich der Grundrechtsschutz nunmehr auch auf juristische Person aus Mitgliedstaaten der Europäischen Union. Begründet wird diese Entscheidung mit dem Anwendungsvorrang der Grundfreiheiten im Binnenmarkt und dem allgemeinen Diskriminierungsverbot wegen der Staatsangehörigkeit.[241]

---

234 *BVerfG*, Beschluss vom 15.07.1981 - 1 BvL 77/78, Rn. 138.

235 *Papier*, in: Maunz/Dürig, GG, Art. 14 Rn. 38; *Axer*, in: Epping/Hillgruber, GG, Art. 14 Rn. 9.

236 *Papier*, in: Maunz/Dürig, GG, Art. 14 Rn. 38.

237 *BVerfG*, Entscheidung vom 07.07.1971 - 1 BvR 765/66, Rn. 30.

238 *BVerfG*, Beschluss vom 17.11.1966 - 1 BvL 10/61, Rn. 24; Entscheidung vom 07.07.1971 - 1 BvR 765/66, Rn. 30; Beschluss vom 22.05.1995 - 2 BvR 195/92, Rn. 13.

239 *Hofmann*, in: Schmidt-Bleibtreu, GG, Art. 14 Rn. 3.

240 *BVerfG*, Beschluss vom 03.07.1973 - 1 BvR 153/69, Rn. 34; Urteil vom 20.07.1954 - 1 BvR 459/52, Rn. 33.

241 *BVerfG*, Beschluss vom 19.07.2011 - 1 BvR 1916/09, Rn. 68.

Einen Sonderfall stellen inländische juristische Personen des öffentlichen Rechts dar, insbesondere Kommunen. Das *BVerfG* lehnt ihre Schutzbedürftigkeit grundsätzlich ab, gleich ob sie als Sachwalter ihrer Bewohner agieren oder sie ihr Grundeigentum, das nicht der Wahrnehmung öffentlicher Aufgaben dient, gefährdet sehen.[242] Eine Ausnahme besteht nur bei Verfahrensgrundrechten und bei Tätigkeiten in einer grundrechtstypischen Gefährdungslage.[243]

3. *Beschränkung und Rechtfertigung*

Eine Eigentumsbeschränkung kann sich in zwei Formen zeigen. Auf der einen Seite ist eine Beschränkung als Inhalts- und Schrankenbestimmung nach Art. 14 Abs. 1 Satz 2 GG möglich und auf der anderen Seite als Enteignung i. S. d. Art. 14 Abs. 3 GG. Letztere kann durch (Legalenteignung) oder auf Grund (Administrativenteignung) eines Gesetzes erfolgen, Art. 14 Abs. 3 Satz 2 GG. Es handelt sich hierbei um jeweils eigenständige Rechtsinstitute.[244]

a) **Inhalts- und Schrankenbestimmung**

Als Inhalts- und Schrankenbestimmung wird die generell-abstrakte Festlegung von Rechten und Pflichten durch den Gesetzgeber bezeichnet.[245] Hierbei sind die Privatnützigkeit des Eigentums gemäß Art. 14 Abs. 1 Satz 1 GG und die Sozialbindung nach Art. 14 Abs. 2 GG in Ausgleich zu bringen.[246] Sie müssen im Einklang mit den anderen Verfassungsnormen stehen, insbesondere dem Verhältnismäßigkeitsgrundsatz und dem Gleichheitssatz.[247] Als Faustformel gilt:

---

242 *BVerfG*, Beschluss vom 08.07.1982 - 2 BvR 1187/80, Rn. 58, 62, 66; Beschluss vom 23.07.2002 - 2 BvR 403/02, Rn. 10 f.; Beschluss vom 29.11.2004 - 2 BvR 414/02, Rn. 3 f.

243 *BVerfG*, Beschluss vom 07.08.1977 - 1 BvR 108/73, 1 BvR 424/73, 1 BvR 226/74, Rn. 48; eine grundrechtstypische Gefährdungslage ist bisher nur bei Kirchen, Universitäten und Rundfunkanstalten anerkannt.

244 *BVerfG*, Beschluss vom 15.07.1981 - 1 BvL 77/78, Rn. 123.

245 *BVerfG*, Urteil vom 24.11.2010 - 1 BvF 2/05, Rn. 264; Beschluss vom 18.01.2006 - 2 BvR 2194/99, Rn. 35; Beschluss vom 19.06.1985 - 1 BvL 57/79, Rn. 26.

246 *BVerfG*, Beschluss vom 26.08.2002 - 1 BvR 142/02, Rn. 30; Beschluss vom 11.09.1990 - 1 BvR 988/90, Rn. 4; *BVerwG*, Urteil vom 17.06.1993, 3 C 25/90, Rn. 45; *VGH München*, Urteil vom 24.06.2003 - 9 BV 02.3024, Rn. 48; *OVG Lüneburg*, Urteil vom 17.04.2013 - 4 LC 58/10, Rn. 53.

247 *BVerfG*, Beschluss vom 19.06.1985 - 1 BvL 57/79, Rn. 28; Beschluss vom 12.06.1979 - 1 BvL 19/76, Rn. 118 f.

„[...] die Befugnis des Gesetzgebers zur Inhalts- und Schrankenbestimmung [ist] um so weiter, je mehr das Eigentumsobjekt in einem sozialen Bezug und einer sozialen Funktion steht."[248]

Die Gestaltungsfreiheit des Gesetzgebers wird insbesondere von den wirtschaftlichen und gesellschaftlichen Verhältnisse geprägt.[249] Äußerste Grenze der Regelungsbefugnis ist die Institutsgarantie.[250] Denn sie verbietet den Entzug elementarer Bestandteile des vermögensrechtlich geschützten Bereichs und dient damit dem Schutz vor Aufhebung oder wesentlicher Schmälerung des Eigentumsrechts.[251]

b) Enteignung

Dagegen ist die Enteignung im verfassungsrechtlichen Sinne auf die vollständige oder teilweise Entziehung konkreter subjektiver Eigentumspositionen i. S. d. Art. 14 Abs. 1 Satz 1 GG zur Erfüllung bestimmter öffentlicher Aufgaben gerichtet.[252] Sie darf gemäß Art. 14 Abs. 3 Satz 2 GG nur durch oder aufgrund eines Gesetzes und nach Art. 14 Abs. 3 Satz 1 GG nur zum Wohle der Allgemeinheit erfolgen. Des Weiteren sieht Art. 14 Abs. 3 Satz 3 GG eine Entschädigung für den Betroffenen vor.

II. Gleichheit

Nach Art. 3 Abs. 1 GG sind alle Menschen vor dem Gesetz gleich. Ein Verstoß gegen diesen Grundsatz wird anhand von drei Prüfungsschritten festgestellt.

1. Prüfungsmaßstab

Zunächst sind Vergleichsgruppen zu bilden, anhand derer die Gleich- bzw. Ungleichbehandlung festgestellt werden soll. Diese Feststellung erfolgt in einem zweiten Schritt mittels einer wertenden Betrachtung. Dabei muss die Gleich- bzw. Ungleichbehandlung von der gleichen staatlichen Stelle ausgehen. In einem dritten Schritt wird geprüft, ob die Gleich- bzw. Ungleichbehandlung gerechtfertigt ist.

---

248 *BVerfG*, Urteil vom 01.03.1979 - 1 BvR 532/77, Rn. 128; Beschluss vom 08.11.2012 - 1 BvR 2153/08, Rn. 30.

249 *BVerfG*, Beschluss vom 08.11.2012 - 1 BvR 2153/08, Rn. 30; Beschluss vom 12.06.1979 - 1 BvL 19/76, Rn. 119; Entscheidung vom 18.12.1968 - 1 BvR 638/64, Rn. 95.

250 *Depenheuer*, in: v. Mangoldt/Klein/Starck, GG, Art. 14 Rn. 92.

251 *BVerfG*, Entscheidung vom 18.12.1968 - 1 BvR 638/64, Rn. 82.

252 *BVerfG*, Beschluss vom 19.06.1985 - BvL 57/79, Rn. 25; Beschluss vom 12.06.1976 - 1 BvL 19/76, Rn. 111; Beschluss vom 12.11.1974 - 1 BvR 32/68, Rn. 18; *BVerwG*, Urteil vom 13.04.2011 - 9 C 2/10, Rn. 14; Urteil vom 29.01.2009 - 9 C 3/08, Rn. 17; *OVG Lüneburg*, Urteil vom 17.04.2013 - 4 LC 58/10, Rn. 52; *OLG Jena*, Urteil vom 18.03.2003 - 3 U 770/02, Rn. 29; *OVG Schleswig*, Urteil vom 29.05.2001 - 4 K 8/00, Rn. 124.

2. *Rechtfertigung*

Der Gleichheitsgrundsatz bindet alle öffentliche Gewalt.[253] Diese ist gehalten, Gleiches gleich und Ungleiches nach seiner Eigenart zu behandeln, wenn die Gleichheit oder Ungleichheit in dem jeweils in Betracht kommenden Zusammenhang so bedeutsam ist, dass ihre Beachtung bei einer gesetzlichen Regelung nach einer am Gerechtigkeitsgedanken orientierten Betrachtungsweise geboten erscheint.[254] Umstritten ist, wie sich die verschiedenen Formeln (Willkürformel, Neue Formel, Neuste Formel) der Rechtsprechung zur Bewertung von (Un-) Gleichbehandlungen zueinander verhalten und ob es überhaupt unterschiedliche Formeln gibt.[255] Das *BVerfG* hat seine Auffassung hierzu bereits klargestellt, indem es urteilte:

> *„Der Gleichheitssatz ist dann verletzt, wenn eine Gruppe von Normadressaten oder Normbetroffenen im Vergleich zu einer anderen anders behandelt wird, obwohl zwischen beiden Gruppen keine Unterschiede von solcher Art und solchem Gewicht bestehen, dass sie die unterschiedliche Behandlung rechtfertigen können […]. Dabei verwehrt Art. 3 Abs. 1 GG dem Gesetzgeber nicht jede Differenzierung. Differenzierungen bedürfen jedoch stets der Rechtfertigung durch Sachgründe, die dem Differenzierungsziel und dem Ausmaß der Ungleichbehandlung angemessen sind […]. Hinsichtlich der verfassungsrechtlichen Anforderungen an den die Ungleichbehandlung tragenden Sachgrund ergeben sich je nach Regelungsgegenstand und Differenzierungsmerkmalen unterschiedliche Grenzen für den Gesetzgeber, die von gelockerten, auf das Willkürverbot beschränkten Bindungen bis hin zu strengen Verhältnismäßigkeitserfordernissen reichen können[…]. Eine strengere Bindung des Gesetzgebers kann sich insbesondere aus den jeweils betroffenen Freiheitsrechten ergeben […].“*[256]

Demgemäß ist die Kontrolldichte regelmäßig auf die Überprüfung sachlich einleuchtender Differenzierungsgründe[257] im Sinne einer Evidenzprüfung[258]

---

253 *Starck*, in: v. Mangoldt/Klein/Starck, GG, Art. 3 Rn. 244.

254 *BVerfG*, Beschluss vom 22.01.1959 - 1 BvR 154/55, Rn. 21; Beschluss vom 10.10.1978 - 2 BvL 3/78, Rn. 11; Beschluss vom 17.01.1979 - 1 BvL 25/77, Rn. 50; Beschluss vom 17.05.1983 - 2 BvL 8/82, Rn. 33.

255 *Heun*, in: Dreier, GG, Art. 3 Rn. 20-22; *Osterloh*, in: Sachs, GG, Art. 3 Rn. 8-14; *Kischel*, in: Epping/Hillgruber, GG, Art. 3 Rn. 28-29.

256 *BVerfG*, Urteil vom 19.02.2013 - 1 BvL 1/11, 1 BvR 3247/09, Rn. 72; differenzierend auch schon: *BVerfG*, Beschluss vom 26.01.1993 - 1 BvL 38/92, 1 BvL 40/92, 1 BvL 43/92, Rn. 34 und Beschluss vom 27.01.1998, 1 BvL 15/87, Rn. 42.

257 *BVerfG*, Urteil vom 10.12.1985 - 2 BvL 18/83, Rn. 51; Beschluss vom 17.05.1983 - 2 BvL 8/82, Rn. 32; Beschluss vom 17.01.1979 - 1 BvL 25/77, Rn. 50; Beschluss vom 10.10.1978 - 2 BvL 3/78, Rn. 11.

258 *BVerfG*, Beschluss vom 26.01.1993 - 1 BvL 38/92, 1 BvL 40/92, 1 BvL 43/92, Rn. 36; Beschluss vom 07.10.1980 - 1 BvL 50/79, 1 BvL 89/79, 1 BvR 240/79, Rn. 50;

begrenzt. Demgegenüber wird die Kontrolldichte bei der Inanspruchnahme von Freiheitsrechten erhöht. Eine Grenze ist dann erreicht, wenn sich für eine Ungleichbehandlung kein in angemessenem Verhältnis zu dem Grad der Ungleichbehandlung stehender Rechtfertigungsgrund finden lässt.[259]

III. Rechtsweggarantie

Wird jemand durch die öffentliche Gewalt in seinen Rechten verletzt, so steht ihm der Rechtsweg offen, Art. 19 Abs. 4 GG.

1. Sachlicher Schutzbereich

Das *BVerfG* hat den Inhalt dieses Grundrechts wie folgt zusammengefasst:

> *„Das Verfahrensgrundrecht des Art. 19 Abs. 4 GG garantiert nicht nur das formelle Recht und die theoretische Möglichkeit, die Gerichte anzurufen, sondern auch die Effektivität des Rechtsschutzes; der Bürger hat einen substantiellen Anspruch auf eine tatsächlich wirksame gerichtliche Kontrolle. Die Bedeutung der grundgesetzlichen Gewährleistung liegt vornehmlich darin, die „Selbstherrlichkeit" der vollziehenden Gewalt im Verhältnis zum Bürger zu beseitigen [...]. Ihr kommt nicht nur die Aufgabe zu, jeden Akt der Exekutive, der in Rechte des Bürgers eingreift, vollständig - das heißt in tatsächlicher und rechtlicher Hinsicht [...] - der richterlichen Prüfung zu unterstellen, sondern auch irreparable Entscheidungen, wie sie durch die sofortige Vollziehung einer hoheitlichen Maßnahme eintreten können, soweit als möglich auszuschließen."*[260]

Danach definiert das Gericht den Begriff der öffentlichen Gewalt als vollziehende Gewalt, legt ihn aber weit aus.[261] Die parlamentarische Gesetzgebung[262] sowie Akte der Gerichte, wenn sie in ihrer spruchrichterlichen Tätigkeit auf Grund eines ausdrücklich normierten Richtervorbehalts ergangen sind,[263]

Entscheidung vom 06.03.1968 - 1 BvL 2/63, Rn. 32; Entscheidung vom 09.05.1961 - 2 BvR 49/60, Rn. 20.

259 *BVerfG*, Beschluss vom 15.03.2000 - 1 BvL 16/96, 1 BvL 17/96, 1 BvL 18/96, 1 BvL 19/96, 1 BvL 20/96, 1 BvL 18/97, Rn. 72; Beschluss vom 10.11.1998 - 1 BvL 50/92, Rn. 63; Beschluss vom 30.05.1990 - 1 BvL 2/83, Rn. 73.

260 *BVerfG*, Beschluss vom 19.06.1973 - 1 BvL 39/69, 1 BvL 14/72, Rn. 36.

261 *BVerfG*, Beschluss vom 30.04.2003 - 1 PBvU 1/02, Rn. 31.

262 *BVerfG*, Entscheidung vom 25.06.1968 - 2 BvR 251/63, Rn. 49; Entscheidung vom 18.12.1968 - 1 BvR 638/64, 1 BvR 673/64, 1 BvR 200/56, 1 BvR 238/56, 1 BvR 249/56, Rn. 117.

263 *BVerfG*, Beschluss vom 30.04.2003 - 1 PBvU 1/02, Rn. 32; Entscheidung vom 05.02.1963 - 2 BvR 21/60, Rn. 15 und Beschluss vom 11.10.1978 - 2 BvR 1055/76, Rn. 34, wonach Art 19 Abs. 4 GG Schutz durch den Richter gewährt, nicht gegen

fallen nicht darunter.[264] Andererseits geht das Gericht aber auch davon aus, dass die im Grundgesetz niedergelegte Rechtsschutzgarantie umfassend ist.[265] Dementsprechend wird u. a. aus dem Rechtsstaatsprinzip ein ungeschriebener allgemeiner Justizgewährleistungsanspruch für zivilrechtliche Streitigkeiten abgeleitet.[266] Dieser Anspruch wurde auf die erstmalige Verletzung von Verfahrensgrundrechten durch ein Gericht ausgeweitet.[267] Hintergrund dieser Differenzierung zwischen den beiden Rechtsschutzgarantien ist die größere Flexibilität bei der Ausgestaltung des Rechtswegs durch den allgemeinen Justizgewährleistungsanspruch.[268]

a) Vorwirkung im Verwaltungsverfahren

Dieser Gewährleistungsinhalt des Art. 19 Abs. 4 GG entfaltet eine Vorwirkung auf das Verwaltungsverfahren, das nicht so angelegt werden darf, dass der gerichtliche Rechtsschutz vereitelt oder unzumutbar erschwert wird.[269] Wie umfassend diese Vorwirkung ist, richtet sich einerseits nach der Art und Intensität des Grundrechtseingriffs und andererseits danach, inwieweit der Grundrechtsschutz durch die nachträgliche Kontrolle der Gerichte gewährleistet ist.[270] Für den Fall, dass subjektive Rechte berührt werden, sind etwa die Pflicht zur Aktenführung, Begründung und Bekanntgabe anerkannt.[271]

---

den Richter; diese Formulierung hat das Gericht übernommen aus: *Dürig*, in: Maunz/Dürig, GG (Erstbearbeitung), Art. 19 Abs. 4 Rn. 17.

264 Kritisch dazu: *Schulze-Fielitz*, in: Dreier, GG, Art. 19 Abs. 4 Rn. 49 f.; *Krebs*, in: v. Münch/Kunig, GG, Art. 19 Rn. 62 f.; *Huber*, in: v. Mangoldt/Klein/Starck, GG, Art. 19 Rn. 442, 434.

265 *BVerfG*, Beschluss vom 30.04.2003 - 1 PBvU 1/02, Rn. 15.

266 *BVerfG*, Beschluss vom 20.06.1995 - 1 BvR 166/93, Rn. 29; Beschluss vom 02.03.1993 - 1 BvR 249/92, Rn. 21; *Ibler*, in: Berliner Kommentar, GG, Art. 19 Abs. 4 Rn. 360.

267 *BVerfG*, Beschluss vom 30.04.2003 - 1 PBvU 1/02, Rn. 33, 35.

268 *Voßkuhle*, Bruch mit einem Dogma: Die Verfassung garantiert Rechtsschutz gegen den Richter, in: NJW 2003, 2193 (2196).

269 *BVerfG*, Beschluss vom 23.03.2011 - 2 BvR 882/09, Rn. 63; Beschluss vom 27.02.2009 - 2 BvR 538/07, Rn. 24; Beschluss vom 08.07.1982 - 2 BvR 1187/80, Rn. 78.

270 *BVerfG*, Beschluss vom 17.04.1991 - 1 BvR 419/81, 1 BvR 213/83, Rn. 39.

271 *Schulze-Fielitz*, in: Dreier, GG, Art. 19 Abs. 4 Rn. 88 f.; *Schmidt-Aßmann*, in: Isensee/Kirchhof, Handbuch des Staatsrechts, Bd. VI, 2008, § 109 Rn. 31; *Sachs*, in: Sachs, GG, Art. 19 Rn. 143a; *Schmidt-Aßmann/Schenk*, in: Schoch/Schneider/Bier, VwGO, Einleitung, Rn. 203 ff. unter Hinweis darauf, dass die Verfahrenselemente ihre Grundlagen auch in dem Rechtsstaats- und Demokratieprinzip, im einfachen Recht und in den Grundätzen guter Verwaltungspraxis finden, sie aber auch im Lichte einer anschließenden gerichtlichen Auseinandersetzung zu betrachten seien.

b) Entscheidungsspielräume

Das Gebot effektiven Rechtsschutzes schließt nicht aus, dass durch den Gesetzgeber eröffnete Gestaltungs-, Ermessens- und Beurteilungsspielräume die Durchführung der Rechtskontrolle durch die Gerichte einschränken, wenn das materielle Recht diesen Entscheidungsspielraum in verfassungsrechtlich unbedenklicher Weise zulässt.[272] Das Vorliegen solcher Spielräume muss sich allerdings aus dem Gesetz ergeben oder anhand einer Auslegung ermitteln lassen.[273]

c) Einfluss von Art. 14 Abs. 1 GG

Art. 19 Abs. 4 GG wird durch den unmittelbar aus dem materiellen Grundrecht des Art 14 Abs. 1 Satz 1 GG ergebenden Anspruch auf einen effektiven Rechtsschutz ergänzt.[274] Die Bedeutung der verfahrensrechtlichen Dimension der Eigentumsgarantie über Art. 19 Abs. 4 GG hinaus liege, so die Befürworter, in der Garantie effektiver Verfahrensgestaltung gegenüber Exekutive, Judikative und Legislative.[275]

2. Persönlicher Schutzbereich

Art. 19 Abs. 4 GG gewährt jedem Schutz, der Träger eines Grundrechts sein kann.[276] Hinsichtlich der Grundrechtsfähigkeit von juristischen Personen des öffentlichen Rechts, gilt das zu Art. 14 GG Gesagte.[277]

---

272 *BVerfG*, Beschluss vom 08.12.2011 - 1 BvR 1932/08, Rn. 23; Beschluss vom 31.05.2011 - 1 BvR 857/07, Rn. 73.

273 *BVerfG*, Beschluss vom 08.12.2011 - 1 BvR 1932/08, Rn. 24; Beschluss vom 31.05.2011 - 1 BvR 857/07, Rn. 74.

274 *BVerfG*, Entscheidung vom 18.12.1968 - 1 BvR 638/64, Rn. 116, Beschluss vom 03.07.1973 - 1 BvR 153/69, Rn. 36; Beschluss vom 23.04.1974 - 1 BvR 6/74, 1 BvR 2270/73, 1 BvR 6/74, 1 BvR 2270/73, Rn. 22; Beschluss vom 10.10.1978 - 1 BvR 475/78, Rn. 17; Beschluss vom 09.08.1999 - 1 BvR 75/90, Rn. 9.

275 *Depenheuer*, in: v. Mangoldt/Klein/Starck, GG, Art. 14 Rn. 93; *Sieckmann*, in: Berliner Kommentar, GG, Art. 14 Rn. 81; zur Kritik: *von Mutius*, Grundrechtschutz contra Verwaltungseffizienz im Verwaltungsverfahren?, in: NJW 1982, 2150 (2155 f.).

276 *Schulze-Fielitz*, in: Dreier, GG, Art. 19 Rn. 82; *Ilber*, in: Berliner Kommentar, GG, Art. 19 Abs. 4 Rn. 5; *Schmidt-Aßmann*, in: Maunz/Dürig, GG, Art. 19 Abs. 4 Rn. 38; *Sachs*, in: Sachs, GG, Art. 19 Rn. 113; *Schenke*, in: Bonner Kommentar, GG, Art. 19 Abs. 4 Rn. 80.

277 Vgl. *Schulze-Fielitz*, in: Dreier, GG, Art. 19 Rn. 83; *Ilber*, in: Berliner Kommentar, GG, Art. 19 Abs. 4 Rn. 12; *Schmidt-Aßmann*, in: Maunz/Dürig, GG, Art. 19 Abs. 4 Rn. 43; *Sachs*, in: Sachs, GG, Art. 19 Rn. 114; a. A. *Schenke*, in: Bonner Kommentar, GG, Art. 19 Abs. 4 Rn. 83, mit dem Hinweis, dass Gemeinden wegen ihrer in Art.

3. *Rechtsverletzung*

Die Rechtsweggarantie ist kein Selbstzweck. Sie entfaltet ihre Wirkung nur, wenn in dem gerichtlichen Verfahren eine materielle subjektive Rechtsposition wahrgenommen werden soll.[278] Sie gewährt also nicht selbst Rechte, sondern setzt die zu schützenden Rechte voraus.[279]

B. Die Eingriffsregelungen und Rechtsschutz

Im Folgenden wird überprüft, welche Eingriffe die Betroffenen im Rahmen eines städtebaulichen Sanierungsverfahrens zu befürchten haben und, sofern Besonderheiten bestehen, wie die Rechtsschutzmöglichkeiten dagegen ausgestaltet sind.

I. Beschluss über die Einleitung des Sanierungsverfahrens

Wie bereits dargelegt,[280] beginnt die Sanierung mit Erlass des Einleitungsbeschlusses. Der Beschluss selbst entfaltet zwar keine unmittelbaren Rechtswirkungen gegenüber dem Bürger,[281] wegen der bereits benannten mittelbaren Folgen, muss das Untersuchungsgebiet trotzdem eindeutig festgelegt werden.[282] Hinsichtlich der Gebietsgröße wird zum Teil vertreten, das Areal sei im Zweifel eher weit zu wählen,[283] denn es müsse bedacht werden, dass über die tatsächlichen und rechtlichen Gegebenheiten noch Unsicherheiten bestünden.[284] Dieser Sichtweise ist insoweit zuzustimmen, als der Erlass des Einleitungsbeschlusses

---

28 Abs. 2 Satz 1 GG eingeräumtem Rechtsstellung ebenfalls Rechtsschutz über Art. 19 Abs. 4 GG einzuräumen sei.

278 *Schulze-Fielitz*, in: Dreier, GG, Art. 19 Rn. 41.

279 *BVerfG*, Beschluss vom 08.05.1979 - 2 BvR 782/78, Rn. 29; Entscheidung vom 05.02.1963 - 2 BvR 21/60, Rn. 17.

280 Vgl. unter: Kapitel 1, B. II.

281 *Köhler*, in: Schrödter, BauGB, § 141 Rn. 19; *Mitschang*, in: Battis/Krautzberger/Löhr, BauGB, § 141 Rn. 13; *Schmidt-Eichstaedt*, in: Brügelmann, BauGB, § 141 Rn. 15; *Stemmler*, Berliner Kommentar, BauGB, § 141 Rn. 23; *Schmitz*, in: Spannowsky/Uechtritz, BauGB, § 141 Rn. 7.

282 *Köhler*, in: Schrödter, BauGB, § 141 Rn. 16; *Krautzberger*, in: Ernst/Zinkahn, BauGB, § 141 Rn. 73; *Mitschang*, in: Battis/Krautzberger/Löhr, BauGB, § 141 Rn. 9; *Schmitz*, in: Spannowsky/Uechtritz, BauGB, § 141 Rn. 5; *Stemmler*, Berliner Kommentar, BauGB, § 141 Rn. 20.

283 *Schmidt-Eichstaedt*, in: Brügelmann, BauGB, § 141 Rn. 15; *Schmitz*, in: Spannowsky/Uechtritz, BauGB, § 141 Rn. 5.

284 *Schmitz*, in: Spannowsky/Uechtritz, BauGB, § 141 Rn. 5.

keiner besonderen Rechtfertigung bedarf, er eben nur hinreichende Anhaltspunkte der Sanierungsbedürftigkeit voraussetzt. An diesem Maßstab muss sich nicht nur das „ob" des Beschlusses, sondern auch das „wie" i. S. d. Gebietsfestlegung messen lassen. Da hinreichende Anhaltspunkte bereits dann vorliegen, wenn Tatsachen dafür sprechen, dass das in Bezug genommene Gebiet städtebauliche Missstände aufweist, ist die Gemeinde in ihrer Entscheidung über die Gebietsbestimmung verhältnismäßig frei. In diesem Zusammenhang wird die Auffassung vertreten, ein Beschluss über den Beginn der vorbereitenden Untersuchung könne lediglich dann unzulässig sein, wenn er rechtsmissbräuchlich sei.[285] Das zivilrechtliche Verbot rechtsmissbräuchlichen Verhaltens ist grundsätzlich auch im Verwaltungsverfahren anwendbar.[286] Im sanierungsrechtlichen Kontext werde dagegen verstoßen, wenn der Einleitungsbeschluss ein eindeutig intaktes Gebiet erfasse, um beispielsweise das besondere Zurückstellungsrecht nach §§ 141 Abs. 4, 15 BauGB auszunutzen.[287] Bei diesen Erwägungen handelt es sich aber nicht um eine zusätzliche Grenze, denn damit wird lediglich die bereits beschriebene Tatbestandsvoraussetzung des Vorliegens hinreichender Anhaltspunkte wiederholt. Rechtsmissbräuchliches Verhalten wird dagegen als Ausnutzen einer formalen Rechtsposition definiert, die dem Zweck des Gesetzes ganz offensichtlich zuwiderläuft.[288] Folglich liegt ein Rechtsmissbrauch nur dann vor, wenn der Einleitungsbeschluss tatsächlich ein Sanierungsverdachtsgebiet umfasst, obwohl dies aus bestimmten Gründen treuwidrig ist. Zu denken wäre etwa daran, dass die Gemeinde die Instrumente des § 141 Abs. 4 BauGB nutzen möchte, ohne die Behebung städtebaulicher Missstände anzustreben.

In beiden Konstellationen, also beim Vorliegen eines rechtsmissbräuchlichen Verhaltens und beim fehlenden Sanierungsverdacht, stellt sich die Frage nach dem Rechtsschutz der Betroffenen. Der Einleitungsbeschluss weist nur die Rechtsqualität eines schlichten Verwaltungshandelns auf.[289] Er ist also weder

---

285 *Krautzberger*, in: Ernst/Zinkahn, BauGB, § 141 Rn. 76; *Schmidt-Eichenstaedt*, in: Brügelmann, BauGB, § 141 Rn. 17.

286 *de Wall*, Die Anwendbarkeit privatrechtlicher Vorschriften im Verwaltungsrecht: dargestellt anhand der privatrechtlichen Regeln über Rechtsgeschäfte und anhand des allgemeinen Schuldrechts, S. 271.

287 *Krautzberger*, in: Ernst/Zinkahn, BauGB, § 141 Rn. 76; *Schmidt-Eichenstaedt*, in: Brügelmann, BauGB, § 141 Rn. 17.

288 *Creifelds*, Rechtswörterbuch, *Rechtsmissbrauch*.

289 *Krautzberger*, in: Ernst/Zinkahn, BauGB, § 141 Rn. 81; *Stemmler*, Berliner Kommentar, BauGB, § 141 Rn. 23.

Satzung noch Verwaltungsakt,[290] denn er begründet keine unmittelbaren Rechtswirkungen, sondern ist nur Anwendungsvoraussetzung besonderer Rechte. Demnach ist eine verwaltungsgerichtliche Klage gegen den Beschluss unzulässig, weil dem Kläger die Klagebefugnis, wenigstens aber das Rechtsschutzbedürfnis fehlt. Damit bleibt nur die Möglichkeit, eine Inzidentkontrolle durchzuführen, etwa bei der gerichtlichen Überprüfung der Auskunftspflicht nach § 138 BauGB. Zu diesem Ergebnis gelangt auch der *VGH München*, der in einer richtungweisenden Entscheidung aus dem Jahr 1979 begründet, warum das gemeindliche Verfahren der vorbereitenden Untersuchung einer gerichtlichen Kontrolle nur beschränkt zugänglich ist. Das Gericht geht u. a. davon aus, dass ihr Ergebnis keine Detailplanung sei, die in die Rechte der Bürger eingreife. Auch seien die nicht förmlich ausgestalteten Verfahrensvorschriften kein zweckmäßiger Kontrollmaßstab. Die gegenteilige Meinung müsse zu Rechtsunsicherheiten führen, da unklar bleibe, welche Unterlagen zu veröffentlichen seien und welche Gespräche geführt werden müssten.[291] Lediglich im Rahmen eines Normenkontrollverfahrens zur Überprüfung einer Sanierungssatzung könne inzident geprüft werden, ob überhaupt vorbereitende Untersuchungen stattgefunden hätten und ob die vorbereitenden Untersuchungen hinreichende Anhaltspunkte für eine Beurteilung dieser Frage ergäben.[292]

II. Beschluss über die Festlegung des Sanierungsgebiets

Der Beschluss über die Festlegung des Sanierungsgebiets beinhaltet eine räumliche und eine zeitliche Komponente, die je für sich einen Eingriffscharakter aufweisen.

1. Räumliche Festlegung

Gemäß § 142 Abs. 1 Satz 1, Abs. 3 Satz 1 BauGB legt die Sanierungssatzung die räumlichen Ausmaße des Sanierungsgebiets fest. Nach der Rechtsprechung handelt es sich hierbei um einen mit dem Normenkontrollantrag gemäß § 47

---

290 *Köhler*, in: Schrödter, BauGB, § 141 Rn. 15; *Krautzberger*, in: Ernst/Zinkahn, BauGB, § 141 Rn. 77; *Stemmler*, Berliner Kommentar, BauGB, § 141 Rn. 23; *Schmitz*, in: Spannowsky/Uechtritz, BauGB, § 141 Rn. 7.

291 *VGH München*, BayVBl 1980, 339 (340), Beschluss vom 17.12.1979 - 14.N - 838/97.

292 *VGH München*, BayVBl 1980, 339 (340), Beschluss vom 17.12.1979 - 14.N - 838/97, übernommen von: *Krautzberger*, in: Ernst/Zinkahn, BauGB, § 141 Rn. 94; *Schmidt-Eichenstaedt*, in: Brügelmann, BauGB, § 141 Rn. 15; *Schmitz*, in: Spannowsky/Uechtritz, BauGB, § 141 Rn. 37.

VwGO justiziablen Rechtsakt, weil die Sanierungssatzung das Grundeigentum im Rahmen des Sanierungsverfahrens einem städtebaulichen Sonderbaurecht unterwerfe, das die Eigentümerbefugnisse erheblich stärker einschränke, als das allgemeine Städtebaurecht des Bundesbaugesetzes bzw. des Baugesetzbuchs, insbesondere durch die Genehmigungspflicht und die sanierungsrechtlichen Entschädigungs- und Ausgleichsbetragsregelungen.[293] Eine unmittelbare Rechtsbeeinträchtigung sei auch gegeben, wenn eine Sanierungssatzung im vereinfachten Verfahren nach § 142 Abs. 4 BauGB unter Ausschluss der o. g. Regelungen ergangen sei, denn auch in diesem Falle begründe die Sanierungssatzung, abgesehen von gewissen Erleichterungen im Enteignungsverfahren, ein Vorkaufsrecht an den im Sanierungsgebiet gelegenen Grundstücken.[294] Demnach wird bei der Beurteilung der Rechtsbetroffenheit nicht auf die räumliche Abgrenzung der Sanierungssatzung selbst abgestellt, sondern auf die mit dem Erlass der Satzung einhergehenden Eingriffsmöglichkeiten.

Diese Differenzierung taucht auch bei der verfassungsrechtlichen Bewertung der Sanierungssatzung auf. Das BVerwG urteilt hierzu:

> *„Die förmliche Festlegung eines Sanierungsgebiets durch eine Sanierungssatzung erzeugt für die Grundstücke, die im Sanierungsgebiet liegen, verfahrensrechtliche und inhaltliche Beschränkungen (vgl. §§ 144, 145 BauGB). Diese sind als Bestimmung des Inhalts des Eigentums im Sinne des Art. 14 Abs. 1 Satz 2 GG zu beurteilen."*[295]

Die Qualifikation als Inhaltsbestimmung bezieht sich lediglich auf die verfahrensrechtlichen und inhaltlichen Beschränkungen, denn sie werden durch das Pronomen „diese" und die Verwendung des Plurals „sind" eindeutig in Bezug genommen. In der Entscheidung heißt es weiter, die Sanierung sei tatbestandlich eine Regelung i. S. d. Art. 14 Abs. 1 Satz 2 GG, die Eingriffe auslöse.[296] Diese sprachliche Differenzierung verdeutlicht den Unterschied zwischen der Sanierungstätigkeit und der Satzung.

Nichtsdestotrotz dauert die Sanierung nur so lange an, wie die Sanierungssatzung existiert, so dass sie die maßgebliche Grundlage der Sanierungstätigkeit bildet. Das bedeutet zwar nicht, dass der Satzungserlass und die sonstigen

---

293 *VGH Kassel* Beschluss vom 29.10.1991 - 4 N 1815/85, Rn. 33; ähnlich: *OVG Münster*, Urteil vom 23.10.2008 - 7 D 37/07.NE, Rn. 38.

294 *OVG Saarlouis*, Beschluss vom 31.03.1993 - 2 N 1/91, Rn. 28; *OVG Münster*, Urteil vom 16.10.2006 - 7 D 69/05.NE, Rn. 26.

295 *BVerwG*, Beschluss vom 07.06.1996 - 4 B 91/96, Rn. 6.

296 *BVerwG*, Beschluss vom 07.06.1996 - 4 B 91/96, Rn. 9; übernommen vom: *OVG Saarlouis*, Urteil vom 09.12.2009 - 1 A 387/08, Rn. 63

Beschränkungen die gleiche Wirkung entfalten. Dennoch kommt der Satzung eine besondere Bedeutung zu, weil sie die Eingriffsmöglichkeiten der Kommune begründet. Auch werden die ihr zugrunde liegenden Entscheidungen im weiteren Verfahren nicht noch einmal geprüft, weil die Eingriffstatbestände lediglich den förmlichen Erlass einer Sanierungssatzung voraussetzen.[297]

Neben dem eigentumsrechtlichen Ansatz wirft die Gebietsabgrenzung die Frage nach der Ungleichbehandlung zweier Grundstücke auf, von denen nur eins im Sanierungsgebiet liegt, denn die Einbeziehung begründet die besonderen sanierungsrechtlichen Pflichten. Ein Verstoß gegen Art. 3 GG liegt vor, wenn die Abgrenzungsentscheidung nicht sachgerecht begründet werden kann.

a) Unterscheidung zwischen Einleitungsbeschluss und Sanierungsbeschluss?

Vor diesem Hintergrund stellt sich die Frage, ob die allgemein anerkannte Unterscheidung in der rechtlichen Bewertung von Sanierungssatzung und Einleitungsbeschluss tatsächlich gerechtfertigt ist. Beide Beschlüsse bilden die tatbestandliche Voraussetzung für weitergehende Eingriffsakte, so bildet die Sanierungssatzung die Grundlage für Baumaßnahmen nach § 148 BauGB oder den Erlass von Ausgleichsbetragsbescheiden gemäß § 154 BauGB, wohingegen die Auskunftspflicht gemäß § 138 BauGB den Einleitungsbeschluss voraussetzt. Auch führen beide Beschlüsse zu Verfügungsbeschränkungen des Eigentums, denn mit Bekanntgabe des Einleitungsbeschlusses gelten die Regelungen über die Zurückstellung von Baugesuchen, § 142 Abs. 4 Satz 1 HS. 2 i. V. m. § 15 BauGB, so lange, bis mit Erlass der Sanierungssatzung diese allgemeine Regelung durch §§ 143, 144 BauGB verdrängt wird, § 15 Abs. 2 BauGB.

Auch der Einwand, wonach kein zweckmäßiger Kontrollmaßstab für die Überprüfung des Einleitungsbeschlusses vorhanden sei, greift nicht durch. Da auch der Ablauf des Sanierungsverfahrens nicht gesetzlich fest vorgegeben ist, sondern durch Soll-Vorschriften, wie etwa §§ 137, 139 BauGB geprägt ist, existiert auch hier kein fest vorgegebener Rahmen, der eine unterschiedliche Bewertung rechtfertigt. Für beide Beschlüsse kommt es damit - vergleichbar - auf die Bewertung des Zustandes als Sanierungsverdachtsgebiet oder Gebiet mit städtebaulichen Missständen an.

b) Bewertung

Sanierungsatzung und Einleitungsbeschluss könnten damit als vergleichbare Eingriffsregelungen betrachten werden, mit der Möglichkeit, auch für den

---

297 Vgl. dazu bereits: Kapitel 1, B. III.

letztbenannten Rechtsakt frühzeitigen Rechtsschutz zu gewähren. Allerdings stellt sich die Frage, ob diese Zuerkennung zweckmäßig ist. Dagegen spricht, dass die Gemeinde beim Erlass des Einleitungsbeschlusses nur durch das Erfordernis der hinreichenden Anhaltspunkte und dem Verbot rechtsmissbräuchlichen Verhaltens begrenzt wird, so dass kaum ein Fall denkbar ist, in dem der Rechtsschutz erfolgreich sein wird. Mithin würden die Verwaltungsgerichte mit zusätzlichen Streitigkeiten belastet werden, deren Erfolgsaussichten gering sind. Auch wird durch eine solche Rechtsschutzmöglichkeit die effektive Arbeit der Kommune gefährdet, die erst noch erforschen muss, welche Strukturen das Untersuchungsgebiet aufweist. Zu beachten ist dabei, dass das vorbereitende Ermittlungsverfahren gerade dem Schutz der Betroffenen dient. Da die Möglichkeit besteht, gegen Einzelakte vorzugehen, überwiegt das Interesse an einer effektiven Verwaltungstätigkeit sowie an einer funktionsfähigen Justiz gegenüber dem Interesse eine zusätzliche Rechtsschutzmöglichkeit zu schaffen.

2. Zeitliche Festlegung

Gemäß § 143 Abs. 3 Satz 2 HS. 1 BauGB ist mit dem Satzungsbeschluss die Sanierungsdauer zu bestimmen. Diese Frist soll 15 Jahre nicht überschreiten, sie kann aber verlängert werden, § 143 Abs. 3 Satz 2 HS. 2, Satz 3 BauGB.

Die Sanierungssatzung verliert nicht mit Zeitablauf und wegen Verstoßes gegen das Gebot der zügigen Durchführung automatisch ihre Gültigkeit. Denn einerseits gibt es dafür keinen allgemein anerkannten Rechtsgrund, wie etwa bei dem Außerkrafttreten von Bebauungsplänen wegen eingetretener Funktionslosigkeit, andererseits ist eine solche Wirkung auch nicht mit dem Bedürfnis der Rechtssicherheit vereinbar, da der Zeitpunkt des Außerkrafttretens nicht präzise bestimmt werden könnte. Zudem stellt die Satzung keine unüberwindbare Sperre dar, weil die Vorschriften über die Genehmigungsvoraussetzungen einen angemessenen Interessenausgleich bieten.[298]

298 Zum Ganzen: *BVerwG*, Urteil vom 20.10.1978 - 4 C 48/76, Rn. 21; im Ergebnis auch: *BVerwG*, Beschluss vom 12.04.2011 - 4 B 52/10, Rn. 6; differenzierend: *OVG Saarlouis*, Urteil vom 09.12.2009 - 1 A 387/08, Rn. 47: „Die Wirksamkeit einer Sanierungssatzung unterliegt in zeitlicher Hinsicht nur unter engen Voraussetzungen einer Begrenzung dergestalt, dass eine Sanierungssatzung - ebenso wie ein Bebauungsplan - funktionslos werden kann, wenn die Gemeinde ihre Verwirklichung nicht nur in langsamem Tempo vorantreibt, sondern endgültig aufgegeben hat."; dem folgend: *VG Düsseldorf*, Urteil vom 03.12.2010 - 25 K 4618/10, Rn. 69.

Nach der Rechtsprechung stellt auch die sehr lange Dauer einer Sanierung keine Enteignung dar,[299] sie bleibt tatbestandlich eine Regelung i. S. d. Art. 14 Abs. 1 Satz 2 GG, deren Belastungen in jedem Einzelfall auf ihre Verhältnismäßigkeit zu überprüfen ist.[300] Vor dem Hintergrund, dass die Sanierungsatzung die Grundlage der Sanierungstätigkeit bildet, lässt sich festhalten, dass der Satzung auch insoweit ein Eingriffscharakter zugesprochen werden kann.

III. Sanierungsvermerk

Nach § 143 Abs. 2 BauGB teilt die Gemeinde dem Grundbuchamt die rechtsverbindliche Sanierungssatzung mit und hat hierbei die von der Sanierungssatzung betroffenen Grundstücke einzeln aufzuführen. Das Grundbuchamt hat in die Grundbücher dieser Grundstücke einzutragen, dass eine Sanierung durchgeführt wird (Sanierungsvermerk). Dieser Sanierungsvermerk ist lediglich ein Hinweis über die Durchführung der Sanierung.[301] Das bestätigen die Gesetzesmotive, die unter Bezugnahme auf die Genehmigungspflichten für Grundstücksgeschäfte erläutern, von den Beschränkungen sollten interessierte Personen Kenntnis erhalten, die ihre Maßnahmen darauf einstellen könnten.[302] Ferner wird im Hinblick auf die Eintragsmöglichkeit auf die Regelung zum Umlegungsvermerk verwiesen. Dort ging der Gesetzgeber davon aus, dass ihr keine materielle Wirkung zukomme, sie nur der Unterrichtung Dritter diene.[303] Die deklaratorische Wirkung wird zudem dadurch bestätigt, dass auch bei fehlender Eintragung kein gutgläubiger Erwerb nach § 892 BGB möglich ist, da der Sanierungsvermerk kein einzutragendes Recht i. S. d. § 879 BGB darstellt.[304]

Allerdings bleiben die Rechte der Betroffenen durch die Eintragung des Vermerks nicht gänzlich unberührt. So führt das *BVerwG* in einem Verfahren, in

---

299 *BVerwG*, Beschluss vom 07.06.1996 - 4 B 91/96, Rn. 9; Beschluss vom 12. 4. 2011 - 4 B 52.10, Rn. 7; *OVG Saarlouis*, Urteil vom 09.12.2009 - 1 A 387/08, Rn. 63.

300 *BVerwG*, Beschluss vom 07.06.1996 - 4 B 91/96, Rn. 9.

301 *BVerwG*, Urteil vom 20. 10. 1978 - 4 C 48/76, Rn. 14; *OVG Lüneburg*, BRS 35 Nr. 229, S. 398, Urteil vom 19.09.1979 - VI C 12/79.

302 *Deutscher Bundestag*, Drucksache 6/510, S. 29.

303 *Deutscher Bundestag*, Drucksache 3/336, S. 138.

304 *Köhler*, in: Schrödter, BauGB, § 143 Rn. 8; *Krautzberger*, in: Städtebauförderungsrecht, § 143 Rn. 23; *Schöner/Stöber*, in: Riedel/Volmer/Wilsch, Grundbuchrecht, Rn. 3884; *Stemmler*, Berliner Kommentar, BauGB, § 143 Rn. 8; *Deutsches Notarinstitut*, Sanierungsgebiet, Preisprüfung zur Genehmigung eines Kaufvertrages, in: DNotI-Report 1997, 144 (145).

dem die Klägerin eine Klage mit dem Antrag erhoben hat, das beklagte Land zu verpflichten, das Grundbuchamt um Löschung des Sanierungsvermerks zu ersuchen, aus:

> *„Sollte die dem Sanierungsvermerk zugrunde liegende Verordnung vom 4. 7. 1972 ungültig sein, so ergäbe sich daraus erstens, daß der Sanierungsvermerk der gegebenen Rechtslage nicht entspricht, also rechtswidrig ist, und es ergäbe sich daraus zweitens, daß die Kl. vom bekl. Land verlangen könnte, diesen Vermerk wieder löschen zu lassen. Wäre der Vermerk nämlich inhaltlich falsch, so verletzte er ungeachtet seiner an sich nur deklaratorischen Wirkung Eigentumsrechte der Kl."*[305] *„Diese [...] Erkenntnisse geben zugunsten der Klage nur dann etwas her, wenn die Verordnung vom 4. Juli 1972 ungültig ist."*[306]

Mit dieser Entscheidung bekennt sich das Gericht zu der Möglichkeit, dass Eigentumsrechte durch die Eintragung eines Sanierungsvermerks verletzt werden können.[307] Der Vermerk wirkt sich jedenfalls auf den Verkehrswert des Grundstücks aus, denn er erfordert beim Grundstückskauf eine gesteigerte Sorgfalt. Damit wird eine detaillierte Werthaltigkeitsprüfung notwendig, die sich im Verkehrswert niederschlägt, da Risiken für Käufer und Verkäufer entstehen.[308] Dementsprechend besteht nicht nur die Möglichkeit, sich gegen den Vermerk zu wehren, indem das Grundbuchamt um Löschung des Vermerks in entsprechender Anwendung des § 162 Abs. 3 BauGB ersucht wird, nachdem die Sanierungssatzung im Rahmen eines Normenkontrollverfahrens für nichtig erklärt wurde.[309] Auch kann die Kommune bei Ungültigkeit der Sanierungssatzung mit einer Leistungsklage dazu verpflichtet werden, das Grundbuchamt um die Löschung des Sanierungsvermerks zu ersuchen.[310] Wenn das betroffene Grundstück nicht in dem förmlich festgelegten Sanierungsgebiet liegt, kann mit der

---

305 *BVerwG*, Urteil vom 20.10.1978 - IV C 48.76, Rn. 14.

306 *BVerwG*, Urteil vom 20.10.1978 - IV C 48.76, Rn. 15.

307 A. A. wohl *Krautzberger*, in: Städtebauförderungsrecht, § 143 Rn. 24.

308 *Heiß/Schreiner*, Der baurechtliche Sanierungsvermerk, in: NVwZ 2009, 1147 (1147).

309 *Schmidt-Eichstaedt*, in: Brügelmann, BauGB, § 143 Rn. 41.

310 *Meyer*, Betrachtungen über das Städtebauförderungsgesetz im Spannungsfeld des Grundgesetzes, AöR 97 (1972), 12 (30), mit der Einschränkung „wäre denkbar"; *Oldiges*, Gerichtlicher Rechtsschutz gegen Gebiets- und Bereichsfestlegungen nach dem Städtebauförderungsgesetz, in: WiR 1974, 277 (186); a. A. *Getefeld*, Rechtsschutz im Städtebauförderungsgesetz, Klagemöglichkeit - Ermessen - Partizipation, S. 62, mit der Begründung, eine Unterlassungs- bzw. Beseitigungsklage setze einen entsprechenden Anspruch voraus, der nur bestehen könne, wenn durch das Verwaltungshandeln in die Rechtssphäre des Klägers eingegriffen werde.

Beschwerde nach § 71 Grundbuchordnung gegen die Eintragung vorgegangen werden.[311]

Nach Aufhebung der Sanierungssatzung besteht ein Anspruch des Grundstückseigentümers gegen die Kommune darauf, dass diese das Grundbuchamt um Löschung ersucht, § 162 Abs. 3 BauGB.[312]

IV. Genehmigungsvorbehalt

Die in § 144 Abs. 1 und Abs. 2 BauGB genannten Grundstücksgeschäfte bedürfen der gemeindlichen Genehmigung. Auf die Erteilung besteht ein Anspruch.[313] Die Genehmigung darf nämlich nur versagt werden, wenn das Geschäft die Durchführung der Sanierung unmöglich machen oder wesentlich erschweren oder den Zielen und Zwecken der Sanierung zuwiderlaufen würde (§ 145 Abs. 2 BauGB) und die Versagungsgründe nicht beseitigt werden können (§ 145 Abs. 3 BauGB). Beurteilungsmaßstab sind die im Sanierungskonzept niedergelegten Ziele.[314]

Eine besondere Ausprägung dieser Kontrolle ist die sog. Preisprüfung nach § 153 Abs. 2 Satz 1 i. V. m. § 145 Abs. 2 BauGB, mit der verhindert werden soll, dass durch überhöhte Grundstückspreise die Preisstabilität im Sanierungsgebiet beeinträchtigt wird.[315] Die Genehmigungsfähigkeit ist nach der Rechtsprechung

---

311 *Schmidt-Eichstaedt*, in: Brügelmann, BauGB, § 143 Rn. 41.

312 *Köhler*, in: Schrödter, BauGB, § 162 Rn. 15; *Fieseler*, in: Städtebauförderungsrecht, § 162 Rn. 27; *Schmidt-Eichstaedt*, in: Brügelmann, BauGB, § 162 Rn. 16; *Stemmler*, in: Berliner Kommentar, BauGB, § 162 Rn. 19, mit der Einschränkung „regelmäßig"; den Rechtsanspruch ablehnend für den Fall des § 163 Abs. 3 Satz 2 BauGB ohne (nachvollziehbare) Begründung: *Mitschang*, in Battis/Krautzberger/Löhr, BauGB, § 163 Rn. 11 und *Köhler*, in: Schrödter, BauGB, § 163 Rn. 18; den Rechtsanspruch auch hier relativierend: *Stemmler*, in: Berliner Kommentar, BauGB, § 163 Rn. 18.

313 *Deutsches Notarinstitut*, Sanierungsgebiet, Preisprüfung zur Genehmigung eines Kaufvertrages, in: DNotI-Report 1997, 144 (145); *Battis*, Öffentliches Baurecht und Raumordnungsrecht, S. 169; *Gaentzsch/Stemmler*, Berliner Kommentar, BauGB, § 145 Rn. 12; *Mitschang*, in: Battis/Krautzberger/Löhr, BauGB, § 145 Rn. 3; *Köhler*, in: Schrödter, BauGB, § 145 Rn. 8; *Schmidt-Eichstaedt*, in: Brügelmann, BauGB, § 145 Rn. 57 f. mit dem Hinweis, dass der Kommune ein Ermessen zustehe, wenn neben einem Versagungsgrund auch Gründe vorlägen, die für eine (zulässige) Erteilung der Genehmigung sprächen.

314 *Gronemeyer*, Die Entwicklung des Städtebauförderungsrechts 1971-1985 - Verfahren und Instrumentarium der Sanierung, in: NVwZ 1986, 92 (97).

315 *Deutsches Notarinstitut*, Sanierungsgebiet, Preisprüfung zur Genehmigung eines Kaufvertrages, in: DNotI-Report 1997, 144 (145).

des *BVerwG* zu den Vorgängervorschriften der §§ 15, 23 StBauFG so lange gegeben,

> „*wie nicht Werte vereinbart bzw. zugrunde gelegt worden sind, die in einer für den Rechtsverkehr erkennbaren Weise deutlich verfehlen, was auch sonst, nämlich im gewöhnlichen Geschäftsverkehr ohne Rücksicht auf ungewöhnliche oder persönliche Verhältnisse, zu erzielen wäre*“[316]

Konkret wurden in der Rechtsprechung Verkehrswertüberschreitungen von 5 % und Unterschreitungen von 7 % als genehmigungsfähig anerkannt.[317]

Die Regelungen greifen insoweit in die Eigentümerrechte ein, als dass sie bestimmte Vorgänge unter einen Genehmigungsvorbehalt stellen, wobei die Genehmigung unter bestimmten Voraussetzungen versagt werden darf und das Gesetz nicht festlegt, wie lange dieser Zustand andauern darf. In der Rechtsprechung ist geklärt, dass sowohl das Preisprüfungsrecht mit der Möglichkeit der Genehmigungsversagung, als auch die Regelungen über den Genehmigungsvorbehalt insgesamt verfassungsgemäße Inhaltsbestimmungen darstellen, weil sie eine flexible Handhabung erlauben.[318] In diesem Zusammenhang spielt das zweistufiges Ablaufprogramm[319] eine besondere Rolle, weil eine verfassungskonforme Auslegung der §§ 144, 145 BauGB die zunehmende Konkretisierung und Verdichtung der Sanierungsziele im Laufe des Verfahrens erfordert, um die belastende Wirkung dieses sanierungsrechtlichen Instruments zu rechtfertigen. Versäumt es die Gemeinde pflichtwidrig, die Ziele und Zwecke inhaltlich und zeitlich angemessen zu konkretisieren, kann sie beantragte Maßnahmen über §§ 144, 145 BauGB nicht mehr abwehren.[320]

Mit dem Genehmigungsvorbehalt werden zwei Zwecke verfolgt, einerseits soll die Gemeinde während des Sanierungsverfahrens Nutzungen abwehren können, die der Verwirklichung der Sanierungsziele entgegenstehen. Damit werden das Verfahren und die Zielvorstellungen der Kommune abgesichert. Zudem kommt dem Genehmigungsvorbehalt eine Schutzfunktion zu, indem er die Grundeigentümer vor unnützen Investitionen schützt. Die Betroffenen sollen

---

316 *BVerwG*, Urteil vom 21.08.1981 - 4 C 16/78, Rn. 21; mit ähnlicher Formulierung auch: *BVerwG*, Urteil vom 24.11.1978 - IV C 56.76, Rn. 32.

317 *Deutsches Notarinstitut*, Sanierungsgebiet, Preisprüfung zur Genehmigung eines Kaufvertrages, in: DNotI-Report 1997, 144 (146).

318 *BVerwG*, Beschluss vom 08.01.1998 - 4 B 221/97, Rn. 7 zu §§ 145 Abs. 2, 153 Abs. 2 Satz 1 BauGB; *BVerwG*, Urteil vom 07.09.1984 - 4 C 20/81, Rn. 26 zu § 15 StBauFG.

319 Vgl. dazu im Einzelnen: Kapitel 2, D. III. 6. a).

320 *BGH*, Urteil vom 17.12.1981 - III ZR 72/80, Rn. 28; *Schmidt-Eichenstaedt*, in: Brügelmann, BauGB, § 144 Rn. 15.

keine Dispositionen treffen, die sich möglicherweise beim Vollzug der Sanierung als verfehlt erweisen können.[321]

V. Sanierungsrechtliches Vorkaufsrecht

Gemäß § 24 Abs. 1 Satz 1 Nr. 3 BauGB steht der Gemeinde in einem förmlich festgelegten Sanierungsgebiet ein Vorkaufsrecht zu. Wie sonst auch, darf es nur ausgeübt werden, wenn das Wohl der Allgemeinheit dies rechtfertigt, § 24 Abs. 3 Satz BauGB. Die Voraussetzungen liegen bereits dann vor, wenn der Grunderwerb die Durchsetzung der mit der Satzung konkret verfolgten städtebaulichen Ziele erleichtert.[322] Allerdings steht dem Käufer die Befugnis aus § 27 Abs. 1 BauGB zu, wonach er das Vorkaufsrecht abwenden kann, wenn er sich verpflichtet, das Grundstück i. S. d. von der Kommune bestimmten Zielen und Zwecken zu nutzen.

Das sanierungsrechtliche Vorkaufsrecht gilt in allen Sanierungsverfahren.[323] Da seine Ausübung einen rechtswirksamen Kaufvertrag voraussetzt, kann das Vorkaufsrecht unter Anwendung des § 144 BauGB nur ausgeübt werden, wenn die Genehmigung erteilt wurde.[324]

Durch die Ausübung des Vorkaufsrechts wird in die von der allgemeinen Handlungsfreiheit des Art. 2 Abs. 2 GG geschützten Privatautonomie eingegriffen, da dem Käufer die Möglichkeit des Vertragsschlusses genommen wird („ob") und dem Verkäufer die Wahl über seinen Vertragspartner („mit wem").[325] Daneben wird durch die Ausübung des Vorkaufsrechts auch in das Eigentumsrecht des Verkäufers eingegriffen, da seine Verfügungsbefugnis dahingehend eingeschränkt wird, dass er den Eigentumsübergang mit einem neuen Vertragspartner vollziehen muss.[326] Hierbei handelt es sich um eine verfassungsgemäße Inhalts- und Schrankenbestimmung und nicht um eine Enteignung, da das Vorkaufsrecht an die Absicht des Verkäufers anknüpft, sich von seinem Grundstück

---

321 *BVerwG*, Urteil vom 07.09.1984 - 4 C 20/81, Rn. 24; *Battis*, Öffentliches Baurecht und Raumordnungsrecht, S. 169; *Schmidt-Eichenstaedt*, in: Brügelmann, BauGB, § 144 Rn. 2.

322 *Roos*, in: Brügelmann, BauGB, § 24 Rn. 50; *Stock*, in: Ernst/Zinkahn, BauGB, § 24 Rn. 70; ähnlich: *Grziwotz*, in: Spannowsky/Uechtritz, BauGB, § 24 Rn. 26.

323 *Schrödter*, in: Schrödter, BauGB, § 24 Rn. 15.

324 *Krautzberger*, in: Städtebauförderungsrecht, Vorbemerkung §§ 136-164b, Rn. 45; *Roos*, in: Brügelmann, BauGB, § 24 Rn. 31a.

325 *Mößle*, Die Verfassungsmäßigkeit von Vorkaufsrecht und Umlegung als Instrumente kommunaler Bodenpolitik, in: MittBayNot 1988, 213 (215).

326 *Stock*, in: Ernst/Zinkahn, BauGB, § 24 Rn. 84.

zu trennen.[327] Beide Eingriffe sind gerechtfertigt, weil die Ausübung im Interesse der Allgemeinheit erfolgt.[328] Ein Eingriff in die Eigentumsrechte des Käufers liegt nicht vor, da ihm lediglich ein Anspruch entzogen wird, der von vornherein mit dem Vorkaufsrecht belastet war, so dass ihm nur eine Chance genommen wird.[329]

VI. Enteignung

Grundstücke die in einem förmlich festgelegten Sanierungsgebiet liegen, können nach den allgemeinen Regeln der §§ 85 ff. BauGB enteignet werden. Die Enteignung setzt einen Enteignungszweck gemäß § 85 BauGB voraus. Zudem muss sie dem Wohl der Allgemeinheit dienen, § 87 BauGB. Wie bereits dargelegt, enthält § 136 Abs. 4 Satz 1 BauGB diesbezüglich keine Fiktion, so dass die allgemeinen Anforderungen gelten.

Wird die Enteignung zu den in § 87 Abs. 1 Nr. 1 oder Nr. 2 BauGB aufgeführten Zwecken aus zwingenden städtebaulichen Gründen durchgeführt, so genügt anstelle des § 87 Abs. 2 BauGB der Nachweis, dass die Gemeinde sich ernsthaft um den freihändigen Erwerb dieses Grundstücks zu angemessenen Bedingungen vergeblich bemüht hat.

Hinsichtlich des § 85 Abs. 1 Nr. 1 BauGB wurde anlässlich des sog. Boxberg Urteils des *BVerfG* kontrovers diskutiert, ob der dort niedergelegte Enteignungszweck dem Gesetzesvorbehalt des Art. 14 Abs. 3 Satz 2 GG entspricht.[330] Anlass dieser Diskussion war die Auffassung des Gerichts, wonach die Einhaltung des verfassungsrechtlichen Gebots hinreichender Bestimmtheit bei einer Regelung, die sich begnüge, eine Enteignung zugunsten eines so allgemein umschriebenen Zwecks zuzulassen, bezweifelt werden müsse.[331] In einer späteren Entscheidung, in der es um die Enteignung im Zusammenhang mit der Errichtung einer örtlichen Schule ging, stellte das Gericht unter Bezugnahme auf das Boxberg Urteil klar, dass eine Auslegung der §§ 85 ff. BauGB, die die Enteignung nach diesen Vorschriften zur Verwirklichung beliebiger Maßnahmen mit städtebaulicher Relevanz zuließe, verfassungswidrig wäre. Hingegen sei die Enteignung für

327 *Mößle*, Die Verfassungsmäßigkeit von Vorkaufsrecht und Umlegung als Instrumente kommunaler Bodenpolitik, in: MittBayNot 1988, 213 (216).

328 *BGH*, Urteil vom 05.05.1988 - III ZR 105/87, Rn. 20 f.

329 *Mößle*, Die Verfassungsmäßigkeit von Vorkaufsrecht und Umlegung als Instrumente kommunaler Bodenpolitik, in: MittBayNot 1988, 213 (216).

330 Zum Meinungsstand: *Stadler*, Die Enteignung zur Verwirklichung von Festsetzungen eines Bebauungsplans, S. 27-50.

331 *BVerfG*, Urteil vom 24.03.1987 - 1 BvR 1046/85, Rn. 58.

das streitgegenständliche Vorhaben von Verfassungswegen nicht zu beanstanden, da seine Verwirklichung zum Kernbereich gemeindlicher Daseinsvorsorge durch städtebauliche Planung gehöre.[332] Mithin wird aus dieser Entscheidung der Schluss gezogen, dass § 85 Abs. 1 Nr. 1 BauGB grundsätzlich mit der Verfassung in Einklang stehe. Lediglich bei der Anwendung bleibe unklar, wo die verfassungsrechtliche Grenze verlaufe, da nach dem Wortlaut jedwede Festsetzung in einem Bebauungsplan eine Enteignung rechtfertigen könne, das *BVerfG* aber nur solche mit städtebaulicher Zweckrichtung anerkenne.[333]

Eine solche Diskussion hat sich bezüglich § 85 Abs. 1 Nr. 2 BauGB nicht entfacht, obwohl auch hier an der Bestimmtheit der Norm gezweifelt werden kann, da sie den Behörden ebenfalls viel Handlungs- und Interpretationsspielräume belässt. Denn nach dem Wortlaut der Norm sind einziger Maßstab die geltenden baurechtlichen Vorschriften. Da es sich hierbei aber um ein speziell enteignungsrechtliches Problem handelt, dass nur mittelbar das Sanierungsrecht betrifft und die soeben dargestellte Rechtsprechung des *BVerfG* auch auf diesen Fall übertragbar sein dürfte, soll dazu nicht weiter Stellung genommen werden.

VII. Umlegung

Während der Durchführung des Sanierungsverfahrens kann das Gebiet durch Umlegung in der Weise neu geordnet werden, dass nach Lage, Form und Größe für die bauliche oder sonstige Nutzung zweckmäßig gestaltete Grundstücke entstehen, § 45 Satz 1 BauGB. Die Umlegung kommt immer dann in Betracht, wenn der Sanierungszweck in der Neuordnung des Sanierungsgebiets besteht.[334] Sie ist Bestandteil des städtebaulichen Gesamtkonzepts, indem sie an der Zweckbestimmung des Sanierungskonzepts teilnimmt.[335]

Der Ablauf des Grundstücktauschverfahrens ist in §§ 55 ff. BauGB geregelt. Danach werden zunächst alle im Umlegungsgebiet liegenden Grundstücke als Umlegungsmasse zusammengefasst (§ 55 Abs. 1), die öffentlichen Flächen ausgesondert (§ 55 Abs. 2) und die dadurch entstandene Verteilungsmasse (§ 55 Abs. 4) abschließend nach Wert (§ 57) oder Grundstücksfläche (§ 58) auf die

332 *BVerfG*, Beschluss vom 18.02.1999 - 1 BvR 1367/88, 1 BvR 146/91, 1 BvR 147/91, Rn. 19.

333 *Stadler*, Die Enteignung zur Verwirklichung von Festsetzungen eines Bebauungsplans, S. 50.

334 *Köhler*, in: Schrödter, BauGB, § 153 Rn. 46.

335 *BGH*, Urteil vom 13.12.1990 - III ZR 240/89, Rn. 26; missverständlich insoweit: *Schmitz*, in: Spannowsky/Uechtritz, BauGB, § 153 Rn. 34, der von einer parallelen Durchführung der beiden Verfahren ausgeht.

beteiligten Eigentümer verteilt (§§ 56, 59 Abs. 1), wenn nicht ausnahmsweise ein Ausgleich in Geld oder durch Übereignung eines Grundstücks außerhalb des Umlegungsgebiets (§§ 57 Satz 5, 58 Abs. 2, 59 Abs. 2 bis Abs. 6) vorgenommen wird.

Kommen die besonderen sanierungsrechtlichen Vorschriften der §§ 153 ff. BauGB zur Anwendung, gelten die in § 153 Abs. 5 BauGB niedergelegten Voraussetzungen für die Umlegung,[336] die das umlegungsrechtliche Verteilungs- und Abfindungssystem im Sinne des Sanierungsrechts modifizieren. Gemäß § 155 Abs. 2 BauGB entfällt der Ausgleichsbetrag, wenn eine Umlegung nach Maßgabe des § 153 Abs. 5 BauGB durchgeführt worden ist. So wird ein doppeltes Wertermittlungsverfahren vermieden.[337] Im Übrigen finden die besonderen Vorschriften der Umlegung weiterhin Anwendung, wie dem Umlegungsvermerk i. S. d. § 54 BauGB, der Möglichkeit zur Ausübung eines Vorkaufsrechts i. S. d. § 24 Abs. 1 Nr. 1 und Nr. 2 BauGB sowie der Veränderungs- und Verfügungssperre nach Maßgabe des § 51 Abs. 1 Satz 2 BauGB.

Die Umlegung berührt den Schutzbereich von Art. 14 GG, denn sie schränkt die Verfügungsbefugnis des Grundstückseigentümers ein, weil der Verlust des bisherigen konkreten Grundstücks und die mit der Neuzuteilung verbundene Änderung der Eigentumsverhältnisse notfalls auch gegen den Willen einzelner Eigentümer erfolgen kann.[338] In der Rechtsprechung sind diese Vorschriften als verfassungsgemäße Inhaltsbestimmung i. S. d. Art. 14 Abs. 1 Satz 2 BauGB anerkannt, da sie die plangerechte, zweckmäßige Nutzung der Grundstücke ermöglichen und damit durch eine Privatnützigkeit gekennzeichnet sind. Das Interesse der Allgemeinheit an der Bodennutzung und das Interesse der Betroffenen an der Umlegung sind gleichgerichtet.[339] Der *BGH* sah den Rechtscharakter der Umlegung als Inhaltsbestimmung zudem nicht dadurch berührt, dass Wertsteigerungen durch einen Flächenausgleich oder einen Geldbetrag ausgeglichen

---

336 *Krautzberger*, in: Städtebauförderungsrecht, Vorbemerkung §§ 136-164b, Rn. 51.

337 *Schmitz*, in: Spannowsky/Uechtritz, BauGB, § 153 Rn. 34.

338 *BVerfG*, Beschluss vom 22.05.2001 - 1 BvR 1512/97, 1 BvR 1677/97, Rn. 27.

339 *BVerfG*, Beschluss vom 22.05.2001 - 1 BvR 1512/97, 1 BvR 1677/97, Rn. 34-38; vgl. dazu *Haas*, Die Baulandumlegung - Inhalts- und Schrankenbestimmung des Eigentums, in: NVwZ 2002, 272-277; *BVerwG*, Beschluss vom 31.03.2011 - 4 BN 2/11, Rn. 12; Beschluss vom 09.11.1954 - I B 145.53, Rn. 9, 13 f. zur Reichsumlegungsordnung; *BGH*, Urteil vom 13.12.1990 - III ZR 240/89, Rn. 13 m. w. N. auf seine ständige Rechtsprechung; *Jung*, Die verfassungsrechtliche Einordnung der städtebaulichen Umlegung auf der Basis der modernen Eigentumsdogmatik, S. 110, 85 m. w. N.

werden müssten, da die Regelung alle Eigentümer treffe und daher kein Sonderopfer fordere.[340] Gleiches dürfte für den Ausgleich von Werteinbußen gelten. Mithin kommt in dieser Rechtsprechung die Unterscheidung zwischen Art. 14 Abs. 1 Satz 2 GG und Art. 14 Abs. 3 Satz 1 GG zur Geltung, wonach eine ausgleichspflichtige Inhalts- und Schrankenbestimmung nicht in eine Enteignung umschlägt.

Nicht nur die Umlegung als Rechtsinstitut, sondern auch die Anwendung der §§ 45 ff. BauGB muss im Einzelfall von der Privatnützigkeit geleitet werden.[341]

VIII. Aufhebung und Verlängerung von Miet- und Pachtverhältnissen

In den § 182 bis § 185 BauGB ist die Möglichkeit vorgesehen, Miet- und Pachtverhältnisse durch privatrechtsgestaltenden Verwaltungsakt[342] aufzuheben, wenn dies die Verwirklichung der Ziele und Zwecke der Sanierung erfordert. Voraussetzung ist nach Abs. 2, dass dem Betroffenen eine Ersatzwohnung zu zumutbaren Bedingungen zur Verfügung gestellt wird. Der Nutzungsberechtigte wird zudem nach § 185 BauGB für Vermögensnachteile, die durch die vorzeitige Beendigung des Rechtsverhältnisses entstehen, unter Heranziehung der enteignungsrechtlichen Regelungen (§§ 93 ff. BauGB) entschädigt.

Mithin kann in der hoheitlichen Beendigung des Vertragsverhältnisses zwar ein Eingriff in die allgemeine Handlungsfreiheit des Nutzungsberechtigen (sowie des Nutzungsgebers) gesehen werden, dieser ist aber verfassungsmäßig gerechtfertigt. Denn die Anwendung des § 182 BauGB steht nach seinem Wortlaut unter dem Vorbehalt der städtebaulichen und sanierungsrechtlichen Erforderlichkeit. Dabei handelt es sich um einen legitimen Zweck, der durch das Regelungssystem der §§ 182 ff. BauGB verhältnismäßig ausgestaltet ist. Denn dem Nutzungsberechtigten muss ein angemessener Wohnraum zur Verfügung gestellt werden und ihm werden Vermögensnachteile, etwa die Umzugskosten, ausgeglichen.

Es bleibt damit lediglich der zeitliche Aufwand für eine etwaige Suche nach geeignetem Ersatzraum und einen Umzug sowie die Tatsache, dass er sich in einer eventuell neuen Umgebung (z. B. neues Milieu, längere Fahrtzeit zur Arbeit) zurechtfinden muss. Insoweit handelt es sich aber um Einzelfallumstände, die bei der Gesetzesanwendung zu beachten sind (Ermessensausübung, Verhältnismäßigkeitsgrundsatz) und nicht gegen die grundsätzliche Verfassungsmäßigkeit der §§ 182 ff. BauGB sprechen.

---

340 *BGH*, Urteil vom 21. Februar 1980 – III ZR 84/78, Rn. 18.

341 *OLG Hamm*, Urteil vom 05.07.2012 - I-16 U 6/11, Rn. 36.

342 *Reith*, in: Battis/Krautzberger/Löhr, BauGB, § 182 Rn. 15.

Gemäß § 186 BauGB kann die Gemeinde auf Antrag des Mieters / Pächters ein Miet- oder Pachtverhältnis durch privatrechtsgestaltenden Verwaltungsakt[343] verlängern, soweit dies zur Verwirklichung des Sozialplans erforderlich ist. Diese Regelung wird als verfassungsgemäße Inhalts- und Schrankenbestimmung gesehen.[344]

IX. Städtebauliche Gebote

Die in § 176 bis § 179 BauGB geregelten Gebote dienen der Umsetzung städtebaulicher Planungen, indem sie Positivverpflichtungen der Bodennutzung statuieren.[345] Das Gesetz nennt vier Formen städtebaulicher Gebote, nämlich das Baugebot (§ 176 BauGB), das Modernisierungs- und Instandsetzungsgebot (§ 177 BauGB), das Pflanzgebot (§ 178 BauGB) sowie das Rückbau- und Entsiegelungsgebot (§ 179 BauGB).

In der Praxis werden die Gebote wegen des aufwendigen Verfahrens und des hohen Folgekostenrisikos kaum angeordnet.[346] Gleichwohl können die Planungsziele erreicht werden, da sich die städtebaulichen Gebote nach überwiegender Ansicht als geeignetes Drohmittel erweisen, das vielfach zum Abschluss städtebaulicher Verträge über die „gebotenen“ Maßnahmen führt.[347]

Die Anordnung der Gebote setzt nach § 175 Abs. 2 HS. 1 BauGB grundsätzlich voraus, dass die alsbaldige Durchführung der Maßnahmen aus städtebaulichen Gründen erforderlich ist. Der Gesetzgeber zählt Maßnahmen, die sich auf Ordnungs- und Baumaßnahmen des Sanierungsrechts beziehen, zu den wichtigsten

343 *Köhler*, in: Schrödter, BauGB, § 186 Rn. 2.

344 *Krautzberger*, in: Ernst/Zinkahn, BauGB, § 186 Rn. 9.

345 *Mitschang*, in: Battis/Krautzberger/Löhr, BauGB, Vorbemerkung zu den §§ 175 bis 179, Rn. 2.

346 *Lege*, Stadtumbau und städtebauliche Gebote - Neue Herausforderungen durch Stadterhaltung und Rückbau, in: NVwZ 2005, 880 (881); *Schröer*, Warum städtebauliche Gebote in der Praxis nichts bewirken, in: NZBau 2007, 234 (235 f.); a. A. zumindest für das Baugebot wohl: *Stüer*, Bau- und Fachplanungsrecht, Rn. 2017 und *Stüer*, Baugebot nach § 176 BauGB - Ein „stumpfes Schwert“?, in: DÖV, 1988, 337 (340), der die Durchschlagkraft dieses Instruments in der Praxis anerkennt.

347 *Battis*, Öffentliches Baurecht und Raumordnungsrecht, S. 179; *Stock*, in: Ernst/Zinkahn, BauGB, § 177 Rn. 3; *Krautzberger*, in: Ernst/Zinkahn, BauGB, § 11 Rn. 92; *Mitschang*, in: Battis/Krautzberger/Löhr, BauGB, § 177 Rn. 21; *Wallraven-Lindl/Strunz*, Städtebauliche Gebote nach dem Baugesetzbuch, S. 12, 19; a. A. *Lege*, Stadtumbau und städtebauliche Gebote - Neue Herausforderungen durch Stadterhaltung und Rückbau, in: NVwZ 2005, 880 (885).

Anwendungsfällen.[348] Mithin ist in diesen Fällen das Vorliegen der Anwendungsvoraussetzung des § 175 Abs. 2 HS. 1 BauGB in der Regel zu bejahen.[349]

Die städtebaulichen Gebote stehen mit der Eigentumsgarantie des Art. 14 Abs. 1 GG in Einklang.[350] Die Bau-, Modernisierungs- und Instandsetzungsgebote begründen jeweils grundstücksbezogene Handlungspflichten zur Umsetzung einer städtebaulichen Planung, die Rückbau- und Entsiegelungsgebote dagegen Duldungspflichten. Damit greifen sie in die gesetzlich niedergelegten Befugnisse des Grundstückseigentümers insoweit ein, als dass der Betroffene nicht mehr frei über die bauliche Nutzung seines Grundstücks entscheiden kann. Er muss sein Grundstück beispielsweise bebauen, obwohl er eine Freifläche beibehalten möchte, oder umgekehrt. Da den Eigentümern ihr Grundstück nicht zur Erfüllung öffentlicher Aufgaben entzogen wird, sondern nur generell-abstrakte Rechte und Pflichten in den §§ 175 ff. BauGB festgelegt werden, sind die Gebote als Inhalts- und Schrankenbestimmungen zu qualifizieren. Sie sind auch verfassungsgemäß, insbesondere verhältnismäßig. Mit der Klarstellung, dass die Verwirklichungsgebote nur dann angeordnet werden dürfen, wenn die alsbaldige Durchführung der angeordneten Maßnahmen aus ausschließlich städtebaulichen Gründen erforderlich ist, wollte der Gesetzgeber über eine Anbindung an das öffentliche Interesse hinausgehen.[351] In den Motiven wird dazu ausgeführt, andere z. B. wohnungswirtschaftliche oder wohnungspolitische Gründe, die die Anordnung eines Gebots zweckmäßig erscheinen ließen, kämen nicht in Betracht. Die Fassung lasse eine der Eingriffsintensität entsprechende Auslegung der im Einzelfall an die Anordnungsvoraussetzungen anzulegenden Maßstäbe zu. Die städtebaulichen Gründe enthielten das allgemein dem Städtebaurecht innewohnende Abwägungsgebot.[352] Auch erlauben die Regelungen einen

---

348 *Deutscher Bundestag*, Drucksache 9/746, S. 16 zu der Vorgängervorschrift § 39a Abs. 2 BauGB 1976, die unverändert in das BauGB 1986 übernommen wurde, in *die* Bundestag Drucksache, 10/4630, S. 140.

349 *Krautzberger*, in: Ernst/Zinkahn, BauGB, Vorbemerkungen zu den städtebaulichen Sanierungsmaßnahmen (§§ 136 bis 164b BauGB) Rn. 100; *Wallraven-Lindl/Strunz*, Städtebauliche Gebote nach dem Baugesetzbuch, S. 67 f.

350 So für das Baugebot: *BVerwG*, Urteil vom 30.10.1958 - I C 29.58, Rn. 14 ff.; Urteil vom 15.02.1990 - 4 C 41/87, Rn. 33; Urteil vom 15.02.1990 - 4 C 45/87, Rn. 21, wobei die Argumentation aufgrund der ähnlichen Strukturen auf die anderen Gebote übertragbar sein dürfte; *Breuer*, Die Bodennutzung im Konflikt zwischen Städtebau und Eigentumsgarantie, S. 387 f. für die Positivverpflichtungen zur Bodennutzung insgesamt.

351 *Deutscher Bundestag*, Drucksache 7/4793, S. 10.

352 *Deutscher Bundestag*, Drucksache 7/4793, S. 11.

angemessenen Interessenausgleich, indem sie den Eigentümer bei unzumutbaren Maßnahmen (§ 176 Abs. 3 und Abs. 4 BauGB; § 177 Abs. 4 BauGB; § 179 Abs. 2 BauGB) aus seiner Pflicht entlassen und Entschädigungen für den Eigentumsentzug vorsehen. Des Weiteren greifen die Gebote erst subsidiär gegenüber einer einvernehmlichen Lösung, wie sich aus § 175 Abs. 1 BauGB ergibt. Beim Baugebot ist zudem zu beachten, dass der Eigentümer Werte schafft, die in der Regel zu einem Vermögenszuwachs führen.[353] Gleiches gilt natürlich auch bei der Modernisierung- und Instandsetzung, diese Erwägung kann aber auch für den Rückbau und die Entsiegelung gelten, wenn die baulichen Strukturen nicht mehr oder unwirtschaftlich genutzt werden und erst durch die angeordnete Maßnahmen neue und wirtschaftliche Möglichkeiten der Nutzung eröffnet werden.

X. Ordnungs- und Baumaßnahmen

Gemäß § 146 Abs. 1 BauGB umfasst die Durchführung der Sanierung Ordnungs- und Ordnungsmaßnahmen.[354] Die Begriffe sind in §§ 147 f. BauGB definiert.

1. Ordnungsmaßnahmen

Ordnungsmaßnahmen dienen dazu, die private Wiederbebauung oder die private bauliche Instandsetzung vorzubereiten.[355] Regelmäßig erfordern sie die Inanspruchnahme privater Grundstücke. Diese kann mit den Mitteln des besonderen Bodenrechts[356] durchgesetzt werden, wenn keine einvernehmliche Lösung mit dem Eigentümer erzielt wird.[357] Vor diesem Hintergrund ist die in § 146 Abs. 1 BauGB niedergelegte und für alle Maßnahmen geltende Einschränkung relevant, wonach die Maßnahmen nach den Zielen und Zwecken der Sanierung erforderlich sein müssen. Sie erfahren damit in doppelter Weise eine inhaltliche Konkretisierung.

Überwiegend wird zu dem Maßnahmenkatalog in § 147 Satz 1 BauGB die Auffassung vertreten, dieser sei abschließend.[358] Für diese Sichtweise spricht die

---

353 *BVerwG*, Urteil vom 30.10.1958 - I C 29.58, Rn. 14 f.

354 Vgl. dazu bereits: Kapitel 1, B. V.

355 *Schmidt-Eichstaedt*, in: Brügelmann, BauGB, § 147 Rn. 3; *Deutscher Bundestag*, Drucksache 6/510, S. 31.

356 Vgl. dazu: Kapitel 2, B. III-VII, IX.

357 *Krautzberger*, in: Ernst/Zinkahn, BauGB, § 146 Rn. 23.

358 *Dirnberger*, in: Jäde/Dirnberger/Weiss, BauGB, § 147 Rn. 1; *Mitschang*, in: Battis/Krautzberger/Löhr, BauGB, § 142 Rn. 1; *Schmidt-Eichstaedt*, in: Brügelmann, BauGB, § 147 Rn. 1; *Köhler*, in: Schrödter, BauGB, § 147 Rn. 4; *Krautzberger*, in: Ernst/Zinkahn, BauGB, § 147 Rn. 17; *Mitschang*, in: Battis/Krautzberger/Löhr, BauGB, § 147 Rn. 1; *Schmitz*, in: Spannowsky/Uechtritz, BauGB, § 147 Rn. 4;

Generalklausel in Nr. 5, die andernfalls überflüssig wäre. Allerdings zeichnen die Gesetzesbegründungen ein anderes Bild. Bereits in § 12 Abs. 1 Satz 2 HS. 1 StBauFG 1971 gehörten zu den Ordnungsmaßnahmen: die Bodenordnung, der Umzug der Bewohner und Betriebe, die Beseitigung baulicher Anlagen, die Erschließung sowie sonstige Maßnahmen, die notwendig sind, damit die Baumaßnahmen durchgeführt werden können. In der Begründung zum Entwurf des StBauFG der Bundesregierung heißt es dazu, es seien nur die wichtigsten zu dieser Gruppe gehörenden Maßnahmen aufgezählt worden. Eine erschöpfende Aufzählung der in Betracht kommenden Maßnahmen sei bei der Verschiedenheit der Sanierungsfälle und der Vielzahl der in Betracht kommenden Aufgaben nicht möglich.[359] Diese Regelung wurde bei Übernahme in das BauGB im Jahr 1986 redaktionell geändert. Aus Klarstellungsgründen sei der Erwerb und die Freilegung von Grundstücken sowie die Herstellung und Änderung von Erschließungsmaßnahmen dem Tatbestand hinzugefügt worden.[360] Mithin könnte aus dieser Vorgehensweise der Schluss gezogen werden, der Gesetzgeber des BauGB 1986 wollte keine Änderung der ursprünglichen Motive vornehmen. Andererseits weist die Gesetzesbegründung ausdrücklich darauf hin, dass Nr. 5 eine Auffangbestimmung enthalte, nach der zu den Ordnungsmaßnahmen auch sonstige, durch die Nummern 1 bis 4 noch nicht erfasste Maßnahmen gehörten, die für die Durchführung von Baumaßnahmen notwendig seien.[361] Diese Erwägung deutet wiederum auf eine abschließende Regelung hin, denn der Hinweis auf den Auffangtatbestand impliziert das stete Eingreifen, wenn keine vorrangige Regelung einschlägig ist. Auch die Tatsache, dass die Aufzählung nicht mit der sonst üblichen Formulierung „insbesondere“ eingeleitet wurde, spricht für diese Sichtweise.[362]

Zwar wird gegen diese Diskussion eingewendet, sie habe keine praktische Bedeutung.[363] Dagegen spricht aber, dass nur unter Heranziehung der Generalklausel als abschließende Regelung das Gesetz selbst eine inhaltliche Bestimmung möglicher Ordnungsmaßnahmen festlegt, an der sich eine etwaige zwangsweise

---

Stemmler, in: Berliner Kommentar, BauGB, § 147 Rn. 4; a. A. noch: *Fiskale*, in Berliner Kommentar, 1988, BauGB, § 147 Rn. 4.

359 *Deutscher Bundestag*, Drucksache 6/510, S. 31.

360 *Deutscher Bundestag*, Drucksache 10/4630, S. 122.

361 *Deutscher Bundestag*, Drucksache 10/4630, S. 122.

362 A. A. *Fiskale*, in Berliner Kommentar, 1988, BauGB, § 147 Rn. 4, der argumentiert, die Worte „hierzu gehören“ begründeten Zweifel an einer abschließenden Aufzählung, zudem hätte sich für eine solche, die Einleitung „sie umfasst“ aufgedrängt.

363 *Köhler*, in: Schrödter, BauGB, § 147 Rn. 4.

Durchsetzung messen lassen müsste - sie also nicht „nur“ durch Rechtsprechung oder Literatur definiert würde.

2. *Baumaßnahmen*

§ 148 Abs. 2 BauGB enthält eine Aufzählung typischer Baumaßnahmen. Der Begriff erfasst alle baulichen Maßnahmen, die der Verwirklichung der Ziele und Zwecke der Sanierung dienen.[364] Bei fehlender Mitwirkungsbereitschaft besteht für die Kommune auch hier die Möglichkeit, Maßnahmen mittels einer Anordnung städtebaulicher Gebote, wie dem Modernisierungs- und Instandhaltungsgebot[365], zwangsweise durchzusetzen.[366] Ob die Aufzählung abschließend ist[367] oder nicht[368], ist auch hier umstritten. Die Gesetzesmaterialien sprechen eindeutig für die letztgenannte Auffassung, denn in der Begründung zum BauGB 1986 heißt es, die Aufzählung der Baumaßnahmen sei wie die des geltenden Rechts nicht abschließend.[369] Zu dieser Zeit enthielt der Katalog des § 148 Abs. 2 BauGB bereits die in der heutigen Fassung bestehenden Nr. 1 bis Nr. 4. Mit Erweiterung des Kataloges im Jahr 2011 um die Nr. 5 wird lediglich erörtert, die Aufnahme diene der Stärkung des Klimaschutzes im BauGB.[370] Folglich kann davon ausgegangen werden, dass dieser gesetzgeberische Akt lediglich der Klarstellung dienen sollte. Auch die Tatsache, dass in § 148 Abs. 2 BauGB anders als in § 147 Abs. 2 BauGB keine Generalklausel normiert wurde, stützt diese Sichtweise.[371] Mithin dürfte es sich bei § 147 Abs. 2 BauGB nicht um einen abschließenden Katalog handeln, auch wenn damit gewisse Unsicherheiten der Betroffenen einhergehen. Da die Maßnahmen er forderlich sein müssen und sich an den Zielen und Zwecken der Sanierung zu orientieren haben, besteht an der inhaltlichen Bestimmtheit der Norm kein Zweifel.

---

364 *Krautzberger*, in: Ernst/Zinkahn, BauGB, § 148 Rn. 16; *Mitschang*, in: Battis/Krautzberger/Löhr, BauGB, § 148 Rn. 3; *Schmitz*, in: Spannowsky/Uechtritz, BauGB, § 148 Rn. 12.

365 Vgl. dazu: Kapitel 2, B. IX.

366 Krautzberger, in: Ernt/Zinkahn, BauGB, § 178 Rn. 14.

367 *Köhler*, in: Schrödter, BauGB, § 148 Rn. 6.

368 *Krautzberger*, in: Ernst/Zinkahn, BauGB, § 148 Rn. 16; *Mitschang*, in: Battis/Krautzberger/Löhr, BauGB, § 148 Rn. 3; *Schmitz*, in: Spannowsky/Uechtritz, BauGB, § 148 Rn. 12; *Stemmler*, in: Berliner Kommentar, BauGB, § 148 Rn. 6.

369 *Deutscher Bundestag*, Drucksache 10/4630, S. 123.

370 *Deutscher Bundestag*, Drucksache 17/6076, S. 10.

371 *Köhler*, in: Schrödter, BauGB, § 148 Rn. 6.

XI. Entrichtung eines Ausgleichsbetrages

Gemäß §§ 154 Abs. 1 und Abs. 3, 152 BauGB hat der Eigentümer eines im förmlich festgelegten Sanierungsgebiet gelegenen Grundstücks mit Abschluss der Sanierung einen Ausgleichsbetrag für die sanierungsbedingte Erhöhung des Bodenwerts seines Grundstücks zu zahlen, wenn kein vereinfachtes Sanierungsverfahren durchgeführt wurde. Ermittelt wird die Höhe des Ausgleichbetrages nach §§ 154 Abs. 2, 155, 153 Abs. 1 BauGB sowie § 199 BauGB i. V. m. der Immobilienwertverordnung sowie der Bodenrichtwertrichtlinie 2011.

Da nach der Rechtsprechung des *BVerfG* das Vermögen als solches schon nicht in den Schutzbereich der Eigentumsgarantie fällt, bewirkt die Auferlegung von Ausgleichsbeträgen keinen Eingriff in Art. 14 Abs. 1 Satz 1 GG. Nach den allgemeinen Regeln kann nur dann eine Ausnahme bestehen, wenn dem Betrag eine im Einzelfall erdrosselnde Wirkung zukommt.

In diesem Zusammenhang stellt sich die Frage nach einer Art. 3 GG genügenden Gebietsabgrenzung in besonderem Maße. Denn einerseits begründet die Einbeziehung eines Grundstücks die Pflicht zur Zahlung von Sanierungsbeträgen, so dass die Grundstücke außerhalb des Sanierungsgebiets insoweit besser dastehen. Andererseits kann die Einbeziehung auch vorteilhaft sein, wenn z. B. eine Straße saniert wird und ein Teil der Anlieger mit Straßenausbaubeiträgen nach den Kommunalabgabengesetzten belastet wird, die über den (unter Umständen subventionierten) Sanierungsbeträgen liegen.

XII. Ergebnis

Im Gegensatz zu den Bauleitplänen enthält die Sanierungssatzung keine planerischen Festsetzungen, die unmittelbar die Nutzung der einbezogenen Grundstücke regeln. Sie dient lediglich der Gebietsabgrenzung und bildet die Grundlage für weitere Eingriffsregelungen. Einschränkungen des Grundeigentums ergeben sich durch das Genehmigungserfordernis (§§ 145 f. BauGB), die Möglichkeit Miet- und Pachtverhältnisse aufzuheben (§§ 182 ff. BauGB) sowie durch die Begründung eines Vorkaufsrechts (§ 24 Abs. 1 Satz 1 Nr. 3 BauGB) und einer Auskunftspflicht (§ 138 BauGB). Es wird zudem die Möglichkeit zur Umverteilung des Grundstückseigentums im Rahmen eines Enteignungs- oder Umlegungsverfahrens eröffnet. Ferner werden die Eigentumsbefugnisse durch die Pflicht zur Leistung aus Ausgleichsbeträgen (§ 154 BauGB) eingeschränkt. Die Einbeziehung kann sich außerdem negativ auf den Verkehrswert eines Grundstücks auswirken.

Die Eingriffsbefugnisse rechtfertigen sich aus der Sozialpflichtigkeit des Eigentums, welche den sanierungsbezogenen Allgemeinwohlbelangen innewohnt und die Behebung städtebaulicher Missstände bezweckt. Das Vorliegen der Allgemeinwohlbelange sowie der städtebaulichen Missstände begründen die Befugnis zum Erlass der Sanierungssatzung. Um die Balance zwischen Eigentumsgarantie und Sozialpflichtigkeit sicherzustellen, müssen die Voraussetzungen für den Erlass der Satzungssatzung sorgsam geprüft werden. Dies gilt umso mehr, weil sie die Grundlage für das weitere Verfahren bilden und dort nicht noch einmal geprüft werden.

C. Die tatsächlichen Einflussfaktoren

Das Sanierungsrecht ist von einer Reihe tatsächlicher Einflussfaktoren geprägt. Diese begründen die Annahme, dass mit der Rechtsanwendung der §§ 136 ff. BauGB auch Fehlentwicklungen hervorgerufen werden können. Im Folgenden wird daher ein Überblick über die Einflussfaktoren gegeben, die im städtebaulichen Sanierungsrecht eine prägende Rolle spielen und deren Auswirkung im Einzelfall. Dabei sollen keine empirisch abgesicherten Kausalketten dargestellt werden, da eine solche Analyse den Rahmen dieser Arbeit sprengen würde. Vielmehr zeigen einzelne Blitzlichter auf, welche Unwägbarkeiten sich bei der Rechtsanwendung zeigen, zu deren Eindämmung eine klare Rechtsstruktur erforderlich erscheint.

Ob diesen Anforderungen durch den Gesetzgeber Rechnung getragen wurde, könnte schon aufgrund der bereits beschriebenen, generalklauselartigen Grundbegriffe bezweifelt werden. Da die Rechtsanwendung aber von weiteren Einflussfaktoren geprägt ist, werden diese in den folgenden Abschnitten untersucht.

I. Städtebauförderung

Die Maßnahmen des besonderen Städtebaurechts der § 136 bis § 191 BauGB werden durch eine Vielzahl von Finanzhilfen unterstützt. Rechtsgrundlage der Förderung ist Art. 104b GG, konkretisiert durch § 164b BauGB.

Gemäß Art. 104b Abs. 1 Satz 1 GG kann der Bund, soweit das Grundgesetz ihm Gesetzgebungsbefugnisse verleiht, den Ländern Finanzhilfen für besonders bedeutsame Investitionen der Länder und der Gemeinden (Gemeindeverbände) gewähren. In Satz 2 werden in diesem Zusammenhang drei Förderziele benannt: die Abwehr einer Störung des gesamtwirtschaftlichen Gleichgewichts, der Ausgleich unterschiedlicher Wirtschaftskraft im Bundesgebiet und die Förderung des wirtschaftlichen Wachstums. Das Nähere, insbesondere die Arten der zu fördernden Investitionen, wird durch ein zustimmungsbedürftiges Bundesgesetz oder auf Grund des Bundeshaushaltsgesetzes durch Verwaltungsvereinbarung geregelt, Art. 104b Abs. 2 Satz 1 GG. § 164b Abs. 1 Satz 2 BauGB konkretisiert hierzu, dass der Maßstab zur Förderung städtebaulicher Sanierungsmaßnahmen und das Nähere für den Einsatz der Finanzhilfen durch eine Verwaltungsvereinbarung[372] zwischen Bund und Ländern festgelegt wird. Für städtebauliche Entwicklungsmaßnahmen, Stadtumbaumaßnahmen und Maßnahmen der sozialen Stadt finden sich Verweisungsnormen auf § 164b BauGB in § 169 Abs. 1 Nr. 9, § 171b Abs. 4 und § 171e Abs. 6 Satz 1 BauGB. § 164b Abs. 2 BauGB benennt als Förderschwerpunkte, 1. die Stärkung von Innenstädten und Ortsteilzentren in ihrer städtebaulichen Funktion unter besonderer Berücksichtigung des Wohnungsbaus sowie der Belange des Denkmalschutzes und der Denkmalpflege, 2. die Wiedernutzung von Flächen, insbesondere der in Innenstädten brachliegenden Industrie-, Konversions- oder Eisenbahnflächen, zur Errichtung von Wohn- und Arbeitsstätten, Gemeinbedarfs- und Folgeeinrichtungen unter Berücksichtigung ihrer funktional sinnvollen Zuordnung (Nutzungsmischung) sowie von umweltschonenden, kosten- und flächensparenden Bauweisen sowie 3. die städtebauliche Maßnahmen zur Behebung sozialer Missstände. Die Umsetzung dieser Förderziele mündet in eine Vielzahl von Förderprogrammen, etwa den Programmen Soziale Stadt, Stadtumbau Ost und West, Kleinere Städte und Gemeinden oder Sanierungs- und Entwicklungsmaßnahmen.[373] Entsprechend dieser ausdifferenzierten Möglichkeit zur Förderung städtebaulicher Maßnahmen verpflichtete sich der Bund in Art. 1 Abs. 2 VV Städtebauförderung 2012 Finanzhilfen in einem Gesamtvolumen von 455.000 Millionen Euro für die Städtebauförderungsprogramme bereitzustellen. Dazu treten Hilfen der Länder, deren Höhe in Art. 2 VV Städtebauförderung 2012, differenziert nach den verschiedenen Programmen, festgelegt wurde. Da Art. 104b Abs. 1 GG nach seinem Wortlaut nur Zahlungen vom Bund an die Länder erlaubt, stellen die Länder die Förderprogramme auf (Art. 11 VV Städtebauförderung 2012) und verteilen die Gelder nach Maßgabe ihrer Förderungsrichtlinien an die Kommunen (Art. 22 VV Städtebauförderung 2012).

---

372 Ein Überblick über die bisher abgeschlossenen VV ist auf der Internetseite des BMVBS eingestellt: *BMVBS*, Rechtliche Grundlagen der Städtebauförderung, abrufbar unter: http://www.staedtebaufoerderung.info/cln_033/nn_1087344/StBauF/DE/UeberDieStBF/RechtlicheGrundlagen/RechtlicheGrundlage__node.html?__nnn=true.

373 Ein Überblick über die laufenden Programme findet sich beispielsweise hier: *BMVBS*, Städtebauförderung des Bundes und der Länder, abrufbar unter: http://www.staedtebaufoerderung.info; *Nds. MS*, Städtebauförderung und Stadterneuerung, abrufbar unter: http://www.ms.niedersachsen.de/themen/bauen_wohnen/staedtebaufoerderung/staedtebaufoerderung-und-stadterneuerung-13829.html.

1. Die Verbindung zwischen den städtebaulichen Erneuerungsmaßnahmen

Die besonderen städtebaulichen Maßnahmen der § 136 bis § 191 BauGB werden im Förderungsrecht der Länder unter dem Begriff der städtebaulichen Erneuerungsmaßnahmen zusammengefasst. Wie bereits beschrieben,[374] überschneiden sich die Aufgabenbereiche und Ziele der einzelnen Maßnahmen teilweise. Parallel dazu bestehen auch im Rahmen des Förderungsrechts Verbindungen zwischen den Maßnahmen. Beispielsweise[375] werden in Niedersachsen[376] und Nordrhein-Westfalen[377], wie in Art. 5 Abs. 4 und Art. 6 Abs. 3 VV Städtebauförderung 2012[378] empfohlen, Fördermittel für Einzelmaßnahmen aus dem Programm Soziale Stadt und dem Programm Stadtumbau nur dann bewilligt, wenn sie Bestandteil einer Gesamtmaßnahme sind, die als städtebauliche Sanierungsmaßnahme (§ 136 bis § 164 BauGB) durchgeführt wird. Die Förderung von Einzelmaßnahmen aus dem Programm Aktive Stadt und Ortsteilzentren wird in Niedersachsen derart beschränkt[379], dass sie Bestandteil einer städtebaulichen Sanierungsmaßnahme sein müssen.[380] Daher wird in den folgenden

---

374 Vgl. dazu: Kapitel 1, C.

375 Vgl. für weitere Beispiele: *Spangenberger*, Städtebauförderung - Auswirkungen der Programmvielfalt, in: UPR 2011, 180 (183).

376 Runderlass des MS vom 20.05.2008 - 501.1-21201.2.17: Richtlinie über die Gewährung von Zuwendungen zur Förderung städtebaulicher Erneuerungsmaßnahmen (Städtebauförderungsrichtlinie - R-StBauF-), in: Nds. MBl. Nr. 25 vom 09.07.2008, S. 699.

377 Runderlass des Ministeriums für Bauen und Verkehr vom 22.10.2008 - V.5 - 40.01: Richtlinien über die Gewährung von Zuwendungen zur Förderung von Maßnahmen zur Stadtentwicklung und Stadterneuerung (Förderrichtlinien Stadterneuerung 2008), in: MBl. NRW 2009, S. 36 ff.

378 Ebenso in früheren Förderperioden: Art. 5 Abs. 2 und Art. 6 Abs. 3 VV Städtebauförderung 2011; Art. 5 Abs. 2 und Art. 7 Abs. 3 VV Städtebauförderung 2010.

379 Nach den Vorgaben des *BMVBS* können Einzelmaßnahmen aus dem Programm Aktive Stadt- und Ortsteilzentren auch dann gefördert werden, wenn sie in Gebieten der Sozialen Stadt, Entwicklungsgebieten und Erhaltungsgebieten durchgeführt werden. Vergleiche dazu: *BMVBS*, Aktive Stadt- und Ortsteilzentren, Programm, Grundlagen, abrufbar unter http://www.staedtebaufoerderung.info/cln_030/nn_486354/StBauF/DE/AktiveStadtUndOrtsteilzentren/Programm/Grundlagen/grundlagen__node.html?__nnn=true; Art. 8 Abs. 2 Verwaltungsvereinbarung Städtebauförderung 2012.

380 Bekanntmachung des MS vom 02.03.2010 - 501.11-21205.1.11.1: Anmeldung städtebaulicher Erneuerungsmaßnahmen i. S. des BauGB zur Aufnahme in das Städtebauförderungsprogramm des Landes - Programmjahr 2011, in: Nds. MBl. Nr. 11 vom 17.03.2010, S. 390; Bekanntmachung des MS vom 25.01.2013 - 501.11-21205.1.14.1:

Ausführungen auch auf Beispiele zurückgegriffen, die sich in den Förderprogrammen Soziale Stadt, Stadtumbau, Aktive Stadt und Ortsteilzentren abspielen.

2. *Fördermittel und Zielverwirklichung*

Eine Studie der GEWOS GmbH Hamburg aus dem Jahr 1982 über die Ergebnisse zehnjähriger Anwendung des Städtebauförderungsgesetzes zeigte auf, dass viele Kommunen die Fördermittel nur in Anspruch nehmen wollten, um mit dem durch die Maßnahmen erzielten Funktionswandel im innerstädtischen Bereich die eigene Wirtschaftskraft zu stärken. Die Konsequenzen dieser Umwandlungsprozesse und die differenzierten Ziele der Städtebauförderung interessierten dagegen nicht.[381] Das Sanierungsrecht diente also oftmals nur als Deckmantel, um eigene Interessen, die nicht unbedingt mit den Zielen des § 136 Abs. 4 BauGB übereinstimmten, kostengünstig(er) umzusetzen. Diese Vorgehensweise birgt die Gefahr, dass die gesetzlichen Sanierungsziele konterkariert werden. Dies ist beispielsweise der Fall, wenn durch die Ansiedlung von Dienstleistungsbetrieben, die sozialen und kulturellen Funktionen aus der Innenstadt verdrängt werden, denn die Sanierungsmaßnahmen sollen nach dem gesetzgeberischen Willen einen Beitrag zur nachhaltigen Stadtentwicklungspolitik leisten. Darunter fällt auch die Gewährleistung eines urbanen Lebens mit einer gesunden Durchmischung von Wohnen, Arbeiten und Freizeitgestaltung.[382] Dieser Grundsatz wurde in § 164b Abs. 2 Nr. 1 BauGB niedergelegt. Er dient als Ergänzung der in § 136 Abs. 4 Satz 2 BauGB genannten Ziele.[383]

Andererseits lässt sich belegen, dass Sanierungsmaßnahmen zum Teil nur deshalb durchgeführt werden, weil sie förderungsfähig sind.[384] Diese Vorgehensweise wird etwa dann augenscheinlich, wenn die Kommune anfängt, förderungsfähige Maßnahmen umzusetzen, die sich aus den vorbereitenden Untersuchungen und anfänglichen Zielangaben nicht ableiten lassen.[385] Auch insoweit besteht die Gefahr, dass nicht diejenigen Maßnahmen eingeleitet werden, die für die Entwicklung des betroffenen Gebiets am besten wären.

Anmeldung städtebaulicher Erneuerungsmaßnahmen i. S. des BauGB zur Aufnahme in das Städtebauförderungsprogramm des Landes - Programmjahr 2014, in: Nds. MBl. Nr. 6 vom 13.02.2013, S. 113.

381 *Schmidt/Gstöttner*, Städtebauförderung, S. 73.

382 *Deutscher Bundestag*, Drucksache 13/7589, S. 29.

383 *Schmitz*, in: Spannowsky/Uechtritz, BauGB, § 164b Rn. 14.

384 *Sailer*, Evaluierung auf kommunaler Ebene, S. 108.

385 *Sailer*, Evaluierung auf kommunaler Ebene, S. 107.

Fraglich ist, ob solche Motive auch heute einen Impuls für die Inanspruchnahme der Fördermittel bewirken. Eine aktuelle Studie, die dieses Phänomen belegt, existiert nicht. Fallstudien, mit denen die Wirkungszusammenhänge analysiert werden, unterliegen methodischen Grundproblemen,[386] so dass auch ihnen nur ein geringer Aussagewert zu entnehmen ist. Allerdings sprechen mehrere Aspekte für ein solches Verhalten, nämlich die leeren kommunalen Haushalte und die Möglichkeit zur kommunalen Wirtschaftsförderung. Zudem begünstigt das Förderungsverfahren diese Vorgehensweise. Dazu im Einzelnen:

a) Leere kommunale Haushalte

Die Defizite der kommunalen Haushalte sind ein anhaltendes Problem. So hat das Statistische Bundesamt zum dritten Quartal des Jahres 2012 ein kommunales Finanzierungsdefizit der Kern- und Extrahaushalte, ohne die besonders betroffenen Stadtstaaten, von rund 1,4 Milliarden Euro ermittelt.[387] Entsprechend titeln immer mehr Lokalzeitungen „Unsere Stadt ist pleite".[388] Allein die Tatsache, dass viele Kommunen Haushaltsdefizite aufweisen, belegt gewiss noch nicht die benannte These. Denn die Städtebauförderung ist als Anteilsfinanzierung ausgelegt, so dass der kommunale Zuwendungsempfänger lediglich einen nicht rückzahlbaren Zuschuss erhält.[389] Er muss also weiterhin einen Eigenanteil aufbringen, um die Förderung zu erhalten. Gleichwohl deuten Publikationen der kommunalen Gremien auf diese Wirkweise hin. So wird in der Freien Presse am 14.02.2013 die Kämmerin der Stadt Netzschkaus (Freistaat Sachsen) bei ihrem Plädoyer für die Beantragung von Fördermitteln aus dem Programm Stadtumbau Ost mit den Worten zitiert, man könne die Fördermittel auch

386 Vgl. dazu: *Becker/Schäfer*, Erfahrungen mit der Sanierung nach dem Städtebauförderungsgesetz - Perspektiven der Stadterneuerung, S. 167 f.

387 *Statistisches Bundesamt*, Pressemitteilung Nr. 444 vom 14.12.2012, abrufbar unter: https://www.destatis.de/DE/PresseService/Presse/Pressemitteilungen/2012/12/PD12_444_71137.html.

388 *Bundeszentrale für politische Bildung*, Kommunale Haushaltspolitik bei leeren Kassen, abrufbar unter: http://www.bpb.de/apuz/33483/kommunale-haushaltspolitik-bei-leeren-kassen?p=all.

389 Beispielhaft: Runderlass des Nds. MS vom 20.05.2008 – 501.1-21201.2.17: Richtlinie über die Gewährung von Zuwendungen zur Förderung städtebaulicher Erneuerungsmaßnahmen (Städtebauförderungsrichtlinie – R-StBauF-), in: Nds. MBl. Nr. 25 vom 09.07.2008, S. 700; Verwaltungsvorschrift des Ministeriums des Innern und für Sport vom 22.03.2011 (17530:338*1100-1): Förderung der städtebaulichen Erneuerung (VV-StBauE), in: Rlp. MBl. Nr. 7 vom 12.05.2011, S. 119.

wieder zurückgeben, wenn die Eigenmittel nicht aufzubringen seien.[390] Diese Mitteilung verdeutlicht, dass die Finanzknappheit der Kommunen zumindest einen Impuls dafür geben kann, dass unüberlegt Gelder in Anspruch genommen werden - es den kommunalen Trägern also zunächst nur darauf ankommt, die Gelder zu sichern. Diese Vorgehensweise birgt Tücken, denn die Kämmerin hat nicht bedacht, dass die ausbezahlten Gelder gemäß § 49a Abs. 3 VwVfG mit fünf Prozentpunkten über dem Basiszinssatz jährlich zu verzinsen sind, wenn die Fördersumme (teilweise) zurückgefordert wird, weil die städtebauliche Erneuerungsmaßnahme ohne oder mit zu geringem kommunalen Eigenanteil finanziert wurde. Entsprechendes gilt nach § 49a Abs. 4 VwVfG, wenn die Gelder nicht alsbald nach der Auszahlung für den Förderzweck verwendet werden. Die Kommune, die bei drohendem Aufhebungs- und Zinsbescheid wenigstens die Fördergelder retten möchte, in dem sie diese für förderungsfähige Maßnahmen ausgibt, dürfte die Sanierungsziele nicht als das maßgebliche Ziel ansehen.

Diese Umstände sprechen indiziell dafür, dass die Subventionierung der Sanierungsmaßnahmen auch heute noch Kommunen dazu veranlasst, Gelder zu beantragen, ohne die damit verfolgten Ziele im Blick zu behalten.

b) Kommunale Wirtschaftsförderung

Die Ziele der Städtebauförderung sind vielfältig. Zu ihnen zählt auch die Erzielung positiver volkswirtschaftlicher Effekte.[391] Der Anreiz den die Fördermittel damit geben, kann sich aber auch ins Gegenteil wenden, wenn sie allein zum Zweck der kommunalen Wirtschaftsförderung missbraucht werden. Wissenschaftliche Arbeiten, die diese These stützen existieren nicht, weil ein geeignetes Messinstrument fehlt. Ein Indiz dafür ist aber, dass Studien belegen, dass die Sanierungsmaßnahmen in einem großen Umfang von regionalen mittelständischen Unternehmen ausgeführt werden. Im Bereich des Handwerks, Handels und Gewerbes werden langfristige Beschäftigungs- und Wachstumsimpulse gegeben.[392] In Zahlen drückt sich der Effekt so aus: In drei Viertel der Sanierungsgebiete

390 *Betka*: Stadtumbaugebiet abgelehnt, Kommentar in: Freie Presse, 14.02.2013, S. 9.

391 *Nds. MS*, Wirkung des Einsatzes von Städtebauförderung, abrufbar unter: http://www.ms.niedersachsen.de/themen/bauen_wohnen/staedtebaufoerderung/wirkung_einsatzes_von_staedtebaufoerderung/13629.html; vgl. zu den goldenen Zügeln der Städtebauförderung: Agata, Staatliche Förderprogramme für Gemeinden: Programm- und Implementationsanalyse der Stadterneuerungsprogramme in Baden-Württemberg, S. 6 f., 213.

392 *Fraaz*, Die Bedeutung der Städtebauförderung für Wirtschaft und Arbeitsmarkt, in: Informationen zur Raumentwicklung 2001, 547 (548); *Froessler*, Stadterneuerung mit Bewohnern: zur Konzeption einer sozialorientierten und selbstbestimmten

kam mehr als 90 % der Baukapazität aus der Gemeinde selbst oder der unmittelbaren Umgebung. Nur in einem Achtel aller Gebiete kamen mehr als 10 % aller Bauleistungen aus der restlichen Republik.[393] Zwar stammen diese Zahlen aus dem Jahr 1996, allerdings belegt die neuste Studie des *BBSR* aus dem Jahr 2011, deren Zahlenmaterial nicht auf eine Ortsbestimmung der positiven Effekte konkretisiert wurde, dass die Förderung zu enormen volkswirtschaftlichen Effekten führen.[394] Entsprechend geht *Hunger*, Planer und Stadtsoziologe, im Jahr 2011 davon aus, dass der größte Teil der Förderung unmittelbar lokal wirke, die Bauaufträge kämen nahezu ausschließlich Unternehmen, Handwerk und ihren Beschäftigten in den betroffenen Gemeinden und ihrem Umland zugute.[395]

c) Förderungsverfahren

Auch die Ausgestaltung des Förderungsverfahrens[396] stellt nicht restlos sicher, dass die generierten Mittel stets im Sinne des Sanierungsrechts eingesetzt werden. Um solchen Entwicklungen entgegenzuwirken, sind in den Förderbedingungen der Länder Sicherungsmechanismen eingebaut, deren Effektivität sogleich beleuchtet wird.

aa) Entwicklungskonzept

Als eine solche Schutzmaßnahme wird beispielsweise die Pflicht zur Vorlage eines Entwicklungskonzepts gesehen, mit der die Maßnahme städtebaulich

---

Stadterneuerungspraxis unter besonderer Berücksichtigung ausländischer Familien, S. 203.

393 *Lessat*, Expertise über die Anstoßwirkungen öffentlicher Mittel in der Städtebauförderung, S. 12.

394 Spars, Wachstums- und Beschäftigungswirkungen des Investitionspaktes im Vergleich zur Städtebauförderung, S. 46 ff.

395 *Hunger*, Wozu Städtebauförderung?, S. 23.

396 Nach den Angaben des *BMVSB* (Städtebauliche Sanierungs- und Entwicklungsmaßnahmen, abrufbar unter: http://www.bmvbs.de/DE/StadtUndLand/Staedtebaufoerderung/SanierungUndEntwicklung/sanierung-und-entwicklung_node.html) ist das allgemeine Sanierungsprogramm als klassische Hilfe zur Beseitigung von städtebaulichen Missständen in städtebaulichen Sanierungsgebieten zum Jahresende 2012 nach über 40 Jahren beendet worden. Die Bewilligungen des Programmjahres 2012 werden jedoch noch bis zum Jahr 2016 umgesetzt (Abwicklung). Angesichts der anhaltenden Diskussionen über die Konsequenzen solcher Mittelkürzungen dürfte aber abzuwarten bleiben, ob diese Entscheidung endgültig ist.

gerechtfertigt wird.[397] Diese Anforderungen werden nach den Vorgaben von Bund und Ländern aber nicht an die Förderung von Sanierungsmaßnahmen gestellt. Dies ergibt sich einerseits aus Art. 3 VV Städtebauförderung 2012 und Art. 3 VV Städtebauförderung 2011, andererseits aber auch aus den Förderrichtlinien der Länder. So setzt die Förderungsbewilligung in Niedersachsen voraus, dass eine Maßnahme in ein Förderprogramm aufgenommen wurde.[398,399] Diese Anmeldung erfordert für das Programm zur Förderung städtebaulicher Sanierungsmaßnahmen im Sinne des § 136 BauGB (sog. Normalprogramm) lediglich eine Stellungnahme zur Begründung neuer Maßnahmen bzw. die Vorlage des Berichts über das Ergebnis der vorbereitenden Untersuchung.[400,401] Die programmspezifischen Anforderungen lehnen sich wiederum an die in § 164b Abs. 2 BauGB benannten Förderschwerpunkte an. So heißt es zur Programmkomponente der städtebaulichen Sanierungsmaßnahme:

> *„Das Normalprogramm dient der Beseitigung städtebaulicher Missstände insbesondere mit dem Ziel der nachhaltigen Stärkung von Stadt- und Ortskernen sowie der Wiedernutzung von Brachflächen zur nachhaltigen Aufwertung des Gebiets.“*[402]

---

397 *Haller/Janke*, 40 Jahre Städtebauförderung, S. 96; Bundesamt für Bauwesen und Raumordnung, Nachhaltige Stadtentwicklung - ein Gemeinschaftswerk: Städtebaulicher Bereich der Bundesregierung 2004, S. 37 f.; *Hunger*, Wozu Städtebauförderung?, S. 20.

398 Runderlass des MS vom 20.05.2008 - 501.1-21201.2.17: Richtlinie über die Gewährung von Zuwendungen zur Förderung städtebaulicher Erneuerungsmaßnahmen (Städtebauförderungsrichtlinie - R-StBauF-), in: Nds. MBl. Nr. 25 vom 09.07.2008, S. 700; Bekanntmachung des MS vom 25.01.2013 - 501.11-21205.1.14.1: Anmeldung städtebaulicher Erneuerungsmaßnahmen i. S. des BauGB zur Aufnahme in das Städtebauförderungsprogramm des Landes - Programmjahr 2014, in: Nds. MBl. Nr. 6 vom 13.02.2013, S. 112.

399 Ähnliche Verfahrensabläufe finden sich auch in den anderen Bundesländern, *BMVBS*, Förderrichtlinien der Länder, abrufbar unter: http://www.staedtebaufoerderung.info/nn_486442/StBauF/DE/SanierungsUndEntwicklungsmassnahmen/Literatur/Materialien/materialien__target.html.

400 Runderlass des MS vom 20.05.2008 - 501.1-21201.2.17: Richtlinie über die Gewährung von Zuwendungen zur Förderung städtebaulicher Erneuerungsmaßnahmen (Städtebauförderungsrichtlinie – R-StBauF-), in: Nds. MBl. Nr. 25 vom 09.07.2008, S. 706.

401 Die Angaben in der Stellungnahme zur Begründung neuer Maßnahmen und die aus dem Bericht über das Ergebnis der vorbereitenden Untersuchung dürften sich nicht unterscheiden, da das vorgegebene Gliederungsschema für die Stellungnahme zur Begründung neuer Maßnahmen im wesentlichen den üblichen Angaben aus dem Bericht über das Ergebnis der vorbereitenden Untersuchung entspricht.

402 Runderlass des MS vom 20.05.2008 - 501.1-21201.2.17: Richtlinie über die Gewährung von Zuwendungen zur Förderung städtebaulicher Erneuerungsmaßnahmen

Diese programmspezifische Anforderung kann als eine Zusammenfassung der in § 164b Abs. 2 Nr. 1 und Nr. 2 BauGB genannten Maßnahmen gesehen werden. Sie sind sehr weit gefasst und lassen den Beteiligten damit weite Auslegungsspielräume. Beispielsweise können Stadt- und Ortskerne dadurch gestärkt werden, dass sie als Einzelhandelsstandorte aufgewertet werden, indem einer Funktionsmischung entgegengewirkt wird. Andererseits sollen diese Zentren auch als Wohnstandorte, Standorte für kulturelle Einrichtungen oder Aufenthaltsräume dienen.[403] Es zeigt sich also, dass durch die Programmanforderungen vielfältige Umsetzungsmöglichkeiten geschaffen werden. Diese müssen nach den Landesvorgaben aber nur wenig konkretisiert werden, da die Anmeldung zur Aufnahme in ein Förderprogramm bereits in einem frühen Verfahrensstadium erfolgen kann. Denn sie setzt zwar die Ergebnisse der vorbereitenden Untersuchung gemäß § 141 BauGB voraus, nicht aber den Erlass der Sanierungssatzung im Sinne des § 140 Nr. 2 BauGB. Als Ergebnis der vorbereitenden Untersuchung werden unter anderem die festgestellten städtebaulichen Missstände, die daraus abzuleitenden allgemeinen Sanierungsziele und die Beurteilung der Durchführbarkeit der Sanierung im Allgemeinen beschrieben.[404] In der Praxis[405] sieht diese Zusammenschau dann beispielsweise so aus:[406]

Folgende Schwächen/Missstände wurden festgestellt:

- rückläufige Bevölkerungsentwicklung, „Überalterung“

(Städtebauförderungsrichtlinie - R-StBauF-), in: Nds. MBl. Nr. 25 vom 09.07.2008, S. 699.

403 *Krautzberger*, in: Ernst/Zinkahn BauGB, § 164b Rn. 67.

404 *Krautzberger*, in: Ernst/Zinkahn BauGB, § 141 Rn. 90.

405 Die folgenden Angaben wurden beispielhaft dem Bericht über das Ergebnis der Vorbereitenden Untersuchungen der Stadt Seesen im Hinblick auf die Städtebauliche Sanierungsmaßnahme „Seesen - Stadtzentrum“ entnommen. Die Maßnahme ist im Juni 2011 auf Grundlage des o. g. Berichts vom Land Niedersachsen in das Städtebauförderungsprogramm „Aktive Stadt- und Ortsteilzentren“ aufgenommen worden. Gefördert werden einzelne Vorhaben als Bestandteil einer Gesamtmaßnahme, die als städtebauliche Sanierungsmaßnahme (§ 136 bis § 164 BauGB) durchgeführt wird. Das Konzept wurde zufällig und nur zu Darstellungszwecken ausgewählt. Es soll damit nicht ausgesagt werden, dass eine bei dieser Maßnahme eine Fehlentwicklung zu befürchten steht.

406 *Stadt Seesen*, Städtebauliche Sanierungsmaßnahme „Seesen - Stadtzentrum“, abrufbar unter: http://www.stadtverwaltung-seesen.de/PDF/Vorbereitende_Untersuchung.PDF?ObjSvrID=1601&ObjID=468&ObjLa=1&Ext=PDF&WTR=1&_ts=1314082150.

- unterdurchschnittliche touristische Bedeutung, unzureichendes Freizeit- und Kulturangebot für unterschiedliche Altersgruppen
- lückenhaftes und wenig differenziertes Einkaufssortiment
- kein zusammenhängendes Rundgangsystem mit zentrenrelevanten Nutzungen und Fußgängerpriorität, zentrenrelevante Nutzungen nicht genügend konzentriert
- stark frequentierte übergeordnete Straßen im Zentrum (B 242, L 516)
- häufig zu schneller Verkehr innerhalb der Einkaufszonen, Störung der Aufenthaltsbereiche
- hohe Anzahl (teilweise) leer stehender, erhaltenswerter Gebäude (insbesondere in Randbereichen des Zentrums)
- hohe Anzahl sanierungsbedürftiger Gebäude (Investitionsstau)
- Bausubstanz entspricht nicht mehr heutigen Ansprüchen
- insbesondere in Erdgeschosszonen nachteilig veränderte Gebäudefassaden
- verbaute Block-Innenbereiche mit hoher Dichte und geringer Freiraumqualität
- außerhalb der Parks wenig Aufenthalts-/Kommunikationsqualität im Freien
- unzureichend ausgeprägter Bekanntheitsgrad der Stadt, fehlende Magnetfunktionen
- Daraus werden folgenden allgemeinen Sanierungsziele abgeleitet
  - Verbesserung der Wohn- und Arbeitsverhältnisse bezüglich:
    - baulicher Beschaffenheit von Gebäuden
    - Nutzung von bebauten und unbebauten Flächen
    - Nutzungskonflikten
  - Verbesserung der Funktionsfähigkeit des Gebiets bezüglich:
    - wirtschaftlicher Entwicklung
    - Versorgungsfunktion im Zentrum
    - Wohnnutzung im Zentrum
    - fließenden und ruhenden Verkehrs
  - Grün- und Freiraumstruktur (Aufenthaltsqualität im Freien)

Es zeigt sich, dass sowohl die Missstände als auch die daraus abgeleiteten Ziele sehr global formuliert wurden. In dieser Form dürften sich die beschriebene Problemlage mit Modifikationen in praktisch jeder Kommune finden lassen.[407] Dafür spricht auch, dass sich die Auflistung stark an dem Gesetzeswortlaut in § 136 Abs. 3 BauGB orientiert, der als abstrakter Rechtssatz eine Vielzahl von Fällen erfassen soll.

---

407 Vgl. dazu: *Haag/Menzel/Katz*, Städtebauliche Sanierungs- und Entwicklungsmaßnahmen: ein Handbuch für die Praxis mit zahlreichen Mustern, Beispielen, Schemata und Übersichten, Rn. 61.

Die Niederlegung vager Aussagen stellt kein Einzelphänomen dar. Denn sie beruht einerseits darauf, dass die Ziele erst im fortschreitenden Verfahren auf einer zunehmenden Informationsbasis konkretisiert werden können. Auf der anderen Seite begünstigt dies aber auch die Tatsache, dass die Zielfestlegung das Ergebnis eines politischen Entscheidungsprozesses ist, in dem widerstreitende Interessen aufeinandertreffen. Durch die Vermeidung klarer Aussagen können die Entscheidungsträger ihre aktuellen Konflikte auf eine spätere Ebene verlagern.[408] Problematisch dabei ist, dass durch den programmatischen Charakter der Ziele die Messbarkeit im Hinblick auf ihre Umsetzungsmöglichkeit und Zielerreichung blockiert werden kann.[409] Auch bleiben Zielkonflikte im Verborgenen.[410] Aufgrund der mangelnden Transparenz können dann neue Funktionsstörungen entstehen, statt die alten zu beseitigen. Unsicherheiten entstehen auch dadurch, dass eine Sanierungsmaßnahme regelmäßig ein Bündel von Zielen enthält, die sich gegenseitig ergänzen und stärken sollen.[411]

Für die folgende Bewilligung der Förderung und die Auszahlung der Gelder stellt das Land Niedersachsen Anträge zur Verfügung, die lediglich die Angabe der nach den Städtebauförderungsrichtlinien förderfähigen Maßnahme enthalten. Auch die Abrechnung erfolgt nur noch anhand von Verwendungsnachweisen.[412] Bei diesem Prüfvorgang liegt der Schluss nahe, dass die bereits angesprochenen Fehlinvestitionen auch heute noch auftreten. Zwar ist aufgrund der Voruntersuchungspflichten auszuschließen, dass Gebiete Fördermittel erhalten, die nicht sanierungsbedürftig sind. Da aber im Rahmen der Bewilligung und Auszahlung nur noch die Förderfähigkeit der Maßnahmen geprüft wird, nicht aber das Sanierungsergebnis, muss die wesentliche Verbesserung und Umgestaltung nicht immer im Vordergrund der Förderung stehen.

Die Vorgehensweise wird auch dadurch begünstigt, dass es derzeit an einer Pflicht zur sanierungsbegleitenden Evaluierung fehlt. Die Vorgabe aus Art. 104b Abs. 2 Satz 2 GG, wonach die Mittel hinsichtlich ihrer Verwendung in

---

408 *Sailer*, Evaluierung auf kommunaler Ebene, S. 180 f.

409 *Sailer*, Evaluierung auf kommunaler Ebene, S. 181 f.

410 *Sailer*, Evaluierung auf kommunaler Ebene, S. 95, 183.

411 *Haag/Menzel/Katz*, Städtebauliche Sanierungs- und Entwicklungsmaßnahmen: ein Handbuch für die Praxis mit zahlreichen Mustern, Beispielen, Schemata und Übersichten, Rn. 124.

412 Runderlass des MS vom 20.05.2008 - 501.1-21201.2.17: Richtlinie über die Gewährung von Zuwendungen zur Förderung städtebaulicher Erneuerungsmaßnahmen (Städtebauförderungsrichtlinie – R-StBauF-), in: Nds. MBl. Nr. 25 vom 09.07.2008, S. 707, 732-736.

regelmäßigen Zeitabständen zu überprüfen sind, dient nach dem Willen des Gesetzgebers dazu, eine schematische Verfestigung von Förderungen zu vermeiden.[413] Diese Verpflichtung bezieht sich aber vornehmlich auf die Überprüfung von Erfordernis und Effizienz der Förderprogramme und ihrer Zielen.[414] Ob in den einzelnen Kommunen eine zielgerechte Umsetzung erfolgt, ist hingegen kein Kontrollgegenstand. Die Überprüfung wird dadurch umgesetzt, dass das zuständige *BMVBS* das *BBRS* im *BBR* mit der Betreuung der Begleitforschung betraut hat.[415] Im Rahmen der Begleitforschung werden einzelne Projekte systematisch aufbereitet und im Hinblick auf bestimmte Fragestellungen analysiert.[416] Erst im Jahr 2012 ist in Zusammenarbeit von Bund und Ländern eine kommunale Arbeitshilfe zur Evaluierung der Städtebauförderung veröffentlicht worden. Hierdurch soll ein kontinuierliches Hinterfragen des eigenen Handelns ermöglicht werden.[417] Anlass der Anfertigung sei unter anderem das Erfordernis, Programmziele kontinuierlich und systematisch überprüfen und - falls notwendig - Fehlentwicklungen rechtzeitig korrigieren zu können.[418]

Diese Erkenntnis veranlasst die Entwickler von Evaluierungsmodellen ebenfalls dazu, in die Gespräche mit den Betroffenen die Frage aufzunehmen, ob Sanierungsziele aus taktischen Gründen in den Förderantrag aufgenommen werden, um Fördermittel zu generieren.[419] Ob einer der Verantwortlichen diese Frage ehrlich beantworten würde, soll an dieser Stelle nicht bewertet werden. Da einzelne Ziele während der Sanierung aus dem Maßnahmekatalog

---

413 *Deutscher Bundestag*, Drucksache 16/813, S. 19.

414 *BVerfG*, Beschluss vom 07.09.2010 - 2 BvF 1/09, Rn. 87; *Meyer/Freese*, Konjunkturpaket II: Art. 104b GG als Ärgernis und Garant des Föderalismus, in: NVwZ 2009, 609 (613); a. A. *Deutscher Bundestag*, Drucksache 16/11825, S. 7.

415 *BBSR*, Wissenschaftliche Programmbegleitung, abrufbar unter: http://www.bbsr.bund.de/BBSR/DE/Stadtentwicklung/Staedtebaufoerderung/Wissenschaftliche-Programmbegleitung/programmebegleitung_node.html.

416 *BBSR*, Städtebauliche Sanierungs- und Entwicklungsmaßnahmen, Veröffentlichungen, abrufbar unter: http://www.bbsr.bund.de/BBSR/DE/Stadtentwicklung/Staedtebaufoerderung/StaedtebaulicheSanierungEntwicklung/Veroeffentlichungen/veroeffentlichungen_node.html; *Altrock/Hemprich*, Sanierungsmaßnahmen in unseren Städten und Gemeinden: Abschlussbericht zum Forschungsprojekt „Langzeitwirkungen und Effektivierung der Städtebauförderung“, S. 15.

417 *Altrock/Gerlach*, Evaluierung der Städtebauförderung: Kommunale Arbeitshilfe, S. 9.

418 *Altrock/Gerlach*, Evaluierung der Städtebauförderung: Kommunale Arbeitshilfe, S. 5, 9 f.

419 *Sailer*, Evaluierung auf kommunaler Ebene, S. 64, 95.

herausgenommen werden können, eine Evaluierungspflicht der Kommunen nicht besteht und die Förderung an die förderfähigen Maßnahmen und nicht an Sanierungserfolge geknüpft werden, bleibt aber ein fader Beigeschmack. Untermauert wird dieser durch die Erkenntnis, dass Abschlussstudien existieren, die auf der Grundlage nachträglicher Zieländerungen suggerieren, die Sanierungsziele seien eingehalten worden.[420]

bb) Weitere Sicherungsmechanismen

Die anderen Sicherungsmechanismen der Städtebauförderungsrichtlinien der Länder bestehen in weiteren Vorlagepflichten der Kommunen. So muss beispielsweise in Niedersachsen eine Kosten- und Finanzierungsübersicht gemäß § 149 BauGB mit der Anmeldung zur Aufnahme in ein Förderprogramm eingereicht werden.[421] Diese Übersicht enthält (zum maßgeblichen Zeitpunkt) nach Abschluss der vorbereitenden Untersuchungen zunächst nur eine überschlägige Ermittlung der Kosten.[422] Auch der Einleitungsbeschluss der Kommunen beruht zu dieser Zeit auf einer wenig konkretisierten Grundlage, da er nur die Kenntnis von der Sanierungsbedürftigkeit des erfassten Gebiets voraussetzt.[423] Damit dürfte sich festhalten lassen, dass auch diese Dokumente eine ausreichende Konkretisierung vermissen lassen.

cc) Zwischenergebnis Förderverfahren

Diese Verfahrensweise zeigt, dass Zielkonflikte im Förderantrag nicht immer aufgedeckt werden können und wegen fehlender späterer Evaluation auch nicht mehr interessieren, weil die Förderung nur an der „richtigen Investition" hängt und nicht an dem Erfolg der Maßnahme.

3. Fördermittel und Verdrängungsprozesse

In die vorhergehend beschriebene Problematik reiht sich auch die Frage nach der Anstoßwirkung von Fördermitteln ein. Idealerweise soll die Subventionierung dazu führen, dass eine Kommune aufgrund der in Aussicht gestellten

---

420 *Holm*, Wir bleiben alle!: Gentrifizierung - städtische Konflikte um Aufwertung und Verdrängung, S. 66.

421 Runderlass des MS vom 20.05.2008 - 501.1-21201.2.17: Richtlinie über die Gewährung von Zuwendungen zur Förderung städtebaulicher Erneuerungsmaßnahmen (Städtebauförderungsrichtlinie – R-StBauF-), in: Nds. MBl. Nr. 25 vom 09.07.2008, S. 706.

422 *Mitschang*, in: Battis/Krautzberger/Löhr, BauGB, § 149 Rn. 4.

423 *Mitschang*, in: Battis/Krautzberger/Löhr, BauGB, § 141 Rn. 10.

Finanzhilfen städtebauliche Missstände auf ihrem Gebiet ausfindig macht und analysiert, um dann eine städtebauliche Sanierungsmaßnahme einzuleiten und durchzuführen.[424] Zugleich weisen die Fördermittel einen hohen Multiplikatoreffekt auf. So stellte das Deutschen Institut für Wirtschaftsforschung Berlin im Jahr 2004, in Bezug auf das Bund-Länder-Programm Städtebauliche Sanierungs- und Entwicklungsmaßnahmen fest, dass ein Euro Städtebauförderung des Bundes und der Länder 1,60 Euro weitere öffentliche Mittel bündelt und diese Mittel zusammen 6,40 Euro private Investitionen anstoßen.[425] Ein ähnliches Ergebnis brachte auch die Studie des *BBRS* aus dem Jahr 2011. Danach bewirken die Städtebauförderungsmittel im Bereich der Sanierungs- und Entwicklungsmaßnahmen immerhin noch einen Anstoßeffekt auf private Investitionen von 4,5.[426] Dieser grundsätzlich positive Effekt kann aber manchmal eine unerwünschten Wirkung entfalten, nämlich dann, wenn er etwa zur Luxussanierung und Verdrängung der alteingesessenen Bevölkerung führt.[427]

Das damit angesprochene Problem der Gentrifizierung ist eines, das mit Hilfe von Fördermitteln, aber auch ohne sie auftreten kann. Der Begriff der Gentrifizierung beschreibt dabei einen Verdrängungsprozess, in dem die statusniedere durch eine statushöhere Bewohnerschaft eines Stadtteils infolge seiner baulichen Aufwertung und ökonomischen Inwertsetzung ausgetauscht wird.[428] Dieses Phänomen wurde zu jeder Zeit als Problem von Sanierungsmaßnahmen identifiziert.[429] So wurden etwa in den Berliner Sanierungsgebieten der 70er Jahre

---

424 *Lessat*, Expertise über die Anstoßwirkungen öffentlicher Mittel in der Städtebauförderung, S. 36.

425 *Blume/Geppert,* Anstoßwirkungen öffentlicher Mittel in der Städtebauförderung, S. 3, 21.

426 *Spars*, Wachstums- und Beschäftigungswirkungen des Investitionspaktes im Vergleich zur Städtebauförderung, S. 36.

427 *Lessat*, Expertise über die Anstoßwirkungen öffentlicher Mittel in der Städtebauförderung, S. 19.

428 *Holm*, Wir bleiben alle!: Gentrifizierung - städtische Konflikte um Aufwertung und Verdrängung, S. 7; *Dangschat/Blasius*, Die Aufwertung innenstadtnaher Wohngebiete - Grundlagen und Folgen, in: Blasius/Dangschat (Hrsg.), Gentrification: Die Aufwertung innenstadtnaher Wohnviertel, S. 11.

429 Vgl. zu den vielfältigen Beispielen: *Holm*, Wir bleiben alle!: Gentrifizierung - städtische Konflikte um Aufwertung und Verdrängung, S. 12; *Bodenschatz/Heise/Korfmacher*, Schluß mit der Zerstörung?: Stadterneuerung und städtische Opposition in West-Berlin, Amsterdam und London, S. 11; *Wiest*, Die Neubewertung Leipziger Altbauquartiere und Veränderungen des Wohnmilieus: gesellschaftliche Modernisierung und sozialräumliche Ungleichheiten, S. 19, 26; *Strubelt*, Tendenzen der

enorme Verdrängungsprozesse festgestellt. Eine Verlaufs- und Ergebnisanalyse in Wedding ergab beispielsweise einen Bevölkerungsrückgang von 1970 bis 1980 um fast 50 % sowie einen nahezu vollständigen Bevölkerungsaustausch.[430] Dieses Ergebnis verwundert, weil eine Erhebung für die Erstellung eines Sozialplanes im Jahr 1973 ergeben hatte, dass 75 % der Befragten in dem Gebiet oder im Wedding bleiben wollte[431] und in dem Sanierungsgebiet selbst großflächig neue Sozialwohnungen errichtet wurden.[432] Es konnte hierzu festgestellt werden, dass neben der vorübergehenden Wohnraumverknappung infolge einer massiven Abrisswelle, auch die Tatsache, dass die durchgeführten Modernisierungen zur Anhebung des Mietpreisniveaus führten, Ursache dieser Entwicklung war. Denn ein Großteil der betroffenen Haushalte konnte diesen erhöhten Mietzins nicht mehr bezahlen.[433] Einen Verdrängungsprozess als Folge von Mietzinssteigerungen konnte ebenfalls eine Untersuchung in Berlin Kreuzberg Ende der 70er Jahre belegen.[434] Dieses altbekannte Problem ist auch heute noch virulent. Areale des sog. Hamburger Schanzenviertels[435] werden seit den 90er Jahren im Rahmen städtebaulicher Sanierung erneuert. Die Folge sind Mietsteigerungen, die dazu führen, dass Teilen der Bevölkerung das Gebiet verlassen müssen.[436]

Stadterneuerung in der Bundesrepublik, in: Jalowiecki/Strubelt (Hrsg.), Stadterneuerung: Probleme - Perspektiven - Ziele; Dokumentation des Fünften Polnisch-Tschechoslowakisch-Deutschen Symposiums zur Stadt- und Regionalsoziologie in Bad Homburg vom 12. bis 18. Juli 1987, S. 92 f.; anders: *Becker/Schäfer*, Erfahrungen mit der Sanierung nach dem Städtebauförderungsgesetz - Perspektiven der Stadterneuerung, S. 14.

430 *Becker Schulz zur Wiesch*, Sanierungsfolgen: eine Wirkungsanalyse von Sanierungsmaßnahmen in Berlin, S. 13.

431 *Becker/Schulz zur Wiesch*, Sanierungsfolgen: eine Wirkungsanalyse von Sanierungsmaßnahmen in Berlin, S. 88.

432 *Becker Schulz zur Wiesch*, Sanierungsfolgen: eine Wirkungsanalyse von Sanierungsmaßnahmen in Berlin, S. 13.

433 *Becker/Schulz zur Wiesch*, Sanierungsfolgen: eine Wirkungsanalyse von Sanierungsmaßnahmen in Berlin, S. 207, 217 f., 133; *Schindele*, Mieter stören: Alltag und Widerstand in einem Berliner Sanierungsgebiet, S. 43-49, 62-71.

434 *Bodenschatz/Heise/Korfmacher*, Schluß mit der Zerstörung?: Stadterneuerung und städtische Opposition in West-Berlin, Amsterdam und London, S. 51.

435 *Stadterneuerungs- und Stadtentwicklungsgesellschaft Hamburg mbH*, Sanierungsgebiet S4 Sternschanze, abrufbar unter: http://www.steg-hamburg.de/stadterneuerung-stadtentwicklung/sanierungsgebiet-s4-sternschanze.html.

436 *Müller*, Schanzenviertel in Hamburg: Yuppies und Randale, in: Frankfurter Allgemeine, 15.09.2009, abrufbar unter: http://www.faz.net/aktuell/wirtschaft/immobilien/wohnen/schanzenviertel-in-hamburg-yuppies-und-randale-1857649.html;

Ein ähnliches Bild zeigt sich in den offiziellen Sanierungsgebieten des Berliner Stadtteils Pankow (ehemals Prenzlauer Berg). Dort wurden in den 90er Jahren mehrere Sanierungsgebiete festgelegt, die in den letzten Jahren aufgehoben wurden.[437] Untersuchungen aus dem Jahr 2009 ergaben, dass die Mieten in diesen Gebieten aufgrund der Sanierungsarbeiten deutlich über der durchschnitten Gebietsmiete liegen.[438] Eine unabhängige Analyse hat auch hier gezeigt, dass die steigenden Mieten zu einem umfangreichen Austausch der Bevölkerung geführt haben.[439]

Der Gentrifizierungsprozess kann sich daneben in einer modernen Form zeigen. International belegen viele Beispiele, dass die sanierungsbedingte Ansiedlungen von Dienstleistung- und Geschäftsräumen auf Brachen und in Innenstädten ebenfalls Verdrängungsprozesse auslösen können. Denn auf der einen Seite führen sie zu einer Aufwertung anliegender Wohnviertel und auf der anderen Seite engen sie den bestehenden Wohnungsmarkt ein. Beide Entwicklungen können steigende Mietpreise zur Folge habe.[440]

Die beschriebenen Prozesse ziehen soziale Folgewirkungen nach sich. Zum einen können steigende Mietpreise zu Abhängigkeiten zwischen Bürger und Staat führen. Diese Abhängigkeit kann dann wiederum psychische Belastungen bewirken. Daneben werden die wenigen Bewohner, die in dem sanierten Gebiet bleiben können isoliert. Auf der anderen Seite kappen auch diejenigen, die wegziehen ihre sozialen Kontakte. Sie werden durch den Umzug außerdem finanziell belastet.

Diese Entwicklungen sind für das städtebauliche Sanierungsrecht vom Bedeutung, weil die Sanierung zu jeder Zeit die Auswirkungen auf die persönlichen Lebensumstände der Betroffenen berücksichtigen sollte (in allen Fassungen des § 8 Abs. 2 StBauFG und des § 180 Abs. 2 BauGB[441]). Nötigenfalls soll die

---

Hamburger.info, Schanzenviertel / Sternschanze, abrufbar unter: http://www.hamburgerinfo.de/56/hamburg-schanzenviertel-sternschanze/.

437 *Berlin.de*, Sozialstudien für (ehemalige) Sanierungsgebiete im Bezirk Pankow, abrufbar unter: http://www.berlin.de/ba-pankow/verwaltung/stadt/sozialstudien.html.

438 Beispielhaft: *Bremer/Klahr*, Sozialstudie für das Sanierungsgebiet Komponistenviertel in Berlin-Weißensee 2009 S. 26; *Maier/Dieser*, Sozialstudie Winsstraße 2009, S. 69.

439 *Dörfler*, Gentrification in Prenzlauer Berg?: Milieuwandel eines Berliner Sozialraums seit 1989, S. 7, 277 f.

440 *Holm*, Wir bleiben alle!: Gentrifizierung - städtische Konflikte um Aufwertung und Verdrängung, S. 14.

441 Vgl. zum Sozialplan bereits: Kapitel 1, B. IV.

Kommune durch die Erstellung eines Sozialplans dafür sorgen, dass nachteiligen Auswirkungen möglichst vermieden oder zumindest gemildert werden.[442] Mithin soll der Gefahr der gesellschaftlichen Entwurzelung Rechnung getragen werden.[443] In diesem Zusammenhang hat das *BVerwG* entschieden, dass die Festlegung von Mietobergrenzen zum Schutz der Wohnbevölkerung vor Verdrängung ein rechtmäßiges Sanierungsziel im Sinne des § 136 BauGB sei.[444] Da das Sanierungsrecht typischerweise eine Gemengelage sozialer, wohnungswirtschaftlicher und städtebaulicher Probleme betreffe, müsse die Zielbeschreibung häufig über die Festlegung baulicher Ziele hinausgehen.[445]

4. *Zwischenergebnis Fördermittel und Zielverwirklichung*

Die vorhergehenden Ausführungen zeigen, dass das Sanierungsrecht tatsächlichen Einflussfaktoren ausgesetzt ist, die dazu beitragen können, dass die mit der Maßnahme bezweckten Ziele nicht erreicht werden. Wie, wann und warum sie überhaupt Einfluss nehmen können ist eine Frage danach, wie offen das Rechtsregime ausgestaltet ist. Bereits im ersten Kapitel wurde dargelegt, dass die §§ 136 ff. BauGB durch einen offenen Wortlaut geprägt sind. Im Abschnitt D. wird begutachtet, ob die weitere Ausgestaltung des Regelungssystems ebenfalls als „offen" zu bezeichnen ist und daher Angriffspunkte im beschriebenen Sinne bietet.

II. Fernziele der Kommune

Die Beziehung zwischen den Gemeinden und den städtebaulichen Sanierungsmaßnahmen muss zudem im Gesamtkontext der kommunalen Tätigkeit betrachtet werden. Ihre Verwaltungstätigkeit wird von unterschiedlichen Entscheidungsträgern und äußeren Einflüssen bestimmt.

In diesem Kontext ist zunächst der bereits benannte Aspekt der kommunalen Wirtschaftsförderung aufzuführen. Kommune und Politik sind bestrebt, die eigene Wirtschaft zu fördern, denn nur zufriedene Wähler sind gute Wähler. Dazu gehört nicht nur die Verteilung von Aufträgen an die kleinen und mittelständischen Handwerksbetriebe und Dienstleister. Auch die Ansiedlung neuer Betriebe dürfte ein Bestreben der Kommune sein, da sie sich damit Gewerbesteuereinnahmen sichern kann, denn gemäß § 1 Gewerbesteuergesetz erheben

---

442 *Oehmen*, in: Spannowsky/Uechtritz, BauGB, § 180 Rn. 1.

443 *Petersen*, Rechtsfragen bei der Hinzuziehung von Sanierungsträgern nach dem Städtebauförderungsgesetz, S. 75.

444 *BVerwG*, Urteil vom 24.05.2006 - 4 C 9/04, Rn. 23.

445 *Tietzsch*, Soziale Sanierungsziele - Ziele ohne Mittel?, in: NVwZ 2007, 299 (299).

die Gemeinden eine Gewerbesteuer. Diese ist für den Großteil der Kommunen die bedeutendste, ihnen unmittelbar zufließende Steuer. So erhielten sie im Jahr 2009, nach Abzug der Gewerbesteuerumlage im Sinne des § 6 Gemeindefinanzreformgesetz, etwa 27,5 Milliarden Euro. Das entsprach zirka 40,2 % der gesamten den Gemeinden zur Verfügung stehenden Steuereinnahmen.[446] Zwar ist die Höhe der Gewerbesteuereinnahmen Schwankungen unterworfen, da sie konjunkturabhängig ist.[447] Seit dem Jahr 2004 liegen die Einnahmen aber stets über der 20 Milliarden Euro Marke.[448] Daher sind die Kommunen von den Privatunternehmen abhängig.[449] In diesem Wissen nehmen die privaten Akteure seit jeher zu ihren Gunsten Einfluss auf die Stadtentwicklung,[450] beispielsweise mit der Folge, dass durch eine kommunale Profitplanung Unternehmen in der Innenstadt angesiedelt werden, wodurch die Wohnbevölkerung verdrängt wird.[451] Diese bereits bekannte Fallkonstellation läuft ab einer gewissen Intensität der von §§ 136 ff. BauGB angestrebten nachhaltigen Stadtentwicklungspolitik zuwider.[452] Die Beeinflussung kann sich aber auch in einer anderen Facetten zeigen. Nämlich in dem Sinne, dass Wirtschaftsakteure durch Protestaktionen in der Lage sind, die ihnen widerstrebenden Sanierungsziele zu verhindern. Zur Verdeutlichung soll dieses Beispiel dienen: Im Rahmen der städtebaulichen Sanierung in Engen (Landkreis Konstanz, Baden-Württemberg), wurde eine umfangreiche Verkehrsberuhigung in der Innenstadt angestrebt. Grundlage dieser Entscheidung waren zahlreiche Verkehrskonzepte, Gutachten und Stellungnahmen.[453] Diese bestätigten Lärm- und Abgasprobleme für Anwohner

---

446 *Hofmeister*, in: Blümich, *GewStG*, § 1 Rn. 2.

447 *BMF*, Bundespolitik und Kommunalfinanzen, Monatsbericht vom 21.09.2012, abrufbar unter: http://www.bundesfinanzministerium.de/Content/DE/Monatsberichte/2012/09/Inhalte/Kapitel-4-Analysen/4-3-bundespolitik-und-kommunalfinanzen.html#doc280176bodyText4.

448 *BMF*, Eckdaten zur Entwicklung und Struktur der Kommunalfinanzen 2002 bis 2011, S. 1.

449 *Borghorst*, Bürgerbeteiligung in der Kommunal- und Regionalplanung: eine kritische Problem- und Literaturanalyse, S. 41; *Hoffmann-Axthelm*, Planung, Investment, Politik, S. 49; Holm, Wir bleiben alle!: Gentrifizierung - städtische Konflikte um Aufwertung und Verdrängung, S 44 f.

450 *Selle*, Stadtentwicklung aus der „Gouvernance-Perspektive", S. 33.

451 *Borghorst*, Bürgerbeteiligung in der Kommunal- und Regionalplanung: eine kritische Problem- und Literaturanalyse, S. 42.

452 Siehe dazu bereits: Kapitel 2 C. 2.

453 *Sailer*, Evaluierung auf kommunaler Ebene, S. 132.

und Fußgänger.[454] Eine Befragung ergab zudem, dass die Einführung einer Fußgängerzone in der Altstadt breite Zustimmung in der Bevölkerung fand.[455] Die ansässigen Einzelhändler waren allerdings gegen diese Maßnahme, weil sie dadurch Umsatzeinbußen befürchteten. Deshalb übten sie mit Hilfe ihrer Interessenverbände gegenüber den Entscheidungsträgern, also vornehmlich dem Bürgermeister, den Gemeinderatsmitgliedern und der Stadtverwaltung politischen Druck aus.[456] Im Ergebnis konnten sie damit die Einführung der Fußgängerzone, wie auch eine für Anwohner und Fußgänger befriedigende Lösung des Verkehrsproblems verhindern.[457]

Einen ähnlichen (ökonomischen) Anreiz bieten auch die einkommensstarken Bevölkerungsschichten, denn die Gemeinden erhalten einen Anteil an dem Aufkommen der Einkommensteuer, der sich nach den Einkommensteuerleistungen ihrer Einwohner bemisst, Art. 106 Abs. 5 GG i. V. m. § 3 Gemeindefinanzreformgesetz. Entsprechendes gilt für das Umsatzsteueraufkommen gemäß Art. 106 Abs. 5a GG i. V. m. § 1 Finanzausgleichsgesetz.

Die Beispiele zeigen die enge Verflechtung zwischen Politik, dem Einfluss wichtiger Akteure auf der kommunalen Ebene und der Notwenigkeit Steuereinnahmen zu generieren. Dieses Interessengeflecht macht das Sanierungsrecht anfällig für sachfremde Einflüsse.

III. Sanierungsträger

Das Sanierungsrecht ist eine solch komplexe Materie, dass den Kommunen oftmals die personellen Ressourcen fehlen, um das Vorhaben ohne die Unterstützung von privater Seite zu realisieren.[458] Das Gesetz unterscheidet in § 157 bis § 161 BauGB zwei Arten privater Unterstützung, den einfachen Beauftragten und den Sanierungsträger. Nur Letzterem können unter den Voraussetzungen des § 158 BauGB die in § 157 Abs. 1 Satz 2 BauGB beschriebenen vermögensrelevanten[459] Sanierungsaufgaben übertragen werden. Im Übrigen können die Privaten

454 *Sailer*, Evaluierung auf kommunaler Ebene, S. 136.

455 *Sailer*, Evaluierung auf kommunaler Ebene, S. 134.

456 *Sailer*, Evaluierung auf kommunaler Ebene, S. 135.

457 *Sailer*, Evaluierung auf kommunaler Ebene, S. 136; vgl. allgemein zum nachgewiesenen Einflusses von Unternehmen auf kommunale Entscheidungsprozesse: *Fürst*, Kommunale Entscheidungsprozesse: ein Beitrag zur Selektivität politisch-administrativer Prozess, S. 114 f.

458 *Krautzberger*, Städtebauförderung, Eine bleibende gesamtstaatliche Aufgabe, S. 15; *Battis*, Öffentliches Baurecht und Raumordnungsrecht, S. 172.

459 *Bauernfeind*, in: Ernst/Zinkahn, BauGB, § 157 Rn. 35.

bis zur Grenze der Übertragung von Hoheitsrechten alle relevanten Aufgaben übernehmen, etwa die Durchführung der vorbereitenden Untersuchungen (§ 141 BauGB), die Verhandlungen mit den Beteiligten (§§ 137, 139 BauGB), insbesondere die Erörterung mit den Eigentümern, Mietern und sonstigen Sanierungsbetroffenen und ihre Beratung und Anregung bei der Durchführung der erforderlichen baulichen Maßnahmen, die Durchführung der erforderlichen Befragungen (§ 138 BauGB), die Vorarbeiten für das Sanierungskonzept (§ 140 Nr. 3 BauGB) bis hin zur Abfassung von Bebauungsplanentwürfen (§ 140 Nr. 4 BauGB) und der Erarbeitung und Fortschreibung des Sozialplans (§ 140 Nr. 6 BauGB).[460]

Fraglich ist, ob die Tatsache, dass Sanierungsträger Wirtschaftsunternehmen sind, die mit ihrer Beauftragung Gewinne erzielen wollen, eine Gefahr für die ordnungsgemäße Durchführung der Sanierung darstellt.[461] Dafür könnten die Erfahrungen aus der Vergangenheit sprechen. So berichtet *Schindele*, die als Interviewerin für den Sanierungsträger Neue Heimat in den Berliner Sanierungsgebieten der 70er Jahre tätig war, über das große Geschäft des Sanierers.[462] Dieser sei als Unternehmensträger politisch nicht zu kontrollieren gewesen[463] und habe die Sanierung aus ökonomischen Interessen ohne Rücksicht auf die sozialen Schicksale der Betroffenen vorangetrieben.[464] Andererseits habe seine Einnahmequelle vor allem aus Zins- und Abschreibungsgewinnen sowie Instandhaltungspauschalen bestanden, die ihm einen Profit sicherten, ohne insgesamt eine schnelle Sanierung umzusetzen.[465]

Die gesetzlichen Rahmenbedingungen haben sich seither nicht wesentlich geändert. Schon die §§ 34, 35 StBauFG 1971 regelten die gleichen Inhalte wie die heutigen § 157 bis § 159 BauGB. Demgemäß unterscheidet das Gesetz zwischen dem Treuhandträger und dem Sanierungsträger. Der Treuhandträger

---

460 *Mitschang*, in: Battis/Krautzberger/Löhr, BauGB, § 157 Rn. 4 f.

461 So schon: *Petersen*, Rechtsfragen bei der Hinzuziehung von Sanierungsträgern nach dem Städtebauförderungsgesetz, S. 36 mit Verweis auf den Widerstand der damaligen CDU/CSU Opposition.

462 *Schindele*, Mieter stören: Alltag und Widerstand in einem Berliner Sanierungsgebiet, S. 34.

463 *Schindele*, Mieter stören: Alltag und Widerstand in einem Berliner Sanierungsgebiet, S. 31.

464 *Schindele*, Mieter stören: Alltag und Widerstand in einem Berliner Sanierungsgebiet, S. 34.

465 *Schindele*, Mieter stören: Alltag und Widerstand in einem Berliner Sanierungsgebiet, S. 35; *Bodenschatz/Heise/Korfmacher*, Schluß mit der Zerstörung?: Stadterneuerung und städtische Opposition in West-Berlin, Amsterdam und London, S. 28.

handelt im eigenen Namen für Rechnung der Gemeinde, wohingegen der Unternehmensträger im eigenen Namen für eigene Rechnung tätig wird. Die Wahlmöglichkeit zwischen den Trägerformen ist nach dem Wortlaut von § 159 Abs. 1 Satz 1 und Satz 2 BauGB auf die in § 157 Abs. 1 Satz 2 Nr. 1 und Nr. 2 BauGB genannten Tätigkeitsfelder beschränkt, also auf die Durchführung von Ordnungs- und Baumaßnahmen sowie den Erwerb von Grundstücken. Für die Aufgaben des § 157 Abs. 1 Satz 2 Nr. 3 BauGB ist die Sanierungsträgerschaft gesetzlich vorgesehen.

Die Treuhandträgerschaft ist der in der Praxis am häufigsten vorkommende Fall. Lediglich in Berlin wurden zu Zeiten des StBauFG[466] fast ausschließlich Unternehmerverträge geschlossen.[467]

Der Treuhandträger agiert als verlängerter Arm der Gemeinde,[468] denn das Treuhandverhältnis ist dadurch gekennzeichnet, dass der Sanierungsträger die ihm übertragenen Aufgaben gemäß § 160 Abs. 1 Satz 1 BauGB mit dem Treuhandvermögen erfüllt. Wie in jedem Treuhandverhältnis nimmt der Treuhänder die Interessen und Aufgaben des Treuhandgebers, hier der Kommune, wahr.[469] Diese sind in einem schuldrechtlichen Treuhandvertrag niedergelegt. Demgemäß begründet eine Vertragsverletzung, etwa die pflichtwidrige Verwendung des Treugutes zu eigenen Vorteilen, einen Schadensersatzanspruch nach §§ 280 ff. BGB.[470] Parallel dazu können deliktische Ansprüche aus § 826 BGB oder § 823 Abs. 2 BGB bestehen.[471] Ansprüche gegen einen Dritten (z. B. Bauunternehmer) können dagegen in der Regel nicht geltend gemacht werden. Etwas anderes dürfte ausnahmsweise gelten, wenn das abgeschlossene Geschäft nichtig ist oder sich auch der Dritte gegenüber der Kommune pflichtwidrig verhalten hat. Mithin sind die Ansprüche regelmäßig auf das Innenverhältnis zwischen dem Sanierungsträger und der Kommune beschränkt. Der Abschluss eines solchen Vertrages setzt folglich ein Vertrauensverhältnis zwischen den Parteien voraus.[472]

---

466 Das StBauFG besaß von 1971 bis zu seiner Übernahme in das BauGB im Jahr 1986 Gültigkeit.

467 *Bauernfeind*, in: Ernst/Zinkahn, BauGB, § 159 Rn. 9.

468 *Petersen*, Rechtsfragen bei der Hinzuziehung von Sanierungsträgern nach dem Städtebauförderungsgesetz, S. 40; *Battis*, Öffentliches Baurecht und Raumordnungsrecht, S. 172.

469 *Schmitz*, in: Spannowsky/Uechtritz, BauGB, § 160 Rn. 1.

470 *Bauernfeind*, in: Ernst/Zinkahn, BauGB, § 159 Rn. 19.

471 *Bauernfeind*, in: Ernst/Zinkahn, BauGB, § 159 Rn. 20.

472 *Rösner*, Schubkraft und Ausstrahlung - Komponente Projektentwicklung als unverzichtbarer Bestandteil moderner Stadterneuerungsstrategien?), S. 42.

Anders stellt sich die Situation beim Unternehmensvertrag dar. Hier trägt der Sanierungsträger das unternehmerische, also finanzielle Risiko der Sanierung.[473] Dieses kann sich etwa dadurch realisieren, dass die nach dem Erwerb der Grundstücke erwartete sanierungsbedingte Wertsteigerung nicht eintritt. Die negative Differenz zwischen dem Einkaufspreis, der sich gemäß § 153 Abs. 3 Satz 1 BauGB nach dem aktuellen Verkehrswert ohne Beachtung sanierungsbedingter Wertsteigerungen und dem Verkaufspreis, der gemäß § 153 Abs. 4 BauGB dem Verkehrswert mit sanierungsbedingten Wertsteigerungen entspricht, trägt in diesem Falle der Unternehmer. Ursächlich für eine solche Entwicklung können beispielsweise Fehlplanungen oder Fehlbebauungen sein.[474]

Für beide Formen der Trägerschaft gelten die Regelungen der §§ 158, 159 BauGB. So darf der Sanierungsträger zur Vermeidung von Interessenkollisionen nicht selbst als Bauunternehmen tätig sein oder von einem Bauunternehmen abhängen.[475] Auch muss er nach seinen wirtschaftlichen Verhältnissen, also seiner Finanzmittelausstattung, für die Tätigkeit geeignet sein, § 158 Nr. 2 BauGB.[476] Des Weiteren ist gemäß § 159 Abs. 2 Satz 1 Var. 1 BauGB zu beachten, dass der Private eine angemessene Vergütung erhält. Diese Regelung dürfte ebenfalls dazu beitragen, dass ein Unternehmen sich nicht auf vertragswidrige Weise Gelder verschafft. Von besonderer Bedeutung ist auch die Verpflichtung des § 159 Abs. 2 Satz 1 Var. 2 BauGB, nach der sich die Kommune im Vertrag ein Weisungsrecht einräumen lassen muss. Zwar gilt das Weisungsrecht nur im Innenverhältnis zwischen den Vertragsparteien,[477] allerdings begründet ein pflichtwidriges Verhalten Schadensersatzansprüche. In diesem Zusammenhang steht auch das Recht zur Auskunft nach § 159 Abs. 1 Satz 3 BauGB.[478] Für die Gemeinde besteht immer die Möglichkeit, den aktuellen Sachstand zu ermitteln und lenkend auf die Tätigkeit des Sanierungsträgers einzuwirken. Auch in ökonomischer Hinsicht können die Sanierungsträger nur beschränkt eigenständig agieren. So besteht nach § 159 Abs. 3 BauGB eine Veräußerungspflicht für Grundstücke, die im Sanierungsverfahren erworben wurde. Diese Verpflichtung kann nötigenfalls mit dem Weisungsrecht durchgesetzt werden.[479] § 159 Abs. 4

473 *Bauernfeind*, in: Ernst/Zinkahn, BauGB, § 159 Rn. 25.
474 *Petersen*, Rechtsfragen bei der Hinzuziehung von Sanierungsträgern nach dem Städtebauförderungsgesetz, S. 66.
475 *Schmitz*, in: Spannowsky/Uechtritz, BauGB, § 158 Rn. 1.
476 *Bauernfeind*, in: Ernst/Zinkahn, BauGB, § 158 Rn. 14.
477 *Bauernfeind*, in: Ernst/Zinkahn, BauGB, § 159 Rn. 21.
478 *Mitschang*, in: Battis/Krautzberger/Löhr, BauGB, § 159 Rn. 3.
479 *Mitschang*, in: Battis/Krautzberger/Löhr, BauGB, § 159 Rn. 5.

und Abs. 5 BauGB sorgen dafür, dass ein Veräußerungsgewinn abgeführt wird oder, falls ein Grundstück im Eigentum des Sanierungsträgers bestehen bleibt, Ausgleichsbeträge zu zahlen sind. Zudem ist § 153 Abs. 3 Satz 1 BauGB zu beachten, der eine Begrenzung der Preiskalkulation bewirkt, weil dem Kaufpreis sanierungsbedingte Werterhöhungen nicht zugeschlagen werden dürfen. Die eigenen Interessen des Sanierungsträgers als Wirtschaftsunternehmen sind dadurch begrenzt, weil er in seine Kalkulation kein Verlustpolster einrechnen darf.[480]

Es lässt sich also Folgendes festhalten: Nach den gesetzlichen Regelungen wird ausgeschlossen, dass ein kollusives Zusammenwirken von Sanierungsträger und Bauunternehmer zu Lasten des Sanierungserfolges führt. Auch wird dafür gesorgt, dass der Sanierungsträger mit ausreichend Finanzmitteln ausgestattet und für seine Tätigkeit angemessen entlohnt wird. So wird die Gefahr verringert, dass den Sanierungszwecken zuwider falsche Entscheidungen getroffen werden. Auch der Anreiz, Gelder auf Kosten der Sanierungsbetroffenen zu generieren wird genommen, weil die Sanierungsträger allein aus ihrer Vergütung Gewinne ziehen und nicht unmittelbar aus der Sanierungstätigkeit. Des Weiteren werden der Kommune Instrumente an die Hand gegeben, um die Unternehmen zu kontrollieren und auf den rechten Weg zurückzuführen.

Im Ergebnis lässt sich also feststellen, dass das Gesetz ausreichend Sicherungsmechanismen vorgesehen hat, um das Gewinnstreben privater Unternehmen auf Kosten sachfremder Ziele in der Sanierung zu unterbinden. Wie immer müssen die Gesetzesanwender diese Möglichkeiten nur ergreifen, ihre Kompetenzen ausschöpfen und eigenverantwortlich im Sinne des Sanierungszwecks agieren. Das Problem einer fehlerhaften Beratung oder Interaktion ist kein sanierungsspezifisches, sondern eines das in jedem Verhältnis auftreten kann. Die von *Schindele* beschrieben Probleme dürften daher keine Allgemeinen darstellen, sondern in der besonderen vertraglichen Ausgestaltung zwischen Berliner Senat und Neuer Heimat begründet sein.

IV. Städtebauliche Anforderungen im Wandel

Die Anforderungen, die an das städtebauliche Sanierungsrecht gestellt werden, befinden sich seit jeher im Fluss. Seine gesetzlichen Anfänge nimmt dieses Rechtsgebiet in der zweiten Hälfte des 19ten Jahrhunderts, nachdem die Phase des Wiederaufbaus zur Behebung der Schäden aus dem zweiten Weltkrieg und der damit einhergehenden Bekämpfung der Wohnungsnot weitgehend

480 *Bauernfeind*, in: Ernst/Zinkahn, BauGB, § 159 Rn. 29.

abgeschlossen war.[481] Zu dieser Zeit rückte das Erfordernis in den Vordergrund, die Bausubstanz und das Wohnumfeld der Innenstädte mit geeigneten Mitteln zu modernisieren und zu verbessern.[482] Am Ende eines langen Gesetzgebungsverfahrens[483] stand das Städtebauförderungsgesetz von 1971.[484,485] Es diente der Behebung städtebaulicher Missstände, die nach § 3 Abs. 3 StBauFG bereits als Substanz- und Funktionsschwächen bezeichnet wurden. Die gesetzlichen Instrumente wurden in seinen Anfängen regelmäßig für eine umfassende Flächensanierung eingesetzt, also dem Komplettabriss ganzer Stadtteile und dem nachfolgenden Wiederaufbau.[486] Begründet wurde diese Vorgehensweise mit einem Wirtschaftlichkeitsargument: Abriss und Neubau seien kostengünstiger als eine erhaltende Erneuerung im Sinne einer Kernsanierung.[487] Der wachsende Widerstand gegen diese Form der Sanierung führte zu einem Umdenken bei den Verantwortlichen. Seit Ende der 70er Jahren und Anfang der 80er Jahre stand nunmehr eine behutsame Stadterneuerung im Fokus. Die notwendigen Maßnahmen sollten von jetzt an Schritt für Schritt umgesetzt werden, wobei alte Bausubstanze erhalten bleiben sollte.[488]

---

481 *Krautzberger*, in: Ernt/Zinkahn, BauGB, B. Einleitung, Rn. 100; *Stüer*, in: Bau- und Fachplanung, Rn. 2122.

482 *Stüer*, in: Bau- und Fachplanung, Rn. 2125.

483 Einen Überblick über das 10-jährige Gesetzgebungsverfahren gebend: *Krautzberger*, in: Ernt/Zinkahn, BauGB, B. Einleitung, Rn. 101-101d; *Schmidt/Gstöttner*, Städtebauförderung, S. 13 f.

484 Städtebauförderungsgesetz in der Fassung der Bekanntmachung vom 27. Juli 1971 (BGBl. I Nr. 72 S. 1125), in Kraft getreten am 01.08.1971.

485 Bis dahin enthielt das BauGB 1960 einzelne Bestimmungen zur städtebaulichen Sanierung, vgl. dazu: *Deutscher Bundestag*, Drucksache 6/510, S. 26 und *Köhler*, Stadt- und Dorferneuerung in der kommunalen Praxis, Rn. 22.

486 *Schmidt/Gstöttner*, Städtebauförderung, S. 16; *Strubelt*, Tendenzen der Stadterneuerung in der Bundesrepublik, in: Jalowiecki/Strubelt (Hrsg.), Stadterneuerung: Probleme - Perspektiven - Ziele; Dokumentation des Fünften Polnisch-Tschechoslowakisch-Deutschen Symposiums zur Stadt- und Regionalsoziologie in Bad Homburg vom 12. bis 18. Juli 1987, S. 95; *Bodenschatz/Heise/Korfmacher*, Schluß mit der Zerstörung?: Stadterneuerung und städtische Opposition in West-Berlin, Amsterdam und London, S. 11, 30.

487 *Bodenschatz/Heise/Korfmacher*, Schluß mit der Zerstörung?: Stadterneuerung und städtische Opposition in West-Berlin, Amsterdam und London, S. 31; *Schindele*, Mieter stören: Alltag und Widerstand in einem Berliner Sanierungsgebiet, S. 96.

488 *Bernt*, Stadterneuerung, Stadtumbau und Schrumpfung, in: Altrock/Simon/Sandra (Hrsg.), Sparsamer Staat - Schwache Stadt?, S. 117; *Altrock/Hemprich*, Sanierungsmaßnahmen in unseren Städten und Gemeinden: Abschlussbericht zum

Einen bedeutenden Einfluss nimmt in jüngerer Zeit die Leipzig Charta zur nachhaltigen europäischen Stadt[489] aus dem Jahr 2007. Es handelt sich bei der Charta um eine Selbstverpflichtung, die von den Mitgliedstaaten der europäischen Union angenommen wurde. Sie enthält Ansprüche und Strategien zur integrierten Stadtentwicklung.[490] Wichtigste Ziele im Zusammenhang mit dem Sanierungsrecht sind vor allem der Klimaschutz, die Erhaltung und Schaffung kompakter Stadtstrukturen sowie die nachhaltige Existenzfähigkeit der Städte als multifunktionale Standorte mit den Funktionen öffentliche und private Dienstleistungen, Wohnen und Freizeit.[491] Diese Aufgabe wird durch vielfältige Faktoren beeinflusst. Beispielsweise fordert der Klimawandel eine Sanierung, die neben Schutzmaßnahmen auch Energieeinsparungen bewirkt.[492] Zudem führt der demographische Wandel zu einem Bevölkerungsrückgang und einer Alterung der Gesellschaft.[493] Daraus resultieren in einigen Gebieten der Bundesrepublik zunehmend Leerstände und veränderte Anforderungen an die Lebensumwelt, wie etwa dem zunehmenden Bedarf an sozialer

---

Forschungsprojekt „Langzeitwirkungen und Effektivierung der Städtebauförderung", S. 67; *Bodenschatz/Heise/Korfmacher*, Schluß mit der Zerstörung?: Stadterneuerung und städtische Opposition in West-Berlin, Amsterdam und London, S. 40-42, 48; *Strubelt*, Tendenzen der Stadterneuerung in der Bundesrepublik, in: Jalowiecki/Strubelt (Hrsg.), Stadterneuerung: Probleme - Perspektiven - Ziele; Dokumentation des Fünften Polnisch-Tschechoslowakisch-Deutschen Symposiums zur Stadt- und Regionalsoziologie in Bad Homburg vom 12. bis 18. Juli 1987, S. 94.

489 Abrufbar unter: http://www.bmvbs.de/cae/servlet/contentblob/34480/publicationFile/518/leipzig-charta-zur-nachhaltigen-europaeischen-stadt-angenommen-am-24-mai-2007.pdf.

490 *BMVBS*: Hintergrundinformationen zur Leipzig-Charta, Informelles Ministertreffen in Leipzig am 24. und 25. Mai 2007, abrufbar unter: http://www.bmvbs.de/SharedDocs/DE/Artikel/SW/hintergrundinformationen-zur-leipzig-charta.html?nn=35776.

491 *Krautzberger*, Städtebauförderung: Eine bleibende gesamtstaatliche Aufgabe, S. 12.

492 *Franke/Böhme*, 5 Jahre LEIPZIG CHARTA - Integrierte Stadtentwicklung als Erfolgsbedingung einer nachhaltigen Stadt: Integrierte Stadtentwicklung in den 27 Mitgliedstaaten der EU und ihren Beitrittskandidaten, 14; *Krautzberger*, Städtebauförderung: Eine bleibende gesamtstaatliche Aufgabe, S. 12.

493 *Blum*, Über den Tellerrand hinaus - Integration von Fachpolitiken, integrierte Stadtentwicklung, S. 12; *Strubelt*, Tendenzen der Stadterneuerung in der Bundesrepublik, in: Jalowiecki/Strubelt (Hrsg.), Stadterneuerung: Probleme - Perspektiven - Ziele; Dokumentation des Fünften Polnisch-Tschechoslowakisch-Deutschen Symposiums zur Stadt- und Regionalsoziologie in Bad Homburg vom 12. bis 18. Juli 1987, S. 98.

Infrastruktur. Insbesondere die ostdeutschen Gebiete sind davon betroffen.[494] Des Weiteren fördert die zunehmende Globalisierung und Deindustrialisierung die Entstehung von Brachflächen, denen neue Funktionen zugewiesen werden müssen.[495]

Dementsprechend muss das Recht flexibel genug sein, um diesen vielfältigen Anforderungen gerecht zu werden. Es stellt sich zudem die Frage, ob aus dieser Entwicklung weitere Schlussfolgerungen gezogen werden müssen. Hintergrund dieser Überlegung sind Ereignisse aus dem Freistaat Sachen aus den Jahren 2006 und 2007. Dort wurden im Rahmen von Stadtumbaumaßnahmen innenstadtnahe Altbauwohnungen abgerissen, um den Rückbau von Leerstandsbauten voranzutreiben. Anlass sollte die Tatsache sein, dass sich der Häuserabriss, aufgrund einer umfangreichen Subventionierung finanziell mehr rentiere als die Erhaltung. Kritiker mahnten in diesem Zusammenhang, dass die Folgewirkungen, nämlich die Beeinträchtigung des Wohnwertes sowie der Stabilität ganzer Quartiere, nicht bedacht worden seien.[496]

Laut einer Studie über das Städtebauförderungsprogramm Stadtumbau Ost aus dem Jahr 2012, herausgegeben vom *BMVBS*, wurden in den letzten 10 Jahren rund 300.000 Wohnungen im Rahmen dieses Programms abgerissen.[497] Dieses Vorgehen impliziert eine großräumige Organisation des Abrisses.[498] Zwar erfordert die Förderung die Vorlage eines integrierten Stadtentwicklungskonzepts, um sicherzustellen, dass die Gebäudeabrisse das Stadtgefüge nicht zerstören. Anhand einer Problemanalyse und einer Zukunftsprognose zur Einwohnerentwicklung, Arbeitsmarktlage, zum Wohnungsangebot und der technischen und sozialen Infrastruktur soll ein Zeit- und Maßnahmenplan erstellt sowie die

---

494 *Kurth*, Strategien der präventiven Stadterneuerung: Weiterentwicklung von Strategien der Sanierung, des Stadtumbaus und der sozialen Stadt zu einem Konzept der Stadtpflege für Berlin, S. 14; *Möller*, Siedlungsrückbau in den neuen Ländern nach Stadtumbau- und Sanierungsrecht, S. 30 f., 34 f., mit Zahlenbelegen.

495 *Franke/Böhme*, 5 Jahre LEIPZIG CHARTA - Integrierte Stadtentwicklung als Erfolgsbedingung einer nachhaltigen Stadt: Integrierte Stadtentwicklung in den 27 Mitgliedstaaten der EU und ihren Beitrittskandidaten, 13 f.; *Krautzberger*, Städtebauförderung: Eine bleibende gesamtstaatliche Aufgabe, S. 12.

496 *Guratzsch*, Verkehrter Stadtumbau: Die Kritik am „Stadtumbauprogramm Ost" wird lauter, in: DIE WELT, 28.11.2006, S. 23; *Friedrich*, Streit um Stadtumbau: Freistaat will Leerstand weiter abbauen / Bund für mehr Sanierung, in: Leipziger-Volkszeitung, 15.11.2007, S. 3.

497 *Liebmann/Nelle*, 10 Jahre Stadtumbau Ost - Berichts aus der Praxis, S. 7.

498 *Bernt*, Stadterneuerung, Stadtumbau und Schrumpfung, in: Altrock/Simon/Sandra (Hrsg.), Sparsamer Staat - Schwache Stadt?, S. 118.

Abrissmenge abgeleitet werden.[499] Es konnte jedoch festgestellt werden, dass in der Praxis Schwierigkeiten mit der Umsetzung dieser Anforderungen bestehen, denn die Analyse- und Integrationsanforderungen sind zu umfangreich. Mithin leidet die Mehrzahl der Konzepte unter klassischen Prognosefehlern. Zudem orientiert sich der Abriss eher an Zugriffsmöglichkeiten statt an städtebaulichen Kriterien.[500]

Ein Vergleich hat bereits gezeigt,[501] dass sich die Ziele des Stadtumbaus und des städtebaulichen Sanierungsrechts überschneiden. Daher können sich die dargestellten Entwicklungen des Stadtumbaus auch im Gewande des Sanierungsrechts zeigen. Da sich die rechtlichen Rahmenbedingungen seit dem Städteförderungsgesetz bis heute nicht wesentlich geändert haben, können bei entsprechenden Problemlagen die Fehlentwicklungen aus vergangener Zeit wieder auftreten. Es bedarf daher einer Überprüfung,[502] ob und welche Sicherungsmechanismen hiergegen bestehen.

V. Ergebnis

Mit der Förderung von Sanierungsmaßnahmen sollen positive wirtschaftliche Effekte erzielt werden, wie die Stärkung der regionalen Wirtschaftskraft. Diese Effekte können sich aber in das Gegenteil verkehren, wenn die Sanierungsziele zwar formal umgesetzt werden, die mit ihnen bezweckten positiven Effekte aber nicht erzielt werden oder ein städtebaulich sinnvolleres Ergebnis hätte erzielt werden können. Zudem besteht die Gefahr, durch die Sanierungstätigkeit einen Gentrifizierungsprozess auszulösen oder in dem Konfliktfeld von Politik oder kommunalen Wirtschaftsakteuren an Effektivität einzubüßen. Zudem besteht ein Spannungsfeld zwischen dem Erfordernis eines flexiblen Handlungsinstrumentes zu liefern und dem Anspruch, Fehlentwicklungen zu vermeiden.

D. Die Wirkung von Entscheidungsspielräumen

Im Folgenden werden die Strukturen von Normen mit Entscheidungsspielräumen erörtert, dogmatisch beleuchtet und deren Konsequenzen bei der

---

499 *Bernt*, Stadterneuerung, Stadtumbau und Schrumpfung, in: Altrock/Simon/Sandra (Hrsg.), Sparsamer Staat - Schwache Stadt?, S. 121.

500 *Bernt*, Stadterneuerung, Stadtumbau und Schrumpfung, in: Altrock/Simon/Sandra (Hrsg.), Sparsamer Staat - Schwache Stadt?, S. 122.

501 Vgl. Kapitel 1, C.

502 Vgl. dazu: Kapitel 2. D und Kapitel 3.

Rechtsanwendung aufgezeigt. Damit wird die Grundlage für die anschließende Analyse der sanierungsrechtlichen Regelungen geschaffen.

I. Zu den Grundlagen der Entscheidungsspielräume

Gemäß Art. 20 Abs. 3 GG ist die vollziehende Gewalt an Recht und Gesetz gebunden. Danach bedarf exekutives Handeln, jedenfalls wenn dadurch in die Sphäre der Bürger eingegriffen wird, einer gesetzlichen Grundlage.[503,504] Soweit ein solcher Hoheitsakt also durch Rechtsnormen determiniert ist, unterliegt er der vollständigen gerichtlichen Kontrolle, Art. 19 Abs. 4 GG.[505] Diese Kontrolle umfasst einerseits die Auslegung des Rechtsbegriffs, also die wertende Konkretisierung des gesetzgeberischen Normprogramms[506] und andererseits die Subsumtion, also die Verbindung eines durch Auslegung hervorgebrachten Definitionssatzes mit einem individuellen Sachverhalt.[507] Eine Ausnahme besteht dann, wenn der Exekutive durch den Gesetzgeber auf Basis einer normativen Ermächtigung ein Gestaltungs-, Ermessens- oder Beurteilungsspielraum eingeräumt wird.[508] Mit Übertragung der Letztentscheidungsbefugnis auf die Behörde

---

503 Zur Ableitung des Grundsatzes des Vorbehalts des Gesetzes aus Art. 20 Abs. 3 GG und zur Wesentlichkeitstheorie: z. B. *BVerfG*, Beschluss vom 28.10.1975 - 2 BvR 883/73, 2 BvR 379/74, 2 BvR 497/74, 2 BvR 526/74, Rn. 34; Beschluss vom 08.08.1978 - 2 BvL 8/77, Rn. 77; *BVerwG*, Urteil vom 29.11.1985 - 8 C 105/83, Rn. 12; Urteil vom 06.07.1973 - IV C 22.72, Rn. 20; a. A. *Ehlers*, in: Erichsen/Ehlers, Allgemeines Verwaltungsrecht, § 2 Rn. 40 m. w. N., der zur Begründung, in Abgrenzung zur vorbenannten Rechtsprechung, im Wesentlichen das Demokratie- und Rechtsstaatsprinzip heranzieht; ebenso global: *BVerfG*, Beschluss vom 27.11.1990 - 1 BvR 402/87, Rn. 39, wonach das Rechtsstaatsprinzip und Demokratiegebot den Gesetzgeber verpflichte, die für die Grundrechtsverwirklichung maßgeblichen Regelungen im wesentlichen selbst zu treffen und diese nicht dem Handeln und der Entscheidungsmacht der Exekutive zu überlassen; klarer dagegen z. B.: *BVerfG*, Beschluss vom 11.07.2013 - 2 BvR 2302/11, 2 BvR 1279/12, Rn. 129, wonach der Vorbehalt des Gesetzes aus dem Demokratieprinzip des Art. 20 Abs. 1 und 2 GG sowie aus dem Rechtsstaatsprinzip des Art. 20 Abs. 3 GG abgeleitetet werde.

504 Zur Klarstellung, dass die Wesentlichkeitstheorie eine Erweiterung der früher vertretenen Eingriffstheorie darstellt: *BVerwG*, Urteil vom 29.11.1985 - 8 C 105/83, Rn. 12.

505 *Schmidt-Aßmann*, in: Maunz/Dürig, GG, Art. 19 Abs. 4 Rn. 183.

506 *Aschke*, in: Bader/Ronellenfitsch, VwVfG, § 40 Rn. 24.1.

507 Zur Definition der Subsumtion: *Pawlowski*, Einführung in die Juristische Methodenlehre, Rn. 106a.

508 Z. B. *BVerfG*, Beschluss vom 08.07.1982 - 2 BvR 1187/80, Rn. 79; Beschluss vom 16.12.1992 - 1 BvR 167/87, Rn. 44; Urteil vom 20.02.2001 - 2 BvR 1444/00, Rn. 51;

reduziert sich notwendig der Umfang der gerichtlichen Kontrolle.[509] Hinsichtlich der materiellen Rechtmäßigkeit der Verwaltungsentscheidung ist das Gericht dann auf eine Fehlerkontrolle[510,511] beschränkt.[512] Prüfungsmaßstab für die Intensität der gerichtlichen Kontrolle ist auch hier Art. 19 Abs. 4 GG, wobei sich die Prüfungsdichte nach dem materiellen Recht richtet.[513]

Beschluss vom 30.01.2008 - 2 BvR 754/07, Rn. 16; *Schmidt-Aßmann*, in: Maunz/Dürig, GG, Art. 19 Abs. 4 Rn. 184; *Redeker*, Legislative, Exekutive und Verwaltungsgerichtsbarkeit Versuch eines sachlichen Gesprächs, in: NVwZ 1996, 126 (129); *Aschke*, in: Bader/Ronellenfitsch, VwVfG, § 40 Rn. 103, mit dem Hinweis, dass sich die normative Ermächtigungslehre zumindest als Grundlinie weitgehend durchgesetzt habe.

509 *Ibler*, Die behördlichen Abwägungsspielräume bei Bauleitplanung und Planfeststellung, in: JuS 1990, 7 (7 f.) bezogen auf Planungsentscheidungen; vgl. auch *Waechter*, Polizeiliches Ermessen zwischen Planungsermessen und Auswahlermessen, in: VerwArch, 1997, 298 (299), der richtigerweise darauf hinweist, dass die Freiheit des Gesetzgebers, die Verwaltung gesetzlich für den Einzelfall nicht ausdrücklich zu binden und die Freiheit der Verwaltung gegenüber der Judikative, ihre Entscheidungen von den Gerichten nicht voll überprüft zu sehen, nach unterschiedlichen Maßstäben zu beurteilen ist; siehe dazu bereits FN. 503.

510 Umstritten ist, ob die Fehlerkategorien für jede Art der Letztentscheidungsbefugnis eigenständig zu bestimmen sind, so zu finden bei: *Voßkuhle*, Grundwissen - Öffentliches Recht: Entscheidungsspielräume der Verwaltung (Ermessen, Beurteilungsspielraum, planerische Gestaltungsfreiheit, in: JuS 2008, 117 (118 f.), oder ein einheitliches Grundmodell existiert, das je nach Grundlage des Spielraums (Prognose, Einschätzung, Planung) weiter ausdifferenziert wird, so etwa: *Gerhardt*, in: Schoch/Schneider/Bier, VwGO, § 114 Rn. 4-12; *Jestaedt*, in: Erichsen/Ehlers, Allgemeines Verwaltungsrecht, § 11 Rn. 42; *Schmidt-Aßmann*, in: Maunz/Dürig, GG, Art. 19 Abs. 4 Rn. 187a mit dem Hinweis, das einheitliche Kontrollmodell könne helfen, Entwicklungsrichtungen der Teildogmatiken zu beobachten und überzogenen Ausdifferenzierungen entgegenzuwirken.

511 *Anmerkung zur FN 510*: Da sich die unterschiedlichen Modelle nicht auf die gerichtliche Kontrolldichte der Fehler auswirken und sich aufgrund des anerkannten Erfordernisses zur weiteren Ausdifferenzierung auch nicht auf ihren Maßstab auswirken, wird dieser Streit zunächst nicht weiter verfolgt und mit der herkömmlichen („Fehlerkontroll"-)Dogmatik, die für Ermessens- Beurteilungs- und Abwägungsspielräume jeweils eigene Fehlerkategorien und Begrifflichkeit festlegt, gearbeitet.

512 *Eifert*, Letztentscheidungsbefugnisse der Verwaltung: Ermessen, Beurteilungsspielräume sowie Planungsentscheidungen und ihre gerichtliche Kontrolle, in: ZJS 2008, 336 (342).

513 *Schmidt-Aßmann/Groß*, Zur verwaltungsgerichtlichen Kontrolldichte nach der Privatgrundschul-Entscheidung des BVerfG, in: NVwZ 1993, 617 (618 f.).

Im öffentlichen Recht werden diese Entscheidungsspielräume nach üblicher Terminologie wie folgt umschrieben: Beurteilungsspielraum, Ermessensspielraum und Abwägungsspielraum. Eine nicht mit einer speziellen Begrifflichkeit belegte Mischform von Beurteilungs- und Ermessensspielraum bezieht sich auf die Kopplungsvorschriften.

1. Vorstellung der relevanten Entscheidungsspielräume

Die benannten Entscheidungsspielräume werden nun vorgestellt, wobei sich die Terminologie und die Einordnung an der heute vorherrschenden dogmatischen Trennung der benannten Spielräume orientieren, weil die Einheitstheorien für die Handhabung dieser Spielräume keinen Vorteil bieten. Dazu folgende Erklärung:

a) Dogmatische Grundlagen

aa) Zur Zweiteilung von Beurteilungsspielräumen und Ermessen

Die Dichotomie von Beurteilungsspielräumen auf Tatbestandsebene und Ermessen auf Rechtsfolgenseite ist seit jeher ein Streitthema,[514] dessen Schwerpunkt sich verlagert hat. Die Befürworter der Zweiteilung betonen die Rationalitätsgewinne der Unterscheidung[515] sowie die Strukturunterschiede im Erkenntnisverfahren der Entscheidungsfindung.[516] Bei Beurteilungsspielräumen sei der Maßstab für die Ausübung des Spielraums rechtlich festgelegt, nämlich durch den unbestimmten Rechtsbegriff als tatbestandliche Voraussetzung, der

514 Vgl. etwa die vielfältigen Schriften bei: *Bachof*, Beurteilungsspielraum, Ermessen und unbestimmte Rechtbegriffe, in: JZ 1955, 97 (97, FN. 1), bei: *Herdegen*, Beurteilungsspielraum und Ermessen im strukturellen Vergleich, JZ 1991, 747 (747, FN 1, 2) und die Historie bei: *Bullinger*, Das Ermessen der öffentlichen Verwaltung, in: JZ 1984, 1001 (1001-1005) und *Hofer-Zeni*, Das Ermessen im Spannungsfeld von Rechtsanwendung und Kontrolle, S. 31-54; zur früheren Unterscheidung zwischen voll überprüfbaren unbestimmten Rechtsbegriff und den Ermessensformen: *Reuss*, Der unbestimmte Rechtsbegriff, in: DVBl 1953, 649 (649 ff.) und *Reuss*, Das Ermessen, in: DVBl 1953, 585 (585 ff.).

515 *Gerhardt*, in: Schoch/Schneider/Bier, VwGO, § 114 Rn. 56.

516 V. a. *Bachof*, Beurteilungsspielraum, Ermessen und unbestimmte Rechtbegriffe, in: JZ 1955, 97 (98); *Bachof*; Anmerkung zum Urteil des BVerwG vom 11.10.1956 - I C 179/54, in: DVBl 1957, 788 (790); *Bachof*, Neue Tendenzen in der Rechtsprechung zum Ermessen und zum Beurteilungsspielraum, in: JZ 1972, 641 (644); *Jesch*, Unbestimmter Rechtsbegriff und Ermessen in rechtstheoretischer und verfassungsrechtlicher Sicht, in: AöR 82 (1957), 163 (209).

auslegungsfähig und subsumierbar sei.[517] Hingegen sei der Maßstab für die Ausübung des Ermessens in dem Sinne außerrechtlich, als dass die Wertungen des Rechtsanwenders, die eine Ermessensausübung notwendigerweise erforderten, erst der Verfassung (z. B. Art. 3 GG), dem Sinnzusammenhang der Rechtsordnung oder der zum Ermessen ermächtigenden Rechtsnorm zu entnehmen.[518] Demnach läge der Entscheidung eine andere gedankliche Prozedur zu Grunde.[519] Dagegen ziehen die Kritiker die Sinnhaftigkeit der Unterscheidung in Zweifel, erkennen aber zumeist die phänomenologischen Unterschiede an.[520]

Das *BVerwG* erkannte in seinen ersten Entscheidungen gerichtlich nicht überprüfbare Ermessensspielräume sowohl auf Rechtsfolgenseite als auch auf Tatbestandsebene an[521] und grenzte sich damit zu der Auffassung anderer Gerichte ab.[522] Die Möglichkeit, unbestimmten Rechtbegriffen mit einem behördlichen Beurteilungsspielraum zu versehen, sahen die Gerichte, so scheint es, nicht. In Folge umfangreicher wissenschaftlicher Auseinandersetzungen mit dieser Problematik stellte das *BVerwG* dann klar, dass es zwar bei seiner Auffassung bleibe, es aber für den erkennenden Senat keinen Unterschied mache, ob Ermessen ausgeübt werde oder ein mehrdeutiger Rechtsbegriff in dem Sinne

517 *Bachof*, Anmerkung zum Urteil des BVerwG vom 11.10.1956 - I C 179/54, in: DVBl 1957, 788 (790); *Bachof*, Neue Tendenzen in der Rechtsprechung zum Ermessen und zum Beurteilungsspielraum, in: JZ 1972, 641 (644).

518 *Bachof*, Anmerkung zum Urteil des BVerwG vom 11.10.1956 - I C 179/54, in: DVBl 1957, 788 (790); *Bachof*, Neue Tendenzen in der Rechtsprechung zum Ermessen und zum Beurteilungsspielraum, in: JZ 1972, 641 (643).

519 *Bachof*, Neue Tendenzen in der Rechtsprechung zum Ermessen und zum Beurteilungsspielraum, in: JZ 1972, 641 (644).

520 So etwa: *Pache*, Tatbestandliche Abwägung und Beurteilungsspielraum, S. 34 (FN. 121), 109; *Herdegen*, Beurteilungsspielraum und Ermessen im strukturellen Vergleich, in: JZ, 1991, 747 (749, 751), der davon ausgeht, dass die Normkonkretisierung bei Ermessensakten lediglich weniger stark durch gesetzgeberische Direktiven gesteuert sei, als die Ausübung von Beurteilungsspielräumen und von Subkategorien eines einheitlichen Begriffs administrativer Gestaltungsfreiheit spricht; *Jestaedt*, in: Erichsen/Ehlers, Allgemeines Verwaltungsrecht, § 11 Rn. 27, 43, der in Beurteilungsspielraum und Ermessen zwei strukturverwandte Spielarten der administrativen Letztentscheidungsermächtigung sieht, die sich vor allem anhand ihres normstrukturellen Sitzes unterscheiden.

521 *BVerwG*, Urteil vom 10.03.1954 - I C 5/53, Rn. 25-28; Urteil vom 01.07.1954 - I C 184/53, Rn. 15-17.

522 Z. B. *VGH München*, DVBl 1952, 178 (179 f.), Entscheidung vom 28.05.1951 - we 50/106 IV 50; *LVG Rlp.*, DVBl 1952, 187 (190), Entscheidung vom 11.09.1951 - 2 LVG. 180/51.

vorliege, dass der Auslegung der Behörde grundsätzlich der Vorrang gebühre, da es sich hierbei mehr um einen Unterschied in der Sprachwahl handele, als in der Sache.[523] Letztendlich hat das Gericht die Differenzierung zwischen unbestimmten Rechtsbegriffen mit Beurteilungsspielraum auf Tatbestandsebene und Ermessensspielräumen auf Rechtsfolgenseite übernommen[524] und bis heute beibehalten.

Die Vorteile des Einheitsmodells von Beurteilungsspielraum und Ermessen liegen vornehmlich in der Vergleichbarkeit mit anderen Modellen der gubernativen, legislativen und judikativen Selbstprogrammierung sowie in der Anschlussfähigkeit an die Dogmatik des Unionsrechts.[525] Beide Aspekte sind für die nachgehende Betrachtung nicht relevant. Zudem erhöht die herkömmliche Differenzierung das Verständnis für die Unterschiede der Spielräume, weil die unterschiedliche Bindungswirkung klarer herausgestellt wird. Insoweit ist auch der didaktische Vorteil dieser Dogmatik nicht zu verkennen.

bb) Zur Zweiteilung von Abwägungsspielräumen und Ermessen

In der Literatur werden Abwägungs- und Ermessensspielräume teilweise in einer dogmatischen Systemkategorie zusammengefasst, mit der Begründung, beide Spielräume seien gleichermaßen durch die Erfordernisse der umfassenden Ermittlung und Abwägung aller einschlägigen Gesichtspunkte gekennzeichnet.[526] *Schmidt-Aßmann* sieht dabei nur einen quantitativen Unterschied zwischen diesen beiden Spielarten des Ermessens (Verwaltungsermessen und Planungsermessen), der sich in der Genauigkeit der Gesetzesaussage und der

523 *BVerwG*, Urteil vom 11.10.1956 - I C 179/54, Rn. 15.

524 Z. B. *BVerwG*, Urteil vom 29.06.1957 - II C 105/56, Rn. 55; Urteil vom 06.02.1958 - V C 122/56, Rn. 15; Urteil vom 27.02.1959 - VI C 235/57, Rn. 26; insbesondere Urteil vom 25.07.1985 - 3 C 25/84, Rn. 65 mit der Differenzierung zwischen Beurteilungsspielraum (Tatbestands-, Subsumtions- oder Beurteilungsermessen) und Handlungsspielraum (Handlungsermessen).

525 Vgl. *Jestaedt*, in: Erichsen/Ehlers, Allgemeines Verwaltungsrecht, § 11 Rn. 27 f.

526 *Schmidt-Aßmann*, Verwaltungsverantwortung und Verwaltungsgerichtsbarkeit, in: VVDStRL 1976 (34), 221 (251 f.); *Hofmann*, Abwägung im Recht, S. 163; wohl noch: *Ramsauer*, in: Kopp/Ramsauer, VwVfG, 2012, § 40 Rn. 16 mit dem Hinweis, die für das Ermessen maßgeblichen Gesichtspunkte gelten in ähnlicher Weise für das Planungsermessen; anders hingegen: *Ramsauer*, in: Kopp/Ramsauer, VwVfG, 2013, § 40 Rn. 17 wonach die planerischen Entscheidungsspielräume von den herkömmlichen Kategorien der Beurteilungsspielräume und des Ermessens zu unterscheiden seien.

Überschaubarkeit möglicher Abwägungsfolgen zeige.[527] Diese Vereinheitlichung wird mit dem Hinweis in Frage gestellt, dass die allgemeine verwaltungsrechtliche Ermessenslehre den Eigenarten des Planungsrechts, mit den bisweilen harten Konfliktlagen, nicht gerecht werde.[528] Dieser Auffassung ist insoweit zuzustimmen, als dass die Unterscheidung von Planungs- und Verwaltungsermessen im Wesentlichen aus dem Begriff der Planung resultiert, auf den im Folgenden noch eingegangen wird,[529] der eine für die Ermessensentscheidung typische abwägende Zweiteilung widerstreitender Interessen nicht zulässt.[530]

Im Ergebnis bleibt auch hier das Erfordernis, die Spielräume unabhängig von dem Ausmaß der qualitativen oder quantitativen Unterschiede und unabhängig von den Vorteilen der Vergleichbarkeit und Anschlussfähigkeit[531] in ihrer Handhabung und Wirkweise voneinander abzugrenzen. Die herrschende Dogmatik ist hierzu besser geeignet.

b) Entscheidungsspielräume

aa) Unbestimmte Rechtsbegriffe und Beurteilungsspielräume

Unbestimmte Rechtsbegriffe finden sich auf der Tatbestandsseite einer Rechtsnorm. Sie werden teilweise als Regelungen beschrieben, die ausfüllungs- und auslegungsbedürftig sind[532] und sich von „bestimmten“ Rechtsbegriffen dadurch unterscheiden, dass der Wortlaut des Begriffs mehrere Interpretationen zulässt,

---

527 *Schmidt-Aßmann*, Verwaltungsverantwortung und Verwaltungsgerichtsbarkeit, in: VVDStRL 1976 (34), 221 (252).

528 *Di Fabio*, Die Struktur von Planungsnormen, S. 86 f.; *Badura*, Das Planungsermessen und die rechtsstaatliche Funktion des Allgemeinen Verwaltungsrechts, in: Bay. VGH (Hrsg.), Verfassung und Verfassungsrechtsprechung, 157 (174); *Allesch/Häußler*, in: Obermayer, VwVfG, § 74 Rn. 17; *Bonk/Neumann*, in: Stelkens/Bonk/Sachs, VwVfG, § 74 Rn. 28 und *Sachs*, in: Stelkens/Bonk/Sachs, VwVfG, § 40 Rn. 42, allerdings ohne Argument.

529 Vgl. Kapitel 2, D. I. 1. b) dd) und Kapitel 2, D. I. 2. b) bb) (1).

530 *Weyreuther*, Die Bedeutung des Eigentums als abwägungserheblicher Belang bei der Planfeststellung nach dem Bundesfernstraßengesetz, in: DÖV 1977, 419 (420 f.), der i. E. aber davon ausgeht, dass planerische Gestaltungsfreiheit mit dem Verwaltungsermessen Wesentliches gemeinsam hat, vgl. dazu: *Weyreuther*, Rechtliche Bindung und gerichtlich Kontrolle planender Verwaltung im Bereich des Bodenrechts, BauR 1977, 293 (297).

531 Vgl. *Jestaedt*, in: Erichsen/Ehlers, Allgemeines Verwaltungsrecht, § 11 Rn. 27 f.

532 *Jesch*, Unbestimmter Rechtsbegriff und Ermessen in rechtstheoretischer und verfassungsrechtlicher Sicht, in: AöR 82 (1957), 163 (168).

also mehrdeutig ist.[533] Andere stellen darauf ab, dass unbestimmte Rechtsbegriffe durch ein höheres Maß an Vagheit geprägt sind.[534]

Der Verwendung von unbestimmten Rechtsbegriffen liegt die Erwägung zu Grunde, dass der Gesetzgeber mit ausfüllungsbedürftigen Normen arbeiten muss, um die verschiedenartigsten Sachverhalte von einer Norm erfassen zu können und er so Änderungen der soziologischen, technischen, politischen oder moralischen Verhältnisse und Anschauungen nicht hinterherlaufen muss.[535] Das kann zur Folge haben, dass es bei der Bewertung, ob ein Sachverhalt den Tatbestand ausfüllt, nicht nur eine richtige Lösung gibt.[536]

Die Unterscheidung von bestimmten und unbestimmten Rechtsbegriffen hat im Grunde keinen Wert. Denn unter Heranziehung von Art. 19 Abs. 4 GG, der den effektiven Rechtsschutz für Jedermann gewährleistet und Art. 20 Abs. 3 GG der eine gleichmäßige Gesetzesbindung von Justiz und Verwaltung vorsieht, unterliegen prinzipiell alle durch Recht determinierten Hoheitsakte der vollständigen richterlichen Kontrolle.[537] Die normativen Ermächtigungsgrundlagen, mit der Ausnahmen von diesem Grundsatz zugelassen werden, betreffen längst nicht alle unbestimmten Rechtsbegriffe. Wenn in das Gesetz nicht ausnahmsweise ein ausdrücklicher Ermächtigungsvorbehalt aufgenommen wurde,[538] muss ein solcher anhand einer Auslegung ermittelt werden.[539] Dabei begründet die

533 *Heck*, Gesetzesauslegung und Interessenjurisprudenz, in: AcP, 112 (1914), 173; nachfolgend: *Jesch*, Unbestimmter Rechtsbegriff und Ermessen in rechtstheoretischer und verfassungsrechtlicher Sicht, in: AöR 82 (1957), 163 (172 f., 177).

534 *Jestaedt*, in: Erichsen/Ehlers, Allgemeines Verwaltungsrecht, § 11 Rn. 24, zurückgehend auf: *Jellinek*, Gesetz, Gesetzesanwendung und Zweckmäßigkeitserwägung, S. 37 f., der davon ausgeht, dass der unbestimmte Rechtsbegriff dadurch gekennzeichnet sei, dass zwischen dem sicheren (assertorischen) Urteil über Zugehörigkeit oder Nichtzugehörigkeit einer Erscheinungen zum Begriff, ein Grenzgebiet der bloßen Möglichkeiten (problematisches Urteil) liege.

535 *Decker*, in: Posser/Wolf, VwGO, § 114 Rn. 30.

536 *Bachof*, Beurteilungsspielraum, Ermessen und unbestimmte Rechtbegriffe, in: JZ 1955, 97 (99, 100), mit dem zutreffenden Hinweis, dass dies sowohl für Wertbegriffe als auch für Erkenntnisbegriffe gelten kann.

537 *Schmidt-Aßmann*, in: Maunz/Dürig, GG, Art. 19 Abs. 4 Rn. 181-183; *Sachs*, in: Stelkens/Bonk/Sachs, VwVfG, § 40 Rn. 147.

538 *Schmidt-Aßmann/Groß*, Zur verwaltungsgerichtlichen Kontrolldichte nach der Privatgrundschul-Entscheidung des BVerfG, in: NVwZ 1993, 617 (622); *Eifert*, Letztentscheidungsbefugnisse der Verwaltung: Ermessen, Beurteilungsspielräume sowie Planungsentscheidungen und ihre gerichtliche Kontrolle, in: ZJS 2008, 336 (339).

539 *Schmidt-Aßmann*, in: Maunz/Dürig, GG, Art. 19 Abs. 4 Rn. 187. mit Hinweis auf die Kritik an dieser Auffassung; *Eifert*, Letztentscheidungsbefugnisse der Verwaltung:

Rechtsprechung das Vorliegen eines Beurteilungsspielraums je nach Sachlage mit ganz unterschiedlichen Argumenten.[540] In der Rechtspraxis bietet es sich daher an, die von der Rechtsprechung gebildeten Fallgruppen bei der Bestimmung heranzuziehen, nämlich: Beurteilungen im Öffentlichen Dienstrecht, pädagogisch-wissenschaftliche Entscheidungen, Entscheidungen durch unabhängige weisungsfreie Kollegialorgane sowie Prognose- und Risikoentscheidungen.[541] Im städtebaulichen Sanierungsrecht ist vor allem die Fallgruppe der Prognoseentscheidung relevant, denn diese wird aktiviert, wenn die Beurteilung eines komplexen Sachverhalts ansteht, die auf einer künftigen Entwicklung beruht und damit von Unsicherheiten geprägt ist.[542]

Konkret wird die Verwaltung ermächtigt zu entscheiden, welche Voraussetzungen für den unbestimmten Rechtsbegriff erfüllt sein müssen.[543] Mithin obliegt ihr ein Freiraum der Selbstprogrammierung[544] im Rahmen der Subsumtion.[545] Die gerichtliche Kontrolle bezieht sich demgemäß auf die Fragen, ob die zuständige Stelle den unbestimmten Rechtsbegriff korrekt ausgelegt hat, und ob das Verfahrenrecht eingehalten, der erhebliche Sachverhalt vollständig ermittelt und der Entscheidung zu Grunde gelegt wurde. Es wird zudem geprüft, ob das Willkürverbot und die allgemein gültigen Bewertungsmaßstäbe beachtet wurden.[546] Übertragen auf die Fallgruppe der Prognosespielräume wird von der

---

Ermessen, Beurteilungsspielräume sowie Planungsentscheidungen und ihre gerichtliche Kontrolle, in: ZJS 2008, 336 (337 f.).

540 *Aschke*, in: Bader/Ronellenfitsch, VwVfG, § 40 Rn. 105; *Rode*, § 40 VwVfG und die deutsche Ermessenslehre, S. 57; zu den Indizien, die für und gegen die Einräumung eines Beurteilungsspielraums sprechen: *Jestaedt*, in: Erichsen/Ehlers, Allgemeines Verwaltungsrecht, § 11 Rn. 52 f.

541 Z. B. *Jestaedt*, in: Erichsen/Ehlers, Allgemeines Verwaltungsrecht, § 11 Rn. 46, *Rode*, § 40 VwVfG und die deutsche Ermessenslehre, S. 53-57; zu weiteren Untergliederungen vgl. *Decker*, in: Posser/Wolf, VwGO, § 114 Rn. 36.1-36.8.

542 Zu den Merkmalen der Prognoseentscheidung: *Aschke*, in: Bader/Ronellenfitsch, VwVfG, § 40 Rn. 121; *Decker*, in: Posser/Wolf, VwGO, § 114 Rn. 36.6.

543 Zur Definition dieser Fallgruppe: *Decker*, in: Posser/Wolf, VwGO, § 114 Rn. 32.

544 Begriff von *Jestaedt*, in: Erichsen/Ehlers, Allgemeines Verwaltungsrecht, § 11 Rn. 7.

545 *BVerfG*, Beschluss vom 10.12.2009 - 1 BvR 3151/07, Rn. 57; *Bachof*, Beurteilungsspielraum, Ermessen und unbestimmte Rechtbegriffe, in: JZ 1955, 97 (99); zu den teilweise abweichenden Auffassungen in der Literatur, wonach sich der Freiraum zusätzlich auf die Auslegung bzw. die Sachverhaltsermittlung erstreckt: *Pache*, Tatbestandliche Abwägung und Beurteilungsspielraum, S. 44-46.

546 *VGH München*, Urteil vom 20.06.2013 - 11 BV 10.1085, Rn. 25; Urteil vom 15.03.2012 - 11 B 09.1113, Rn. 48; Urteil vom 28.03.2012 - 11 B 10.2554, Rn. 57.

vollständig und zutreffend ermittelten Prognosebasis sowie der Anwendung eines angemessenen Prognoseverfahrens gesprochen.[547]

bb) Ermessen

Ermessensspielräume[548] beziehen sich auf die Rechtsfolgenseite einer Norm. Sie räumen der Verwaltung das Recht ein, bei der Anwendung einer Vorschrift im Rahmen eines konkreten Sachverhalts sowohl die eine als auch eine andere Rechtsfolge setzen zu können, sofern diese gleichermaßen rechtmäßig wären.[549] Das Ermessen ist entsprechend dem Zweck der Ermächtigung auszuüben, zudem sind die gesetzlichen Grenzen des Ermessens einzuhalten (z. B. § 40 VwVfG, § 114 Satz 1 VwGO, § 5 AO, § 102 Satz 1 FGO), die sich aus der Rechtsordnung ergeben. In jedem Fall muss der Rechtsanwender das Für und Wider seines Handelns sorgfältig erwägen und die betroffenen privaten und öffentlichen Belange gegeneinander abwägen.[550]

Voraussetzung ist stets die Erfüllung der gesetzlichen Tatbestandsvoraussetzungen, den die Ermessensentscheidung voraussetzt und an den sie anknüpft.[551]

Unterschieden wird grundsätzlich zwischen zwei Arten des Ermessens, dem Entschließungs- und dem Auswahlermessen. Das Entschließungsermessen räumt der Verwaltung die Befugnis ein, bei Vorliegen der tatbestandlichen Merkmale überhaupt tätig zu werden („ob"). Demgegenüber ermächtigt das Auswahlermessen über Art, Umfang und Ziel des Tätigwerdens zu entscheiden („wie").

Im Gesetz sind Ermessensspielräume regelmäßig durch Signalwörter wie „kann", „darf" oder „ist berechtigt" gekennzeichnet, sie können sich aber auch aus einer Auslegung des Gesetzestextes ergeben.[552] Andererseits kann der Wortlaut auch irreführen, wenn nämlich eine Kann-Vorschrift nach Sinn und Zweck der Regelung eine strikte Bindung bewirkt.[553] Mit dem sog. Kompetenz-Kann

547 *Decker*, in: Posser/Wolf, VwGO, § 114 Rn. 36.6; *BVerfG*, Urteil vom 24.10.2002 - 2 BvF 1/01, Rn. 350; *VGH München*, Urteil vom 20.06.2013 - 11 BV 10.1085, Rn. 25; Urteil vom 15.03.2012 - 11 B 09.1113, Rn. 48; Urteil vom 28.03.2012 - 11 B 10.2554, Rn. 57.

548 Betrachtet wird nachfolgend nur die Form des sog. Verwaltungsermessens, im Gegensatz zum Normsetzungsermessen und zum richterlichen Ermessen.

549 *Decker*, in: Posser/Wolff, VwGO § 114 Rn. 29.

550 Zur Definition des Ermessens: *Bull/Mehde*, Allgemeines Verwaltungsrecht mit Verwaltungslehre, § 16/2 Rn. 591.

551 *Pache*, Tatbestandliche Abwägung und Beurteilungsspielraum, S. 24.

552 *Sachs*, in: Stelkens/Bonk/Sachs, VwVfG, § 40 Rn. 22, 24.

553 *Sachs*, in: Stelkens/Bonk/Sachs, VwVfG, § 40 Rn. 23.

soll die generelle Zulässigkeit einer Handlung sowie die Einräumung einer Entscheidungskompetenz zum Ausdruck gebracht werden.[554]

Ermessensvorschriften dienen der Flexibilität und Schaffung von Einzelfallgerechtigkeit im Rahmen des Verwaltungshandelns[555] sowie der Möglichkeit, Zweckmäßigkeitserwägungen in die Entscheidung einfließen zu lassen.[556] Entsprechend dieser Zielsetzung wird die Verwaltungsentscheidung herkömmlich nur auf die Fehler des Ermessensnichtgebrauchs, des Ermessensfehlgebrauchs und der Ermessensüberschreitung geprüft.[557]

cc) Koppelungsvorschrift[558]

Koppelungsvorschriften sind solche, die auf Tatbestandsseite einen unbestimmten Rechtbegriff aufweisen und der Verwaltung auf Rechtsfolgenseite einen Ermessensspielraum einräumen.[559,560] Beide Normelemente unterliegen grundsätzlich den für sie gültigen Regeln.[561] Im Einzelfall, so die Rechtsprechung, könne sich aus dem Sinn und Zweck einer solchen Vorschrift allerdings die Ermächtigung zu einer einheitlichen Ermessensbetätigung ergeben, die sich an

---

554 *Sachs*, in: Stelkens/Bonk/Sachs, VwVfG, § 40 Rn. 21.

555 *Beaucamp*, Ermessens- und Beurteilungsfehler im Vergleich, in: JA 2012, 193 (194).

556 *Bachof*, Neue Tendenzen in der Rechtsprechung zum Ermessen und zum Beurteilungsspielraum, in: JZ, 1972, 641 (642).

557 Vgl. zu den Inhalten dieser Fallgruppen im Einzelnen: *Voßkuhle*, Grundwissen - Öffentliches Recht: Entscheidungsspielräume der Verwalzung (Ermessen, Beurteilungsspielraum, planerische Gestaltungsfreiheit), in: JuS 2008, 117 (118); *Beaucamp*, Ermessens- und Beurteilungsfehler im Vergleich, in: JA 2012, 193 (195); *Aschke*, Bader/Ronellenfitsch, VwVfG, § 40 Rn. 80, 87; *Ramsauer*, in: Kopp/Ramsauer, VwVfG, 2013, § 40 Rn. 89; a. A. *Decker*, in: Posser/Wolff, VwGO, § 114 Rn. 14 der mit weiteren Untergliederungen vier Fehlerkategorien beschreibt; a. A. *Kirchberg/Herrmann*, in: Quaas/Zuck, Prozesse in Verwaltungssachen, § 2 Rn. 154 die mit weiteren Untergliederungen fünf Fehlerkategorien unterscheiden; zu weiteren Systematisierungsversuchen: *Alexy*, Ermessensfehler, in: JZ 1986, 701-716.

558 Z. T. auch als Mischvorschrift bezeichnet.

559 *BVerwG*, Urteil vom 05.07.1985 - 8 C 22/83, Rn. 20; Urteil vom 21.05.1974 - I C 37/72, Rn. 17; *VGH Mannheim*, Urteil vom 12.03.2009 - 2 S 1229/08, Rn. 31.

560 Weitergehend: *Schlichter*, in: Schlichter/Stich/Titte, BBauG, § 1 Rn. 14, die Kombination aus unbestimmten Rechtsbegriffen und planerischen Ermessen in § 1 Abs. 6 und Abs. 7 BBauG als Mischtatbestand bezeichnend.

561 *Sachs*, in: Stelkens/Bonk/Sachs, VwVfG, § 40 Rn. 36; *Rode*, § 40 VwVfG und die deutsche Ermessenslehre, S. 61.

dem unbestimmten Rechtsbegriff zu orientieren habe.[562] Diese Voraussetzungen seien immer dann gegeben, wenn nach einer tatbestandlichen Prüfung des unbestimmten Rechtbegriffs kein Raum mehr für eine Ermessensbetätigung bleibe.[563]

Diese Rechtsprechung wird mit Recht als dogmatisch fragwürdig kritisiert, weil sie die beschriebene Zweiteilung von unbestimmten Rechtsbegriffen auf Tatbestandsebene und Ermessensspielraum auf Rechtsfolgenseite durchbricht.[564] Mithin stellt sich die Frage, ob sie als logische Konsequenz missglückt formulierter Rechtsnormen gebilligt werden muss oder als überflüssiges Konstrukt verworfen werden kann. Denn auch im Sanierungsrecht lässt sich eine Mischvorschrift aus der Kombination von unbestimmten Rechtsbegriffen und einem Abwägungsspielraum herleiten. Pauschal lässt sich diese Frage naturgemäß nicht beantworten, für letztbenanntes Ergebnis sprechen aber folgende Erwägungen:

Das Erfordernis einer einheitlichen Ermessensvorschrift wurde z. B. vom *Gemeinsamen Senat der obersten Gerichtshöfe des Bundes*[565] und übernommen vom *BSG*[566] mit den gesetzgeberischen Motiven begründet, die eine einzelfallprüfungsbasierte Entscheidung beabsichtigt hätten und dem Rechtsanwender einen Entscheidungsspielraum zubilligen wollten. Hinzu tritt die Annahme, dass dann, wenn die Verwaltung das betreffende Tatbestandsmerkmal (z. B. Unbilligkeit, Härtefall) im Rahmen einer wertenden Betrachtung für den zu prüfenden Sachverhalt bejahe, kein Fall denkbar wäre, in dem das Entscheidungsergebnis negativ ausfallen könne. Eine volle Überprüfung des gesetzlichen Tatbestandes durch das Gericht würde der Vorschrift, entgegen den gesetzgeberischen Vorgaben, den Charakter als Ermessensvorschrift nehmen.

---

562 *GmS*, Beschluss vom 19.10.1971 - GmS-OGB 3/70, Rn. 24; *BVerwG*, Urteil vom 29.04.1988 - 8 C 69/86, Rn. 16, 28; *BVerwG*, Urteil vom 05.07.1985 - 8 C 22/83, Rn. 20; *OVG Magdeburg*, Urteil vom 23.03.2011 - 3 L 436/10, Rn. 24.

563 Z. B. *GmS*, Beschluss vom 19.10.1971 - GmS-OGB 3/70, Rn. 25, 26; *OVG Magdeburg*, Urteil vom 23.03.2011 - 3 L 436/10, Rn. 24; *VGH Mannheim*, Urteil vom 12.03.2009 - 2 S 1229/08, Rn. 31.

564 *Voßkuhle*, Grundwissen - Öffentliches Recht: Entscheidungsspielräume der Verwalzung (Ermessen, Beurteilungsspielraum, planerische Gestaltungsfreiheit), in: JuS 2008, 117 (119).

565 *GmS*, Beschluss vom 19.10.1971 - GmS-OGB 3/70, Rn. 25 zum Begriff der Unbilligkeit nach § 131 RAO (heute § 227 AO) und bis heute so fortgeführt, z. B. *BFH*, Urteil vom 16.06.2013 - XI R 41/10, Rn. 32 m. w. N.

566 *BSG*, Urteil vom 26.09.1972 - 5 RKnU 21/70, Rn. 14 zum Begriff des Härtefalls in § 602 RVO; Urteil vom 29.01.1981 - 11 RK 7/80, Rn. 12 u. a. zu dem Begriff des besonderen Härtefalls in § 14 KLVG.

Die Entscheidungsgründe zeigen, dass die Gerichte nicht die Möglichkeit in Betracht gezogen haben, der Verwaltung bei der Subsumtion unter den unbestimmten Rechtsbegriff (z. B. Unbilligkeit, Härtefall) einen Beurteilungsspielraum zuzubilligen und den Wortlaut (z. B. kann, können) als einfaches Kompetenz-Kann zu deuten. Dadurch könnte aber dem gesetzgeberischen Willen Rechnung getragen werden, dem Rechtsanwender einen Letztentscheidungsspielraum zuzubilligen.[567] Zugleich wird die Zweiteilung zwischen Tatbestand und Rechtsfolge aufrechterhalten, in dem das normative Tatbestandsmerkmal nach dem Sinn und Zweck der Rechtsnorm ausgelegt und in einer wertenden und abwägenden Betrachtung subsumiert wird. Dass hinsichtlich der Begriffe der Unbilligkeit oder des Härtefalls, entgegen der sonstigen Rechtsprechung, ein Beurteilungsspielraum eingeräumt wird, würde auf einer Ermächtigung des Gesetzgebers beruhen. Folglich müssen die sonst üblichen Fallgruppen nicht für eine weitere Auslegung herangezogen werden. Mithin ergäbe sich kein Widerspruch im System und der herrschenden Dogmatik könnte Rechnung getragen werden.

dd) Planerischer Abwägungsspielraum[568]

Planung ist das vorausschauende Setzen von Zielen und das gedankliche Vorwegnehmen der zu ihrer Verwirklichung erforderlichen Verhaltensweise.[569] Der Plan beschreibt als Ergebnis der Planung den gegenwärtigen und den angestrebten Zustand sowie die zur Erreichung des Ziels erforderlichen Maßnahmen.[570]

Bei dem Instrument der Planung geht es

> *„um einen Ausgleich mehr oder weniger zahlreicher, in ihrem Verhältnis zueinander komplexer Interessen, die überdies meist in eigentümlicher Weise miteinander verschränkt sind, so daß dem einen Interesse nichts zugestanden werden kann, ohne in einer Art Kettenreaktion zahlreiche andere Interessen zu berühren."*[571]

Die Aufstellung des Plans (Entscheidungsfindung) erfolgt durch die Zusammenstellung des Abwägungsmaterials sowie über den Vorgang des Abwagens, bei dem

---

567 So i. E. auch für § 131 RAO: *Bachof*, Neue Tendenzen in der Rechtsprechung zum Ermessen und zum Beurteilungsspielraum, in: JZ 1972, 641 (644); anders für Härtefallregelungen wohl: *Haas*, Unbestimmte Rechtsbegriffe und Ermessen?, in: MDR 1953, 651 (655).

568 Auch als „Planerischer Gestaltungsspielraum" oder „Planerisches Ermessen" bezeichnet.

569 *Zippelius/Würtenberger*, Deutsches Staatsrecht, § 46 Rn. 74; *Ehlers*, in: in: Erichsen/Ehlers, Allgemeines Verwaltungsrecht, § 1 Rn. 63.

570 *Kloepfer*, Umweltrecht, § 5 Rn. 13; *Erbguth/Schlacke*, Umweltrecht, § 5 Rn. 6.

571 *BVerwG*, Urteil vom 30.04.1969 - IV C 6/68, Rn. 17; Urteil vom 26.11.1976 - IV C 69.74, Rn. 21 jeweils zur Bauleitplanung.

kollidierende Belange oder Argumente zueinander bewertend in Beziehung gesetzt und aufgrund dessen einige von ihnen gegenüber anderen vorgezogen werden.[572] Die Zusammenstellung orientiert sich an den typischerweise mit den Planungsnormen erlassenen Zielen und Grundsätzen (z. B. § 1 Abs. 5 und Abs. 6 BauGB; § 2 ROG; § 136 Abs. 4 Satz 2 BauGB) und umfasst nach Ansicht des *BVerwG* die abstrakt-begriffliche Abgrenzung der abwägungserheblichen Gesichtspunkte sowie die Entscheidung, welche konkret vorliegenden Umstände unter diese Begriffe subsumiert werden könnten.[573] Die Zusammenstellung sei ein bloßer Rechtsanwendungsvorgang,[574] so dass Auslegung und Anwendung der unbestimmten Rechtsbegriffe in den Zielen und Grundsätzen der uneingeschränkten gerichtlichen Kontrolle unterlägen.[575] Die eigentliche Abwägung beziehe sich demgegenüber auf die Bestimmung der relativen Gewichtigkeit der Belange sowie den Vorgang des Abwägens, der auf die Schaffung eines Ausgleichs und Kompromisses gerichtet sei.[576] Diese Kontrolldichte begründet das Gericht mit dem Planungsrecht als Inhalts- und Schrankenbestimmung des verfassungsrechtlich geschützten Eigentums.[577,578]

---

572 *Weyreuther*, Die Bedeutung des Eigentums als abwägungserheblicher Belang bei der Planfeststellung nach dem Bundesfernstraßengesetz, in: DÖV 1977, 419 (419); *Erbguth*, Abwägung als Wesensmerkmal rechtsstaatlicher Planung - die Anforderungen des Rechtsstaatsprinzips, in: UPR 2010, 281 (283); zu den 4 Phasen der Abwägung der Bauleitplanung (Ermittlung, Einstellung, Gewichtung, Ausgleich): *Hoppe*, Die Abwägung im EAG Bau nach Maßgabe des § 1 VII BauGB 2004 - Unter Berücksichtigung von § 2 III, IV BauGB 2004, in: NVwZ 2004, 903 (906f); zur Unterscheidung der zwei-, drei- und vierstufigen Phasenmodelle: *Erbguth*, Abwägung auf Abwegen? - Allgemeines und Aktuelles -, in: JZ 2006, 484 (488 f.).

573 *BVerwG*, Urteil vom 05.07.1974 - IV C 50.72, Rn. 56, bestätigt im Urteil vom 27.03.1980 - 4 C 34/79, Rn. 26.

574 *BVerwG*, Urteil vom 05.07.1974 - IV C 50.72, Rn. 56.

575 *BVerwG*, Urteil vom 12.12.1969 - IV C 105.66, Rn. 28.

576 *BVerwG*, Urteil vom 12.12.1969 - IV C 105.66, Rn. 29.

577 Vgl. *BVerwG*, Urteil vom 05.07.1974 - IV C 50.72, Rn. 56: „Was aber bei § 1 Abs. 4 und 5 BBauG und seinem verfassungsrechtlichen Hintergrund hinzukommt, ist folgendes: Wenn die Bauleitplanung grundsätzlich als Ausdruck einer durch Art. 14 Abs. 2 GG gedeckten Eigentumsbindung begriffen werden soll, obgleich sie einerseits durch eine unzweifelhaft weite Gestaltungsfreiheit gekennzeichnet wird und dennoch andererseits in der Realität weithin von eigentumsverteilender Wirkung ist, dann kann das nur angehen, wenn sie in einem Höchstmaß dessen, was sich erreichen und vertreten läßt, rechtlich gebunden und in dieser rechtlichen Bindung auch kontrollierbar ist. Wer diese Bindung oder die Kontrolle ihrer Einhaltung in Frage stellt, stellt damit zugleich in Frage, ob dann noch die Bauleitplanung als Eigentumsbindung gewertet werden kann."

578 Zur abweichenden Meinung vgl. Kapitel 2, D. III. 6. a) cc) (2).

Die Befugnis zur Planung räumt der Kommune einen planerischen Gestaltungsspielraum ein, weil Planung ohne Gestaltungsfreiheit ein Widerspruch in sich wäre.[579]

Mit dem sog. planerischen Abwägungsgebot wird nun gewährleistet, dass bei der städtebaulichen Planung rechtsstaatliche Standards trotz kommunaler Gestaltungsfreiheit eingehalten werden.[580] Nach der Rechtsprechung erlaubt das Abwägungsgebot

> *„einen besonders flexiblen und dem Einzelfall gerecht werdenden Interessenausgleich unter maßgeblicher Berücksichtigung des Grundsatzes der Verhältnismäßigkeit.“*[581]

Nach den Leitentscheidungen des *BVerwG* vom 12.12.1969 und 05.07.1974 müssen Abwägungsvorgang und Abwägungsergebnis[582] folgende Grundsätze einhalten: (1) Es muss überhaupt eine sachgerechte Abwägung stattfinden, (2) in die Abwägung muss an öffentlichen und privaten Belangen eingestellt werden, was nach Lage der Dinge in sie eingestellt werden muss, (3) die Bedeutung der betroffenen Belange darf nicht verkannt werden und (4) der Ausgleich zwischen den von

---

579 Z. B. *BVerwG*, Urteil vom 12.12.1969 - IV C 105.66, Rn. 20; Urteil vom 14.02.1975 - IV C 21.74, Rn. 31; Urteil vom 07.07.1978 - IV C 79.76, Rn. 42; Beschluss vom 20.07.1979 - 7 CB 21/79, Rn. 5.

580 *BVerwG*, Urteil vom 30.04.1969 - IV C 6.68, Rn. 17; Beschluss vom 21.09.1971 - IV B 104.71, Rn. 3; Urteil vom 14.02.1975 - IV C 21.74, Rn. 32; Urteil vom 28.06.2000 - 11 C 13/99, Rn. 35; *BVerfG*, Beschluss vom 06.06.1986 - 1 BvR 921/85, Rn. 88; *OVG Saarlouis*, Urteil vom 27.11.2008 - 2 C 120/07, Rn. 48; *OVG Berlin*, Beschluss vom 21.09.2006 - OVG 2 S 100.05, Rn. 26; *VGH Kassel*, Urteil vom 11.02.2003 - 2 A 1569/01, Rn. 34.

581 Z. B. *BVerfG*, Beschluss vom 30.11.1988 - 1 BvR 1301/84, Rn. 74; Beschluss vom 19.12.2002 - 1 BvR 1402/01, Rn. 14; *VGH München*, Urteil vom 18.04.2013 - 2 N 11.1758, Rn. 49; Urteil vom 16.05.2013 - 2 N 12.260, Rn. 52; *OVG Saarlouis*, Urteil vom 26.02.2013 - 2 C 424/11, Rn. 63; verkürzt: *BVerwG*, Urteil vom 27.08.2009 - 4 CN 5/08, Rn. 27; Urteil vom 27.08.2009 - 4 CN 1/08, Rn. 24 jeweils zu Bauleitplanung.

582 Zur Differenzierung zwischen Abwägungsvorgang und Abwägungsergebnis: *BVerwG*, Urteil vom 20.10.1972 - IV C 14.71, Rn. 17: „Das Gebot einer gerechten Interessenabwägung hat zwei verschiedene Seiten. Die eine von ihnen bezieht sich auf das Abwägen als Vorgang, insbesondere also darauf, daß - in einem bestimmten Zeitpunkt - überhaupt eine Abwägung stattfindet und daß bei dieser Abwägung bestimmte Interessen in Rechnung gestellt werden. Bei der anderen, davon zu trennenden Seite geht es dagegen um das Abwägungsergebnis, d.h. um das, was bei dem Abwägungsvorgang „herauskommt“. Daß sich beides nicht deckt, liegt auf der Hand. Ein bestimmtes Interesse kann im Abwägungsergebnis gewahrt sein, auch wenn es beim Abwägungsvorgang übersehen wurde. Ebenso ist klar, daß allein die Berücksichtigung eines bestimmten Interesses nicht schon ergibt, daß das Abwägungsergebnis diesem Interesse gerecht wird.“

der Planung berührten Belangen darf nicht in einer Weise vorgenommen werden, der zur objektiven Gewichtigkeit einzelner Belange außer Verhältnis steht.[583]

c) Zusammenfassung: Die Entscheidungsspielräume im Vergleich

Trotz der unterschiedlichen Strukturen und ihrer z. T. abweichenden Rechtfertigung, weisen Normen mit Entscheidungsspielräumen gemeinsame Elemente auf:

Die vorgestellten Normen sind geeignet eine Vielzahl von Sachverhalten zu erfassen und ihre Anwendung beruht auf Wertungen, Gedankengängen oder Prognosen. Durch die Entscheidungsspielräume wird der Verwaltung die notwendige Flexibilität an die Hand gegeben, um im Einzelfall eine sach- und interessengerechte Entscheidung bei ein- oder mehrpoligen Rechtsverhältnissen zu treffen. Diese Gewalten- und Arbeitsteilung soll auch zu einer ökonomischen Arbeitsweise führen, weil die sachnächste Stelle die Entscheidungen trifft.

Ermessens- und Abwägungsspielräumen ist zudem gemeinsam, dass sie durch eine abwägende Entscheidung ausgefüllt werden. Sie unterscheiden sich aber durch das Ausmaß des ihnen zu Grunde liegenden Interessengeflechts. Dagegen sind Abwägungs- und z. T. auch Beurteilungsspielräume durch eine Prognoseentscheidung gekennzeichnet. Bei der Abwägungsentscheidung dient die Prognose als Nachweis, dass der erwünschte Erfolg mit den festgelegten Mitteln erreicht werden kann. Dagegen baut die Verwaltungsentscheidung beim Beurteilungsspielraum auf der prognostizierten, künftigen Entwicklung auf.

Im Grundsatz wird der Verwaltung die größte Freiheit im Rahmen des planerischen Abwägungsspielraums belassen. Denn Ermessensentscheidungen müssen sich an dem für sie gesetzlich (ausdrücklich oder implizit) niedergelegten Zweck orientieren und werden an das Vorliegen eines Tatbestandes geknüpft, wodurch die Entscheidungen nachvollziehbar vorausbestimmt werden. Noch strenger determiniert sind Beurteilungsspielräume, weil ihre Ausfüllung von einer gesetzlich genau vorgegebenen Zweckbestimmung abhängig ist, die Auslegung der Rechtsbegriffe zudem der vollen gerichtlichen Kontrolle unterliegt und daher lediglich für die Subsumtion ein Freiraum bleibt. Demgegenüber entscheidet die Verwaltung unter Anwendung des planerischen Abwägungsgebotes regelmäßig selbstständig, welche Zielvorstellungen (z. B. § 1 Abs. 5 und Abs. 6 BauGB, § 2 ROG, § 136 Abs. 4 Satz 2 BauGB) sie ihrer Tätigkeit zu Grunde legt.

---

583 *BVerwG*, Urteil vom 12.12.1969 – IV C 105/66, Rn. 29, Urteil vom 05.07.1974 - IV C 50.72, Rn. 55; a. A. noch *OVG Lüneburg*, BRS 22 (1969), 20 (20 f.), Beschluss vom 22.05.1969 - VI B 29/69 zum bauplanungsrechtlichen Abwägungsgebot: „§ 1 Abs. 4 Satz 2 BBauG gebietet eine Abwägung in dreifacher Hinsicht: Öffentliche Belange untereinander, öffentliche und private Belange gegeneinander und private Belange untereinander."

Die Ziele sind wiederum durch „weite Begriffe" gekennzeichnet, d. h. sie bieten Raum für vielfältige, gleichsam rechtmäßige Interpretationen ihres Aussageinhalts. Zudem ist das Verwaltungshandeln darauf gerichtet ein Interessengeflecht zum Ausgleich zu bringen, wobei die Planungsentscheidung primär von außerrechtlichen, sachimmanenten Gesetzlichkeiten gesteuert wird und auf der gestaltenden Rationalität des Planes beruht.[584] Die gesetzlichen Vorgaben werden also durch ein eigenes Programm der Kommune ergänzt. Gleichzeitig wird dieses Handeln nicht strikt bis zum Entscheidungsergebnis durch Tatbestandsmerkmale und Rechtsfolgenregelungen dirigiert, sondern durch Planungsgrundsätze und Leitlinien in seine Grenzen verwiesen. Mit dieser Selbstprogrammierung geht eine erhöhte Reduktion des gerichtlichen Kontrollmaßstabs einher, weil für ihn weniger Anknüpfungspunkte bestehen. Mithin kann in wesentlich geringerem Maße als bei Ermessens- oder Beurteilungsspielräumen nachvollzogen werden, ob die Entscheidung den gesetzlichen Vorgaben entspricht.

2. Zur Verknüpfung von Entscheidungsspielraum und Normstruktur

Art und Ausmaß dieser Entscheidungsspielräume sind eng verknüpft mit den gesetzgeberischen Gestaltungsmöglichkeiten einer Rechtsnorm, denn von der Normstruktur hängt die Art der Einflussnahme des Gesetzgebers auf den Adressaten ab.[585] Dabei hat er grundsätzlich zwei Möglichkeiten, den Adressat einer Rechtsnorm zu dem von ihm bestimmten Zweck zu veranlassen - er kann eine Norm konditional oder final formulieren.[586]

a) Konditionalprogramm

Bei einem Konditionalprogramm gliedert sich eine Vorschrift durch ein Wenn-Dann-Schema in einen rechtsbegrifflichen Tatbestand und eine Regelung über eine Rechtsfolge, die eintritt, wenn die tatbestandlichen Voraussetzungen vorliegen.[587] Eine Ausweitung erfährt dieses Schema durch die Aufnahme von Beurteilungsspielsräumen auf Tatbestandsseite und Ermessensspielräumen auf Rechtsfolgenseite.[588]

---

584 *Stüer*, Zum autonomen (kontrollfreien) Gestaltungsspielraum von Gesetzgeber und Verwaltung, in: DVBl 1974, 314 (317) m. w. N.; *Hoppe*, Die „Zusammenstellung des Abwägungsmaterials" und die „Einstellung der Belange" in die Abwägung „nach Lage der Dinge" bei der Planung, in: DVBl 1977, 136 (142).

585 *Hill*, Einführung in die Gesetzgebungslehre, in: JURA 1986, 57 (64).

586 *Röhl/Röhl*, Allgemeine Rechtslehre, § 29 II. S. 243.

587 *Breuer*, Konditionale und finale Rechtssetzung, in: AöR 127 (2002), 523 (525 f.).

588 *Breuer*, Konditionale und finale Rechtssetzung, in: AöR 127 (2002), 523 (526); *Hill*, Einführung in die Gesetzgebungslehre, in: JURA 1986, 57 (64); *Stüer*, in: Stüer,

b) Finalprogramm

Demgegenüber wird bei einer Finalprogrammierung lediglich das gewünschte Ziel vorgegeben und die Auswahl der dafür erforderlichen Mittel dem Adressaten überlassen.[589] Üblicherweise werden Planungsnormen final gefasst,[590] z. B. § 1 Abs. 6 und Abs. 7 BauGB, §§ 7 Abs. 2 Satz 1, 2 ROG, § 14 Abs. 1 Satz 2 WaStrG oder § 9 Abs. 1 Satz 2 LuftVG. So werden etwa in § 2 Abs. 2 ROG Grundsätze der Raumordnung genannt, die durch eine Festlegung in Raumordnungsplänen zu konkretisieren und im Rahmen der nach § 7 Abs. 2 Satz 1 ROG angeordneten Abwägung privater und öffentlicher Belange bei der Aufstellung von Raumordnungsplänen zu berücksichtigen sind. Im Gegensatz zur konditional strukturierten Rechtsnorm, werden weder Tatbestandsvoraussetzungen noch Rechtsfolgen genannt, um die Erzielung eines optimalen Ergebnisses zu gewährleisten. Die Rechtsanwendung erfolgt daher über ein Zweck-Mittel-Schema,[591] indem bestimmte Ziele festgelegt und die zu ihrer Verwirklichung dienenden Mittel bezeichnet werden.

aa) Zum finalen Charakter der Planung

Die finale Struktur von Planungsnormen wird mit dem Wesen der Planung begründet. Auf das Instrument der Planung wurde bereits eingegangen,[592] es dient dem Ausgleich eines komplexen Interessengeflechts.

In diesem Sinne vertritt das *BVerfG* die Auffassung, dass Planungsakte nicht im Wege eines Konditionalprogramms normativ vorherbestimmt werden könnten, die sachgerechte Bewältigung der konfligierenden Belange entziehe sich

---

Bau- und Fachplanungsrecht, Rn. 1311; a. A. *Vesting*, Kein Anfang und kein Ende. Die Systemtheorie des Rechts als Herausforderung für Rechtswissenschaften und Rechtsdogmatik, in: JURA 2001, 299 (303), der alle Generalklauseln, Abwägungsgebote, Ermessensvorschriften und Normen mit unbestimmten Rechtbegriffen unter die Kategorie der Zweckprogramme stellt; ebenso: *Gerhardt*, in: Schoch/ Schneider/Bier, VwGO, Vorb. § 113 Rn. 20: „Das Gesetz determiniert nicht das Ergebnis, sondern steuert das mehr oder weniger ergebnisoffene Verwaltungshandeln final."

589 *Röhl/Röhl*, Allgemeine Rechtslehre, § 29 II. S. 243.

590 *Stüer*, in: Stüer, Bau- und Fachplanungsrecht, Rn. 1311; *Achke*, in: Bader/Ronellenfitsch, VwVfG, § 40 Rn. 29, 30; i. E. auch *Jestaedt*, in: Erichsen/Ehlers, Allgemeines Verwaltungsrecht, § 11 Rn. 6 und *Röhl/Röhl*, Allgemeine Rechtslehre, § 29 II. S. 247.

591 Zur Verwendung dieses Begriffs im Zusammenhang mit final strukturierten Planungsnormen: *Hoppe*, Abhandlung zur Struktur von Normen des Planungsrechts, Bemerkung zu rechtsstaatlichen Anforderungen an die Begriffsbildung im Planungsrecht, in: DVBl 1974, 641 (644); *Oberndorfer*, Strukturprobleme des Raumordnungsrechts, in: Die Verwaltung 1972, 257 (265).

592 Vgl. Kapitel 2, D. I. b) dd).

einer detaillierten Regelung durch das Gesetz.[593] Auch die Planung als Vorgang könne nicht als Subsumtion eines bestimmten Lebenssachverhalts unter die Tatbestandsmerkmale einer generell-abstrakten Norm verstanden werden.[594]

Das komplexe Wirkungsnetz der kollidierenden privaten und öffentlichen Interessen, die große Anzahl an Entscheidungsmöglichkeiten hinsichtlich der Mittelwahl und Mittelkombination sowie die Pluralität der Ziele, die eine Planung bedeute,[595] begründe sodann die Annahme, die finale Struktur der Planungsnormen sei eine Besonderheit, die eine qualitative Unterscheidung von der klassischen Rechnorm mit Tatbestand und Rechtfolge rechtfertige.[596]

Die finale Normstruktur ermögliche zudem die planerische Gestaltungsfreiheit.[597]

---

593 *BVerfG*, Beschluss vom 06.06.1989 - 1 BvR 921/85, Rn. 88 f. zum gesetzgeberischen Planungsermessen, wobei eine Übertragung dieser Rechtsprechung auf die kommunale Planung möglich sein dürfte, weil das Gericht bei seinen Grundsatzausführungen zur staatlichen Planung im Beschluss vom 17.07.1996 - 2 BvF 2/93, Rn. 46 auf diese Entscheidung Bezug genommen hat; *Pache*, Tatbestandliche Abwägung und Beurteilungsspielraum, S. 31, der die Rechtsprechung des BVerfG zum gesetzgeberischen Planungsermessen auf die kommunale Planungsebene anwendet - ohne Hinweis auf die Übertragbarkeit.

594 *BVerfG*, Beschluss vom 17.07.1996 - 2 BvF 2/93, Rn. 46 grundsätzlich zur staatlichen Planung.

595 *Hoppe*, Abhandlung zur Struktur von Normen des Planungsrechts, Bemerkung zu rechtsstaatlichen Anforderungen an die Begriffsbildung im Planungsrecht, in: DVBl 1974, 641 (644); *Dreier*, Die normative Steuerung der planerischen Abwägung, S. 47 f.

596 *Hoppe*, Abhandlung zur Struktur von Normen des Planungsrechts, Bemerkung zu rechtsstaatlichen Anforderungen an die Begriffsbildung im Planungsrecht, in: DVBl 1974, 641 (644); *Hoppe*, in: Isensee/Kirchhof, Handbuch des Staatsrechts, Bd. III, 1988, § 71 Rn. 19 f.; *Hoppe*, in: Isensee/Kirchhof, Handbuch des Staatsrechts, Bd. IV, 2006, § 77 Rn. 21 f.; *Sachs*, in: Stelkens/Bonk/Sachs, VwVfG, § 40 Rn. 42, der die Auffassung vertritt, dass das mit der Normierung gesetzlicher Zielvorstellungen und Abwägungsrichtlinien eingeräumte sog. Planungsermessen aus dem Bereich des klassischen Normverständnisses herausfalle, auch wenn normtheoretisch letztlich keine durchgreifenden Verschiedenheiten erkennbar sein sollten; *Badura*, Das Planungsermessen und die rechtsstaatliche Funktion des Allgemeinen Verwaltungsrechts, in: Bay. VGH (Hrsg.), Verfassung und Verfassungsrechtsprechung, 157 (174, 178); *Oberndorfer*, Strukturprobleme des Raumordnungsrechts, in: Die Verwaltung 1972, 257 (264) zum Raumordnungsrecht.

597 *Stüer*, in: Hoppenberg/de Witt (Hrsg.), Handbuch des Öffentlichen Baurechts, Bd. I, B. Rn. 5-10; *Hoppe*, in: Isensee/Kirchhof, Handbuch des Staatsrechts, Bd. IV, 2006, § 77 Rn. 22.

bb) Zur Kritik an dieser Einordnung

Der Aussagewert dieser zweigliedrigen Kategorisierung zwischen final strukturierten Abwägungsnormen und konditionalen Verbots-, Gebots- und Erlaubnisnormen wird in der Literatur verschiedentlich in Zweifel gezogen.

(1) Austauschbarkeit von konditionalen und finalen Formulierungen

Einige Autoren sehen die Schwachstelle dieser normstrukturell ausgerichteten Dogmatik in der Möglichkeit, Zweckprogramme in konditionale Anweisungen umformulieren zu können,[598] sowie der Tatsache, dass einige Planungsnormen trotz ihrer streng konditionalen Formulierung dem Abwägungsgebot unterlägen.[599,600]

Dieser Kritik ist *Dreier* entgegengetreten, indem er argumentiert, die Umformulierung könne nicht darüber hinwegtäuschen, dass in § 1 Abs. 7 BauGB oder §§ 1, 2, ROG explizit Zielvorhaben statuiert seien, zudem würden die Planungsziele nicht als Tatbestandergänzung[601] dienen, sondern einer Tatbestandsbildung.[602] Da die Normen aus dem Fachplanungsrecht teilweise tatsächlich nicht final strukturiert seien, gibt er aber zu, dass die Normstruktur nur bedingt tauglich sei, um aus ihr einen größeren Spielraum ableiten zu können.[603]

Diese Diskussion täuscht über den eigentlichen Wert hinweg, den die Normstruktur für das Verständnis des Planungsrechts bringen kann. Zwar ist richtig,

---

598 *Ibler*, Die Schranken planerischer Gestaltungsfreiheit im Planfeststellungsrecht, S. 38; *Papier*, Rechtliche Bindung und gerichtliche Kontrolle planender Verwaltung im Bereich des Bodenrechts, in: NJW 1977, 1714 (1715); *Dreier*, Die normative Steuerung der planerischen Abwägung, S. 48 m. w. N., *Durner*, Konflikte räumlicher Planung, S. 318 m. w. N.

599 *Durner*, Konflikte räumlicher Planung, S. 318, wobei § 18 WaStrG im Jahr 2006 aufgehoben und § 32 Abs. 1 KrW-/AbfG durch § 36 Abs. 1 KrWG ersetzt wurde.

600 Zur planerischen Abwägung bei der konditional strukturierten Norm des § 36 Abs. 1 KrWG siehe: *Klages*, in: Giesberts/Reinhardt, Beck'scher Online-Kommentar Umweltrecht, KrWG, § 36 Rn. 26 f.

601 Vgl. zur Tatbestandsergänzung: *Herdegen*, Beurteilungsspielraum und Ermessen im strukturellen Vergleich, in: JZ 1991, 747 (749): „Beim Handeln nach Ermessen reichert die Behörde den Tatbestand der Norm nach Opportunitätsgesichtspunkten um weitere Elemente an, welche sie für die Setzung einer Rechtsfolge als relevant einstuft."

602 *Dreier*, Die normative Steuerung der planerischen Abwägung, S. 48; mit dieser Problematik ebenfalls auseinandersetzend: *Koch/Rüßmann*, Juristische Begründungslehre, S. 96.

603 *Dreier*, Die normative Steuerung der planerischen Abwägung, S. 49.

dass der Gesetzgeber dieser Dogmatik kein besonderes Augenmerk schenkt, da er auch abwägungsdirigierte Planungsentscheidungen konditional strukturiert. Allerdings haben auch Befürworter des finalen Charakters der Planung, insbesondere *Hoppe*, stets betont, dass Planungsnormen trotz ihrer Charakterisierung als Zweckprogramme konditionale Elemente enthalten oder (teilweise) konditional formuliert sein könnten.[604] In diesem Sinne hat *Oberndorf* klargestellt, dass die Formulierung der Rechtnormen keine hermeneutisch verwertbare Differenzierung bilde, sondern sie auf die viel prinzipiellere Ebene des Entscheidungshorizonts und des dadurch bewirkten Entscheidungsspielraums abstelle.[605] Die Determinierung der Verwaltung durch zweckhafte Programme ersetze nicht die konditional gebundene Verwaltung, sie trete vielmehr ergänzend hinzu.[606]

Dementsprechend kann es Planungsnormen geben, die trotz eines ausgleichbedürftigen Geflechts von konfligierenden Interessen, Belangen und Zielen konditional formuliert sind. Folglich kann nicht immer von der Normstruktur auf die Art und den Umfang der kommunalen Letztentscheidungsbefugnis geschlossen werden. Sofern das Gesetz aber ein Zweck-Mittel-Schema vorgibt, spricht dies für einen planerischen Gestaltungsspielraum.

Die Finalität der Norm bringt auch die Komplexität der Sachmaterie und den weiten Gestaltungsspielraum der Kommune zum Ausdruck, indem Ziele vorgegeben werden und die weiteren Entscheidungen dem Rechtsanwender überlassen werden, wie z. B. die Wahl des Ziels, die Wahl der Unterziele, die Lösung von Zielkonflikten, die Wahl der anzuwendenden Mittel, die mögliche Kombination der Mittel oder den Ausgleich der widerstreitenden Interessen und Belange auf allen Ebenen. Das damit einhergehende „mehr" an Entscheidungs- und Gestaltungsmöglichkeiten ist geboten, um die Interessen, Belange, Ziele und Mittel, die sich gegenseitig und untereinander beeinflussen, in einen angemessenen Ausgleich bringen zu können. Damit steht auch fest, dass mehr verlangt wird, als nur eine einfache Ermessensentscheidung, nach der die Behörde lediglich

604 *Hoppe*, Abhandlung zur Struktur von Normen des Planungsrechts, Bemerkung zu rechtsstaatlichen Anforderungen an die Begriffsbildung im Planungsrecht, in: DVBl 1974, 641 (644); *Hoppe*, Grundfragen des Planungsrechts, S. 122; *Hoppe*, in: Isensee/Kirchhof, Handbuch des Staatsrechts, Bd. IV, 2006, § 77 Rn. 22 unter Bezugnahme auf die vorhergehende Publikation und dem Hinweis, die Planung werde durch konditionale Normierung mitbestimmt.

605 *Oberndorfer*, Strukturprobleme des Raumordnungsrechts, in: Die Verwaltung 1972, 257 (264, FN. 24).

606 *Oberndorfer*, Strukturprobleme des Raumordnungsrechts, in: Die Verwaltung 1972, 257 (271).

verpflichtet ist, das Für und Wider ihres Handelns sorgfältig zu erwägen und dabei die betroffenen privaten und öffentlichen gegeneinander abzuwägen, im Sinne einer einfachen Pro und Contra Liste. Mithin kommt die schöpferische Gestaltungsmöglichkeit des Rechtsanwenders zur Geltung.

Insoweit ist die Finalstruktur zumindest Ausdruck einer besonderen Entscheidungsform, die in geringerem Maße als andere Entscheidungen determiniert ist. Ab einem gewissen Komplexitätsgrad der Sachmaterie wird sie zudem unerlässlich sein, um unter Beibehaltung einer klaren Normstruktur die planerisch Zielsetzung zu erreichen.

(2) Konditionales Modell der Abwägung

In derlei Richtung weisen auch diejenigen Kritiker, insbesondere *Di Fabio*, die betonen, dass auch Rechtsvorschriften, die lediglich ein Ziel vorgäben, durch einen normativen Rahmen mit Konditionalprogrammen strukturiert sein müssten, um die Erreichung des angestrebten Ziels auf rechtsstaatliche und grundrechtsbeachtende Weise zu gewährleisten.[607] *Hoppe* sieht diese Ansicht offenbar nicht weit von der von ihm vertretenen Auffassung entfernt, denn er hebt abschließend hervor, *Di Fabio* halte an der Besonderheit der Planungsnormen fest, mit den Elementen der Gestaltungsfreiheit und der Aufgabe der Planung, das gesetzlich nur vage Vorentschiedene zu konkretisieren.[608] In der Tat schließt *Di Fabio* eine Konditionalisierung im Kernbereich der Abwägung aus, indem er annimmt, dass die Konsistenz rechtlichen Entscheidens nicht dort durchgesetzt werden dürfe, wo das Gesetz die Planung als einmaligen Akt anerkenne und einen politischen Gestaltungsauftrag zugestehe.[609] Mit Konsistenz meint er das Erfordernis, trotz zunehmender Komplexität des Rechts, gleiche Fälle von ungleichen unterscheiden zu können,[610] um so Gerechtigkeit zu erzeugen.[611] Die Essenz der Ausführungen liegt daher in der Erkenntnis, dass die mitunter notwendige Finalprogrammierung stets einer Rückbindung an übergeordnete Verfassungsprinzipien unterliegt. Der planenden Verwaltung müssen zwar Wertungs- und Entscheidungsfreiheiten zugestanden werden, diese werden aber begrenzt durch die Erfordernisse Individualinteressen in

607 *Di Fabio*, Die Struktur von Planungsnormen, S. 87 f.; ohne Bezugnahme auf das Rechtsstaatsprinzip: *Schmidt*, Die Programmierung von Verwaltungsentscheidungen, in: AöR 96 (1971), 321 (333 f.).

608 *Hoppe*, in: Isensee/Kirchhof, Handbuch des Staatsrechts, Bd. IV, 2006, § 77 Rn. 23.

609 *Di Fabio*, Die Struktur von Planungsnormen, S. 94.

610 *Di Fabio*, Das Recht offener Staaten, S. 57.

611 *Di Fabio*, Das Recht offener Staaten, S. 57, 149.

angemessener Weise zu berücksichtigen und in gerechter Weise zum Ausgleich zu bringen, die Notwendigkeit Rechtssicherheit bei der Entscheidungsfindung zu schaffen und, falls notwendig, effektiven Rechtsschutz zu gewährleisten. Diese Anforderungen sind nur einzuhalten, wenn der behördlichen Entscheidung in weiten Teilen eine nachvollziehbare Struktur zu Grunde liegt. Wie die Diskrepanz zwischen Gestaltungsauftrag und rechtsstaatlichen Anforderungen aufgelöst werden kann, ist eine Frage des für jedes Rechtsgebiet zu bestimmenden Einzelfalls.

(3) Zweckorientierung aller Normprogramme

Umgekehrt kritisiert *Brohm* diese Unterscheidung deswegen, weil mit beiden Programmarten bestimmte Zwecke verfolgt würden. Diese seien im Konditionalprogramm vielfach nur weiter aufgeschlüsselt.[612] Die Kritik trifft den Kern der Diskussion nicht, denn unbestritten verfolgen alle Normen, die auf eine Handlung der Verwaltung gerichtet sind, einen Zweck. Es ist aber gerade die unterschiedliche Dichte der Regelungen zur Verwirklichung dieses Zwecks, die als maßgebliches Unterscheidungsmerkmal herangezogen wird.

3. *Ergebnis*

Es hat sich gezeigt, dass die Normstruktur kein unumstößlicher Ansatz für die Einordnung eines Gestaltungsspielraums darstellt. Trotzdem ist unverkennbar, dass der planerische Abwägungsspielraum regelhaft mit dieser Normstruktur verbunden ist und die Besonderheit dieses Letztentscheidungsspielraums besser zur Geltung bringt.

Die Kombination von finalen und konditionalen Normen ist einerseits notwendig, um dem Rechtsanwender Raum zu schaffen. Und andererseits geboten, um die Verwaltungsentscheidung für den Bürger und die Gerichte nachvollziehbar zu gestalten und dadurch Rechtssicherheit zu schaffen. Wie diese Vorschriften im Einzelnen ausgestaltet werden müssen, ist naturgemäß für jedes Rechtsgebiet individuell zu entscheiden.

II. Zu den Risiken im Zusammenhang mit Entscheidungsspielräumen

Die Vorzüge der Letztentscheidungsbefugnisse wurden bereits dargestellt. Es stellt sich nun die Frage, welche Risiken aus ihnen resultieren. Sie können überwiegend aus den zuvor beschriebenen Strukturkennzeichen abgeleitet werden,

---

612 *Brohm*, Zur Einführung: Strukturprobleme der planenden Verwaltung, in: JuS 1977, 500 (500).

sie ergeben sich aber auch aus den rechtlichen Eingriffsmöglichkeiten und tatsächlichen Einflussfaktoren.

1. Grundsatz

Normen, die eine Letztentscheidungsbefugnis auf die Verwaltung übertragen, sind durch Begriffe gekennzeichnet, die ein hohes Maß an Unbestimmtheit aufweisen (unbestimmte Rechtsbegriffe und Rechtsfolgenanordnungen). Der Verwaltung kommt die Aufgabe zu, die abstrakten Normen im Einzelfall auszulegen und anzuwenden. Zudem sind die gesetzlichen Vorgaben komplex, so dass ihre fehlerfreie Anwendung ein hohes Maß an Spezialisierung erfordert. Ihre Komplexität wird durch die Auslegung der Gerichte teilweise noch erhöht.[613]

Bei Planungsentscheidungen tritt zudem ein Prognoseelement hinzu, also die Aussage über eine künftige Wirklichkeit sowie die Angabe über den effektiven Mitteleinsatz. Je größer der zu planende Zeitraum und je weiter der Rahmen, den die Planung erfassen soll, desto eher treten Fehleinschätzungen auf, die erst im Nachhinein sichtbar werden. Da die gerichtliche Kontrolle den Prognosezeitpunkt in Bezug nimmt, werden daraus resultierende Fehlplanung nicht mehr eingefangen.

Mit Übertragung der Entscheidungsspielräume reduziert sich die gerichtliche Kontrolle. Im Rahmen der Fehlerkontrolle kann eine Entscheidung der Verwaltung nur dann kassiert werden, wenn sie den Rahmen dessen überschreitet, was noch vertretbar ist. Damit wird auch ein Stück Rechtssicherheit geopfert.

Des Weiteren ist das Verwaltungsrecht durch eine Reihe von Unbeachtlichkeitsvorschriften gekennzeichnet, wonach Rechtakte trotz ihrer Fehlerhaftigkeit nicht aufgehoben werden dürfen. Hierzu zählen etwa § 214 Abs. 3 BauGB, § 46 VwVfG oder § 2 Abs. 1 Satz 3 NKAG. Damit sollen der Nutzen und die Nachteile der Unwirksamkeitserklärung eines Hoheitsaktes in ein angemessenes Verhältnis gesetzt werden, wobei die Aspekte Rechtsbindung der Verwaltung, Rechtssicherheit, Interesse an einer leistungsfähigen Verwaltung und Rechtsschutzinteresse des Bürgers als Abwägungsmaterial für den Umfang der Unbeachtlichkeitsvorschrift dienen.[614] Den benannten Vorschriften ist gemeinsam, dass sie eingreifen,

---

613 *Oebbecke*, Kommunale Satzungsgebung und verwaltungsgerichtliche Kontrolle, in: NVwZ 2003, 1313 (1314) bezogen auf kommunale Gebührensatzungen und Bebauungsplänen.

614 *Hoppe*, Erste Überlegungen zum „Grundsatz der Planerhaltung", S. 104-106 zu § 214 BauGB; *Hufen*, Heilung und Unbeachtlichkeit grundrechtsrelevanter

wenn die materiellrechtliche Rechtmäßigkeit eines Rechtsaktes durch ein fehlerhaftes Zustandekommen nicht oder nicht wesentlich beeinträchtigt wurde.

2. *Sanierungsrecht*

Diese abstrakten Gefahren finden sich auch im städtebaulichen Sanierungsrecht. Denn die §§ 136 ff. StGB determinieren die Verwaltung bei ihren Sanierungsarbeiten nur in geringem Maße. Im vorgehenden Kapitel wurde bereits gezeigt, dass das Rechtsgebiet nicht nur durch ein Planungselement[615] gekennzeichnet ist, sondern auch eine Reihe unbestimmter Rechtsbegriffe[616] aufweist. Dadurch werden der Kommune weite Handlungsmöglichkeiten eröffnet.

Des Weiteren hat der Verfahrensablauf[617] gezeigt, dass einige Knotenpunkte eine Angriffsfläche für Fehlentwicklungen und Fehlanwendungen bieten. Auch erfasst das Sanierungsrecht die unterschiedlichsten Gebietsstrukturen, wie § 136 Abs. 3 BauGB zeigt. Damit gehen unterschiedliche Interessen von Betroffenen, Investoren und der Kommune selbst einher, so dass die Planungen nicht „nach Schema - F" laufen können. Mithin wird dadurch nicht nur die Kontrolle schwieriger, sondern auch die Möglichkeit der Beeinflussung von außen begünstigt, etwa Subventionierungen oder politische Interessen zu identifizieren und als Fehler zu entlarven. So entsteht für den Bürger bisweilen der Anschein einer zweckwidrig gesteuerten Sanierung,[618] der unbeschadet einer gerichtlichen Bestätigung einen faden Beigeschmack hinterlässt. Hin und wieder bestätigt sich auch dieser Eindruck.[619]

Verfahrensfehler? - Zur verfassungskonformen Auslegung der §§ 45 und 46 VwVfG, in: NJW 1982, 2160 (2168) zu § 46 VwVfG.

615 Vgl. Kapitel 1, B.

616 Vgl. Kapitel 1, A.

617 Vgl. Kapitel 1, B.

618 Vgl. *OVG Münster*, Urteil vom 24.07.2009 - 7 D 130/08.NE, Rn. 20: Der Antragsteller geht davon aus, dass es der Antragsgegnerin in der Sache wohl nicht um eine städtebauliche Sanierung gehe, sondern darum, für einzelne Verschönerungsmaßnahmen Fördermittel des Landes zu erhalten, sowie darum, verbleibende Kosten von Anwohnern über eine Ausgleichsabgabe für Wertsteigerungen abzuschöpfen; *OVG Münster*, Urteil vom 23.10.2008 - 7 D 37/07.NE, Rn. 13: Die Antragsstellerin trägt vor, das tatsächliche Motiv für den Erlass der Sanierungssatzung habe allein darin gelegen, eine „Gebiets- bzw. Fördermittelkulisse" als Voraussetzung für den Einsatz von Städtebauförderungsmitteln zu schaffen. Dies sei jedoch kein die Durchführung einer Sanierungsmaßnahme rechtfertigender Zweck.

619 *VGH München*, Urteil vom 31.03.2004 - 15 B 00.3239, Rn. 26; *OVG Schleswig*, Urteil vom 23.05.2006 - 1 LB 8/04, Rn. 54.

Die Heilungsvorschriften §§ 214, 215 BauGB gelten nach seinem Wortlaut auch für die Sanierungssatzung[620] als städtebauliche Satzung.

Bei lang andauernden Sanierungen können sich zudem Prognosefehler einschleichen. So wurde eine fast 40 Jahre andauernde Sanierung vom *BVerwG* nicht per se als rechtswidrig angesehen.[621] Zudem wird bei Erlass der Sanierungssatzung nur ein geringes Maß an Konkretisierung hinsichtlich der angestrebten Ziele gefordert.[622] Dementsprechend können die Betroffenen ihre Interessen anfangs nur allgemein vortragen, sich aber noch nicht substantiiert gegen eine Planung wehren.

In diesem Zusammenhang darf auch nicht der besondere Eingriffscharakter[623] des Sanierungsrechts außer Acht gelassen werden, der sich nicht mehr rechtfertigen lässt, wenn das angestrebte Ziel der städtebaulichen Missstandsbehebung durch zweckfremde Einflussfaktoren negativ beeinflusst wird.

Demnach besteht ein Spannungsverhältnis zwischen der Eigentumsgarantie (Schutz des Bestandes, eigenverantwortliche Nutzungsmöglichkeit) und der Sozialpflichtigkeit (Behebung städtebaulicher Missstände, Allgemeinwohlklausel) einerseits sowie der behördlichen Entscheidungsfreiheiten (Flexibilität, Komplexität, ausfüllungsbedürftige Rechtsnormen) und der Forderung nach Rechtssicherheit (Schutz vor zweckfremden Einflussfaktoren, effektive Kontrolle, Gleichheitsgrundsatz) andererseits. Dabei gilt, je größer die Eingriffsintensität eines Verwaltungshandelns ist und je weniger die nachträgliche gerichtliche Kontrolle gewährleistet werden kann, desto höher sind die Anforderungen, die, abgeleitet aus dem Justizgewährleistungsanspruch,[624] an ein nachvollziehbares Verwaltungsverfahren gestellt werden müssen. In diesem Sinne greift das Sanierungsrecht intensiv in die Eigentumsgarantie ein, weil es mit erheblichen Einschränkungen für das Grundeigentum verbunden ist. Die konkrete Belastungshöhe kann zwar nicht losgelöst vom Einzelfall bewertet werden, allerdings gelten z. B. das Vorkaufsrecht und der Genehmigungsvorbehalt unmittelbar mit Erlass der Sanierungssatzung. Sie wirken sich damit direkt auf die Verfügungsfreiheit der Eigentümer aus. Auch lenken Entscheidungen auf einer früheren zeitlichen Ebene die nachfolgende Durchführung. Das gilt z. B. für die Feststellung eines städtebaulichen Missstandes oder die Festlegung eines Ziels,

620 Vgl. Kapitel 1, B. III.

621 *BVerwG*, Urteil vom 10.07.2003 - 4 CN 2/02, Rn. 22, 24.

622 *BVerwG*, Urteil vom 04.03.1999 - 4 C 8/98, Rn. 13; Beschluss vom 27.05.1997 - 4 B 98/96, Rn. 3.

623 Vgl. Kapitel 2, B.

624 Siehe dazu: Kapitel 2, A. III.

die zu konkreten Maßnahmen führen. Demnach beeinflusst das erhebliche Eingriffspotenzial die kommunalen Entscheidungen auf jeder Stufe und erlaubt die Annahme, dass bereits der Erlass der Sanierungssatzung als intensiver Eingriff in die Eigentumsgarantie gewertet werden kann. Die gerichtliche Kontrolle wird dagegen durch Prognosen, Interessengeflechte, Wertungen und Auswahlentscheidungen, wie nachgehend belegt wird, erschwert. Daher rechtfertigt sich die Annahme, behördliche Letztentscheidungsspielräume im Sanierungsrecht einer überprüfbaren Struktur zu unterwerfen. Dabei helfen die dogmatischen Grundlagen, da die systematische Aufbereitung der Normen bei der Interpretation der Rechtsordnung hilft und der Koordination von Verhaltensweisen dient.[625] Damit wird dann nicht nur die nachträgliche gerichtliche Kontrolle gewährleistet, sondern auch dem Rechtsanwender die Möglichkeit eröffnet, seine Entscheidung reflektiert zu treffen.

III. Zu den Entscheidungsspielräumen im Sanierungsrecht – eine Analyse und Bewertung

Untersucht wird nun, wie die Strukturen der sanierungsrechtlichen Normen und die darauf beruhende Rechtsprechung die benannten Risiken zum Ausgleich bringen und ob die Entscheidungspraxis ihren Eintritt begünstigt.

1. Vorgaben der Normstruktur

Das städtebauliche Sanierungsrecht ist, wie das Recht der Bauleitplanung, durch finale Normstrukturen geprägt. Beleg dafür ist § 136 Abs. 4 BauGB, der neben dem Abwägungsgebot in Satz 3 und der Allgemeinwohlklausel[626] in Satz 1 die zentralen Ziele[627] städtebaulicher Sanierungsmaßnahmen in Satz 2 beschreibt. Eine - neutral formuliert - Konkretisierung erhält diese Finalprogrammierung durch § 136 Abs. 1 bis 3 BauGB. Durch die Festschreibung der Voraussetzungen und Definitionen in Abs. 1 und Abs. 2 sowie den Auslegungskriterien aus Abs. 3 wird der Kommune eine Struktur für die Zielerreichung vorgegeben.

Die finale Normstruktur bringt die Komplexität des Sanierungsrechts zum Ausdruck. § 136 Abs. 4 BauGB belegt, dass die Anwendung des Sanierungsrechts von vielfältigen Entscheidungen der Kommune abhängt. Diese beziehen sich einerseits auf die Zielfestlegung, denn § 136 Abs. 4 Satz 2 BauGB nennt eine Reihe

625 Vgl. zum Ziel der Dogmatik: *Heberlein*, Auswirkungen der Verwaltungsverfahrensgesetze auf die Dogmatik des Verwaltungsrechts, S. 6 ff.

626 Vgl. Kapitel 1, A. III.

627 Vgl. Kapitel 1, A. I. 2. und 3., A. II. 3.

von Zielen, die nicht abschließend sind. Die Ziele müssen nicht alle erfüllt sein, sie können sich sogar gegenseitig ausschließen. So liegt etwa die Annahme nicht fern, dass Klimaschutzbelange und das Interesse der Wirtschaftsförderung nicht immer unter voller Zuerkennung des jeweils anderen Ziels verwirklicht werden können. Diese Hauptziele müssen weiter konkretisiert werden. Die daraus entstandenen Subziele müssen sich ebenfalls einer Auswahl stellen. Die Mittel zur Erreichung des Ziels ergeben sich aus § 146 BauGB,[628] aber auch aus §§ 171a ff. BauGB[629]. Die Kommune muss auch insoweit entscheiden, welche Maßnahmen sie ergreift und welche nicht, ob und wie die Mittel kombiniert und die Betroffenen mittels vertraglicher Vereinbarungen einbezogen werden.

Da die einzelnen Auswahlentscheidungen von vielfältigen Faktoren, wie der vorhandenen Gebiets- und Bevölkerungsstruktur, den finanziellen Möglichkeiten der Gemeinde oder der Mitwirkungsbereitschaft der Betroffenen abhängen, scheidet eine weitergehende Normierung der benannten Entscheidungsprozesse zur Ziel- und Mittelfestlegungen aus. Weder eine Reihenfolge in den Zielbestimmungen, noch konditionale Hauptziel-Subziel-Maßnahmen-Schemata lassen sich festschreiben, ohne durch eine Übernormierung die Normenklarheit zu gefährden.

Die finale Normenstruktur belegt auch den Planungscharakter[630] des Sanierungsrechts. Das Gesetz fordert in § 136 Abs. 4 Satz 3 BauGB den Ausgleich privater und öffentlicher Belange. Die Vorschrift bezieht sich trotz ihrer systematischen Zusammenhänge mit Satz 1 nicht nur auf die einzelnen Sanierungsmaßnahmen.[631] Mithin wird klargestellt, dass im Rahmen einer mehrdimensionalen Abwägung konfligierende Interessen zum Ausgleich gebracht werden sollen. Daneben wird in § 136 Abs. 4 Satz 2 BauGB die Ziel- und Zukunftsbezogenheit des Sanierungsrechts zum Ausdruck gebracht, denn danach sollen städtebauliche Sanierungsmaßnahmen dazu beitragen, dass die genannten Ziele realisiert werden. Mit dem Planungscharakter geht ein Gestaltungsspielraum der Kommune bei der Durchführung der Sanierung einher.

Auf eine andere Normstruktur deutet § 142 Abs. 1 BauGB hin, wonach die Gemeinde ein Gebiet, in dem eine städtebauliche Sanierungsmaßnahme durchgeführt werden soll, als Sanierungsgebiet festlegen kann. Das Sanierungsgebiet ist so zu begrenzen, dass sich die Sanierung zweckmäßig durchführen lässt. Isoliert betrachtet kann diese Vorschrift als Konditionalprogramm qualifiziert werden.

---

628 Vg. dazu: Kapitel 2, B. X.

629 Vgl. dazu: Kapitel 1, C.

630 Vgl. zur Definition: Kapitel 2, I. D. 1. b) dd) und I. D. 2. b) aa).

631 Vgl. nur: *OVG Koblenz,* Urteil vom 24.04.1991 - 10 C 11555/90, Rn. 21.

Die Wenn-Dann-Struktur ergibt sich wie folgt: Der Tatbestand ist durch den Entschluss der Gemeinde, städtebauliche Sanierungsmaßnahmen durchführen zu wollen gekennzeichnet und damit an die Voraussetzungen des § 136 Abs. 1 und Abs. 2 BauGB gekoppelt. Der Wortlaut („kann“) deutet auf einen Ermessensspielraum der Gemeinde auf Rechtsfolgenseite hin, der sich an Zweckmäßigkeitserwägungen, betreffend die Ziele und Zwecke der Sanierung orientiert. Ein so verstandener Spielraum wäre als Auswahlermessen zu qualifizieren.

Der Wortlaut von § 142 Abs. 1 Satz 1 BauGB legt zudem ein Entschließungsermessen nahe. Bei einer solchen Interpretation muss beachtet werden, dass die Wortlautauslegung nicht immer der Weißheit letzter Schluss ist, da ein „kann“ auch die Bedeutung eines Kompetenz-Kann haben kann.[632]

Gemäß § 136 Abs. 1 BauGB werden städtebauliche Sanierungsmaßnahmen in Stadt und Land, deren einheitliche Vorbereitung und zügige Durchführung im öffentlichen Interesse liegen, nach den Vorschriften der § 136 bis § 164b BauGB vorbereitet und durchgeführt. Zur Begründung der Anwendungspflicht bei Vorliegen der Voraussetzungen wurde bereits Stellung genommen.[633] Diese konditionale Gesetzesaussage ist zunächst die Eintrittskarte in das Sanierungsrecht. Das schließt nicht aus, dass die tatbestandlichen Voraussetzungen auch die nachfolgenden Entscheidungen beeinflussen (s. oben). Denn anders als die Planrechtfertigung in § 1 Abs. 3 Satz 1 BauGB als Pendant des allgemeinen Städtebaurechts, deuten die Erfordernisse der einheitlichen Vorbereitung und zügigen Durchführung[634] schon nach ihrem Wortlaut auf eine fortdauernde Begrenzungsfunktion der Sanierungstätigkeit hin.

Wie im Recht der Bauleitplanung[635] untermauern Verfahrensvorschriften (z. B. § 141 mit §§ 137 ff. BauGB) den Weg der Rechtsanwender. Diese konditional strukturierten Normen bereiten die Grundlage der gesetzlich vorgesehenen Abwägungsentscheidung, sie ermöglichen aber auch die Subsumtion unter die zentralen Begriffe des Sanierungsrechts in §§ 136, 142 BauGB.

2. Vorgaben der Rechtsprechung: Abwägung

Der Umgang mit den Normen des städtebaulichen Sanierungsrechts ist zwar Bestandteil zahlreicher Entscheidungen, das Bekenntnis der Rechtsprechung zu einer klaren Struktur fehlt indes.

---

632 Vgl. dazu bereits: Kapitel 2 D. I. 1. b) bb) und Kapitel 1, A. I. 6. b).
633 Vgl. Kapitel 1, A. I. 6.
634 Vgl. zur Auslegung der Begriffe: Kapitel 1, A. II. 1. und Kapitel 1, A. II. 2.
635 Vgl. dazu: *Stüer*, Bau- und Fachplanungsrecht, Rn. 1311.

a) Bundesverwaltungsgericht

Ausgangspunkt der Überlegungen sollen die Vorgaben des *BVerwG* sein.

aa) Vorgaben des Bundesverwaltungsgerichts

Nachdem das Gericht im Jahr 1996 zunächst allgemein festgestellt hat, dass der Kommune bei der Gebietsabgrenzung ein planerischer Gestaltungsspielraum zustehe,[636] leitet es in einer Entscheidung aus dem Jahr 1998 unter Bezugnahme auf die gesetzlichen Grundlagen und die Leitentscheidungen zum Bauplanungsrecht (BVerwG, Urteil vom 12.12.1969 - 4 C 105.66 und Urteil vom 05.07.1974 - 4 C 50.72) ab:

> *„Die förmliche Festlegung eines Gebiets als Sanierungsgebiet ist eine planerische Entscheidung. Ihr muß eine Abwägung zugrunde liegen. Das Abwägungsgebot ist zentraler Bestandteil rechtsstaatlicher Planung."*[637]

> *„Dem Gebot gerechter Abwägung muß die Bestimmung der Ziele und Zwecke der Sanierung ebenso entsprechen wie die Abgrenzung des Sanierungsgebiets."*[638]

Demzufolge bezieht sich die Abwägungsentscheidung auf die förmliche Festlegung des Sanierungsgebiets sowie auf das Sanierungskonzept („wie").

Dieses Urteil wird im Jahr 1999 konkretisiert, als das Gericht nunmehr differenzierend zu den Voraussetzungen der Sanierungsentschließung („ob") und der Abgrenzung („Umfang") der Sanierungssatzung gemäß § 142 Abs. 1 Satz 1 BauGB Stellung nimmt. Danach sollten für diese Entscheidungen die allgemeinen Voraussetzungen städtebaulicher Sanierungsmaßnahmen gelten:

- Die einheitliche Vorbereitung und zügige Durchführung der städtebaulichen Sanierungsmaßnahmen müsse im öffentlichen Interesse liegen,
- die Sanierungsmaßnahmen müsse erforderlich sein,
- es müssten städtebauliche Missstände vorliegen, die die Gemeinde beheben möchte,
- die Gebietsbegrenzung müsse zudem so erfolgen, dass die Durchführung der Sanierung zweckmäßig erfolgen könne.[639]

Das Gericht führt dazu weiter aus, dass die genannten Voraussetzungen für den Erlass der Sanierungssatzung einschließlich ihrer Abgrenzung dem Abwägungsgebot des § 136 Abs. 4 Satz 3 BauGB unterlägen.[640]

---

636 *BVerwG*, Urteil vom 16.01.1996 - 4 B 69/95, Rn. 6.
637 *BVerwG*, Urteil vom 10.11.1998 - 4 BN 38/98, Rn. 2.
638 *BVerwG*, Urteil vom 10.11.1998 - 4 BN 38/98, Rn. 2.
639 *BVerwG*, Urteil vom 04.03.1999 - 4 C 8/98, Rn. 18.
640 *BVerwG*, Urteil vom 04.03.1999 - 4 C 8/98, Rn. 19.

Als zentrale Aussage gibt es zu verstehen:

> *„Zwar mögen einzelne Begriffe zunächst eine Subsumtion erfordern. Ob aber - beispielsweise - ein bestimmtes Gebiet sanierungsbedürftig ist und ob seine Sanierung aus der maßgeblichen Sicht der Gemeinde erforderlich ist, läßt sich abschließend nur unter Berücksichtigung des - seinerseits auf einer Abwägung beruhenden - Sanierungskonzepts und aller übrigen öffentlichen und privaten Belange, also im Wege einer Abwägung, entscheiden. Entsprechendes gilt für das Abgrenzungskriterium des § 142 Abs. 1 Satz 2 BauGB / § 3 Abs. 1 Satz 2 StBauFG. Mit ihm wird zugunsten der Gemeinde ein zusätzlicher Belang für die Abwägung eingeführt."*[641]

Im Jahr 2003 und 2010 bestätigte das Gericht diese Rechtsprechung.[642] Wobei die Frage, ob der Gemeinde bei der Prüfung des Tatbestandmerkmals „städtebaulicher Missstände" ein weiter Beurteilungsspielraum zusteht, zunächst ohne Umschweife bejaht wird.[643] Mithin sprechen die verwendeten Begriffe „Tatbestandsmerkmal" und „Beurteilungsspielraum" für das Bekenntnis einer der Abwägung vorgelagerten Begriffsbestimmung durch Subsumtion. Im Weiteren vermischt das *BVerwG* die Entscheidungsschritte allerdings wieder, indem es die Bewertung der zukünftigen Struktur und Funktion eines Sanierungsgebiets an die gemeindliche Planungskonzeption anknüpft und der Kommune hinsichtlich der Entschließung, wie und in welcher Richtung sie sich städtebaulich geordnet fortentwickeln will, einen weiten Beurteilungs- und Gestaltungsspielraum einräumt.[644] Zudem entscheidet es im Rahmen einer weiteren Vorlagefrage, die sich mit dem Zusammenspiel von Substanz- und Funktionsmängel befasst:

> *„Ob ein städtebaulicher Missstand vorliegt, beurteilt sich auf der Grundlage einer Gesamtschau, bei der alle ermittelten Mängel, d. h. sowohl Substanzmängel als auch Funktionsmängel zu würdigen und zu gewichten sind."*[645]

bb) Bewertung

Das *BVerwG* bezieht die Abwägungsentscheidung zunächst auf 1. die Festlegung des Sanierungskonzepts, 2. die Entschließung, ob saniert wird und 3. die Entscheidung über die Abgrenzung des Gebiets. Da das Sanierungskonzept bei den weiteren Entscheidungen Berücksichtigung finden soll, begreift das Gericht

---

641 *BVerwG*, Urteil vom 04.03.1999 - 4 C 8/98, Rn. 19.

642 *BVerwG*, Urteil vom 10.07.2003 - 4 CN 2/02, Rn. 18 f.; Urteil vom 24.03.2010 - 4 BN 60/09, Rn. 3.

643 *BVerwG*, Urteil vom 24.03.2010 - 4 BN 60/09, Rn. 2.

644 Vgl. *BVerwG*, Urteil vom 24.03.2010 - 4 BN 60/09, Rn. 3.

645 *BVerwG*, Urteil vom 24.03.2010 - 4 BN 60/09, Rn. 7.

die Konzepterstellung und die Entschließungsentscheidung einschließlich der Gebietsabgrenzung offenbar als zwei gesonderte Abwägungsvorgänge. Für diese Annahme spricht auch, dass die im Jahr 1998 vorhandene sprachliche Differenzierung zwischen dem Satzungsbeschluss über die Gebietsfestlegung, dem eine Abwägung zu Grunde liegen müsse, und der Abgrenzungsentscheidung, die dem Gebot der Abwägung entsprechen müsse, im Jahr 1999 nicht fortgeführt wird. Diese Formulierung ließ den Schluss zu, dass die Abwägungsentscheidung alle ineinandergreifenden Aspekte der Sanierung betreffen sollte, wie etwa die Festlegung der Sanierungsziele und notwendigen Maßnahmen, die Finanzierbarkeit, die Dauer, die befürchteten Beeinträchtigungen sowie die Abgrenzung der Gebietsausdehnung im Kern. Wohingegen der Satzungsbeschluss über die förmliche Festlegung des Sanierungsgebiets diese Entscheidung nur noch umsetzte. Da nach der neuen Rechtsprechung des *BVerwG* das Kriterium der Zweckmäßigkeit aber als zusätzlicher Abwägungsbelang bezeichnet wird, liegt es nahe, dass hinsichtlich der Gebietsabgrenzung eine erneute Abwägung aller privaten und öffentlichen Belange erfolgen soll.

(1) Abwägung: Städtebaulicher Missstand

Unklar bleibt, in welcher Entscheidungsform das Vorliegen städtebaulicher Missstände festgestellt werden soll. Die verwendeten Begriffe „Tatbestandsmerkmal" und „Beurteilungsspielraum" sprechen für einen Subsumtionsvorgang. Dagegen impliziert das Erfordernis des „Würdigens und Gewichtens" eine Abwägung. Für die erstgenannte Vorgehensweise sprechen folgende Argumente:

Die städtebaulichen Missstände i. S. d. § 136 Abs. 2 Satz 1, Abs. 3 BauGB beschreiben die Ausgangslage eines Gebiets. Sie wird für die Substanzmängel durch gesetzliche Vorgaben, wie den Bauordnungen der Länder oder den Technischen Anleitungen konkretisiert, indem Mindeststandards festgelegt werden. Bleiben die im Rahmen der vorbereitenden Untersuchungen festgestellten Strukturen hinter diesen Standards erheblich zurück, liegt ein Substanzmangel vor. Hierbei handelt es sich um einen einfachen Subsumtionsvorgang, also der Verbindung eines durch Auslegung hervorgebrachten Definitionssatzes mit einem individuellen Sachverhalt. Der Definitionssatz wird durch § 136 Abs. 2 Satz 2 Nr. 1 und Abs. 3 Nr. 1 BauGB i. V. m. den Konkretisierungsnormen bestimmt, der Sachverhalt durch die vorbereitenden Untersuchungen.

Die Feststellung eines Funktionsmangels könnte sich schwieriger gestalten, da auch künftige Funktionen, die im Sanierungskonzept niedergelegt werden, in die Beurteilung einfließen müssen. Insoweit kann aber das Sanierungskonzept die Rolle der Konkretisierungsnorm übernehmen, so dass beide Subsumtionsvorgänge parallel laufen. Damit legt die Behörde den tatbestandlichen

Subsumtionsmaßstab, anders als in der üblichen Rechtspraxis, weitgehend eigenständig, unter Beachtung der in § 136 BauGB niedergelegten Zielbestimmungen, fest. Diese Besonderheit liegt in dem planungsrechtlichen Charakter des Sanierungsrechts begründet.

Beide Formen von Mängeln können darauf zurückgeführt werden, dass sie negativen Einflüssen ausgesetzt sind. Mithin lässt sich ein Substanzmangel für ein bestimmtes Grundstück nicht nur begründen, wenn das darauf stehende Gebäude abgängig ist und daher den heutigen Lebensstandards nicht mehr entspricht, sondern auch dann, wenn es Umwelteinflüssen (z. B. Gewerbelärm oder Verunreinigungen durch Abgase) ausgesetzt ist. Ebenso kann ein Funktionsmangel vorliegen, wenn z. B. ein Grundstück in dem Entwicklungsbereich für die Gewerbeansiedlung liegt.

Da § 136 Abs. 2 und Abs. 3 BauGB jeweils auf ein Gebiet abstellen, muss die Feststellung einzelner Missstände in eine Gesamtbetrachtung münden. Diese könnte den vom *BVerwG* angedeuteten Abwägungsvorgang erfordern. Denn das Gericht knüpft seine Erwägungen ersichtlich an die Ausführungen des *OVG Münster* als vorhergehende Instanz an, wonach sich aus dem Zusammenspiel von Substanz- und Funktionsmängeln die Sanierungserforderlichkeit ergebe.[646] Dagegen spricht aber, dass auch insoweit keine Gegenüberstellung von Entscheidungsalternativen gefordert wird, sondern das Vorliegen beider Mängelarten den Nachweis städtebaulicher Missstande sogar begünstigt. Dementsprechend können die Ausführungen des *BVerwG*, wonach die Mängel „gewürdigt und gewichtet“ werden müssten, nur so verstanden werden, dass sie in den Kontext der Mängelbewertung fallen, wonach städtebauliche Missstände nur vorliegen, wenn erhebliche Mängel festgestellt wurden. Dieses normative Tatbestandsmerkmal verlangt eine wertende Zuordnung des Sachverhalts, so dass der Subsumtionsakt als Abwägung im weiteren Sinne ergeht, die eine Sammlung, Gewichtung und einen abschließenden wertenden Vergleich von Gesichtspunkten die für und gegen eine Entscheidung sprechen bedeutet.[647]

(2) Abwägung: Sanierungsbedürftigkeit, Erforderlichkeit und Zweckmäßigkeit

Die Rechtsprechung deutet ferner darauf hin, dass auch die weiteren Voraussetzungen städtebaulicher Sanierungsmaßnahmen einer (abschließenden) Abwägung unterliegen sollen. Der Gehalt dieser Aussage ist aber nicht eindeutig. Die

646 Vgl. *OVG Münster*, Urteil vom 24.07.2009 - 7 D 130/08.NE, Rn. 86.

647 Zur Abwägung im weiteren Sinne: *Riehm*, Abwägungsentscheidungen in der praktischen Rechtsanwendung, S. 7, 14, 43.

Feststellung der Sanierungsbedürftigkeit wird wohl als Synonym für die Feststellung städtebaulicher Missstände i. S. d. § 136 Abs. 2 Satz 2 BauGB zu verstehen sein. Denn neben der Sanierungsbedürftigkeit soll auch die Erforderlichkeit der Sanierung im Wege der Abwägung entschieden werden. Mithin kann die Sanierungsbedürftigkeit nicht als Entschluss, die vorhandenen Zustände durch eine Sanierungstätigkeit zu verbessern gewertet werden. Wie dann aber diese „Gesamtabwägung“ ausgestaltet sein soll, bleibt offen. Wird das vorhergehende Subsumtionsergebnis wieder zur Disposition gestellt oder als kompakter Belang in die erneute Abwägung aufgenommen? Beide Vorgehensweisen erscheinen nicht zielführend.

Die soeben beschriebene Vorgehensweise des *BVerwG* erinnert an die Rechtsprechung zu den Koppelungsvorschriften, bei deren Rechtsanwendung nicht klar zwischen Tatbestand- und Rechtsfolgenseite getrennt wird.[648] Die Verfahren unterscheiden sich allerdings dahingehend,[649] dass für die Abwägung auch nach der tatbestandlichen Prüfung dieses unbestimmten Rechtsbegriffs weiterer Raum bleibt. Denn die Überprüfung des städtebaulichen Missstandes beinhaltet noch nicht die Ermittlung, Bewertung und Gewichtung privater Belange sowie den Ausgleich mit konfligierenden öffentlichen Interessen.

(3) Planerischer Gestaltungsspielraum: Gebietsabgrenzung

Fraglich ist zudem, wie die Anerkennung des planerischen Gestaltungsspielraums hinsichtlich der Gebietsabgrenzung zu bewerten ist. Er spricht grundsätzlich für eine Planungsentscheidung sowie die Anwendung des Abwägungsgebotes. Die Zuerkennung im Jahr 1996 deckt sich grundsätzlich mit den Folgeentscheidungen, die hinsichtlich der Gebietsabgrenzungsentscheidung eine Abwägung vorsehen sowie der sanierungsrechtlichen Normstruktur, die auf eine Planungs- und Abwägungsentscheidung hindeutet. In seinem Beschluss vom 16.01.1996[650], und darauf zurückgehend am 16.01.2008[651] bezieht das *BVerwG* den Gestaltungsspielraum allerdings nur auf die Möglichkeit („insoweit“), einzelne Grundstücke, auf denen keine Missstände vorgefunden wurden, in die Satzung einzubeziehen (§ 142 Abs. 1 Satz 2 BauGB) sowie einzelne Grundstücke, die von der Sanierung nicht betroffen werden, aus dem Gebiet herauszunehmen (§ 142 Abs. 1 Satz 3 BauGB). Diese Entscheidung setzt zwar eine Abwägung voraus, weil eine an der Zweckmäßigkeit orientierte Erwägung eine

648 *Waechter*, Städtebauliche Sanierung (§§ 136 ff. BauGB), in: DVBl 2013, 613 (616).
649 Vgl. zu den Voraussetzungen der Koppelungsvorschriften: Kapitel 2, D. I. 1. b) cc).
650 *BVerwG*, Beschluss vom 16.01.1996 - 4 B 69/95, Rn. 6.
651 *BVerwG*, Beschluss vom 16.01.2008 - 4 BN 2/08, Rn. 1.

Auseinandersetzung mit Argumenten und Gegenargument impliziert. Wenn ihre Grundlage aber das Sanierungskonzept ist, weil die zweckmäßige Begrenzung nach den gesetzgeberischen Motiven die Einbeziehung von Grundstücken ohne städtebaulichen Missstand ermöglicht, wenn es zur zweckmäßigen Durchführung der Sanierung notwendig ist[652] und daher für jedes Grundstück individuell festgestellt wird, dann liegt eine einfache Ermessensentscheidung bei dem ein zweiseitiges Interessenverhältnis zum Ausgleich gebracht werden muss, viel näher als eine bipolare planerische Abwägungsentscheidung. Bei dieser Art der Gebietsfestlegung fehlt dann auch das funktionale Element der Planung. Denn der Entwurf einer künftigen Ordnung wird nicht durch diese Abgrenzungsentscheidung getroffen. Vielmehr beruht sie auf den gestalterischen Überlegungen, die sich in den Zielen und Zwecken des Sanierungskonzepts widerspiegeln.

b) OVG Koblenz

Das Urteil des *BVerwG* aus dem Jahr 1999 geht auf eine Entscheidung des *OVG Koblenz*[653] zurück, es soll daher ebenfalls Gegenstand der Betrachtungen sein.

aa) Vorgaben des OVG Koblenz

Das Gericht befand, dass es sich bei den Fragen,

> *„ob das Sanierungsgebiet „X." städtebauliche Missstände aufwies, deren Behebung sanierungsrechtliche Maßnahmen erforderlich machte, ob ein Sanierungskonzept im oben genannten Sinne vorlag und ob die Sanierung von der Beklagten überhaupt beabsichtig war, nicht um Abwägungsfragen"*

handele.[654] Es ging stattdessen davon aus, dass diese Tatbestandsvoraussetzungen für den Erlass einer Sanierungssatzung einem Subsumtionsvorgang zugänglich seien.[655] Hingegen sei, so das Gericht, die Abgrenzung des Sanierungsgebiets eine planerische Entscheidung, die eine Abwägung gebiete.[656]

bb) Bewertung

Die Entscheidung des *OVG Koblenz* steht im krassen Gegensatz zu der des *BVerwG*, da es das Abwägungserfordernis auf ein Minimum zu reduzieren scheint, nämlich auf die Frage der Gebietsabgrenzung. Hervorzuheben sind in

---

652 Vgl. zum Merkmal der Zweckmäßigkeit: *Deutscher Bundestag*, Schriftlicher Bericht zu Drucksache 6/2204, S. 4.

653 *OVG Koblenz*, BauR 1998, 754 - 756, Urteil vom 27.08.1998 - 6 A 12252/97.

654 *OVG Koblenz*, BauR 1998, 754 (754), Urteil vom 27.08.1998 - 6 A 12252/97.

655 *OVG Koblenz*, BauR 1998, 754 (754 f.), Urteil vom 27.08.1998 - 6 A 12252/97.

656 *OVG Koblenz*, BauR 1998, 754 (755 f.), Urteil vom 27.08.1998 - 6 A 12252/97.

diesem Zusammenhang die Ausführungen zum Sanierungskonzept, denn hier begnügt sich das Gericht mit der im Rahmen eines Subsumtionsvorgangs ergangenen Feststellung, dass mit dem Entschluss über die künftige Mischnutzung des Gebiets ein Sanierungsziel entwickelt worden sei.[657] Aufgrund dieser inhaltlichen Reduzierung scheint die gerichtliche Vorgehensweise zunächst nachvollziehbar. Unklar bleibt allerdings, wie zu verfahren ist, wenn mit der späteren Konkretisierung des Sanierungskonzepts die Fragen der angemessenen Sanierungsdauer, Finanzierbarkeit und Durchführbarkeit sachgerecht gelöst werden sollen. Zudem stellt sich die Frage, ob sich die Gemeinde solchen Einwendungen zunächst verschließen darf. Ungewiss ist auch, wie eine abwägungsgetragene und zweckmäßige Gebietsabgrenzung erfolgen soll, wenn gegenläufige Belange, wie Zeit, Kosten oder Belastungsgrenzen nicht feststehen. Damit würde dann die Abwägung zu einer reinen Konditionalprogrammierung degradiert, weil aus dem Vorliegen städtebaulicher Missstände und dem Sanierungsziel die Gebietsgrenzen ermittelt werden könnten.

Unter Bezugnahme auf die Rechtsprechung des *BVerwG* vom 04.03.1999 änderte das *OVG Koblenz* im Jahr 2000, bestätigt im Jahr 2002, seine Haltung, indem es befand, dass die Zweckmäßigkeit der Begrenzung des Sanierungsgebiets der Abwägung unterliege.[658] Die Entscheidung über die Festlegung des Sanierungsgebiets müsse auf der Grundlage eines Sanierungskonzepts erfolgen, in dem die Notwendigkeit der Sanierung sowie die allgemeinen Ziele und Verhältnisse bestimmt worden seien. Zum Abwägungsmaterial gehöre eine Kosten- und Finanzierungsübersicht, die dem Stadtrat bei seinem Satzungsbeschluss vorliegen müsse, um eine sachgerechte Abwägungsentscheidung treffen zu können.[659] Auch sei die Gebietsabgrenzung nicht zweckmäßig, wenn sie einen unzumutbaren Zeitraum für die Durchführung der Sanierung vorgebe.[660] Mithin sieht das Gericht nunmehr ebenfalls das Erfordernis, dass sich die Verwaltung mit widerstreitenden Belangen auseinandersetzten muss.

c) Vorgaben des OVG Schleswig

Das *OVG Schleswig* befasst sich in einem Beschluss aus dem Jahr 2001 sowohl mit der Entscheidung des *BVerwG* als auch mit dem Urteil des *OVG Koblenz*.

---

657 *OVG Koblenz*, BauR 1998, 754 (755), Urteil vom 27.08.1998 - 6 A 12252/97.

658 *OVG Koblenz*, Urteil vom 10.04.2000 - 1 C 12941/98.OVG, S. 3 (nicht veröffentlicht); Urteil vom 18.04.2002 - 1 C 10590/01, Rn. 21.

659 *OVG Koblenz*, Urteil vom 10.04.2000 - 1 C 12941/98.OVG, S. 4 (nicht veröffentlicht).

660 *OVG Koblenz*, Urteil vom 18.04.2002 - 1 C 10590/01, Rn. 24, 26.

aa) Vorgaben des OVG Schleswig

Es heißt dort, die Frage, ob städtebauliche Missstände i. S. d. § 136 Abs. 2 BauGB vorlägen, sei durch einen Subsumtionsvorgang und nicht im Wege der Abwägung zu ermitteln.[661] Interessant ist diese Feststellung deshalb, weil in diesem Zusammenhang auf das Urteil des *OVG Koblenz* vom 27.01.1998 verwiesen wird, welches das *BVerwG* in der bereits benannten Entscheidung aus dem Jahr 1999 zum Anlass nahm, klarzustellen, dass trotz der möglichen Subsumtion einzelner Begriffe eine umfassende Abwägungsentscheidung bezüglich der Sanierungsbedürftigkeit, Erforderlichkeit und Zweckmäßigkeit zu treffen sei. Es ist anzunehmen, dass diese Distanzierung bewusst getroffen wurde, da das *OVG Schleswig* im Folgenden unter Bezugnahme auf die Entscheidung des *BVerwG* eine Abwägungsentscheidung hinsichtlich der Abgrenzung des Sanierungsgebiets - im Ausgangspunkt - bestätigt.[662]

bb) Bewertung

Ob dieser Entscheidung ein von der Rechtsprechung des *BVerwG* abweichender Aussagewert zugesprochen werden darf, kann anhand der kurzen Entscheidungsgründe nicht eindeutig beantwortet werden. Die Ablehnung eines Abwägungsfehlers beruht im Wesentlichen auf dem gerichtlichen Hinweis, dass die Abwägung auf Grundlage eines Untersuchungsberichts vollzogen worden sei.[663] Ausführungen zur Erforderlichkeit der Sanierung oder zum Sanierungskonzept fehlen. Mithin gesteht das Gericht der Kommune bei der Bestimmung künftiger Funktionsziele im Rahmen der Feststellung städtebaulicher Missstände i. S. d. § 136 Abs. 2 Satz 2 Nr. 2 BauGB einen Beurteilungsspielraum zu.[664] Diese Sichtweise ist nicht überraschend, sie wird seit jeher so in der Rechtsprechung vertreten.[665] Da auch das *BVerwG* davon aus, dass der

---

661 *OVG Schleswig*, Beschluss vom 09.07.2001 - 1 M 22/00, Rn. 17.

662 *OVG Schleswig*, Beschluss vom 09.07.2001 - 1 M 22/00, Rn. 23.

663 *OVG Schleswig*, Beschluss vom 09.07.2001 - 1 M 22/00, Rn. 23.

664 *OVG Schleswig*, Beschluss vom 09.07.2001 - 1 M 22/00, Rn. 19.

665 Z. B. *OVG Bremen*, Urteil vom 13.12.1994 - 1 BA 37/93, Rn. 60; *VGH Kassel*, Beschluss vom 29.10.1991 - 4 N 1815/85, Rn. 50; Urteil vom 30.09.2010 - 4 C 1718/09.N, Rn. 42; *OVG Saarlouis*, Beschluss vom 31.03.1993 - 2 N 1/91, Rn. 42; *VG Saarlouis*, Urteil vom 19.09.2008 - 11 K 89/06, Rn. 152; *OVG Münster*, Urteil vom 16.10.2006 - 7 D 69/05, Rn. 43; Urteil vom 23.10.2008 - 7 D 37/07.NE, Rn. 77; Urteil vom 24.07.2009 - 7 D 130/08.NE, Rn. 77; Urteil vom 19.01.2011 - 2 D 146/08. NE, Rn. 47; *VGH Mannheim*, Urteil vom 08.07.2010 - 5 S 3092/08, Rn. 51; *VGH München*, Urteil vom 31.03.2004 - 15 B 00.3239, Rn. 26; *OVG Schleswig*, Urteil vom 01.04.2004 - 1 KN 17/03, Rn. 37.

Begriff der städtebaulichen Missstände zunächst subsumtionsfähig sei und erst in einem zweiten Schritt in einen Abwägungsvorgang einbezogen werde, könnte dem Beschluss des *OVG Schleswig* lediglich ein klarstellender Charakter zukommen. Andererseits belegen die differenzierende Zitierweise und der Hinweis auf eine Abwägungsentscheidung „im Ausgangspunkt", dass sich das *OVG* nicht vollumfänglich der Rechtsprechung des *BVerwG* anschließen wollte. Dies vorweggeschickt, spricht die Überprüfung des Gebietszuschnitts auf Grundlage des Untersuchungsberichts ohne nochmalige Bewertung der Sanierungsbedürftigkeit ebenfalls für eine Distanzierung zu den höchstrichterlichen Vorgaben.

Die Entscheidung verdeutlicht jedenfalls, dass die vom *BVerwG* ins Spiel gebrachten Beurteilungs-, Gestaltungs- Abwägungsspielräume keinen angemessenen Maßstab für die gerichtliche Prüfung bilden.

Allerdings sei in diesem Zusammenhang auch darauf hingewiesen, dass der erkennende Senat des *OVG Schleswig* scheinbar nicht den Mut besaß, die Auflehnung gegen das *BVerwG* fortzuführen. Denn im Jahr 2006 geht er unter Hinweis auf die höchstrichterliche Rechtsprechung vom 04.03.1999 davon aus, dass die Voraussetzungen für den Erlass einer Sanierungssatzung einschließlich der räumlichen Abgrenzung ihres Geltungsbereichs dem Abwägungsgebot unterlägen.[666] Ob das Gericht dem *BVerwG* auch in letzter Konsequenz gefolgt wäre, kann nicht beantwortet werden, weil die Beurteilung städtebaulicher Missstände auch in dieser Entscheidung anhand eines Subsumtionsvorgangs erfolgte[667] und ein allgemeiner Abwägungsfehler nur deshalb angenommen wurde, weil eine hinreichende Grundlage für die Beurteilung der zweckmäßigen Gebietsabgrenzung fehlte.[668]

d) OVG Münster

Das *OVG Münster* hat sich in einer Reihe aktueller Entscheidungen mit dem sanierungsrechtlichen Abwägungsgebot auseinandergesetzt. Diese Rechtsprechung soll nun nachgezeichnet werden, weil sie die Grundsätze des *BVerwG* scheinbar umsetzt.

---

666 *OVG Schleswig*, Urteil vom 23.05.2006 - 1 LB 8/04, Rn. 33.

667 Deutlich: *OVG Schleswig*, Urteil vom 23.05.2006 - 1 LB 8/04, Rn. 37 mit Hinweis auf die Entscheidung vom 09.07.2001 - 1 M 22/00: „Die Subsumtion dieses Bereichs unter die „Fallgruppe" einer sog. Funktionsmängelsanierung [...] ist nicht zu beanstanden."

668 *OVG Schleswig*, Urteil vom 23.05.2006 - 1 LB 8/04, Rn. 54

aa) Vorgaben des OVG Münster

Das *OVG Münster* überprüft die materielle Rechtmäßigkeit von Sanierungssatzungen - so scheint es - anhand des vom *BVerwG* vorgegebenen Maßstabs, in dem es in einem Urteil aus dem Jahr 2011 zunächst die Vorgaben der §§ 142 Abs. 1 Satz 1, 136 Abs. 1 und Abs. 2 BauGB referiert und mit Verweis auf die höchstrichterliche Rechtsprechung feststellt, dass bei den danach geforderten Entscheidungen die Gemeinde dem Abwägungsgebot aus § 136 Abs. 4 Satz 3 BauGB unterliege.[669] Sodann überprüft das Gericht das Vorliegen städtebaulicher Missstände, wobei es der Verwaltung einen Beurteilungsspielraum zugesteht und die gerichtliche Kontrolle vor allem auf die Frage der vollständigen Ermittlung und Berücksichtigung des erheblichen Sachverhalts sowie der Nachvollziehbarkeit der Bewertung bezieht.[670] In einem zweiten Schritt befasst sich das *OVG Münster* mit der Erforderlichkeit der Sanierung, wobei es annimmt, dass die Entscheidung über das „ob" der Sanierung abschließend nur unter Berücksichtigung des - seinerseits auf einer Abwägung beruhenden - Sanierungskonzepts und aller übrigen öffentlichen und privaten Belange, also im Wege der Abwägung entschieden werden könne.[671] Das zuvor festgestellte Ergebnis über das Vorliegen städtebaulicher Missstände wird zwar bei der Überprüfung der Abwägungsfehler herangezogen, aber nur als Beleg für die Erforderlichkeit der Sanierung ohne erneute Bewertung in der Sache.[672] Des Weiteren untersucht das Gericht das Merkmal der zügigen Durchführbarkeit der Sanierung und billigt der Gemeinde einen Prognosespielraum zu.[673] Auch insoweit beschränkt sich das Gericht auf eine nachvollziehende Überprüfung der Ermittlungsergebnisse.[674] Zuletzt bewertet es die Zweckmäßigkeit der Gebietsabgrenzung und räumt der Kommune hierbei einen Gestaltungsspielraum ein.[675] Zwar bewertet es die Zweckmäßigkeit der Gebietsabgrenzung gemäß der Rechtsprechung des *BVerwG* als Abwägungsmangel,[676] konkret prüft es aber ausschließlich („namentlich") das Gleichbehandlungsgebot und den Grundsatz der Verhältnismäßigkeit anhand der im Sanierungskonzept niedergelegten Zwecke und Ziele.[677]

---

669 *OVG Münster*, Urteil vom 19.01.2011 - 2 D 146/08.NE, Rn. 41 f.
670 Vgl. *OVG Münster*, Urteil vom 19.01.2011 - 2 D 146/08.NE, Rn. 47, 50, 67, 79.
671 *OVG Münster*, Urteil vom 19.01.2011 - 2 D 146/08.NE, Rn. 84, 90, 105.
672 *OVG Münster*, Urteil vom 19.01.2011 - 2 D 146/08.NE, Rn. 112.
673 *OVG Münster*, Urteil vom 19.01.2011 - 2 D 146/08.NE, Rn. 116, 119.
674 Vgl. *OVG Münster*, Urteil vom 19.01.2011 - 2 D 146/08.NE, Rn. 121 f.
675 Vgl. *OVG Münster*, Urteil vom 19.01.2011 - 2 D 146/08.NE, Rn. 131, 134.
676 *OVG Münster*, Urteil vom 19.01.2011 - 2 D 146/08.NE, Rn. 136.
677 *OVG Münster*, Urteil vom 19.01.2011 - 2 D 146/08.NE, Rn. 132, 139.

bb) Bewertung

Das Urteil zeigt, dass das Gericht bemüht ist, die Vorgaben des *BVerwG* einzuhalten, indem es das Abwägungsgebot in seine Obersätze einfügt. Die konkrete Prüfung spiegelt diese höchstrichterliche Rechtsprechung aber nicht wider. Sowohl das Vorliegen städtebaulicher Missstände als auch die Sicherung der zügigen Durchführung bleiben ein Subsumtionsakt unter unbestimmte Rechtsbegriffe. Die Kontrolle lässt die Vorgaben zur Überprüfung von unbestimmten Rechtsbegriffen mit Beurteilungsspielraum[678] erkennen, nämlich einerseits die Frage nach der vollständigen Sachverhaltsbasis und andererseits die Freiheit, das Vorliegen der Gesetzesvoraussetzungen eigenverantwortlich zu bewerten. Diesen Maßstab hat das Gericht bereits früheren Entscheidungen zu Grunde gelegt, sowohl für die Beurteilung städtebaulicher Missstände[679] als auch hinsichtlich der Anwendungsvoraussetzungen aus § 136 Abs. 1 BauGB[680]. Vermeintlich anders verhielt sich das Gericht noch in einer Entscheidung aus dem Jahr 2006, in der es eine Sanierungssatzung für unwirksam erklärte, weil ihr hinsichtlich des sog. öffentlichen Interesses i. S. d. § 136 Abs. 1 BauGB eine fehlerhafte Abwägung zugrunde liege.[681] Das Gericht bezieht seine Ausführungen auf die Frage, ob die Sanierungsziele erreicht werden könnten[682] und kommt dabei zu einem negativen Ergebnis, dass die Verfügbarkeit der Grundstücke zur Umsetzung der Sanierungsziele durch eine umfangreiche Beteiligung der Eigentümer noch hinreichend geklärt werden müsse.[683] Mithin betrifft seine Beurteilung zunächst nur eine mangelhafte Sachverhaltsermittlung, die bei jeder Form der Verwaltungsentscheidung relevant ist, so dass die Entscheidung kein Argument zu Gunsten der Rechtsprechung des *BVerwG* bietet. Ähnlich verhält sich das Gericht in einer Entscheidung aus dem Jahr 2009, in der es prüft, ob die Kosten- und Finanzierungsübersicht eine hinreichende Abwägungsgrundlage für die Frage schafft, ob die Sanierungsmaßnahmen realistischer Weise umgesetzt werden könnten.[684] Es wird lediglich geprüft, ob die in die Übersicht eingestellten Werte schlüssig sind.

---

678 Vgl. Kapitel 2, D. I. 1. b) aa).

679 *OVG Münster*, Urteil vom 24.07.2009 - 7 D 130/08.NE, Rn. 77; Urteil vom 23.10.2008 - 7 D 37/07.NE, Rn. 77; Urteil vom 16.10.2006 - 7 D 69/05.NE, Rn. 43.

680 *OVG Münster*, Urteil vom 24.07.2009 - 7 D 130/08.NE, Rn. 110, 119; Urteil vom 23.10.2008 - 7 D 37/07.NE, Rn. 90, 95, 100.

681 *OVG Münster*, Urteil vom 16.10.2006 - 7 D 69/05.NE, Rn. 58.

682 *OVG Münster*, Urteil vom 16.10.2006 - 7 D 69/05.NE, Rn. 59, 70.

683 *OVG Münster*, Urteil vom 16.10.2006 - 7 D 69/05.NE, Rn. 71.

684 *OVG Münster*, Urteil vom 24.07.2009 - 7 D 130/08.NE, Rn. 141.

Hinsichtlich der sanierungsrechtlichen Entschließung und der Gebietsabgrenzung wird das Abwägungserfordernis bestätigt. Dennoch zeigt die Entscheidung, dass der vom *BVerwG* ausgerufene Beurteilungs- und Gestaltungsspielraum differenzierter betrachtet werden kann und muss.

3. *Vorgaben von Rechtsprechung und Literatur: Ermessen*

Die bisher angeführte Rechtsprechung stütze ihre Entscheidungen auf den Gedanken der Abwägung. Fraglich ist, ob sie der einzige dogmatische Angelpunkt des Satzungsbeschlusses sein muss. Denn an die Stelle der Abwägung kann auch eine Ermessensentscheidung treten, sowohl hinsichtlich der Entschließung der Gemeinde tätig zu werden, als auch in Bezug auf die Gebietsabgrenzung.

a) Gebietsabgrenzungsermessen

aa) OVG Bremen, VGH Kassel und Bielenberg

Das *OVG Bremen*[685] und der *VGH Kassel*[686] gehen in Entscheidungen aus den 1980er und 1990er Jahren davon aus, dass die Gebietsabgrenzung im Ermessen der Gemeinde liege, die sich an Zweckmäßigkeitserwägungen zu orientieren habe. Einen ähnlichen Ansatz vertrat auch *Bielenberg* zu den Vorgängervorschriften des Städtebauförderungsgesetzes. Er betrachtete das allgemeine Sanierungskonzept als den eigentlichen Planungsakt der Gemeinde und bezog in den Abwägungsvorgang neben den Zielen und Zwecken der Sanierung die Beurteilung der Machbarkeit und die betroffenen Belange sowie die Voraussetzungen, die das Gesetz und die Rechtsprechung für die Festlegung als Sanierungsgebiet forderten, ein.[687] Demgegenüber sah er die Abgrenzung des Sanierungsgebiets („in starkem Maße") als eine Ermessensentscheidung an, da die zweckmäßige Durchführung der Sanierung von vielerlei technischen, wirtschaftlichen und soziologischen Erfordernissen abhängig sei. Die Entscheidung der Gemeinde könne nur auf Ermessensverstöße hin geprüft werden.[688,689]

---

685 *OVG Bremen*, Urteil vom 13.12.1994 - 1 BA 37/93, Rn. 59, 67; UPR 1988, 193 (194), Beschluss vom 26.11.1987 - 1 B 84/87.

686 *VGH Kassel*, Beschluss vom 29.10.1991 - 4 N 1815/85, Rn. 49, 72.

687 *Bielenberg*, in: Bielenberg, Städtebauförderungsgesetz, § 3 Rn. 14b.

688 *Bielenberg*, in: Bielenberg, Städtebauförderungsgesetz, § 3 Rn. 15.

689 Diese Auffassung wurde allerdings unter Bezugnahme der Rechtsprechung des *BVerwG* (Urteil vom 04.03.1999 - 4 C 8.98) von *Bielenberg/Krautzberger*, in: Ernst/Zinkahn, BauGB, 1999, § 142 Rn. 4 nicht aufrechterhalten, dort heißt es: „Die Abgrenzung des Sanierungsgebiets ist in starkem Maße eine Ermessensentscheidung, da die zweckmäßige Abgrenzung der Sanierung von vielerlei planerischen,

bb) Bewertung

Für diesen Ansatz spricht nicht nur der Wortlaut des § 142 Abs. 1 BauGB, sondern auch die Tatsache, dass die Gebietsabgrenzung mit der Dauer der Sanierung, dem Umfang der Maßnahmen, der Belastung der Betroffenen und der Finanzierbarkeit in Wechselwirkung steht. Denn die räumliche Begrenzung bemisst sich zunächst nach den Zielen und Zwecken der Sanierung. Auch beeinflussen der Zustand des Gebiets und der finanzielle Bedarf den Zuschnitt, denn dieser muss so begrenzt werden, dass die Kommune das angestrebte Maßnahmenbündel mit den zur Verfügung stehenden Eigen- und Fremdmitteln durchführen kann. Regelmäßig wird bereits vor der Gebietsfestlegung die Anmeldung zu den Fördermittelprogrammen eingereicht oder wenigstens die Förderfähigkeit von Maßnahmen geprüft. Wenn ein Gebiet wegen unzureichender Mittel verkleinert wird, muss unter Berücksichtigung des Sanierungsbedarfs, der Eingriffsintensität und des Förderbedarfs entschieden werden, wo die Begrenzung erfolgt. Gleiches gilt für die Mitwirkungsbereitschaft der Betroffenen, wenn etwa die Verfügbarkeit von Grundstücken die Durchführbarkeit der Sanierung beeinflusst. In diesem Zusammenhang ist auch § 142 Abs. 3 Satz 2 HS. 2 BauGB zu beachten, wonach die Sanierungsdauer 15 Jahre nicht überschreiten soll. Der angemessene Sanierungszeitraum bestimmt sich wiederum nach der Gebietsgröße und den finanziellen Kapazitäten. Die Betroffenheit der Individualinteressen wird sowohl von der Gebietsgröße, als auch von dem Sanierungszeitraum und dem Umfang der Maßnahmen beeinflusst. Das bedeutet, bereits das Sanierungskonzept dient dem Ausgleich vielfältiger miteinander verzahnter Gesichtspunkte. Da sich die benannten Parameter gegenseitig beeinflussenden und in jedem Einzelfall ein unterschiedliches Gewicht aufweisen, ist eine Lösung über ein Wenn-Dann-Schema nicht sachgerecht zu erzielen. Mithin kann dieses mehrpolige Geflecht im Grundsatz nur im Rahmen einer Abwägung zum Ausgleich gebracht werden.

Es stellt sich dann allerdings die Frage, ob der Beschluss über die förmliche Festlegung des Sanierungsgebiets ebenfalls als planerische Abwägungsentscheidung zu qualifizieren ist. Dagegen spricht, dass der Beschluss weitgehend die im Sanierungskonzept bereits gefundene Abgrenzung wiederholt. Es verbleibt nur das Erfordernis Randkorrekturen im Sinne einer zweckmäßigen Einbeziehung und Ausgrenzung von Grundstücken im Gebiet und an der Grenze des Gebiets

---

technischen, wirtschaftlichen und soziologischen Erfordernissen abhängt; […]. Die Entscheidung über die Zweckmäßigkeit der Abgrenzung des Sanierungsgebiets muss vom sanierungsrechtlichen Abwägungsgebot (§ 136 Abs. 4 Satz 3 BauGB) gesteuert werden […].“

nach § 142 Abs. 1 Satz 2 und Satz 3 BauGB vorzunehmen. Mithin läge der Gebietsabgrenzungsentscheidung dann eine Abwägung zu Grunde, sie selbst wäre aber als einfache Ermessensentscheidung, die unter Zweckmäßigkeitsgesichtspunkten zu treffen wäre, zu qualifizieren.

b) Entschließungsermessen

aa) Stüer, Bönker, Dirnberger und Köhler

Auch heute noch werden Ermessensgesichtspunkte bei der förmlichen Festlegung des Sanierungsgebiets berücksichtigt. So geht *Stüer* davon aus, die Entscheidung über die förmliche Festlegung liege, nach der zwingenden Abwägung aller abwägungsrelevanten öffentlichen und privaten Belange, im Ermessen der Gemeinde.[690] Die Abgrenzung des Sanierungsgebiets richte sich hingegen nach dem Vorliegen städtebaulicher Missstände, dem Zügigkeitsgebot, Zweckmäßigkeitserwägungen und dem Abwägungsgebot, wobei eine Vielzahl von baulichen, wirtschaftlichen, sozialen und finanziellen Gesichtspunkten zu berücksichtigen sei.[691] Aus dieser Differenzierung lässt sich entnehmen, dass mit der Entscheidung über die förmliche Festlegung die Entschließung für oder gegen die Sanierung gemeint sein muss.

Zu dieser Sichtweise positionieren sich *Dirnberger*[692] und *Köhler*[693] klar, die mit dem Wortlaut der Norm („kann“) argumentieren sowie dem Erfordernis, im Rahmen eines weiteren Spielraums die Erforderlichkeit einer Sanierung abschätzen zu müssen.

Unklar bleibt hingegen die Ansicht von *Bönker*, wenn er einerseits behauptet, die Abwägung i. S. d. § 136 Abs. 4 Satz 3 BauGB beziehe sich auf die eigentliche Sanierungsentscheidung, also das „ob“ und das „wie“ der Sanierung[694] und er andererseits annimmt, die Entscheidung über die förmliche Festlegung stehe im Ermessen der Gemeinde; bei dieser Ermessensentscheidung entfalte das Abwägungsgebot des § 136 Abs. 4 Satz 3 BauGB seine rechtliche Bedeutung.[695] Diese Ausführungen könnten so zu verstehen sein, dass die Entschließung der Gemeinde, eine Sanierungssatzung zu erlassen im pflichtgemäßen Ermessen steht, nachdem die Entscheidungen über die Gebietsabgrenzung sowie die Ziele und

---

690 *Stüer*, in: Bau- und Fachplanungsrecht, Rn. 2158 mit unzutreffenden Literaturangaben.
691 *Stüer*, in: Bau- und Fachplanungsrecht, Rn. 2159.
692 *Dirnberger*, in: Jäde/Dirnberger/Weiss, BauGB, § 142 Rn. 2.
693 *Köhler*, in: Schrödter, BauGB, § 142 Rn. 5.
694 *Bönker*, in: Hoppe/Bönker/Grotefels, Öffentliches Baurecht, § 14 Rn. 8.
695 *Bönker*, in: Hoppe/Bönker/Grotefels, Öffentliches Baurecht, § 14 Rn. 18 sowie auf *Dirnberger* und *Köhler*.

Zwecke der Sanierung im Rahmen einer Abwägung getroffen wurden. Denn andernfalls bliebe unklar, wie diese dogmatisch zu unterscheidenden Rechtsfiguren in einer Entscheidung zusammengefügt werden können. Auch wenn man diese Kategorien als grundsätzlich verwandte Strukturen ansieht, bliebe die inhaltliche Relevanz der sprachlichen Differenzierung zwischen Ermessen und Abwägungsgebot unverständlich. Allerdings belegt *Bönker* seinem Ausführungen mit dem Urteil des *BVerwG* vom 04.03.1999 - 4 C 8.98, in dem das Gericht ausführt, das die Voraussetzungen für den Erlass der Sanierungssatzung einschließlich ihrer Abgrenzung dem Abwägungsgebot des § 136 Abs. 4 Satz 3 BauGB unterlägen. Gleichzeitig bezieht er sich auch auf die Position *Köhlers*, der sich klar für eine Ermessensentscheidung ausspricht.

bb) Bewertung

Zu der Frage des Entschließungsermessens wurde bereits Stellung genommen.[696] Nach der hier vertretenen Auffassung unterliegt die Kommune einer Anwendungspflicht, wenn die Voraussetzungen des § 136 Abs. 1 BauGB vorliegen. Der Wortlaut von § 142 Abs. 1 BauGB trägt dem Umstand Rechung, dass auf die Durchführung der Sanierungsmaßnahme kein Rechtsanspruch besteht.

Beide Ansichten zielen darauf ab, der Kommune bei der Beurteilung der Sachlage einen Entscheidungsspielraum zuzubilligen. Dies erscheint notwenig, weil vielfältige Gesichtspunkte bei der Entscheidung für oder gegen eine Sanierung beachtet werden müssen, wie die Finanzierbarkeit, das Maß der Behebung oder die Sanierungsziele. Auch lassen beide Strukturen eine abwägende Entscheidungsfindung[697] zu. Dogmatisch erscheint aber die Anerkennung eines Beurteilungsspielraums gegenüber der Zuerkennung eines Ermessensspielraums vorzugswürdig, weil die benannten Aspekte jeweils eine Rückbindung zu den Merkmalen des § 136 Abs. 1 BauGB finden und damit die Ausübung des Entscheidungsspielraums rechtlich festlegt wird.

4. Vorgaben von Rechtsprechung und Literatur: Beurteilungsspielraum

Vereinzelt wurde früher die Auffassung vertreten, das Gesetz räume der Kommune einen Beurteilungsspielraum sowohl hinsichtlich der Entschließung den Beschluss über die Sanierungssatzung zu fassen als auch bezüglich der Gebietsabgrenzung ein.

---

696 Vgl. Kapitel 1, A. II. 6.

697 Vgl. zur abwägenden Subsumtion bei Erfahrungs- und Wertbegriffen etwa: *Bachof*, Beurteilungsspielraum, Ermessen und unbestimmte Rechtbegriffe, in: JZ 1955, (99 f.).

a) Entschließung zur Sanierung

aa) Fislake

Fislake ging in einer früheren Kommentierung zu § 142 Abs. 1 BauGB davon aus, dass den Gemeinden, ausgedrückt durch den Begriff „kann", ein Beurteilungsspielraum (Beurteilungsermessen) für die förmliche Festlegung zustehe. Die Gemeinde habe eigenverantwortlich zu entscheiden, ob, wann und in welchem Umfang die Festlegung erfolgen solle. Dabei spielten sowohl die Größe der in der Gemeinde zu bewältigenden Aufgaben als auch die Finanzierungsmöglichkeiten eine Rolle.[698]

bb) Bewertung

Fislake räumt der Kommune hinsichtlich der Entschließung eine Sanierungsmaßnahme durchzuführen einen Entscheidungsspielraum auf Tatbestandsebene ein. Zwar führt er zunächst aus,

> „Kann deutet auf Ermessen."[699]

Diese Einschätzung dürfte aber der zu dieser Zeit gängigen Terminologie und ebenso missverständlichen Unterscheidung[700] zwischen Tatbestands-, Subsumtions- oder Beurteilungsermessen als Beurteilungsspielraum sowie Handlungsermessen als Handlungsspielraum oder echtes Ermessen geschuldet sein.

Der Beurteilungsspielraum bezieht sich nach *Fislake* global auf die Entscheidungen, ob, wann und in welchen Umfang eine Sanierung vorgenommen wird. Eine Anknüpfung an bestimmte Tatbestandsmerkmale, die der Kommune einen Letztentscheidungsspielraum gewähren, wird nicht vorgenommen.

Wie ausgeführt,[701] entscheiden die Voraussetzungen des § 136 Abs. 1 BauGB über die Pflicht zur Durchführung der Sanierung. Die Vorschrift weist zusammen mit § 136 Abs. 2 BauGB eine konditionale Struktur auf: Wenn städtebauliche Missstände vorliegen, die durch eine einheitliche Vorbereitung und zügige Durchführung im öffentlichen Interesse zu beheben sind, dann erfolgt dies im Rahmen städtebaulicher Sanierungsmaßnahmen nach den Vorschriften der §§ 136 ff. BauGB. Dementsprechend knüpft die Entschließung an die Tatbestandsmerkmale städtebauliche Missstände, einheitliche Vorbereitung, zügige Durchführung, Behebung und öffentliches Interesse an.

---

698 *Fislake*, in: Berliner Kommentar, 1988, BauGB, § 142 Rn. 5.
699 *Fislake*, in: Berliner Kommentar, 1988, BauGB, § 142 Rn. 5.
700 Vgl. etwa: *BVerwG*, Urteil vom 25.07.1985 - 3 C 25/84, Rn. 65.
701 Vgl. Kapitel 1, A. II. 6.

(1) Städtebauliche Missstände

Auf den Beurteilungsspielraum hinsichtlich der Frage, ob städtebauliche Missstände vorliegen, wurde bereits hingewiesen. Fraglich ist, auf welche Elemente er sich bezieht. In den Gerichtsentscheidungen heißt es regelmäßig nur, die Feststellung städtebaulicher Missstände setze die Bewertung eines komplexen Sachverhalts unter Einschluss prognostischer Elemente voraus.[702] Teilweise wird das Prognoseerfordernis insbesondere oder namentlich auf das Funktionsmängelkriterium bezogen,[703] da es insbesondere daran zu messen sei, welche Funktion das Gebiet nach den Entwicklungszielen der Gemeinde künftig erfüllen solle.[704] Damit bezieht sich die Letztentscheidungsbefugnis auf die im Sanierungskonzept angestrebten, künftigen Funktionsziele, die auf einer Entwicklungsprognose beruhen. Was letztendlich nur konsequent ist, weil bei der Aufstellung des Konzepts selbst ein Abwägungsspielraum besteht. Die Prognose, die hier dem Nachweis dient, dass der Mitteleinsatz zu dem erwünschten Erfolg führt, spiegelt die prognostizierte künftige Entwicklung bei der Mängelbeurteilung wider. Die Komplexität der Materie erfordert zudem einen Spielraum der Verwaltung bezüglich der Bewertung, ob die einzelnen Mängel zu einem gebietsbezogenen städtebaulichen Missstand führen. Folglich stellen die Gerichte[705] nur zielorientiert eine Abweichung zwischen dem Ist- und dem Soll-Zustand fest. Diese unterschiedliche Methodik der Erkenntnisgewinnung resultiert aus der Zuerkennung des Beurteilungsspielraums, so dass § 136 Abs. 2 Satz 2 BauGB als Handlungs- und Kontrollnorm[706] zwei verschiedene Funktionen mit unterschiedlichen Maßstäben[707] erfüllt. Demgegenüber unterliegt die Ermittlung der tatsächlichen Umstände und Tatsachen (Ausgangslage) der vollen gerichtlichen Kontrolle.

---

702 *OVG Bremen*, Urteil vom 13.12.1994 - 1 BA 37/93, Rn. 60; *VGH Kassel*, Beschluss vom 29.10.1991 - 4 N 1815/85, Rn. 50; *OVG Saarlouis*, Beschluss vom 31.03.1993 - 2 N 1/91, Rn. 42; *OVG Münster*, Urteil vom 19.01.2011 - 2 D 146/08.NE, Rn. 47

703 *OVG Bremen*, Urteil vom 13.12.1994 - 1 BA 37/93, Rn. 60; *VGH Kassel*, Beschluss vom 29.10.1991 - 4 N 1815/85, Rn. 50; *OVG Saarlouis*, Beschluss vom 31.03.1993 - 2 N 1/91, Rn. 42.

704 *VGH Kassel*, Beschluss vom 29.10.1991 - 4 N 1815/85, Rn. 50.

705 Z. B. deutlich: *VGH Kassel*, Urteil vom 30.09.2010 - 4 C 1718/09.N, Rn. 43 f. zum Funktionsmangel; *VG Saarlouis*, Urteil vom 19.09.2008 - 11 K 89/06, Rn. 152 zum Substanzmangel.

706 Siehe zu dieser Unterscheidung: *Korioth*, in: Schlaich/Korioth, Das Bundesverfassungsgericht, Rn. 516.

707 Siehe allgemein zum Entscheidungsbezug der Methodik: *Hoffmann-Riem*, Methoden einer anwendungsorientierten Verwaltungsrechtswissenschaft, in: Schmidt-Aßmann/ Hoffmann-Riehm (Hrsg.), Methoden der Verwaltungsrechtswissenschaft, S. 9 (19 f.).

(2) Erforderlichkeit im engeren Sinne

Auch hinsichtlich der Prüfung der Merkmale der einheitlichen Vorbereitung, zügigen Durchführung und des öffentlichen Interesses gesteht die Rechtsprechung der Kommune einen Beurteilungsspielraum zu. Dies wird mit dem Erfordernis begründet, die Gesamtsituation des Einzelfalls beurteilen zu müssen.[708] Dieser Einschätzung ist zuzustimmen. Die Begriffe öffentliches Interesse, einheitliche Vorbereitung und zügige Durchführung sind unbestimmte Rechtsbegriffe, die jeweils eine Vielzahl an rechtmäßigen Interpretationen zulassen.

(a) Öffentliches Interesse

Der Begriff des öffentlichen Interesses wird durch die §§ 136 Abs. 4 Satz 2, 1 Abs. 5 und Abs. 6 BauGB konkretisiert. Die Bewertung, ob die im Sanierungskonzept niedergelegten Haupt- und Subziele einem oder mehreren öffentlichen Zielen dienen, ist - vergleichbar mit der Zusammenstellung des Abwägungsmaterials - ein Subsumtionsvorgang, der die abstrakte Feststellung der im konkreten Fall relevanten Belange sowie den nachfolgenden Vergleich zwischen den gesetzlichen Vorgaben und dem Konzept beinhaltet.

Die Beurteilung des öffentlichen Interesses[709] knüpft an die Bewertung der Gebietsstruktur sowie das Sanierungskonzept an, denn das öffentliche Interesse wird damit begründet, dass ein Gebiet den gesetzlichen Zielvorgaben nicht entspricht. Die Extraktion der das öffentliche Interesse begründenden Ziele ist damit Teil der Konzeptaufstellung inklusive der Festlegung der künftigen Gebietsstruktur. Mithin muss der Gemeinde ein Beurteilungsspielraum bei der Bewertung insoweit zugebilligt werden, als dass eine gerichtliche Kontrolle die bereits zugestandenen Letztentscheidungsbefugnisse hinsichtlich der Konzeptaufstellung sowie der Feststellung städtebaulicher Missstände nicht unterlaufen darf.

(b) Zügige Durchführung

Auch das Merkmal der zügigen Durchführung muss nicht im Rahmen einer Abwägung ermittelt werden, bei der kollidierende Belange oder Argumente zueinander bewertend in Beziehung gesetzt und ausgeglichen werden. Zwar richtet sich die Dauer der Sanierung nach vielfältigen Gesichtspunkten, wie der Finanzierbarkeit, der Mitwirkungsbereitschaft der Betroffenen oder dem Umfang der Maßnahmen. Hierbei handelt es sich aber um Aspekte, die im Rahmen des

---

708 *OVG Bremen*, UPR 1988, 193 (194), Beschluss vom 26.11.1987 - 1 B 84/87, angeknüpft an die Frage der Erforderlichkeit; *BGH*, Urteil vom 08.05.1980 - III ZR 27/77, Rn. 14; *VGH Kassel*, Beschluss vom 29.10.1991 - 4 N 1815/85, Rn. 54.

709 Vgl. Kapitel 1, A. II. 3.

Sanierungskonzepts bereits fixiert wurden, so dass für die tatbestandliche Feststellung ein Subsumtionsschluss ausreicht. In diesem Zusammenhang sei darauf hingewiesen, dass eine gedankliche Trennung zwischen der zügigen Durchführung als Tatbestandsmerkmal i. S. d. § 136 Abs. 1 BauGB und dem Faktor Zeit als Abwägungskriterium im Rahmen des Sanierungskonzepts vorzunehmen ist. Denn die hier beschriebene Bewertung dieses Zügigkeitserfordernisses ist selbst keine Abwägungsentscheidung.

Die Möglichkeit zur zügigen Durchführung[710] bestimmt sich nach vielfältigen Kriterien, wie der Ausgangssituation, der Mitwirkungsbereitschaft oder der finanziellen Situation. Die Entscheidung beinhaltet zudem prognostische Elemente, weil sie nur anhand eines Maßnahme-Zeitplan-Finanzierungskonzepts getroffen werden kann, das in die Zukunft gerichtet ist und daher die Kalkulation von Unsicherheiten aufweist. Folglich rechtfertigt sich hier ein Beurteilungsspielraum der Fallgruppe „Prognosespielraum“.

(c) Einheitliche Vorbereitung

Die Subsumtion unter den Begriff der einheitlichen Vorbereitung bereitet keine Schwierigkeiten. Auch insoweit gibt das Sanierungskonzept Aufschluss darüber, ob der Sanierung ein Gesamtkonzept zu Grunde liegt. Im Rahmen einer Verhältnismäßigkeitsprüfung zeigt sich, ob mildere Mittel zur Erfüllung der Ziele ausreichen.

Ebenso wie die Beurteilung des öffentlichen Interesses, orientiert sich die Bewertung der einheitlichen Vorbereitung[711] an der vorhandenen Gebietsstruktur sowie dem kommunalen Sanierungskonzept. Mithin gilt auch hier, dass eine vollständige gerichtliche Überprüfung die bereits festgestellten Letztentscheidungsspielräume unterlaufen würde.

(d) Behebung

Das Merkmal der Behebung bringt den Planungscharakter des Sanierungsrechts zum Ausdruck. Am Ende der Sanierung soll in dem Gebiet eine wesentliche Verbesserung und Umgestaltung eingetreten sein. Dieses Ziel wird im Sanierungskonzept niedergelegt. Demnach lässt sich anhand eines Vergleichs zwischen dem Ausgangszustand und den angestrebten Zielen feststellen, ob die Sanierung auf eine Behebung der Missstände gerichtet ist. Dieser Feststellung liegt eine wertende Betrachtung zu Grunde.

---

710 Vgl. Kapitel 1, A. II. 2.

711 Vgl. Kapitel 1, A. II. 1.

Da die Bewertung auf Grundlage der im Sanierungskonzept festgelegten Ziele erfolgt, und diese den planerischen Gestaltungsspielraum betreffen, ist der Kommune ein Beurteilungsspielraum zuzubilligen. Denn die Überprüfung der Wertung darf nicht zur inzidenten Kontrolle des Sanierungskonzepts führen.

(e) Ergebnis
Folglich ist *Fislake* hinsichtlich der Annahme eines Beurteilungsspielraums, betreffend die Entschließung zur Sanierung, zuzustimmen. Er begründet sich jedoch anhand der einzelnen Tatbestandsmerkmale des § 136 Abs. 1 BauGB und nicht global als Entschließungsbeurteilungsspielraum.

(3) Gesamtabwägung?
Hier stellt sich nun die Frage, ob statt eines Beurteilungsspielraums die vom *BVerwG* im Jahr 2010 postulierte Abwägung aller öffentlichen und privaten Belange unter Beachtung des, seinerseits auf einer Abwägung beruhenden, Sanierungskonzepts, erforderlich erscheint.

Ziel dieser Abwägung wäre die Feststellung der Erforderlichkeit i. S. d. § 136 Abs. 1 BauGB. Als Zwischenschritte müsste beantwortet werden, ob die Sanierung in einer angemessenen Zeit vollzogen werden kann, sie dem öffentlichen Interesse dient und als Gesamtmaßnahme durchgeführt werden muss. Entscheidungsbestandteil wäre das Sanierungskonzept. Wenn dies als bloße Zusammenstellung der Ziele und Zwecke verstanden wird, so ist richtig, dass zur weiteren Bestimmung der Erforderlichkeit die betroffenen Belange ermittelt, gewichtet und zu den angestrebten Zielen ins Verhältnis gesetzt werden müssen. Auch wenn die Abwägung als wertende Zuordnung eines komplexen Sachverhalts unter normative Tatbestandsmerkmale im Rahmen eines Subsumtionsvorgangs verstanden wird, ist der Rechtsprechung zuzustimmen. Wird allerdings ein der Subsumtion nachfolgender planerischer Abwägungsprozess verlangt, ist dies abzulehnen, da der Sinn eines solchen Entscheidungsprozesses nicht einleuchtet. Denn die planerische Abwägung ist ein Ausnahmeinstrument, welches dem Mangel an gesetzlichen Vorgaben bei der Entscheidungsfindung Rechnung tragen soll. Existieren aber ein begrenzender Tatbestand und Merkmale, die eine Entscheidung determinieren, so ist eine Abwägung nicht erforderlich.

b) Gebietsabgrenzung

aa) Fislake, OVG Berlin und OVG Schleswig

Fislake geht ferner davon aus, dass der Gemeinde auch hinsichtlich der Bestimmung des Geltungsbereichs, der so zu begrenzen sei, dass sich die Sanierung zweckmäßig durchführen ließe, ein Beurteilungsspielraum zustehe. Sie könne je nach den Umständen des Einzelfalls ein größeres oder kleineres Gebiet festlegen.[712] Dieser Auffassung folgte das *OVG Berlin* im Jahr 1991.[713]

Diesen Ansatz vertrat, so scheint es, zeitweise auch das *OVG Schleswig*. In einer Entscheidung aus dem Jahr 2004 billigte das Gericht der Kommune bei der Entscheidung über das Vorliegen von städtebaulichen Funktionsmängeln einen weiten Beurteilungsspielraum zu. Im Hinblick darauf, so das Gericht, sei es grundsätzlich zulässig, Grundstücke, die für sich betrachtet keinen Sanierungsbedarf auslösten, in das Sanierungsgebiet einzubeziehen.[714] Das Gericht nahm dabei allerdings ein früheres Urteil in Bezug, wonach der Gemeinde bei der zweckmäßigen Begrenzung des Gebiets - abweichend - ein Gestaltungsspielraum eingeräumt wurde.[715] Dementsprechend ist die inhaltliche Aussage nicht eindeutig.

bb) Bewertung

Fislake sieht das in § 142 Abs. 1 Satz 2 BauGB niedergelegte Merkmal der Zweckmäßigkeit als unbestimmten Rechtsbegriff an, der einen Beurteilungsspielraum für die Gemeinde hinsichtlich der Gebietsabgrenzung gewährt. Nach seinem Standort innerhalb der Rechtsnorm kann das Zweckmäßigkeitskriterium nicht eindeutig dem Tatbestand oder der Rechtsfolge zugeordnet werden. Da die zweckmäßige Abgrenzung eine Prognose über den Verlauf der Sanierung erfordert, könnte aus diesem Gesichtspunkt ein Beurteilungsspielraum abgeleitet werden. Allerdings sprechen die besseren Argumente für die Einordnung als Ermessensvorschrift:

Nach dem Willen des Gesetzgebers zum StBauFG gingen die - heute noch gleichlautenden[716] - Regelung über die Begrenzung des Sanierungsgebiets auf die Erwägungen zurück, die den umlegungsrechtlichen Vorschriften des BBauG zu Grunde lagen.[717] Bei Übernahme dieser Regelung in das BauGB wurden diese Motive nicht geändert.[718] Die gesetzgeberischen Erwägungen zu § 49 BBauG 1960[719] sind nicht ergiebig. Hingegen deutet der Wortlaut von § 49 Abs. 2 BBauG

712 *Fislake*, in: Berliner Kommentar, 1988, BauGB, § 142 Rn. 9.

713 *OVG Berlin*, Urteil vom 31.01.1991 - 2 B 16.87, Rn. 37.

714 *OVG Schleswig*, Urteil vom 01.04.2004 - 1 KN 17/03, Rn. 37.

715 *OVG Schleswig*, Urteil vom 04.11.1993 - 1 K 30/91, Rn. 30.

716 *Deutscher Bundestag*, Drucksache 6/510, S. 4: „Das Sanierungsgebiet ist so zu begrenzen, daß sich die Sanierung zweckmäßig durchführen läßt.“

717 *Deutscher Bundestag*, Drucksache 6/510, S. 28.

718 Vgl. *Deutscher Bundestag*, Drucksache, 10/4630, S. 121.

719 *Deutscher Bundestag*, Drucksache 3/336, S. 76.

1960, wonach aus dem Umlegungsgebiet näher bezeichnete Grundstücke ausgenommen werden „können", auf ein Ermessen der zuständigen Stelle hin. Auch diese Regelung besteht mit kleinen textlichen Änderungen bis heute in § 52 Abs. 1 und Abs. 2 BauGB fort. Die Beurteilung, welche Flächen zur zweckmäßigen Durchführung der Umlegung einzubeziehen sind, ist anerkanntermaßen eine Ermessensentscheidung, die angesichts der Vielgestaltigkeit der verschiedenen Planungssituationen, der Eigentums- und Flächenverhältnisse, der Bodenwerte, der Lage der Flächen, der planerischen Zielsetzungen, aber auch der Auswirkungen einer Einbeziehung auf das wirtschaftliche Ergebnis der Umlegung, einen erheblichen Spielraum erfordert.[720]

Auch der systematische Zusammenhang zu § 142 Abs. 1 Satz 3 BauGB bestätigt dieses Bild. Denn nach dem Willen des Gesetzgebers bedeutet die zweckmäßige Begrenzung, dass auch Grundstücke, bei denen keine Missstände vorliegen, in das Gebiet einbezogen werden können, wenn dies zur zweckmäßigen Durchführung der Sanierung notwendig erscheint.[721] Damit wird der systematische Zusammenhang zu § 142 Abs. 1 Satz 3 BauGB hergestellt, der den Ausschluss einzelner Grundstücke erlaubt. Da es sich bei dieser Norm nach ihrem Wort („kann") um eine Ermessensvorschrift[722] handelt, liegt der Schluss nahe, dass auch die Einbeziehung als solche zu sehen ist.

Zudem lässt sich die Einordnung als Ermessensvorschriften mit den dogmatischen Überlegungen zur Dichotomie von Beurteilungsspielraum und Ermessen

---

720 Z. B. *BGH*, Urteil vom 05.10.2000 - III ZR 71/00, Rn. 18; ähnlich: *BGH*, Beschluss vom 26.06.1997 - III ZR 152/96, Rn. 8; noch ohne Begründung: *BGH*, Beschluss vom 25.10.1990 - III ZR 7/90, Rn. 9; *LG Darmstadt*, NVwZ 1997, 935 (936), Urteil vom 25.09.1996 - 9 O B 8/96; *Dieterich*, Baulandumlegung, Rn. 93; *Stang*, in: Schrödter, BauGB, § 52 Rn. 6; *Bachof*, Neue Tendenzen in der Rechtsprechung zum Ermessen und Beurteilungsspielraum, in: JZ 1972, 641 (643).

721 *Deutscher Bundestag*, Schriftlicher Bericht zu Drucksache 6/2204, S. 4.

722 I. E. auch *Schmidt-Eichstaedt*, in: Brügelmann, BauGB, § 142 Rn. 8 der zwischen planerischer Gestaltungsfreiheit nach außen und Ermessen nach innen differenziert; *OVG Bremen*, UPR 1988, 193 (194), Beschluss vom 26.11.1987 - 1 B 84/87; *OVG Lüneburg*, ZfBR 1987, 206 (207), Urteil vom 30.10.1986 - 6 OVG A 32/85, das sprachlich zwischen Ermessen und Abwägungsgebot unterschied; dem folgend: *Krautzberger*, in: Ernst/Zinkahn, BauGB, § 142 Rn. 32, 34; a. A. wohl *Köhler*, in: Schrödter, BauGB, § 142 Rn. 11, 14 der die Abgrenzung des Gebiets zwar in das Ermessen der Gemeinde stellt, dabei aber das Urteil des *BVerwG* vom 04.03.1999 - 4 C 8/98 in Bezug nimmt, in dem unter Rn. 18 f. die Abgrenzungsentscheidung dem Abwägungsgebot unterstellt wird; auch *Dirnberger*, in: Jäde/Dirnberger/Weiss, BauGB, § 142 Rn. 6, der von einem planerischen Ermessensspielraum ausgeht.

belegen. Denn Maßstab für das Vorgehen der Behörde sind primär das Sanierungskonzept sowie die allgemein anerkannten Rechtsprinzipien. Er wird lediglich durch Gerechtigkeits- und Zweckmäßigkeitserwägungen, die Durchführung der Sanierung betreffend, untermalt. Mithin wird der kommunale Erkenntnisakt nicht durch eine Auslegung und Subsumtion der Handlungsanweisung, eine zweckmäßige Durchführung der Sanierung zu gewährleisten, gesteuert.

5. *Zusammenfassung der gefundenen Ergebnisse*

Die Entscheidungen bestätigen das im Rahmen der Begriffsbestimmung[723] aufgezeigte Bild, wonach die Sanierung durch ein Zusammentreffen vielfältiger Belange und vielschichtige Interessen geprägt ist, die grundsätzlich eine Abwägungsentscheidung erfordern, um sie zu einem gerechten Ausgleich zu bringen. Gleichzeitig ist deutlich geworden, dass es Letztentscheidungsspielräume der Verwaltung geben muss, um diese komplexe Materie in den Griff zu bekommen.

Allerdings zeigen die Entscheidungen kein einheitliches Bild bezüglich der Frage, welcher Art die Spielräume bei den verschiedenen Entscheidungen sein müssen und wie das Abwägungserfordernis im Zusammenspiel mit den subsumtionsfähigen Begriffen funktioniert. Es scheint, als wäre die Abwägungsprämisse lediglich der Hilfsanker der Entscheidungsbegründung, ohne sich der dogmatischen Strukturen der gesetzlichen Regelungen vor Augen zu führen. Demnach ist die Frage, ob die Rechtssprechung die benannten Risiken der Entscheidungsspielräume fördert, zu bejahen, weil sie nicht die nötige Eingrenzung der Entscheidungsspielräume vornimmt.

Dennoch lassen sich folgende Ergebnisse festhalten: Der Gemeinde steht ein planerischer Gestaltungsspielraum zu, der sich auf die Sanierungsziele, die Zeitplanung und den Umfang der Sanierung bezieht. An welchen Stellen dieser Spielraum in eine Abwägungsentscheidung mündet, ist unklar. Sie lässt sich aber auf den Kernbereich der Planung begrenzen und durch Ermessens- und Beurteilungsspielräume im Bereich der Gebietsabgrenzung und bei der Frage der Anwendungsbefugnis ersetzen.

a) *Verknüpfung der gefundenen Ergebnisse mit den zusätzlichen Beschlüssen über das Verfahren und die Befristung*

Die vorgehend analysierten Entscheidungen stehen in einem engen Zusammenhang mit den weiteren Beschlüssen über die Verfahrensausgestaltung (§ 142 Abs. 4 BauGB) und die Befristung (§ 142 Abs. 3 Satz 3 BauGB) der Sanierung.

723 Vgl. Kapitel 1, A.

Denn sie beeinflussen jeweils die Belastungsintensität[724] der Sanierung für die Betroffenen. Auch deuten die Vorschriften nach ihrem Wortlaut („erforderlich", „kann", „Frist festlegen") auf Entscheidungsspielräume der Gemeinde hin. Daher sind, unter Beachtung der vorhergehenden Ausführungen zu den Risiken von Entscheidungsspielräumen im Sanierungsrecht[725], auch ihre dogmatischen Grundlagen zu bewerten.

aa) Entscheidungen nach § 142 Abs. 4 BauGB

Hinsichtlich der Auswahlentscheidung zwischen dem Normalverfahren und dem vereinfachten Sanierungsverfahren wird der Kommune einhellig ein Spielraum bei der Beurteilung der Merkmale Erforderlichkeit und Erschwerung zuerkannt.[726] Die Möglichkeit, die Genehmigungspflichten gemäß § 144 Abs. 1 und / oder Abs. 2 BauGB auszuschließen, wird als Ermessensentscheidung angesehen.[727]

Diese Einordnungen sind nicht nur dogmatisch korrekt, sondern sie erscheinen auch zweckgerecht. Die Merkmale Erforderlichkeit und Erschwerung werden über den Verweis auf den Dritten Abschnitt durch die Finanzierungsregelungen der §§ 152 ff. BauGB gesetzlich determiniert, so dass keine Ermessensentscheidung vorliegt. Der Beurteilungsspielraum rechtfertigt sich aus dem Erfordernis, bei Erlass der Sanierungssatzung eine Prognoseentscheidung über die Entwicklung der Bodenpreise zu treffen. Diese Entscheidung ist naturgemäß komplex und von Unsicherheiten geprägt, weil sie die tatsächliche Entwicklung auf Grundlage der künftigen Sanierungstätigkeit in den Blick nehmen muss.

---

724 Vgl. zu den Auswirkungen der Beschlüsse nach § 142 Abs. 4 BauGB: Kapitel 1, B. II.; vgl. zur Dauer der Sanierung: Kapitel 1, A. II. 2., Kapitel 2, B. II. 2., Kapitel 2, D. II. 2., Kapitel 2, D. III. 4 a) bb) (2) (b).

725 Vgl. Kapitel 2, D. II. 2.

726 Z. B. *Krautzberger*, in: Ernst/Zinkahn, BauGB, § 142 Rn. 88 f.; *Mitschang*, in: Battis/Krautzberger/Löhr, BauGB, § 142 Rn. 38; *Schmitz*, Spannowsky/Uechtritz, BauGB, § 142 Rn. 56, 58; *Schmidt-Eichstaedt*, in: Brügelmann, § 142 Rn. 35; *VGH München*, Beschluss vom 08.08.2008 - 15 ZB 07.2925, Rn. 19; *OVG Münster*, Urteil vom 23.10.2008 - 7 D 37/07.NE, Rn. 103, 109; *VGH Kassel*, Beschluss vom 29.10.1991 - 4 N 1815/85, Rn. 67; unklar: *Köhler*, in: Schrödter, BauGB, § 142 Rn. 32 und *Dirnberger*, in: Jäde/Dirnberger/Weiss, BauGB, § 142 Rn. 19.

727 Z. B. *Mitschang*, in: Battis/Krautzberger/Löhr, BauGB, § 142 Rn. 40; *Schmitz*, Spannowsky/Uechtritz, BauGB, § 142 Rn. 65; *Schmidt-Eichstaedt*, in: Brügelmann, § 142 Rn. 53; *Köhler*, in: Schrödter, BauGB, § 142 Rn. 40; *Dirnberger*, in: Jäde/Dirnberger/Weiss, BauGB, § 142 Rn. 22; wohl auch: *Krautzberger*, in: Ernst/Zinkahn, BauGB, § 142 Rn. 105.

Demgegenüber handelt es sich bei der Entscheidung über den Ausschluss der Genehmigungspflichten um eine Ermessensentscheidung. Der Kommune wird ein Spielraum auf Rechtsfolgenseite eröffnet, nachdem tatbestandlich die Durchführung der Sanierung im vereinfachten Verfahren beschlossen wurde. Eine gesetzliche Determination, wie bei der Anwendung des § 144 BauGB im konkreten Fall[728], ist nicht vorgesehen. Diese Differenzierung ist sachgerecht, weil sich die Entscheidung nicht auf einzelne Grundstücke und Rechtsvorgänge bezieht, sondern das Sanierungsverfahren insgesamt betrifft. Die abstrakte Beurteilung, ob künftige Rechtsgeschäfte die Durchführung der Sanierung wesentlich erschweren oder den Zielen und Zwecken der Sanierung zuwiderlaufen könnten, kann daher nicht anhand einer Auslegung und einer Subsumtion dieser Merkmale erfolgen.

bb) Entscheidung nach § 142 Abs. 3 Satz 3 BauGB

Bei dem Beschluss über die Sanierungssatzung ist zugleich durch Beschluss die Frist festzulegen, in der die Sanierung durchgeführt werden soll. Es wurde bereits darauf hingewiesen, dass der Faktor Zeit ein wesentlicher Abwägungsbelang bei der Aufstellung des Sanierungskonzepts ist.[729] Insoweit steht der Gemeinde im Rahmen der planerischen Abwägung ein Entscheidungsspielraum zu, der durch gesonderten Beschluss umgesetzt wird.

b) Ergebnis

Bei den Beschlüssen über die Verfahrensausgestaltung handelt es sich um Entscheidungen mit Beurteilungs- bzw. Ermessensspielräumen für die Kommune. Auch sie tragen zu dem Spannungsverhältnis zwischen Eigentumsgarantie, Sozialpflichtigkeit, Entscheidungsfreiheit und Rechtssicherheit bei. Im Gegensatz zu den vorhergehend analysierten Entscheidungen sind die gesetzlichen Determinierungen und die an sie anknüpfende Dogmatik unstreitig. Bei der Entscheidung über die Sanierungsfrist handelt es sich um eine bloße Auskopplung der im Rahmen der Konzeptaufstellung relevanten planerischen Abwägungsentscheidung.

6. Eigene Strukturierung unter Bezugnahme weiterer Rechtsprechung

Im Folgenden wird nun unter Berücksichtigung der vorgestellten Normstrukturen und Rechtsprechung aufgezeigt, wie die unter Ziffer 1 bis 4 vorgestellten

728 Vgl. dazu: Kapitel 2, B. IV.
729 Vgl. Kapitel 2, D. III. 4 a) bb) (2) (b).

Entscheidungsspielräume des städtebaulichen Sanierungsrechts dogmatisch nachvollziehbar strukturiert werden können.

a) Sanierungskonzept

Das Sanierungskonzept ist zunächst der Mittelpunkt der Sanierung. Im Zeitpunkt der förmlichen Festlegung des Sanierungsgebiets muss es noch nicht in allen Einzelheiten feststehen, jedoch müssen die Ziele und Zwecke der Sanierung bereits allgemein bestimmt sein. Insbesondere im Hinblick auf das Vorliegen einer Funktionsschwächensanierung muss das Konzept eine Aussage über die künftige Funktion und die Beurteilung üblicher künftiger Entwicklungen hinsichtlich zu erwartender Beeinträchtigungen zulassen.[730]

Hier findet sich das von der Rechtsprechung entwickelte Charakteristikum der Abwägung,[731] nämlich der Ausgleich bipolarer Interessen. Die im Rahmen der Sanierung angestrebten Ziele und Zwecke (§ 140 Nr. 3 BauGB), die zu bestimmten Maßnahmen führen, müssen mit den betroffenen Belangen der Eigentümer, Mieter und Pächter abgeglichen werden.

Den weiteren Inhalt und Umfang bestimmt § 141 Abs. 1 BauGB.[732] Danach muss das Konzept Aussagen enthalten über die Notwendigkeit der Sanierung, die sozialen, strukturellen und städtebaulichen Verhältnisse und Zusammenhänge sowie die anzustrebenden allgemeinen Ziele, die Durchführbarkeit der Sanierung im Allgemeinen und die nachteiligen Auswirkungen auf die unmittelbar Betroffenen in ihren persönlichen Lebensumständen im wirtschaftlichen und sozialen Bereich.

Das Erfordernis die Durchführbarkeit der Sanierung im Allgemeinen zu überprüfen, verpflichtet zudem zur Aufstellung einer vorläufigen Kosten- und Finanzierungsübersicht gemäß § 149 Abs. 1 Satz 1 BauGB, da nur so festgestellt werden kann, ob mit den verfügbaren Mitteln die Sanierungskosten bezahlt und die Arbeiten in absehbarer Zeit durchgeführt werden können.[733] Aus demselben Grund ist auch die Aufstellung eines Zeit-Maßnahmeplans[734] sowie die Feststellung der notwenigen Mitwirkungsbereitschaft der Betroffenen erforderlich.

730 Z. B. *OVG Münster*, Urteil vom 16.10.2006 - 7 D 69/05.NE, Rn. 48; Urteil vom 23.10.2008 - 7 D 37/07.NE, Rn. 82; Urteil vom 24.07.2009 - 7 D 130/08.NE, Rn. 81; *OVG Saarlouis*, Beschluss vom 31.03.1993 - 2 N 1/91, Rn. 42; *OVG Koblenz*, Urteil vom 24.04.1991 - 10 C 11555/90, Rn. 24.

731 Vgl. dazu: Kapitel 2, D. II. 1. b) dd).

732 *OVG Koblenz*, Urteil vom 24.04.1991 - 10 C 11555/90, Rn. 21.

733 *OVG Koblenz*, Urteil vom 24.04.1991 - 10 C 11555/90, Rn. 27; Urteil vom 10.04.2000 - 1 C 12941/98.OVG, S. 4 (nicht veröffentlicht).

734 Zum grundsätzlichen Erfordernis: *Schmitz*, in: Spannowsky/Uechtritz, BauGB, § 140 Rn. 5; *Krautzberger*, in: Ernst/Zinkahn, BauGB, § 140 Rn. 34.

Auf die gegenseitige Beeinflussung der benannten Aspekte wurde bereits eingegangen.[735] Die Aufstellung des Sanierungskonzepts enthält auch die weiteren typischen Merkmale einer Planung und Gestaltung, nämlich das Setzen von künftigen Zielen und die Festlegung der erforderlichen Maßnahmen mit dem dazugehörigen Zeitplan. Dies rechtfertigt den Schluss, dass sich der den Normstrukturen und dem Wesen der Planung zu entnehmende planerische Gestaltungsspielraum auf das Sanierungskonzept bezieht.

Dementsprechend verpflichtet das Abwägungsgebot die Gemeinde zur Ermittlung, Einstellung, Gewichtung und zum Ausgleich der benannten Belange. Klarstellend sei in diesem Zusammenhang darauf hingewiesen, dass die Kommune, wie bei jeder raumbezogenen Planung, mit gewissen Vorstellungen über die Planungsziele in das Verfahren startet. Die eigentliche Abwägungsentscheidung kann aber erst nach der Ermittlungsarbeit stattfinden. Dadurch entwickelt sich das Sanierungskonzept von einer einfachen Skizze zu einem echten Konzept. Besonders hervorzuheben ist, dass die Sanierungsplanung durch einen stetigen Prozess gekennzeichnet wird. Sie entwickelt sich bis zum Ende der Sanierung weiter, indem die groben Ziel-Maßnahmevorstellungen durch konkrete Umsetzungsmöglichkeiten konkretisiert werden.

Aus diesem Prozess rechtfertigt sich die Kennzeichnung des Sanierungsverfahrens als zweistufiges Ablaufprogramm. Die förmliche Gebietsfestlegung auf Grundlage des Sanierungskonzepts stellt dabei die erste Stufe dieses Programms dar. Durch den Erlass der Sanierungssatzung wird die grundsätzliche Anwendbarkeit der bodenrechtlichen Vorschriften, der Veränderungs- und Verfügungssperre, der Durchführungsvorschriften, des Vorkaufsrechts und der Enteignung[736] begründet. Die zweite Stufe befasst sich dagegen mit ihrem konkreten Einsatz, durch den unmittelbar auf Rechte der Betroffenen eingewirkt wird.[737] Nach der Rechtsprechung des *BVerwG* führt diese Abstufung nun dazu, dass die Anforderungen an die Konkretisierung der Sanierungsziele in den zwei Abschnitten ebenfalls differenziert zu betrachten sind. So kann die Kommune die Entscheidung über die Sanierungssatzung auf ein noch allgemein gehaltenes Sanierungskonzept stützen.[738] In dieser Phase vermittelt dann

735 Vgl. Kapitel 2, D. III. 3. a) bb).

736 Vgl. dazu schon Kapitel 1, B. III.

737 Vgl. dazu Kapitel 2, B.

738 *BVerwG*, Urteil vom 06.07.1984 - 4 C 14/81, Rn. 21; Urteil vom 07.09.1984 - 4 C 20/81, Rn. 31; Beschluss vom 27.05.1997 - 4 B 98/96, Rn. 3; *Krautzberger*, in: Ernst/Zinkahn, BauGB, § 142 Rn. 15, 39; *Battis*, Öffentliches Baurecht und Raumordnungsrecht, S. 169.

der Genehmigungsvorbehalt der §§ 144, 145 BauGB eine umfassende Sperrwirkung zur Sicherung der Sanierungsziele.[739] Im Laufe des Verfahrens müssen die Sanierungsziele aber verdichtet und konkretisiert werden, um die belastende Wirkung dieses sanierungsrechtlichen Instruments zu rechtfertigen.[740] Der Betroffene wird dadurch geschützt, dass dieser Konkretisierungszeitraum nicht unbeschränkt lange dauern darf.[741]

Das Abwägungsgebot steht aber nicht isoliert im Entscheidungsfindungsprozess, sondern kann durch weitere Gesetzesanforderungen konditional strukturiert werden.

aa) Sanierungsbefugnis

§ 136 Abs. 1 BauGB normiert nicht nur eine Anwendungspflicht, sondern legt gleichzeitig die Merkmale der Sanierungsbefugnis nieder, die gewährleisten soll, dass dieses scharfe Instrument nur zur Anwendung kommt, wenn es erforderlich ist. Sie besagt: Wenn städtebauliche Missstände vorliegen, die durch eine einheitliche Vorbereitung und zügige Durchführung im öffentlichen Interesse zu beheben sind, dann erfolgt dies im Rahmen städtebaulicher Sanierungsmaßnahmen nach den Vorschriften der §§ 136 ff. BauGB. Die Tatbestandsmerkmale städtebauliche Missstände, einheitliche Vorbereitung, zügige Durchführung, Behebung und öffentliches Interesse sind unbestimmte Rechtsbegriffe mit Beurteilungsspielraum, die grundsätzlich subsumtionsfähig sind.[742]

bb) Sanierungsschranken

Daneben wird die Abwägung durch bindende Vorgaben konditional programmiert. Wenn diese Schranken missachtet werden, schließt das eine rechtmäßige Abwägung aus. Sie können einerseits aus Grundrechten abgeleitet werden, wie Art. 14 GG.[743] Effektvoller sind dagegen Schranken auf einfachgesetzlicher Ebene. So schreibt § 142 Abs. 1 BauGB die Überprüfung der Durchführbarkeit der Sanierung vor. Daraus resultieren z. B. die Erfordernisse eine Kosten- und Finanzierungsübersicht zu entwerfen, einen Zeit-Maßnahmeplan aufzustellen

---

739 *BVerwG*, Urteil vom 06.07.1984 - 4 C 14/81, Rn. 17, 21; Urteil vom 07.09.1984 - 4 C 20/81, Rn. 23, 31, jeweils zu § 15 StBauFG.

740 *BVerwG*, Urteil vom 06.07.1984 - 4 C 14/81, Rn. 21; Urteil vom 07.09.1984 - 4 C 20/81, Rn. 31; Beschluss vom 27.05.1997 - 4 B 98/96, Rn. 3.

741 *BVerwG*, Urteil vom 06.07.1984 - 4 C 14/81, Rn. 21.

742 Vgl. Kapitel 2, D. III. 4. b) aa).

743 *Papier*, Rechtliche Bindung und gerichtliche Kontrolle planender Verwaltung im Bereich des Bodenrechts, in: NJW 1977, 1714 (1717).

und, wenn das Konzept von der Verfügbarkeit einzelner Grundstücke abhängt, auch die Mitwirkungsbereitschaft des Eigentümers zu erforschen. Ohne diese Grundlagen ist eine Abwägung nicht möglich und die Entscheidung rechtswidrig. Ebenso wie bei der Bauleitplanung[744] darf sich die Gemeinde vor der eigentlichen Abwägung nicht derart in Richtung eines Ergebnisses binden, dass eine wirkliche Abwägung nicht mehr stattfindet.

cc) Zusammenstellung des Abwägungsmaterial als Subsumtionsvorgang

Im Rahmen der Bauleitplanung handelt es sich bei der Zusammenstellung des Abwägungsmaterials nach Ansicht des *BVerwG*[745] um einen der eigentlichen Abwägungsentscheidung vorgelagerten Subsumtionsvorgang. Dieser umfasst erstens die Beantwortung der Frage, welche der in § 1 Abs. 5 und Abs. 6 BauGB genannten Belange im konkreten Fall erheblich sein könnten und zweitens die daran anschließende Subsumtion. Diese Einordnung ist für die Bauleitplanung auf Kritik gestoßen. Im Folgenden wird daher untersucht, ob die Rechtsprechung auf das Sanierungsrecht übertragbar ist.

(1) Begründung des Subsumtionsvorgangs

Das *BVerwG* sieht die Bauleitplanung im Konfliktverhältnis zwischen Eigentumsgewährleistung und planerischer Gestaltungsfreiheit und begründet das Erfordernis, ein Höchstmaß an erreichbarer und vertretbarer Kontrolle zu gewährleisten, mit ihrer möglichen eigentumsverteilenden Wirkung.[746]

Die eigentumsverteilende Wirkung bezeichnet die Möglichkeit, an die Planung Rechtsvorgänge anzuschließen, die zu einer Umverteilung der ursprünglichen Eigentumsverhältnisse führen. Hierunter fallen beispielsweise die Enteignungs- oder Umlegungsverfahren - deren Voraussetzungen losgelöst von der eigentlichen Planung überprüft werden. Diese Wirkweise ist, wie dargelegt,[747] auch der Sanierungsplanung eigen. Zwar unterscheiden sich die Instrumente dadurch, dass die Grundstücke durch den Erlass der Sanierungssatzung keiner unmittelbaren Nutzungsregelung unterworfen werden. Die Gerichte unterscheiden aber zwischen dieser gestalterischen Wirkung und der eigentumsverteilenden

---

744 *BVerwG*, Urteil vom 05.07.1974 - IV C 50.72, Rn. 47; *OVG Münster*, Urteil vom 15.04.2011 - 7 D 68/10.NE, Rn. 63; *OVG Schleswig*, Urteil vom 11.10.2006 - 1 KN 1/05, Rn. 72; *OVG Lüneburg*, Beschluss vom 24.03.2009 - 1 MN 267/08, Rn. 99; *VGH Mannheim*, Urteil vom 24.05.2006 - 8 S 1367/05, Rn. 31.

745 Vgl. Kapitel 2, D. I. 1. b. dd).

746 *BVerwG*, Urteil vom 05.07.1974 - IV C 50.72, Rn. 56.

747 Vgl. Kapitel 2, B. VI. und VII.

Wirkung[748], so dass dieses Differenzierungsmerkmal einer Übertragung des für die Bauleitplanung begründeten Kontrollmaßstabs nicht entgegensteht.

Im Sanierungsrecht rechtfertigt sich der Kontrollmaßstab zudem aus dem Erfordernis effektiven Rechtsschutz zu gewährleisten.[749]

(2) Kritik und Stellungnahme

Die Kritik an der Rechtsprechung bezog sich teils auf die unerträgliche Verkürzung des planerischen Gestaltungsspielraums.[750] Eine differenzierte Betrachtung zwischen den einzelnen Planungsschritten nahmen die Kritiker nicht vor. So wird übersehen, dass Planungen, die sich im Spannungsverhältnis zwischen Gestaltungsauftrag und Rechtsstaatsprinzip bewegen, zum Schutz von Individualinteressen ein konsistentes Verfahren erfordern.[751] Dementsprechend differenziert das *BVerwG* zwischen dem Vorgang der Zusammenstellung des Abwägungsmaterials und der eigentlichen Gewichtungs- bzw. Ausgleichsentscheidung. Denn ohne die sachgerechte Zusammenstellung des Abwägungsmaterials weiß die planende Stelle nicht, welche Interessenlagen im konkreten Fall existieren oder ob Meinungs- und Zielkonflikte bestehen. Sie ist daher Grundlage einer adäquaten Abwägung i. e. S., die als Kernbereich der Planung nicht dem angesprochenen Subsumtionsvorgang unterliegt. Die Besonderheit des zweistufigen Ablaufprogramms rechtfertigt zudem die Annahme, dass die Entscheidungen über den konkreten Mitteleinsatz durch die Abwägungsentscheidung beeinflusst werden. Damit besteht auch insoweit das Erfordernis, einen transparenten Entscheidungsvorgang auf allen Ebenen zu installieren. Im Übrigen ist zu berücksichtigen, dass auch das *BVerwG* seine Kontrolle auf das erreichbare und vertretbare Kontrollmaß begrenzt. Daher wird durch die Unterscheidung ein sachgerechter Ausgleich zwischen Gestaltungsauftrag und Rechtsstaatsprinzip herbeigeführt, der einen ausreichenden Spielraum belässt.

---

748 Siehe etwa: *BVerwG*, Beschluss vom 21.02.1991 - 4 NB 16/90, Rn. 3; Beschluss vom 15.08.1988 - 4 NB 19/88, Rn. 2; *OVG Lüneburg*, Urteil vom 27.05.2003 - 1 KN 1620/01, Rn. 33.

749 Vgl. dazu bereits: Kapitel 2, D. II. 2.

750 *Papier*, Die rechtlichen Grenzen der Bauleitplanung, in: DVBl 1975, 461 (465); *Schröder*,
Die richterliche Kontrolle des Planungsermessens, in: DÖV 1975, 308 (310); *Redeker*, Fragen der Kontrolldichte verwaltungsgerichtlicher Rechtsprechung, in: DÖV 1971, 757 (761); kritisch auch: *Stüer*, Zum autonomen (kontrollfreien) Gestaltungsspielraum von Gesetzgeber und Verwaltung, in: DVBl 1974, 314 (315).

751 Vgl. dazu bereits: Kapitel 2, D. I. 2. b) bb) (2).

Es wird zudem beanstandet, dass die Planungsziele und Grundsätze nicht die Funktion eines Tatbestandes im Gefüge einer konditional strukturierten Norm aufwiesen,[752] sondern dass sie nur der Direktion von Planungsentscheidungen dienten.[753] Bei dieser Sichtweise wird außer Acht gelassen, dass konditionale Strukturen nicht immer in einem Wenn-Dann-Schema einer in Tatbestand und Rechtfolge gegliederten Norm auftreten müssen. Vielmehr liefern solche Strukturen bei Planungsentscheidungen eine Strukturierungsbasis, indem Entscheidungsvoraussetzungen gesetzlich vorgegeben werden. Dieser Sichtweise liegt die Erkenntnis zu Grunde, dass es die finale Planungsnorm in Reinform nicht gibt und angesichts rechtsstaatlicher Anforderungen an den Planungsvorgang auch nicht geben kann.[754] Die dirigierende Funktion der Ziele und Grundsätze wird dadurch nicht aufgehoben, sondern durch eine weitere Aufgabe ergänzt.

Ferner wird eingewendet, dass es sich bei der Zusammenstellung des Abwägungsmaterials um einen Prozess der selektiven Informationssammlung handeln müsse, um eine effektive Planung nicht durch eine Datenflut zu gefährden.[755] Die Einstellung von Belangen „nach Lage der Dinge" erfordere notwendig einen Selektionsvorgang.[756] Richtig ist, dass (auch) die Sanierungsplanung durch eine Flut von Belangen beeinflusst wird. Allerdings wird dieses Problem nicht dadurch gelöst, dass die Anforderungen an die einzelnen Planungsschritte verwischt werden. Auch ein integrierter Selektionsvorgang setzt die Ermittlung der Ausgangslage voraus, denn ohne diese Kenntnis lässt sich die Auswahlentscheidung, die eine Bewertung der Einzelbelange darstellt, nicht sachgerecht beurteilen. Mithin dürften an dem Erfordernis der Informationssammlung keine Zweifel bestehen. Warum dann zwischen diesen beiden Schritten nicht getrennt

---

752 *Hoppe*, Die „Zusammenstellung des Abwägungsmaterials" und die „Einstellung der Belange" in die Abwägung „nach Lage der Dinge" bei der Planung, in: DVBl 1977, 136 (140); *Badura*, Das Planungsermessen und die rechtsstaatliche Funktion des Allgemeinen Verwaltungsrechts, in: Bay. VGH (Hrsg.), Verfassung und Verfassungsrechtsprechung, 157 (178).

753 *Hoppe*, Die „Zusammenstellung des Abwägungsmaterials" und die „Einstellung der Belange" in die Abwägung „nach Lage der Dinge" bei der Planung, in: DVBl 1977, 136 (141).

754 Vgl. dazu bereits: Kapitel 2, D. I. 2. b) bb) (2).

755 *Hoppe*, in: Hoppe/Bönker/Grotefels, Öffentliches Baurecht, § 7 Rn. 40; *Hoppe*, Die „Zusammenstellung des Abwägungsmaterials" und die „Einstellung der Belange" in die Abwägung „nach Lage der Dinge" bei der Planung, in: DVBl 1977, 136 (139).

756 *Hoppe*, Die „Zusammenstellung des Abwägungsmaterials" und die „Einstellung der Belange" in die Abwägung „nach Lage der Dinge" bei der Planung, in: DVBl 1977, 136 (142).

wird, bleibt unklar. Auch ist die Gewichtungs- und Ausgleichsentscheidungen nur nachvollziehen, wenn ersichtlich ist, auf welcher Grundlage sie basiert. Von diesem grundsätzlichen Erfordernis zu trennen ist die Frage, ob die Anforderungen in der praktischen Handlung auch immer eingehalten werden können.[757] Dazu bemerkt das *BVerwG* richtig, dass diese sich aus der Praxis ergebende Relativierung nicht die mit Art. 14 GG begründete Kontrolldichte aufhebt.[758] In einer Folgeentscheidung stellt der erkennende 4. Senat dann auch klar, das die Forderung an den Planer, alles erdenkliche Abwägungsmaterial berücksichtigen zu müssen, offensichtlich nicht erfüllbar und lebensfremd sei.[759] Die Ermittlung beschränke sich danach auf die Belange, die bei der Bürgerbeteiligung vorgetragen worden seien und auf solche Umstände, die sich aufdrängten.[760] Auch im Sanierungsrecht sind die vorbereitenden Untersuchungen und die Erörterungs- sowie Auskunftspflichten ein Instrument, um die Zusammenstellung des Abwägungsmaterials zu bewältigen.

Im Grundsatz richtig ist auch die Annahme, dass die planerische Tätigkeit durch ein Zweck-Mittel-Schema geprägt ist, da er nicht von der Struktur eines Gebiets auf die künftige Ordnung schließen kann.[761] Diese Vorgehensweise wird vom *BVerwG* auch nicht angegriffen. Vielmehr bewertet es den Sachverhalt aus der Perspektive einer effizienten gerichtlichen Kontrolle im Anschluss an den Planungsvorgang. In diesem Sinne bleibt nur die Möglichkeit der Subsumtion als einfachstes Prüfungsschema für den Juristen.

(3) Ergebnis

Das Erfordernis, ein Höchstmaß an erreichbarer und vertretbarer Kontrolle zu gewährleisten, begründet sich auch im städtebaulichen Sanierungsrecht mit

757 Zu diesem Einwand: *Hoppe*, Die „Zusammenstellung des Abwägungsmaterials" und die „Einstellung der Belange" in die Abwägung „nach Lage der Dinge" bei der Planung, in: DVBl 1977, 136 (142).

758 *BVerwG*, Urteil vom 05.07.1974 - IV C 50.72, Rn. 57.

759 *BVerwG*, Beschluss vom 09.11.1979 - 4 N 1/78, Rn. 48.

760 Z. B. für die Bauleitplanung und Fachplanungen: *BVerwG*, Beschluss vom 09.11.1979 - 4 N 1/78, Rn. 52; Urteil vom 27.03.1980 - 4 C 34/79, Rn. 25; Urteil vom 13.09.1985 - 4 C 64/80, Rn. 10; Urteil vom 03.07.1987 - 4 C 12/84, Rn. 9; Beschluss vom 07.12.1988 - 7 B 98/88, Rn. 4; *VGH Mannheim*, Beschluss vom 14.01.1980 - V 1239/79, Rn. 13; *OVG Berlin*, Urteil vom 10.08.2010 - OVG 10 A 14.07, Rn. 60.

761 *Oberndorfer*, Strukturprobleme des Raumordnungsrechts, in: Die Verwaltung 1972, 257 (265); siehe auch umfassend: *Balck/Nixdorf/Lenz*, Der Planungsprozess: Eine systemtheoretisch orientierte Analyse des bau- und raumbezogenen Planungsgeschehens, S. 9-45, insb. S. 30 ff.

seiner eigentumsverteilenden Wirkung sowie dem Grundsatz des effektiven Rechtsschutzes. Die vorgebrachte Kritik ist nicht geeignet, diese aus Art. 14 GG abgeleitete Verpflichtung zu relativieren.

(a) Materiellrechtlicher Abwägungsvorgang?

Nicht nur die Methodik der Entscheidungsfindung, auch die dogmatische Einordnung der einzelnen Abwägungsstufen, von der Zusammenstellung des Materials bis zur Ausgleichsentscheidung, wirft Fragen auf. Denn der Abwägungsvorgang wurde nach der bisherigen Rechtsprechung als materiellrechtliche Rechtmäßigkeitsvoraussetzung der Planungssatzung bewertet. Mit Umsetzung des EAG-Bau im Jahr 2004 wurde aber die Ermittlung und Bewertung der Belange durch § 2 Abs. 3 BauGB hinsichtlich der Aufstellung von Bauleitplanen in das Verfahrensrecht überführt.[762] Aufgrund des Wortlauts von § 214 Abs. 1 Satz 1 Nr. 1 BauGB („entgegen § 2 Abs. 3 und") der nur das Recht der Bauleitplanung in Bezug nimmt, soll sich dieser Wechsel nicht auf andere städtebaulichen Satzungen, wie etwa die Sanierungssatzung, beziehen.[763]

Die Frage ist aufgrund der identischen Rechtsfolgenanordnung für Ermittlungs- und Bewertungsfehler in § 214 Abs. 1 Satz 1 Nr. 1 und für Fehler des Abwägungsvorgangs in Abs. 3 Satz 2 HS. 2 BauGB nicht praxisrelevant.[764] Zwar scheint § 214 Abs. 1 Satz 1 Nr. 1 BauGB geringere Anforderungen an die Planungen zu stellen als Abs. 3, weil nur eine Fehlerhaftigkeit in „wesentlichen Punkten" beachtlich sein soll. Nach der Rechtsprechung des *BVerwG* gibt dieser Wortlaut aber nur die früher entwickelten einschränkenden Voraussetzungen wieder, unter denen von der Planung berührte Belange zum notwendigen Abwägungsmaterial gehören.[765] Mithin werden § 214 Abs 1. Satz 1 Nr. 1 und § 214 Abs. 3 Satz 2 HS. 2 BauGB trotz des abweichenden Wortlauts gleichförmig angewendet.

762 *Deutscher Bundestag*, Drucksache 15/2250, S. 63.

763 *Stock*, in: Ernst/Zinkahn, BauGB, § 214 Rn. 39c; *Waechter*, Städtebauliche Sanierung (§§ 136 ff. BauGB), in: DVBl 2012, 613 (615); ohne ausdrückliche Begründung wohl auch: *Kirchmeier*, in: Ferner/Kröninger/Aschke, BauGB, § 214 Rn. 18 und *Jäde*, in: Jäde/Dirnberger/Weiss, BauGB, § 214 Rn. 4; unklar: *Schmidt-Eichstedt*, in: Brügelmann, BauGB, § 142 Rn. 66 und *Gaentzsch/Stemmler*, Berliner Kommentar, BauGB, § 142 Rn. 28.

764 *Stock*, in: Ernst/Zinkahn, BauGB, § 214 Rn. 39b; *Lemmel*, in: Berliner Kommentar, BauGB, § 214 Rn. 23; *Kirchmeier*, in: Ferner/Kröninger/Aschke, BauGB, § 214 Rn. 46; *Pieper*, Teilweiser Abschied von der materiellen Abwägungsfehlerlehre im EAG-Bau - Folgen für die Rechtmäßigkeitsprüfung des Bebauungsplans, in: JURA 2006, 817 (819).

765 *BVerwG*, Urteil vom 09.04.2008 - 4 CN 1/07, Rn. 20.

Gegen die Herabstufung werden trotzdem Bedenken geäußert. Diese richten sich vor allem gegen die Verfassungsmäßigkeit, wonach das aus dem Rechtsstaatsprinzip abzuleitende Gerechtigkeitspostulat einer Überführung dieser Abwägungsphasen in das Verfahrensrecht entgegenstehe.[766] Gegen dieses Vorbringen spricht allerdings, dass die Disposition des Gesetzgebers so weit reicht, wie eine ordnungsgemäße Abwägung und ihre Kontrolle gewährleistet ist.[767] Denn dem gesetzgeberischen Gestaltungsspielraum sind auf materieller Seite nur durch die Staatsprinzipien und die Grundrechte Grenzen gesetzt. Wenn der Paradigmenwechsel sich weder an der Handlungsnorm noch auf die Kontrolle auswirkt, so ist ein Verstoß schwerlich zu begründen.

(b) Auswirkungen für das Sanierungsrecht?

Die Auffassung, dass die herkömmliche Dogmatik für das Sanierungsrecht weiterhin gilt, soll dennoch kurz hinterfragt werden. Denn auch wenn der Wortlaut von § 214 Abs. 1 Satz 1 Nr. 1 BauGB eindeutig ist, deutet das Gesetzgebungsverfahren einen umfassenderen Reformwillen an. Einerseits finden die Motive ihre Grundlage im Bericht der Unabhängigen Expertenkommission zur Novellierung des Baugesetzbuchs aus dem Jahr 2002. Die Kommission hält es für sinnvoll, die europarechtlichen Vorgaben in die Planerhaltungsvorschriften zu integrieren, um so die Fehlerfolgen von Bauleitplänen und städtebaulichen Satzungen zu vereinheitlichen.[768] Hervorzuheben ist die sprachliche Differenzierung zwischen Bauleitplänen und städtebaulichen Satzungen. Andererseits lautete § 214 Abs. 1 Satz 1 Nr. 1 BauGB im ersten Gesetzesentwurf der Bundesregierung noch „im Sinne des § 2 Abs. 3",[769] die Begründung spricht in diesem Zusammenhang von Flächennutzungsplänen und Satzungen.[770] Vor dem Hintergrund der Expertenempfehlung deuten diese offenen Formulierungen auf eine umfassende Regelung hin. Da keine präzise Inbezugnahme von Bauleitplänen erfolgt ist, lässt die

766 *Erbguth*, Abwägung als Wesensmerkmal rechtstaatlicher Planung - die Anforderungen des Rechtsstaatsprinzip, in: UPR 2010, 281 (285, 287); vorsichtige Überlegungen bei: *Quaas/Kukk*, Neustrukturierung der Planerhaltungsbestimmungen in §§ 214 ff. BauGB, in: Baurecht, 2004, 1541 (1545).

767 *Dürr*, in: Brügelmann, BauGB, § 214 Rn. 20; ähnlich: *Kraft*, Gerichtliche Abwägungskontrolle von Bauleitplänen nach dem EAG Bau, in: UPR 2004, 331 (333), der darauf hinweist, dass der Gesetzgeber über der hergebrachten dogmatischen Klassifizierung stehe und er hinsichtlich systematischer Zuordnungen zu disponieren vermag.

768 *BMVBS*, Bericht der Expertenkommission, Rn. 122, auch Rn. 94.

769 *Deutscher Bundesrat*, Drucksache 756/03, S. 54.

770 *Deutscher Bundesrat*, Drucksache 756/03, S. 178.

Formulierung „im Sinne des“ den Schluss zu, dass damit nur eine Tatbestandsergänzung erlassen werden sollte, die allgemein den Vorgang des Ermitteln und Bewertens beschreibt. Auch der nachfolgende Gesetzesentwurf ist nicht eindeutig. Danach sollte die Regelung des § 214 Abs. 1 Satz 1 Nr. 1 BauGB, die immer noch lautete „im Sinne des § 2 Abs. 3“, an die Stelle der nach bisherigem Recht verlangten Anforderungen im Hinblick auf den Abwägungsvorgang sowie der diesbezüglichen Unbeachtlichkeitsklausel des bisherigen § 214 Abs. 3 Satz 2 BauGB treten.[771] Diese Norm lautete: „Mängel im Abwägungsvorgang sind nur erheblich, wenn sie offensichtlich und auf das Abwägungsergebnis von Einfluss sind.“ Sie wurde für alle städtebaulichen Satzungen eingeführt, um die Bestandskraft der Satzungen zu erhöhen.[772] Wenn § 214 Abs. 1 Satz 1 Nr. 1 BauGB neben den Bauleitplänen nicht auch alle anderen städtebaulichen Satzung erfassen sollte, dann wäre der gesetzgeberisch dringend gewollte Grundsatz der Planerhaltung nicht mehr vorhanden gewesen. Ein entsprechender Wille lässt sich den Motiven aber nicht entnehmen. Erst nachdem Bedenken aufkamen, ob § 214 Abs. 1 Satz 1 Nr. 1 BauGB tatsächlich den gesamten Abwägungsvorgang erfassen könne, wurde § 214 Abs. 3 Satz 2 HS. 2 BauGB in den Entwurf aufgenommen und der Wortlaut von § 214 Abs. 1 Satz 1 Nr. 1 BauGB in „entgegen § 2 Abs. 3“ geändert, allerdings nur um mögliche Lücken zu schließen und zur Vereinheitlichung des Sprachgebrauchs.[773]

Andererseits verengen die Gesetzesbegründungen das Problemfeld der Abwägung teilweise auf die Bauleitplanung.[774] Mithin ist nicht ausgeschlossen, dass der Gesetzgeber tatsächlich übersehen hat, dass die Unbeachtlichkeitsklausel aus systematischen und rechtspraktischen Gründen alle städtebaulichen Satzungen einbeziehen sollte. Daher kann ein Redaktionsversehen nicht eindeutig

771 *Deutscher Bundestag*, Drucksache 15/2250, S. 21, 65.

772 *Deutscher Bundestag*, Drucksache 10/4630, Rn. 41, 54, 156; vgl. zum rechtspolitischen Hintergrund und der Kritik an der Verwaltungsgerichtsbarkeit, inhaltlich an sich nicht zu beanstandende Bebauungspläne für nichtig zu erklären: *Bundesminister für Raumordnung, Bauwesen und Städtebau (Hrsg.)*, Materialien zum Baugesetzbuch, S. 61 f. und *Stock*, in: Ernst Zinkahn, BauGB, § 214 Rn. 3 f.; vgl. zu den typischen Fehlern in der Bauleitplanung: *Stüer*, Bau- und Fachplanungsrecht, Rn. 1212.

773 *Deutscher Bundestag*, Drucksache 15/2250, S. 87 f., 96; Drucksache 15/2996, S. 70 f.

774 Z. B. *Deutscher Bundestag*, Drucksache 15/2250, S. 87: Der Bundesrat bittet im weiteren Gesetzgebungsverfahren zu prüfen, ob in Artikel 1 Nr. 66 (§§ 214, 215) mit der Umstellung der Planerhaltungsvorschriften zum Abwägungsvorgang sichergestellt ist, dass die mit dem geltenden Recht erreichte Bestandskraft von Bauleitplänen mit den künftigen Regelungen zumindest erhalten bleibt und ggf. notwendige Ergänzungen vorzuschlagen.

nachgewiesen werden, so dass angesichts des eindeutigen Wortlauts davon auszugehen ist, dass das Abwägungsgebot im Sanierungsrecht weiterhin materiellrechtliche Wirksamkeitsvoraussetzung ist.

dd) Abwägung durch Lagerbildung und Priorisierung

Als vierte Ebene der Konditionalisierung ist die Abwägung durch Lagerbildung zu nennen, indem eine binäre Schematisierung von öffentlichen Belangen und Individualinteressen vorgenommen wird.[775] Diese für die Bauleitplanung entwickelte Systematisierung ist auch in der Sanierungsplanung einsetzbar, obwohl sich die Abwägung hier stufenweise vollzieht. Das hat zur Folge, dass anders als bei Aufstellung eines Bebauungsplans, dessen Ergebnis sich in der Abwägung widerspiegelt, der Interessenausgleich immer wieder neu überdacht werden muss. Diese Besonderheit führt zu der Frage, wie eine nachvollziehbare und transparente Weiterentwicklung des Sanierungskonzepts realisiert werden kann. Denn die Dauer und der Umfang einer Sanierungsmaßnahme sind durch § 136 Abs. 1 BauGB, die personellen Ressourcen der Kommune sowie durch finanzielle Kapazitäten begrenzt. Mithin können regelmäßig nicht alle denkbaren Maßnahmen umgesetzt werden. Dementsprechend empfiehlt es sich, den Sanierungszielen und Maßnahmen bestimmte Prioritäten[776] zuzuordnen. Diese orientieren sich einerseits an der von der Gemeinde festgelegten Rangfolge der Sanierungsziele und andererseits an dem Effekt einer Maßnahme - die eine lang- oder kurzfristige Wirkung erzielen, einem oder mehreren Sanierungszielen dienen, objektiv wahrnehmbar sein kann oder nicht und einem größeren oder kleineren Teil der Bevölkerung dienen kann. Zudem ist die Eingriffintensität einer Maßnahme relevant, die für jeden einzelnen Betroffenen oder in ihrer Auswirkung auf viele Betroffene bewertet werden kann. Dadurch kann gewährleistet werden, dass nicht nur das einzelne maßnahmebezogene Abwägungsergebnis rechtsstaatlich entsteht, sondern das Konzept insgesamt ausgewogen bleibt. Da der Gemeinde die Bewertung der einzelnen Parameter überlassen wird, bleibt ihr Planungsrecht im Kernbereich unberührt.

b) Gebietsabgrenzung

Fraglich ist, wie die Entscheidung über die Festlegung des Sanierungsgebiets dogmatisch einzuordnen ist. Wie bereits angedeutet, erfolgt die Abgrenzung des

775 *Di Fabio*, Die Struktur von Planungsnormen, S. 91-93.

776 Zu dem Gedanken der Prioritätenliste im Zusammenhang mit dem Wunsch den Fördermitteleinsatz effektiv und „punktgenau" zu steuern vgl.: *Sass*, Städtebauliches Leitbild Hannover-Limmer - Entwurf 08.07.2006, S. 4 (nicht veröffentlicht).

Sanierungsgebiets nach Auffassung von Rechtsprechung[777] und Literatur[778] anhand einer Abwägung, § 136 Abs. 4 Satz 3 BauGB.

Bei dieser Entscheidung über die Gebietsabgrenzung werden die bereits aus dem Sanierungskonzept bekannten Aspekte herangezogen. So wird die Größe des Gebiets vom *VGH Mannheim* und vom *OVG Münster* in einen unmittelbaren Zusammenhang mit den finanziellen Mitteln gestellt.[779] In beiden Entscheidungen wurden die Gebietsgrößen aufgrund der fehlenden finanziellen Verhältnisse verringert. Nach dem *VG Mainz* hängt die räumliche Begrenzung insbesondere vom Gebietszustand, dem finanziellen Bedarf sowie den zu erwartenden Fördermitteln ab, wobei das Ziel der zügigen Durchführung zu berücksichtigen sei.[780] Das *OVG Lüneburg* prüfte die Gebietsbestimmung anhand einer Beschreibung der baulichen Zustände und der Sozialstruktur sowie der sich daraus ergebenden notwendigen Maßnahmen.[781] Auch nach dem *OVG Schleswig* orientiert sich die Entscheidung über die Gebietsabgrenzung an der zweckmäßigen Durchführung der Sanierung, dem Zustand des Sanierungsgebiets, dem finanziellen Bedarf und den zu erwartenden Fördermitteln.[782] Gemäß dem *OVG Koblenz* muss sich eine Gemeinde die Frage stellen, wie das Gebiet abzugrenzen ist, um zu gewährleisten, dass die Sanierung in absehbarer Zeit durchgeführt werden kann. Dafür müsse sie sich Kosten und Finanzierungsmöglichkeiten vor Augen führen.[783]

Mithin kann festgestellt werden, dass die Abwägungsentscheidung hinsichtlich der Festlegung des Sanierungskonzepts und der Gebietsfestlegung identisch

777 Z. B. *VGH Kassel*, Urteil vom 30.09.2010 - 4 C 1718/09.N, Rn. 38; *VGH Mannheim*, Urteil vom 24.03.2011 - 5 S 163/09, Rn. 24; Urteil vom 08.09.2010 - 5 S 3092/08, Rn. 59; Beschluss vom 26.01.2005 - 8 S 722/04, Rn. 3; *OVG Saarlouis*, Urteil vom 09.12.2009 - 1 A 387/08, Rn. 43; *OVG Koblenz*, Urteil vom 24.04.1991 - 10 C 11555/90, Rn. 21; Urteil vom 18.04.2002 - 1 C 10590/01, Rn. 21; *OVG Schleswig*, Urteil vom 09.07.2001 - 1 M 22/00, Rn. 23; Urteil vom 23.05.2006 - 1 LB 8/04, Rn. 53; *OVG Lüneburg*, Urteil vom 29.01.2003 - 1 KN 2938/01, Rn. 17; *OVG Münster*, Urteil vom 19.01.2011 - 2 D 146/08.NE, Rn. 136.

778 Z. B. *Krautzberger*, in: Ernst/Zinkahn, BauGB, § 142 Rn. 23, 58; *Schmitz*, in: Spannowsky/Uechtritz, BauGB, § 142 Rn. 12.1; *Bönker*, in: Hoppe/Bönker/Grotefels, Öffentliches Baurecht, § 14 Rn. 18; wohl auch: *Dirnberger*, in: Jäde/Dirnberger/Weiss, BauGB, § 142 Rn. 4, 11, der zwar zunächst einen weiten Ermessensspielraum annimmt, dies aber unter Bezugnahme auf das Urteil des BVerwG vom 04.03.1999 - 4 C 8.89.

779 *VGH Mannheim*, Urteil vom 08.07.2010 - 5 S 3092, Rn. 55; *OVG Münster*, Urteil vom 09.04.1990 - 22 A 1185/89, Rn. 3.

780 *VG Mainz*, Urteil vom 09.08.2008 - 3 K 71/08.MZ, Rn. 21.

781 *OVG Lüneburg*, Urteil vom 29.01.2003 - 1 KN 2938/01, Rn. 15.

782 *OVG Schleswig*, Urteil vom 04.11.1993 - 1 K 30/91, Rn. 30.

783 *OVG Koblenz*, Urteil vom 10.04.2000 - 1 C 12941/98.OVG, S. 4 (nicht veröffentlicht).

sind. Die sprachliche Differenzierung ist irreführend. Lediglich der Aspekt der Zweckmäßigkeit wird als zusätzlicher Belang in die Abgrenzungsentscheidung aufgenommen. Er wird entweder mit den oben genannten Abwägungsbelangen aufgeladen, so dass die Zweckwidrigkeit einer Abgrenzung einen Abwägungsfehler begründet oder er beschränkt sich auf die Einbeziehung und den Ausschluss einzelner Grundstücke, mit der bereits benannten Folge, dass darin eine einfache Ermessensentscheidung zu sehen ist. Für diese Ansicht spricht die Tatsache, dass der planerische Gestaltungsspielraum eine leere Hülle ist, wenn er bloß eine bereits vorhergehende Gestaltung nachzeichnet.

Damit lässt sich die Entscheidung über die Gebietsabgrenzung im Kern als Abwägungsentscheidung begreifen. Hingegen werden „Randkorrekturen", die auch im inneren eines Sanierungsgebiets vorgenommen werden können, im Wege einer Ermessensentscheidung durchgeführt.

aa) Zusammenspiel zwischen Abwägungs- und Ermessensentscheidung

Die Kommune stellt zunächst fest, für welche Grundstücke im untersuchten Gebiet eine substanzmängelbedingte und / oder funktionsmängelbedingte Sanierungsbedürftigkeit besteht. Erfasst sind nicht nur solche Grundstücke, auf denen Sanierungsmaßnahmen notwendig werden, sondern auch diejenigen, die im Einwirkungsbereich der festgestellten Missstände liegen und davon negativ beeinflusst werden. Die Grundstücke zeigen den äußeren Umriss eines möglichen Sanierungsgebiets, da die Feststellung einzelner Missstände nach § 136 Abs. 2 und Abs. 3 BauGB in eine Gesamtbetrachtung mündet. In einem zweiten Schritt wird dieses Gebiet mit den übrigen Abwägungsfaktoren ins Verhältnis gesetzt und im Rahmen der Abwägung über die Abgrenzung entschieden. Da insoweit nicht jedes einzelne Grundstück in Augenschein genommen wird, erfolgt die Abgrenzung global und gebietsbezogen. Im letzten Schritt können nach Zweckmäßigkeitsgesichtspunkten einzelne Grundstücke, die nicht unmittelbar betroffen sind, in das Gebiet einbezogen oder ausgenommen werden.

Dieses Zusammenspiel von Abwägungs- und Ermessensentscheidung besteht unabhängig davon, ob die Sanierungssatzung erstmalig beschlossen oder nachträglich verändert wird. Bei der letztgenannten Vorgehensweise müssen aber nicht mehr beide Elemente zusammentreffen. So kann die Satzungsänderung auf Zweckmäßigkeitserwägungen beruhen. Das ist beispielsweise der Fall, wenn nicht sanierungsbedürftige Grundstücke einbezogen werden, um eine Straßenerneuerung, für alle Anlieger einheitlich, mit Ausgleichsbeträgen zu finanzieren.[784]

784 Vgl. zu einer solchen Konstellation z. B.: *Landeshauptstadt Hannover*, Beschlussdrucksache 1194/2003 zum Sanierungsgebiet Hannover-Limmer.

Die Einbeziehung dient der zweckmäßigen Umsetzung des bereits beschlossenen Sanierungskonzepts. Andererseits kann eine Gebietsabgrenzung auch mit einer konzeptionellen Erneuerung einhergehen, um einen nachträglich erkannten Sanierungsbedarf mit geeigneten Maßnahmen zu begegnen.[785] Der Entscheidung liegt eine Abwägung unter Einbeziehung der relevanten Faktoren zu Grunde.

bb) Systembruch: § 214 BauGB

Gegen dieses Ergebnis könnte die Fehlerfolgenregelung des § 214 BauGB sprechen. Denn wenn die zweckwidrige Abgrenzung als Abwägungsfehler qualifiziert wird, ist § 214 Abs. 3 BauGB ohne Argumentationsaufwand anwendbar. Die Qualifizierung als Ermessensentscheidung könnte einen Systembruch bedeuten, wenn insoweit jeder Fehler beachtlich wäre. Dagegen spricht aber, dass § 214 BauGB an das Vorliegen einer Satzung sowie einer Abwägungsentscheidung anknüpft, so dass auch die im Rahmen der Ermessensentscheidung getroffene zweigeteilte Abwägung darunter gefasst werden kann, weil sie dem Satzungsbeschluss zu Grunde liegt. Die Gesetzesbegründung[786] steht dieser Auslegung nicht entgegen, weil sie keine eindeutige Definition der Abwägung liefert. Auch die Fehlerkategorien von Abwägung und Ermessen sind kompatibel. Ein Vergleich der verschiedenen Systematisierungen[787] ergibt folgende Kategorien:

- Ausfall: Es ist zu keine Abwägungs- / Ermessensentscheidung gekommen
- Defizit: Es wurden nicht alle relevanten Belange in die Entscheidung eingestellt
- Fehleinschätzung: Die Bedeutung einzelner Belange wurde verkannt
- Disproportionalität: Die objektive Gewichtung einzelner Belange steht außer Verhältnis
- Gesetzliche Vorgaben: Die inneren und äußeren Grenzen des Gesetzes wurden nicht eingehalten (z. B. Beachtung des Gesetzeszweck; unzulässige Bindung)

785 Vgl. zu einer solchen Konstellation z. B.: *Landeshauptstadt Hannover*, Beschlussdrucksache 1733/2007 N zum Sanierungsgebiet Hannover-Limmer.

786 Vgl. *Deutscher Bundestag*, Drucksache 15/2250, S. 63-65.

787 *Ramsauer*, in: Kopp/Ramsauer, VwVfG, 2013, § 40 Rn. 86-93, 158-161; *Stüer*, Bau- und Planungsrecht, Rn. 1527; *Kirchberg/Herrmann*, in: Quaas/Zuck, Prozesse in Verwaltungssachen, § 2 Rn. 154; *Decker*, in: Posser/Wolff, VwGO, § 114 Rn. 14-15; *Eifert*, Letztentscheidungsbefugnisse der Verwaltung: Ermessen, Beurteilungsspielräume sowie Planungsentscheidungen und ihre gerichtliche Kontrolle, in: ZJS 2008, 336 (342).

Dieser Übertragung könnte entgegengehalten werden, dass sich der Gesetzgeber beim Erlass der Vorschrift an der Rechtsprechung des *BVerwG* zum planerischen Abwägungsgebot orientiert hat.[788] Dagegen spricht aber, dass eine extensive Auslegung[789] möglich bleibt, solange der Wortsinn einer Norm eingehalten wird. Auch der Gesetzeszweck stützt dieses Vorgehen. Denn der Gesetzgeber sah den Grundsatz der Planerhaltung als dringend geboten an und wollte ihn auch auf die Sanierungssatzung übertragen. Die Festlegung auf eine bestimmte dogmatische Kategorie erfolgte nicht. Mithin steht § 214 BauGB der hier vorgeschlagenen Dogmatik nicht entgegen.

cc) Systembruch: Bauleitplanung

Gegen diese Auffassung kann auch nicht angeführt werden, dass die Gebietsabgrenzung im Rahmen der Bauleitplanung dem Planungsermessen unterliegt,[790] die sich an Zweckmäßigkeitserwägungen, wie der Durchführungskapazität, der Finanzierbarkeit sowie der Möglichkeit, eine geordnete städtebauliche Entwicklung zu gewährleisten, orientiert.[791] Denn die Entscheidungen erfüllen unterschiedliche Zwecke. Im Rahmen der Bauleitplanung geht es um die Frage, ob für ein Grundstück eine unmittelbare Nutzungsregelung getroffen werden soll, als Teil des kommunalen Gestaltungsauftrages. Wohingegen die Entscheidung im Sanierungsrecht über die Einbeziehung nicht sanierungsbedürftiger Grundstücke losgelöst von einem solchen Gestaltungserfordernis erfolgt.

---

788 Vgl. *Deutscher Bundestag*, Drucksache 15/2250, S. 63-65.

789 Die extensive Auslegung ist abzugrenzen von dem Analogieschluss, mit dem, unter den Voraussetzungen der ungewollten Regelungslücke und der vergleichbaren Interessenlage (ähnlicher Tatbestand), ein geregelter Tatbestand auf einen nicht geregelten Tatbestand übertragen wird, wobei die Übertragung jenseits des möglichen Wortlauts erfolgt (vgl. dazu: *Larenz*, Methodenlehre der Rechtswissenschaft, S. 381; *Pawlowski*, Methodenlehre für Juristen, Rn. 453). Sie ist ferner abzugrenzen von der teleologischen Extension, die den Geltungsbereich einer Norm entgegen dem Wortlaut mit Hilfe des gesetzlichen Zwecks ausdehnt und so einen nicht geregelten Tatbestand aufgrund gleicher Wertungen auf den geregelten überträgt, wobei die Tatbestände im Gegensatz zur Analogie unterschiedlich sind (vgl. dazu: *Larenz*, Methodenlehre der Rechtswissenschaft, S. 397, 398; *Pawlowski*, Methodenlehre für Juristen, Rn. 453, 497, 499; a. A. *Schmidt*, Grundlagen rechtswissenschaftlichen Arbeitens, in: JuS 2003, 649 (651), nach dem eine teleologische Extension bis zur möglichen Wortlautgrenze in Betracht kommt, der dann aber keine Abgrenzung zur extensiven Auslegung vornimmt, die sich auch am Wortsinn orientiert).

790 *BVerwG*, Urteil vom 30.04.2004 - 4 CN 1.03, Rn. 13.

791 *BVerwG*, Beschluss vom 20.11.1995 - 4 NB 23/94, Rn. 11, 13.

c) Sanierungsentschluss

Demgegenüber ist der Sanierungsentschluss keine planerische Abwägungsentscheidung. Wie bereits dargelegt, bestimmen die gesetzlichen Regelungen, nach der hier vertretenen Sicht, eine Anwendungspflicht. Die abwägungsrelevanten Gesichtspunkte, wie etwa die Finanzierung oder die Möglichkeit andere Gebiete vorrangig zu sanieren, werden im Rahmen des § 136 Abs. 1 BauGB geprüft.

d) Ergebnis

Die sprachlichen Ungenauigkeiten hinsichtlich des Bezugspunkts der Abwägung lassen sich entflechten und auf folgende Dreiteilung zurückführen: Hinsichtlich der Entschließung, eine Sanierung durchzuführen, wird der Kommune kein Ermessens- oder planerischer Abwägungsspielraum zugestanden. Unter den Voraussetzungen des § 136 Abs. 1 BauGB besteht vielmehr eine Anwendungspflicht. Bei der Subsumtion unter die Tatbestandsmerkmale wird der Gemeinde allerdings ein begrenzter Beurteilungsspielraum zugestanden. Das Sanierungskonzept basiert auf einer planerischen Abwägungsentscheidung und beinhaltet neben den Zielen und Zwecken der Sanierung auch Erwägungen zu den finanziellen, zeitlichen und räumlichen Grundlagen, den bereits bekannten betroffenen Belangen und der Durchführbarkeit im Allgemeinen. „Randkorrekturen“ der Gebietsabgrenzung werden im Rahmen einer Ermessensentscheidung unter Zweckmäßigkeitsgesichtspunkten getroffen. Dem Satzungsbeschluss liegen diese Entscheidungen zu Grunde.

Kapitel 3 (Grund-) Rechtsschutz in und durch Verfahren und Organisation

Das Zusammenspiel zwischen administrativen Entscheidungsspielräumen, der Gewährung von Grundrechtsschutz sowie dem Erfordernis nach Verfahren und Organisation kann mit folgender Formel erfasst werden: Je größer die Entscheidungsspielräume sind, die der Verwaltung zustehen und je stärker in den grundrechtlich geschützten Bereich eingegriffen wird, desto höher sind die Anforderungen, die an das Verwaltungsverfahren und die Organisation gestellt werden.[792]

A. Definition und Zweckbestimmung

I. Verwaltungsverfahren

Das Verfahren ist ein Vorgang strukturierter Informationsgewinnung und -verarbeitung, welches der Herstellung von Entscheidungen dient.[793] Mit seiner Hilfe soll sichergestellt werden, dass die Verwaltung rechtmäßige und sachrichtige Entscheidungen trifft, indem die Sachlage und die Rechtspositionen der Bürger ermittelt werden.[794] Der Vorteil der Strukturbildung wird genutzt, um eine Überschaubarkeit und Verlässlichkeit in die Kommunikationsbeziehung zwischen Staat und Bürger zu bringen.[795] Da das Verfahrensrecht keinen Selbstzweck erfüllt, sondern auf die Verwirklichung des materiellen Rechts gerichtet

792 *Jarass*, in: Jarass/Pieroth, GG. Vorb. Vor Art. 1 Rn. 11; *Starck*, in: v. Mangoldt/Klein/Starck, GG, Art. 1 Rn. 201; *Laubinger*, Grundrechtsschutz durch Gestaltung des Verwaltungsverfahrens, in: VerwArch 73 (1982), 60 (76); *BVerfG*, Beschluss vom 20.12.1979 - 1 BvR 385/77, Rn. 84 (Minderheitsvotum).

793 *Schmidt-Aßmann*, in: Merten/Papier, Handbuch der Grundrechte, Bd. II, § 45 Rn. 33; ähnlich: *Schmidt-Preuß*, Gegenwart und Zukunft des Verfahrensrechts, in: NVwZ 2005, 489 (489).

794 *Schmidt-Aßmann*, in: Isensee/Kirchhof, Handbuch des Staatsrechts, Bd. II, 2004, § 26 Rn. 76; *Schmidt-Preuß*, Gegenwart und Zukunft des Verfahrensrechts, in: NVwZ 2005, 489 (489); *Burgi*, Die dienende Funktion des Verwaltungsverfahrens: Zweckbestimmung und Fehlerfolgenrecht in der Reform, in: DVBl. 1317 (1317).

795 *Schmidt-Aßmann*, in: Isensee/Kirchhof, Handbuch des Staatsrechts, Bd. II, 2004, § 26 Rn. 76.

ist, wird ihm eine „dienende Funktion“ zugesprochen.[796] Daneben können im Einzelfall weitere Zwecke hinzutreten, wie die Schaffung von Akzeptanz in der Öffentlichkeit, die Erzeugung von Transparenz und Nachvollziehbarkeit sowie die Möglichkeit zur Partizipation.[797] Des Weiteren kann - wie bereits angedeutet - das Verfahren den Prozess der Rechtserzeugung legitimieren, wenn das materielle Recht Determinationsdefizite aufweist und der Verwaltung deshalb ein Entscheidungsspielraum eingeräumt wird.[798] Daher ist das Verwaltungsverfahren keine lästige Formalie, sondern entscheidende Voraussetzung für das Zustandekommen einer rechtmäßigen Entscheidung.[799]

Diese Anforderungen beeinflussen sowohl den Ablauf eines Verfahrens als auch die Art behördliche und private Akte umzusetzen. Mithin wird das Begriffspaar „Verfahren und Form“ insgesamt umfasst.

II. Organisation[800]

Organisationen sind institutionalisierte Handlungsgefüge, in denen regelmäßig eine größere Zahl von Akteuren mit durchaus unterschiedlichen Zielen zusammenwirkt.[801] Als Ausdruck der Gewaltenteilung wird durch die

---

796 Z. B. *VGH Mannheim*, NVwZ 1986, 663 (664), Urteil vom 15.10.1985 - 10 S 822/82; *BVerwG*, Urteil vom 29.04.1993 - 7 A 2/92, Rn. 22; *VGH München*, Beschluss vom 04.04.2005 - 20 ZB 05.275, Rn. 5; *BVerfG*, Beschluss vom 20.02.2002 - 1 BvL 19/97, Rn. 40; zum positiven (Richtigkeitsgewähr durch Verfahren) und negativen (Nachrangigkeit des Verfahrens) Verständnis der dienenden Funktion: *Quabeck*, Dienende Funktion des Verwaltungsverfahrens und Prozeduralisierung, S. 9-12, 14.

797 *Fehling*, Eigenwert des Verfahrens im Verwaltungsrecht, in: VVDStRL 70 (2011), 278 (282-284), *Held*, Individualrechtsschutz bei fehlerhaftem Verwaltungsverfahren, in: NVwZ 2012, 461 (642 f.); *Burgi*, Die dienende Funktion des Verwaltungsverfahrens: Zweckbestimmung und Fehlerfolgenrecht in der Reform, in: DVBl 1317 (1318 f.).

798 *Appel*, Das Verwaltungsrecht zwischen klassischem dogmatischen Verständnis und steuerungswissenschaftlichem Anspruch, in: VVDStRL 67 (2008), 227 (272); *Burgi*, Die dienende Funktion des Verwaltungsverfahrens: Zweckbestimmung und Fehlerfolgenrecht in der Reform, in: DVBl. 1317 (1318 f.); *Quabeck*, Dienende Funktion des Verwaltungsverfahrens und Prozeduralisierung, S. 12, 14, der diese Funktion wohl nicht als eigene Kategorie anerkennt.

799 *Pünder*, Grundlagen des Verwaltungsverfahrensrechts, in: JuS 2011, 289 (289).

800 Vgl. zur Unterscheidung von Verfahren und Organisation: *Alexy*, Theorie der Grundrechte, S. 430 f. der das Verfahren als System von Regeln und / oder Prinzipien zur Erzeugung eines Ergebnisses begreift, so dass auch Regeln der Organisation darunter fallen.

801 *Schmidt-Aßmann*, in: Merten/Papier, Handbuch der Grundrechte, Bd. II, § 45 Rn. 33.

Verwaltungsorganisation eine gegenseitige Kontrollmöglichkeit innerhalb und außerhalb der Verwaltung geschaffen, die das Entscheidungsverfahren und das Entscheidungsergebnis absichern soll. Ebenso wie das Verfahren, können durch die Einbindung Privater in die Organisationsstrukturen Akzeptanz und Transparenz erzeugt sowie Teilhabe ermöglicht werden.

B. Anforderungen der Verfassung an Verwaltungsverfahren und Organisation

Die Grundrechte entfalten neben ihrer strikten normativen Bindungswirkung (Art. 1 Abs. 3 GG) auch eine prinzipielle Geltungskraft in einzelnen Bereichen.[802] Dieser sog. objektiv-rechtliche Gehalt zeigt sich z. B., wenn er zur Gewährleistung eines effektiven Grundrechtsschutzes Maßstäbe für die Gestaltung, Auslegung und Anwendung des verwaltungsrechtlichen Verfahrens und der Organisation setzt (Ausstrahlungswirkung).[803]

I. Verfahren

Aufgrund der gesetzgeberischen Gestaltungsfreiheit lassen sich aus den Grundrechten, so das *BVerfG*, allerdings nur verfassungsrechtliche Mindeststandards i. S. v. rechtsstaatlich unverzichtbaren Verfahrensanforderungen ableiten.[804]

---

802 *Sachs*, in: Sachs, GG, Vor Art. 1 Rn. 27-29, mit Kritik an dem Begriff „objektiv-rechtlich".

803 *Sachs*, in: Sachs, GG, Vor Art. 1 Rn. 34; ein Überblick über die Rechtsprechungshistorie der Leitentscheidungen findet sich z. B. bei: *Laubinger*, Grundrechtsschutz durch Gestaltung des Verwaltungsverfahrens, in: VerwArch 73 (1982), 60 (62-72); *BVerfG*, Beschluss vom 20.12.1979 - 1 BvR 385/77, Rn. 79, 82; Beschluss vom 25.02.1981 - 1 BvR 413/80, 1 BvR 768/80, 1 BvR 820/80, Rn. 62; Beschluss vom 14.05.1985 - 1 BvR 233/81, 1 BvR 341/81, Rn. 83; Beschluss vom 27.09.2007 - 2 BvR 725/07, Rn. 53; *VerfGH Sachsen*, Urteil vom 14.05.1996 - Vf. 44-II-94, Rn. 258; Urteil vom 10.03.2003 - Vf. 43-II-00, Rn. 216; *BVerwG*, Urteil vom 02.07.2003 - 3 C 46/02, Rn. 27; *OVG Lüneburg*, Urteil vom 15.03.2006 - 10 LB 7/06, Rn. 54; *VG Lüneburg*, Beschluss vom 12.12.1997 - 1 B 85/97, Rn. 8.

804 *BVerfG*, Beschluss vom 20.04.1982 - 2 BvL 26/81, Rn. 141; Urteil vom 14.05.1996 - 2 BvR 1516/93, Rn. 118; nachfolgend: *OVG Magdeburg*, Urteil vom 30.01.2008 - 3 L 75/06, Rn. 30; *OVG Lüneburg*, Urteil vom 15.03.2006 - 10 LB 7/06, Rn. 55; *VG Darmstadt*, Urteil vom 28.05.2003 - 8 E 752/03.A(2), Rn. 20; *LSG Mainz*, Urteil vom 19.12.2006 - L 3 U 2/06, Rn. 40; *Sachs*, in: Sachs, GG, Art. 20 Rn. 158; *Starck*, in: v. Mangoldt/Klein/Starck, GG, Art. 1 Rn. 203; *Jarass*, in: Jarass/Pieroth, GG. Vorb. Vor Art. 1 Rn. 11; mit Hinweis auf die durch BVerfG, Beschluss vom 20.12.1979 - 1 BvR 385/77, Rn. 83, 81 und Beschluss vom 14.11.1979 - 1 BvR 654/79, Rn. 41 ausgelöste

Danach darf die Ausgestaltung nicht die Gefahr einer Entwertung materieller Grundrechtspositionen begründen.[805] Vorhandene Vorschriften müssen grundrechtsfreundlich ausgelegt und angewendet (sog. Grundrechtsschutz im Verfahren[806]) werden.[807]

Anstelle[808] oder neben[809] den Grundrechten werden das Rechtsstaatsprinzip, das Demokratieprinzip, der Gesetzesvorbehalt und der Grundsatz effektiven Rechtsschutzes zur Begründung von Verfahrensanforderungen herangezogen.

Die Frage, wie ein verfassungskonformes Verfahren gestaltet sein muss, ist besonders schwierig zu beantworten, weil die Ableitung nicht mit den herkömmlichen juristischen Methoden (etwa Subsumtionsschluss) vollzogen werden kann, sondern auf Basis einer sorgfältigen Analyse von Erfahrungssätzen und Wirkungszusammenhängen erfolgen muss.[810] Dementsprechend wird von Teilen der Literatur vertreten, aus den Grundrechten ließen sich

---

Diskussion über die Gewährleistung eines bestmöglichen Grundrechtsschutzes durch Verfahren: *Denninger*, in: Isensee/Kirchhof, Handbuch des Staatsrechts, Bd. V, 2000, § 113 Rn. 21-26; ebenfalls: *Papier*, in: Maunz/Dürig, GG, Art. 14 Rn. 48 mit dem Hinweis auf die Überinterpretation der Judikatur und der Verkennung der Garantiefunktion der Grundrechte; zur Diskussion auch *Schmidt-Aßmann*, Merten/Papier, Handbuch der Grundrechte, Bd. II, § 45 Rn. 30 und der Bemerkung, dass diese Sichtweise heute kaum noch Anhänger finde.

805 *BVerfG*, Beschluss vom 08.02.1983 - 1 BvL 20/81, Rn. 31; Beschluss vom 16.03.2006 - 2 BvR 170/06, Rn. 32; Beschluss vom 04.04.2006 - 2 BvR 523/06, Rn. 18; Beschluss vom 11.06.2008 - 2 BvR 806/08, Rn. 33; Beschluss vom 17.01.2013 - 2 BvR 2098/12, Rn. 42; *OVG Münster*, Urteil vom 07.09.2010 - 6 A 3164/08, Rn. 152; *VerfGH Sachsen*, Beschluss vom 23.02.2012 - Vf. 5-IV-12, Rn. 27; *BGH*, Beschluss vom 19.03.2013 - StB 2/13, Rn. 14; *OLG Celle*, Beschluss vom 06.01.2009 - 1 Ws 629/08, Rn. 6.

806 Zur Begrifflichkeit: *Bonk/Schmitz*, in: Stelkens/Bonk/Sachs, VwVfG, § 1 Rn. 45.

807 *BVerfG*, Beschluss vom 14.05.1985 - 1 BvR 341/81, Rn. 83 m. w. N.

808 Z. B. *Ule*, Verwaltungsverfahren und Verwaltungsgerichtsbarkeit, in: DVBl 1957, 597 (601 f.); *Laubinger*, Grundrechtsschutz durch Gestaltung des Verwaltungsverfahrens, in: VerwArch 73 (1982), 60 (83 f.); kritisch zu dieser Einschränkung: *von Mutius*, Grundrechtschutz contra Verwaltungseffizienz im Verwaltungsverfahren?, in: NJW 1982, 2150 (2156).

809 *Schmidt-Aßmann*, Merten/Papier, Handbuch der Grundrechte, Bd. II, § 45 Rn. 13, 15, 59; *Schmidt-Aßmann*, in: Isensee/Kirchhof, Handbuch des Staatsrechts, Bd. II, 2004, § 26 Rn. 75; *Bonk/Schmitz*, in: Stelkens/Bonk/Sachs, VwVfG, § 1 Rn. 42 f., 45; *Pünder*, Grundlagen des Verwaltungsverfahrensrechts, in: JuS 2011, 289 (291).

810 *Schmidt-Aßmann*, in: Merten/Papier, Handbuch der Grundrechte, Bd. II, § 45 Rn. 12, 33, 36, 45, 54, 59, 61; *Müller-Franken*, in: Schmidt-Bleibtreu, GG, Vorb. v. Art. 1 Rn. 19.

regelmäßig nur negative Aussagen darüber ableiten, wie ein Verfahren nicht gestaltet sein dürfe.[811] Einige Autoren gewinnen aus dem Zusammenspiel zwischen den Grundrechten und den Verfassungsprinzipien allgemein gültige Grundsätze zur Verfahrensgestaltung.[812] Diese treffen aber noch keine Aussage darüber, welche Einzelausprägungen, auch differenziert nach den verschiedenen Verfahrenstypen, zum Verfassungsbestand gehören.[813] Eine belastbare Dogmatik konnte aus diesen Erwägungen noch nicht entwickelt werden.[814]

1. *Verfassungsrechtliche Mindeststandards*

Bonk und *Schmitz* haben nach einer Auswertung von Rechtsprechung und Literatur die verfassungsrechtlichen Mindeststandards wie folgt zusammengefasst:[815]

Das Verfahren muss

- in Bezug auf die Regelungsmaterie sachgerecht, zumutbar und zwecktauglich sein,
- Fairness und Objektivität gewährleisten,
- ein Mindestmaß an rechtlichem Gehör und Verfahrensteilhabe garantieren,
- eine Mitteilungspflicht hinsichtlich der Gründe eines Eingreifens beinhalten,[816] damit die Beteiligten nicht zu einem bloßen Objekt degradiert werden,

---

811 Bei isolierter Betrachtung der Grundrechte: *Schmidt-Aßmann*, in: Merten/Papier, Handbuch der Grundrechte, Bd. II, § 45 Rn. 38 f., 71; *Laubinger*, Grundrechtsschutz durch Gestaltung des Verwaltungsverfahrens, in: VerwArch 73 (1982), 60 (80 f.).

812 *Bonk/Schmitz*, in: Stelkens/Bonk/Sachs, VwVfG, § 1 Rn. 42; *Denninger*, in: Isensee/Kirchhof, Handbuch des Staatsrechts, Bd. V, 2000, § 113 Rn. 29; zur Kritik an dieser Vorgehensweise aus Sicht der juristischen Methodenlehre und zum Zusammenspiel von Grundrechten und Rechtsstaatsprinzip: *Schmidt-Aßmann*, in: Isensee/Kirchhof, Handbuch des Staatsrechts, Bd. III, 1996, § 70 Rn. 19.

813 *Laubinger*, Grundrechtsschutz durch Gestaltung des Verwaltungsverfahrens, in: VerwArch 73 (1982), 60 (76); *Schmidt-Aßmann*, in: Isensee/Kirchhof, Handbuch des Staatsrechts, Bd. III, 1996, § 70 Rn. 20.

814 Vgl. zu den Ansätzen: *Schmidt-Aßmann*, in: Merten/Papier, Handbuch der Grundrechte, Bd. II, § 45 Rn. 40-44, 71; *Schmidt-Aßmann*, in: Isensee/Kirchhof, Handbuch des Staatsrechts, Bd. III, 1996, § 70 Rn. 12 f.

815 *Bonk/Schmitz*, in: Stelkens/Bonk/Sachs, VwVfG, § 1 Rn. 42 f.; *Bonk*, Strukturelle Änderungen des Verwaltungsverfahrens durch das Genehmigungsverfahrensbeschleunigungsgesetz, in: NVwZ 1997, 320 (322 f.).

816 Zu dieser Auslegung: *Stelkens*, in: Stelkens/Bonk/Sachs, VwVfG, § 39 Rn. 2.

- die Funktionsfähigkeit, Effektivität und Effizienz[817] der Verwaltung sicherstellen.

Zudem darf das Verfahren den gerichtlichen Rechtsschutz nicht vereiteln oder unzumutbar erschweren. Zwischen widerstreitenden Prinzipien ist ein sachgerechter Interessenausgleich herzustellen. Die Gestaltungsfreiheit des Gesetzgebers wird dabei durch den Grundsatz der Verhältnismäßigkeit beschränkt.[818]

2. *Verfassungsrechtliche Mindeststandards im Sanierungsverfahren?*

Es wird nun geprüft, ob diese Mindeststandards im Sanierungsrecht eingehalten wurden.

a) Einfachgesetzliche Vorgaben

Gemäß § 137 BauGB soll die Sanierung mit den Betroffenen möglichst frühzeitig erörtert werden. Sie sollen zur Mitwirkung bei der Sanierung und zur Durchführung der erforderlichen baulichen Maßnahmen angeregt und hierbei im Rahmen des Möglichen beraten werden. Inhaltlich sind die drei Sollens-Pflichten nicht weiter konkretisiert, allerdings ergeben sich der maßgebliche Zeitraum, ihr Gegenstand sowie die Art und Weise ihrer Durchführung aus den gesetzgeberischen Motiven. Denn die Vorgängervorschriften der §§ 1 Abs. 4 Satz 2, 4 Abs. 1 Satz 2 und Abs. 2 Satz 2, 9 StBauFG 1971 enthielten dazu konkrete Ausgestaltungen und Erwägungen. Diese sollten in der zusammenfassenden Regelung des § 137 BauGB fortwirken, die inhaltlich mit den Vorgaben des StBauFG 1971 übereinstimmen sollte.[819] Die vormals detailliert geregelten Verfahrensanforderungen entsprachen zudem allgemeinen Rechtsgrundsätzen.[820]

Demgemäß ist § 137 BauGB während der gesamten Vorbereitungsphase und der Durchführungsphase anzuwenden. § 141 Abs. 1 Satz 1 HS. 1 BauGB hat lediglich klarstellende Bedeutung.[821]

Gegenstand der Erörterung sind die die Ziele und Zwecke der Sanierung (§§ 4 Abs. 1 Satz 2, 9 Abs. 1 StBauFG 1971) sowie die nachteiligen Auswirkungen

---

817 Zur Unterscheidung von Effektivität und Effizienz: *Scholz*, in: Enzyklopädie der Betriebswirtschaftslehre, Spalte 533: Effektivität = Maßgröße für Zielerreichung (Output) und Effizienz = Maßgröße für Wirtschaftlichkeit (Output / Input-Relation).

818 *von Mutius*, Grundrechtschutz contra Verwaltungseffizienz im Verwaltungsverfahren?, in: NJW 1982, 2150 (2158).

819 *Deutscher Bundestag*, Drucksache 10/4630, S. 118.

820 *Deutscher Bundestag*, Drucksache 10/4630, S. 118.

821 *Deutscher Bundestag*, Drucksache 13/6392, S. 13, 64.

(§ 4 Abs. 2 Satz 2 StBauFG1971). Der Inhalt richtet sich nach dem jeweiligen Stand der Planung (§§ 4 Abs. 2 Satz 2, 9 Abs. 1 StBauFG 1971).

Eine förmliche Ausgestaltung sieht § 137 BauGB nicht vor. Nach dem Gedanken des § 9 Abs. 3 und Abs. 4 StBauFG 1971 muss den Betroffenen aber eine Frist zur Stellungnahme eingeräumt werden. Zudem müssen die wichtigen Ergebnisse schriftlich niedergelegt werden. Die Art und Weise der Beteiligung oder der Bekanntmachung sind nicht geregelt. Nach seinem Wortsinn zielt die Erörterung auf eine ausführliche Diskussion über einen noch nicht geklärten Sachverhalt ab.[822] Dies impliziert einen gegenseitigen Informationsaustausch sowie eine Verarbeitung dieser Information. Die Ausgestaltung richtet sich weiterhin nach dem Zweck,[823] den das Verfahren verfolgt. Den Regelungen des StBauFG 1971 lag die Erwägung zu Grunde, das Prinzip der Demokratisierung in das Sanierungsrecht zu integrieren.[824] Dies sollte durch eine stärkere Information der Bürger über die Planung sowie durch eine stärkere Mitwirkung der Betroffenen an dem Planungsprozess geschehen.[825] Dadurch sollten die Bedürfnisse für eine gerechte Abwägung ermittelt, das Miteinender verbessert und erleichtert sowie die Planung auf die Zustimmung eines möglichst breiten Bevölkerungskreises gestützt werden.[826] Den Betroffenen sollte zudem Gelegenheit zur Einflussnahme und Kooperation gegeben werden.[827] Auch sollten den gesellschaftlichen Zusammenhängen besondere Aufmerksamkeit geschenkt werden, da die Sanierung regelmäßig und in erster Linie Eingriffe nach sich zieht.[828] Auf den engen Zusammenhang zur Sozialplanung nach § 180 BauGB wurde bereits hingewiesen.[829] Mithin sollen durch die Verfahrensgestaltung folgende Ziele erreichen werden: die Befriedigung des Informationsinteresses der Behörde, insbesondere bezüglich der betroffenen Belange sowie das Unterrichtungsinteresse der Öffentlichkeit, um eigene Rechtspositionen durch Einflussmöglichkeiten zu wahren und die Akzeptanz der Entscheidung zu erhöhen.

---

822 *Bibliographisches Institut GmbH*, Duden, Wörterbuch, erörtern, abrufbar unter: http://www.duden.de/rechtschreibung/eroertern.

823 Vgl. Kapitel 3, B. I. 1. zur Zwecktauglichkeit des Verfahrens.

824 *Deutscher Bundestag*, Schriftlicher Bericht zu Drucksache 6/2204, S. 3, 5.

825 *Deutscher Bundestag*, Drucksache 6/1497, S. 49.

826 *Deutscher Bundestag*, Drucksache 6/1497, S. 50.

827 *Deutscher Bundestag*, Schriftlicher Bericht zu Drucksache 6/2204, S. 5; Drucksache 10/4630, S. 118.

828 *Deutscher Bundestag*, Schriftlicher Bericht zu Drucksache 6/2204, S. 5.

829 Vgl. Kapitel 1, B. IV.

Daneben ist § 141 Abs. 1 Satz 1 BauGB zu beachten, danach hat die Gemeinde vor der förmlichen Festlegung des Sanierungsgebiets die vorbereitenden Untersuchungen durchzuführen oder zu veranlassen, die erforderlich sind, um Beurteilungsunterlagen zu gewinnen. Gemäß Abs. 2 kann von den vorbereitenden Untersuchungen abgesehen werden, wenn hinreichende Beurteilungsunterlagen bereits vorliegen. Auch diesbezüglich hat es der Gesetzgeber bei einer kursorischen Regelung belassen. Die Ausgestaltung der Informationsgewinnung obliegt der Kommune. Sie ist darauf gerichtet, die in § 142 Abs. 1 BauGB näher beschriebenen Beurteilungsgrundlagen zu ermitteln. Es besteht lediglich die Pflicht, die Gründe, die eine Sanierung rechtfertigen, in darlegbarer Weise zu prüfen, wie es das frühere Recht in Form eines Berichts forderte.[830]

b) Bewertung

An der verfassungsmäßigen Eignung dieser Regelung bestehen grundsätzlich keine Zweifel. Den Betroffenen wird durch § 137 BauGB einerseits Teilhabe und rechtliches Gehör gewährleistet. Andererseits wird die Kommune in die Pflicht genommen, die Öffentlichkeit zu informieren. Um den Bedürfnissen der Beteiligten in jedem Verfahrensstadium Rechnung zu tragen, ist § 137 BauGB nicht auf eine einmalige Erörterung begrenzt. Die Regelung normiert damit eine Daueraufgabe. Dem Grundsatz der Effektivität der Verwaltung folgend, ist § 137 BauGB als Soll-Vorschrift ausgestaltet. Das bedeutet, sie darf in atypischen Fällen, wenn den gesetzlichen Zwecken bereits genüge getan ist, von der Ausführung der an sie gerichteten Pflichten absehen. Gleiches gilt für die vorbereitenden Untersuchungen nach § 142 Abs. 2 BauGB, wenn bereits hinreichende Beurteilungsunterlagen vorliegen. Die Ausgestaltung im Einzelnen obliegt der Kommune. Mithin ist sie in der Pflicht die grds. geeigneten Regelungen mit Inhalt zu füllen und den Grundsätzen der Zumutbarkeit, Fairness und Objektivität Rechnung zu tragen. Eine solche Verlagerung liegt im Gestaltungsspielraum des Gesetzgebers, der sachgerechte Mindestregelungen erlassen hat. Das Verfahrensrecht begründet damit eine Handlungspflicht der Kommune, die grundsätzlich geeignet ist, einen angemessenen „vorgezogenen Rechtsschutz“[831] zu gewährleisten.

Offen ist, ob dies auch für den Grundrechtsschutz im Verfahren gilt. Zwar ist die Behörde verpflichtet, die gesetzlichen Vorgaben einzuhalten. Allerdings schleichen sich in das Verwaltungsverfahren umso leichter Fehler ein, je komplizierter es ist.[832] Für das Sanierungsverfahren steht die Komplexität außer

830 *Deutscher Bundestag*, Drucksache 13/6392, S. 65.

831 Vgl. zu Terminologie z. B.: *BVerwG*, Urteil vom 05.10.1990 - 7 C 55/89, Rn. 22.

832 So schon: *Roßnagel*, Verfahrensfehler ohne Sanktion?, in: JuS 1994, 927 (927).

Frage. Mithin stellt sich die Frage, ob es sachgerecht ist, dass gerade für dieses Verfahren weder ein Verstoß gegen § 137 BauGB noch einer gegen § 141 BauGB beachtlich ist, § 214 Abs. 1 Nr. 2 BauGB. Erst, wenn sich die Verfahrensfehler auf das Abwägungsergebnis auswirken, kann eine Sanierungssatzung aufgehoben werden, § 214 Abs. 3 BauGB.

Im Kontext mit der Fehlerfolgenfrage wird zum Teil vertreten, die Bedeutung des Verfahrensrechts hänge von den Sanktionsmöglichkeiten ab, die ihre Verletzung nach sich ziehe.[833] Das bedeutet, wenn der Gesetzgeber zur Ausformung unverzichtbarer Verfahrensanforderungen verpflichtet ist, dann müsste dieser Maßstab konsequenter Weise auch für die Bewertung gelten, ob die Verletzung einer Verfahrensvorschrift sanktionslos gestellt werden darf. Denn andernfalls könnte die verfassungsrechtlich gesicherte und vom Gesetzgeber umgesetzte Position durch die Unbeachtlichkeitsklausel ausgehöhlt werden.

Für die Bauleitplanung ist geklärt, dass die Planerhaltungsvorschriften verfassungsgemäß ausgestaltet sind.[834] Für das Sanierungsverfahren könnte etwas anderes gelten. Immerhin sollten die Verfahrensvorschriften der Demokratisierung des Rechts dienen. Die Mitwirkung der Betroffenen wurde nicht nur hervorgehoben, um das Informationsinteresse der Kommune zu befriedigen, sondern auch um die Positionen der Betroffenen zu stärken. In der Literatur wird zudem die disponierte Stellung des § 137 BauGB im Gesamtgefüge des Sanierungsrechts betont, mit dem Hinweis, eine formale Beteiligung genüge den gesetzlichen Anforderungen nicht.[835]

Demnach könnte der Gesetzgeber seine Gestaltungsfreiheit hier einseitig und in unverhältnismäßiger Weise zu Gunsten der Planerhaltung ausgeübt haben. Der legitime Zweck dieser Vorschrift steht außer Frage. Zur Steigerung der Verwaltungseffizienz und Beschleunigung des Verfahrens sollte einer weitreichenden Aufhebung der fehleranfälligen Pläne des Städtebaurechts durch die Gerichte Einhalt geboten werden. Legitimierend wirkt auch der Grundsatz, wonach Verfahren kein Selbstzweck ist, sondern der Verwirklichung des materiellen Rechts dient. Die Planerhaltungsvorschrift ist für die Erreichung dieser Ziele

833 *Hoppe*, Erste Überlegungen zum „Grundsatz der Planerhaltung", S. 96 f.; *Roßnagel*, Verfahrensfehler ohne Sanktion?, in: JuS 1994, 927 (930); a. A. *Ossenbühl*, Verwaltungsverfahren zwischen Verwaltungseffizienz und Rechtsschutzauftrag, in: NVwZ 1982, 465 (471, FN 76).

834 *Uechtritz*, in: Spannowsky/Uechtritz, BauGB, § 214 Rn. 15; siehe auch die Veränderung in der Kommentierung bei: *Battis*, in: Battis/Löhr/Krautzberger, BauGB, § 3 Rn. 4 und *Battis*, in: Battis/Löhr/Krautzberger, BauGB, 4. Auflage, § 3 Rn. 4.

835 *Krautzberger*, in: Ernst/Zinkahn, BauGB, § 137 Rn. 15.

auch geeignet und erforderlich. Denn wenn sich Verfahrensfehler nicht auf die Rechtmäßigkeit der Planung auswirken, bleibt der Kommune eine Verfahrenswiederholung erspart. Ein milderes, gleich effektives Mittel ist nicht ersichtlich. Da derzeit kein Verfahrensfehler beachtlich ist, führt jede Form der Differenzierung zwangsläufig zu einer erhöhten Aufhebungsquote. Die Regelung ist angemessen, wenn sie nicht zu einer Gefährdung der materiellen Grundrechtsposition der Sanierungsbetroffenen führt. Eine besondere Gefährdung von Art. 14 GG und Art. 2 GG könnte sich vorliegend daraus ergeben, dass der sanierungsrechtliche Planungsvorgang besonders komplex ist und aufgrund von Letztentscheidungsspielräumen der Verwaltung die gerichtliche Kontrolle reduziert wird. Mithin sind die Betroffenen auf ein objektives und faires Verfahren angewiesen, um ihre Rechtspositionen zu schützen. Zudem kommt dem Verfahren ein Eigenwert zu, weil dadurch erst die relevanten Belange ermittelt werden können. Anders als bei der Bauleitplanung differenziert das Gesetz auch nicht zwischen den einzelnen Beteiligungspflichten, sondern erklärt sie insgesamt für unbeachtlich. Es fehlt also ein ausgewogenes, abgestuftes System. Erfasst ist auch das Erfordernis einer „substantiellen Anhörung“[836], und zwar neben der ohnehin schon bestehenden Möglichkeit in atypischen Fällen von der Erörterung abzusehen.

Andererseits ist § 214 BauGB als System zu verstehen. Nach § 214 Abs. 3 Satz 2 HS. 2 BauGB sind Fehler im Abwägungsverfahren zumindest dann erheblich, wenn sie offensichtlich und auf das Abwägungsergebnis von Einfluss gewesen sind. Diese Vorschrift wird verfassungskonform dahingehend ausgelegt, dass ein Mangel im Abwägungsvorgang schon dann auf das Abwägungsergebnis von Einfluss gewesen ist, wenn die konkrete Möglichkeit besteht, dass ohne den Mangel anders geplant worden wäre.[837] Da zum Abwägungsvorgang die Zusammenstellung des Abwägungsmaterials gehört, wird dadurch ein Stück weit Verfahren[838] gewährleistet. Dabei ist auch die sanierungsrechtliche Besonderheit zu

836 Dazu: *BVerwG*, Urteil vom 12.11.1997 - 11 A 49/96, Rn. 28 zur Fachplanung, mit dem Hinweis, das Anhörungsrecht ziele wie in jedem Verwaltungsverfahren auf eine substantielle Anhörung ab; *Bonk/Schmitz*, Stelkens/Bonk/Sachs, VwVfG, § 1 Rn. 42, die bei eigener Grundrechtsbetroffenheit ein Mindestmaß an rechtlichem Gehör und Partizipation im Verfahren als notwendig erachten; *Schmidt-Aßmann*, in: Merten/Papier, Handbuch der Grundrechte, Bd. II, § 45 Rn. 38, der ein Anhörungsrecht als grundrechtsgebotenen Mindeststandard ansieht, für denjenigen der von einer staatlichen Entscheidung konkret betroffen wird.

837 *BVerwG*, Urteil vom 21.08.1981 - 4 C 57/80, Rn. 27 für die Bauleitplanung.

838 Vgl. zur Möglichkeit die Ermittlung und Bewertung als verfahrensrechtliche Elemente zu bewerten: Kapitel 2, D. 6. a) cc) (3).

berücksichtigen, dass die Kommune bei der Zusammenstellung des Abwägungsmaterials oftmals auf Auskünfte der Betroffenen angewiesen ist. Sie muss also zwingend mit den Betroffenen zusammenarbeiten, um das Material zusammenzustellen, so dass die Notwendigkeit einer Absicherung der Verfahrensvorschrift insoweit in den Hintergrund tritt. Auch ist die Planerhaltung nicht Ursache dafür, dass in dem Zeitpunkt, in dem die Rechtswidrigkeit der Abwägungsentscheidung gerichtlich erkannt wird, bereits realisierte Eigentumsbeschränkungen unumkehrbar sind. Denn dieses Defizit wird durch die gesetzgeberische Entscheidung bedingt, nachträglichen statt verfahrensbegleitenden Rechtsschutz (§ 44a VwGO) zu gewähren. Außerdem werden die §§ 137, 141 BauGB durch einzelne Verfahrensvorschriften ergänzt, wenn aufgrund der Sanierungssatzung weitere Rechtsakte erlassen werden. Hier zeigen sich die unterschiedlichen Schwerpunkte der Teilhaberechte. Während bei der demokratischen Partizipation der Gedanke der Gemeinwohl dienenden Aufgabe im Vordergrund steht,[839] liegt er bei der eingriffbedingten in der Verteidigung der subjektiven Rechte.

Es zeigt sich, dass sich die Argumente, die für eine Gefährdung der materiellen Grundrechtspositionen sprechen, nicht direkt auf die Unbeachtlichkeitsklausel beziehen, sondern die Anwendung der Verfahrensvorschrift in Bezug nehmen. Folglich beruht die Annahme der Verfassungswidrigkeit allein auf der These, die Bedeutung der Verfahrensvorschriften stehe und falle mit der Möglichkeit sie durchzusetzen. In der Praxis ergeben sich, soweit ersichtlich, aber keine untragbaren Zustände, die aus der Missachtung des Verfahrensrechts durch die Kommune resultieren. Zwar werden von den Betroffenen immer wieder Verfahrensfehler bemängelt.[840,841] Da die Gerichte aber die Ermittlungstätigkeit zumindest in den Grenzen des § 214 Abs. 3 BauGB[842] überprüfen, werden die Betroffenen geschützt und die Behörden an ihre Pflicht

839 Vgl. *BVerwG*, Beschluss vom 03.08.1982 - 4 B 145/82, Rn. 6 zur Bauleitplanung; *Schmitt Glaeser*, Partizipation an Verwaltungsentscheidungen, in: VVDStRL 31 (1973), 179 (227) zum Thema Partizipation und Demokratieprinzip.

840 Z. B. *OVG Münster*, Urteil vom 24.07.2009 - 7 D 130/08.NE, Rn. 70; Urteil vom 23.08.2008 - 7 D 37/07.NE, Rn. 67; Urteil vom 16.10.2006 - 7 D 69/05.NE, Rn. 37; *VGH Kassel*, Beschluss vom 29.10.1991 - 4 N 1815/85, Rn. 41; *VGH Mannheim*, Urteil vom 24.03.2011 - 5 S 163/09, Rn. 23; Urteil vom 08.07.2010 - 5 S 3092/08, Rn. 47.

841 Anmerkung zur FN 840: Vorsorglich ist darauf hinzuweisen, dass eine Auswertung der Rechtsprechung keine gesicherten Erkenntnisse bringen dürfte, weil davon auszugehen ist, dass vor dem Hintergrund der Unbeachtlichkeit von Verfahrensfehlern, diese nicht in allen Fällen im Rahmen der formellen Rechtmäßigkeit vorgetragen wurden.

842 Soweit nicht § 215 Abs. 1 Satz 1 Nr. 3 BauGB eingreift.

zum rechtmäßigen Handeln erinnert. Damit ist auch eine ausreichende Kontrolle gewährleistet.

Die derzeitige Ausgestaltung der Vorschriften macht es rechtspraktisch zudem schwierig, die Verletzung von § 137 BauGB zu kontrollieren. Denn das Verfahren ist nicht förmlich ausgestaltet. Zwar könnte als maßgeblicher Zeitpunkt der Erlass der Sanierungssatzung bestimmt werden. Da die genaue Ausgestaltung der Erörterung nicht vorgegeben ist, würde eine Überprüfung aber in einer unübersichtlichen Einzelfalljudikatur münden.

c) Ergebnis

Demzufolge hat der Gesetzgeber mit Erlass der §§ 137, 141 BauGB die verfassungsrechtlichen Mindeststandards, auch unter Beachtung des Planererhaltungsgrundsatzes, eingehalten. Die weitreichenden Handlungspflichten der Kommune werden durch eine reduzierte Kontrollmöglichkeit der Gerichte ergänzt. Da die Teilhaberechte mittelbar über § 214 Abs. 3 Satz 2 HS. 2 BauGB geschützt werden, ergibt sich ein ausgewogenes Verhältnis zwischen der Teilhabemöglichkeit in seinen verschiedenen Ausprägungen und der Verwaltungseffizienz.

II. Organisation

Auch aus dem Bedürfnis einer geeigneten Organisation dürften sich Mindeststandards an organisatorische Maßnahmen ableiten lassen, die der Gefahr einer Grundrechtsverletzung entgegenwirken sollen.[843] Dabei bildet das Rechtsstaatsprinzip in seiner Ausprägung als Gewaltenteilungsgrundsatz den Kern der verfassungsrechtlichen Anforderungen.[844] Es fordert einerseits die Konstituierung der Exekutive als Handlungsgefüge und andererseits eine innere, aufgabengerechte Organisationsstruktur.[845] Unstreitig lässt sich dem Rechtsstaatsprinzip

843 So zumindest für das Erfordernis organisatorische Maßnahmen zu ergreifen, um gerichtlichen Rechtsschutz nicht zu vereiteln oder unzumutbar zu erschweren: *BVerfG*, Urteil vom 14.05.1996 - 2 BvR 1516/93, Rn. 136 f. und - anders gelagert - für das Verbot den Wissenschaftsbetrieb organisatorisch so zu gestalten, dass die Gefahr der Funktionsunfähigkeit oder der Beeinträchtigung des für die wissenschaftliche Betätigung erforderlichen Freiheitsraumes herbeigeführt wird: *BVerfG*, Beschluss vom 26.06.1979 - 1 BvR 290/79, Rn. 31.

844 *Sachs*, in: Sachs, GG, Art. 20 Rn. 159.

845 *Schmidt-Aßmann*, in: Isensee/Kirchhof, Handbuch des Staatsrechts, Bd. II, 2004, § 26, Rn. 79; *Ossenbühl*, Aktuelle Probleme der Gewaltenteilung, in: DÖV 1980, 545 (548 f.).

kein Gebot einer bestimmten Verwaltungsgliederung entnehmen.[846] Hingegen wird das von einigen Autoren postulierte Gebot einer effektiven, also funktionsgerechten Organisationsstruktur[847] von anderen Autoren abgelehnt.[848]

In diesem Streitpunkt zeigen sich Überschneidungen zwischen Verfahren und Organisation. Denn die Effektivität der Verwaltung hängt einerseits von der Besetzung und inneren Struktur und andererseits von der Arbeitsweise und den prozessualen Entscheidungsvorgaben ab.[849]

1. *Verfassungsrechtliche Mindeststandards*

Als verfassungsrechtlicher Mindeststandard muss demnach gewährleistet sein, dass der zuständigen Behörde das Erstentscheidungsrecht obliegt und sie der Kontrolle durch die Rechtsprechung unterliegt.[850]

2. *Verfassungsrechtliche Mindeststandards im Sanierungsrecht?*

Diese Vorgaben werden durch das BauGB, das den Gemeinden die Entscheidungskompetenzen im Sanierungsverfahren einräumt, ergänzt durch die Gemeindeordnungen der Länder und das Rechtsschutzsystem der VwGO, eingehalten.

Die Gemeindeordnungen gehen durch die interne Zuständigkeitsverteilung über den verfassungsrechtlichen Mindeststandard hinaus. So entscheidet in Bayern nach Art. 29, 30 Abs. 2 BayGO der Gemeinderat über das Sanierungskonzept und die Durchführungsmaßnahmen, wenn es sich nicht um laufende Angelegenheiten i. S. d. Art. 37 Abs. 1 Satz 1 Nr. 1 BayGO handelt, für die der

---

846 *Krebs*, Isensee/Kirchhof, Handbuch des Staatsrechts, Bd. V, 2007, § 108 Rn. 91.

847 *Küster*, Das Gewaltenproblem im modernen Staat, in: AöR 75 (1949), 397 (402); *Ipsen*, Richterrecht und Verfassung, S. 133-135; *Hesse*, Grundzüge des Verfassungsrechts der Bundesrepublik Deutschland, Rn. 488; *Magiera*, Parlament und Staatsleitung in der Verfassungsordnung des Grundgesetzes, S. 90; *Ossenbühl*, Aktuelle Probleme der Gewaltenteilung, in: DÖV 1980, 545 (548 f.); *Krebs*, Isensee/Kirchhof, Handbuch des Staatsrechts, Bd. V, 2007, § 108 Rn. 90.

848 Ohne Begründung: *Sachs*, in: Sachs, GG, Art. 20 Rn. 161, wonach das Rechtsstaatsprinzip neben dem Erfordernis einer Rechtsaufsicht keine konkreten Forderungen erlaube, differenzierend: Lerche, Die Verfassung als Quelle von Optimierungsgeboten?, in: Burmeister (Hrsg.), Verfassungsstaatlichkeit: Festschrift für Klaus Stern zum 65. Geburtstag, S. 204 ff.

849 Vgl. zu den Bewertungskriterien: *Ossenbühl*, Aktuelle Probleme der Gewaltenteilung, in: DÖV 1980, 545 (549).

850 *Bonk/Schmitz*, in: Stelkens/Bonk/Sachs, VwVfG, § 1 Rn. 42.

erste Bürgermeister zuständig ist. Ebenso erlässt er den Satzungsbeschluss, Art. 29, 30 Abs. 2, 32 Abs. 2 Satz 2 Nr. 2 BayGO. Dagegen ist z. B. in Niedersachsen die Vertretung nach § 58 Abs. 1 Nr. 5 NKomVG für den Satzungsbeschluss zuständig. Die Entscheidungen über das Sanierungskonzept oder die Durchführungsmaßnahmen richten sich nach den §§ 85 Abs. 1 Nr. 7, 76 Abs. 2 Satz 1, 58 Abs. 3 NKomVG. Daher entscheidet der Hauptausschuss in der Regel im Rahmen seiner Auffangkompetenz, wenn kein Geschäft der laufenden Verwaltung vorliegt oder sich die Vertretung die Beschlussfassung vorbehalten hat.

Einhellig wird davon ausgegangen, dass die kommunalverfassungsrechtlichen Regelungen bestimmen, welches Organ das Sanierungskonzept festlegt.[851] In jedem Fall - also auch wenn diese Entscheidung einem Ausschuss übertragen worden ist - genüge eine formlose Billigung durch die Gemeindevertretung.[852]

a) Betrachtung der gemeindeinternen Zuständigkeitsregeln unter Berücksichtigung der im Kapitel 2 gefundenen Ergebnisse: Homogenitätsgebot

Auch auf kommunaler Ebene müssen alle wesentlichen Entscheidungen im grundrechtsrelevanten Bereich gemäß dem Homogenitätsgebot des Art. 28 Abs. 1 Satz 2 GG von der unmittelbar legitimierten Volksvertretung getroffen werden.[853] Eine Delegation dieser Aufgaben auf ein anderes Organ ist unzulässig.[854] Der Beschluss über die Sanierungssatzung dient nach der hier vertretenen Auffassung nur der Umsetzung der Gebietsfestlegung in einen verbindlichen Rechtssatz. Mithin könnte die Einhaltung der verfassungsrechtlichen Vorgaben

851 Z. B. *Mitschang*, in: Battis/Krautzberger/Löhr, BauGB, § 142 Rn. 16 und § 140 Rn. 3; *Wilkens*, Verwaltungsausschuß und Kreisausschuß in Niedersachsen, S. 183; *OVG Lüneburg*, in: ZfBR 1987, 206 (208), Urteil vom 30.10.1986 - 6 OVG A 32/85.

852 *OVG Lüneburg*, in: ZfBR 1987, 206 (208 f.), Urteil vom 30.10.1986 - 6 OVG A 32/85; *VGH Mannheim*, Urteil vom 08.07.2010 - 5 S 3092/08, Rn. 55; *Mitschang*, in: Battis/Krautzberger/Löhr, BauGB, § 142 Rn. 16; *BVerwG*, Urteil vom 15.01.1982 - 4 C 94.79, Rn. 35; Beschluss vom 23.07.1993 - 4 NB 26/93, Rn. 7; *OVG Magdeburg*, Urteil vom 16.06.2010 - 2 L 296/08, Rn. 42; *VGH München*, Beschluss vom 08.08.2008 - 15 ZB 07.2925, Rn. 18; VG Augsburg, Urteil vom 04.05.2006 - Au 5 K 05.1101, Rn. 32; offen gelassen: *OVG Münster*, Urteil vom 09.04.1990 - 22 A 1185/89, Rn. 28.

853 *Wefelmeier*, in: Blum/Baumgarten, NKomVG, § 10 Rn. 4; *Waechter*, Kommunalrecht, Rn. 488; *Schmidt-Jortzig*, Kommunale Satzungen als Form materieller Rechtssetzung durch Selbstverwaltungskörperschaften, ZG 1987, 193 (199).

854 *Meyer*, Ansatzpunkte und Maßstäbe gerichtlicher Kontrolle kommunaler Satzungen, in: JuS 2003, 117 (118); *Waechter*, Kommunalrecht, Rn. 287; *Schmidt-Jortzig*, Kommunale Satzungen als Form materieller Rechtssetzung durch Selbstverwaltungskörperschaften, ZG 1987, 193 (199).

bezweifelt werden, wenn ein Ausschuss abschließend die abwägende Entscheidung[855] trifft. Der Satzungsbeschluss könnte damit als leere Hülse der ihm eigentlich obliegenden Kompetenzen gedeutet werden. Als Konsequenz müsste dem Gemeinderat die Entscheidungsbefugnis auch hinsichtlich der Sanierungskonzeption als Annex[856] zur Satzungsbeschlusskompetenz (z. B. § 58 Abs. 1 Nr. 5 NKomVG) zugesprochen werden.

Gegen diese Auffassung spricht aber, dass dem Rat weiterhin die Entscheidung über die Anwendungsvoraussetzungen der Sanierung obliegt. Hier liegt eine wesentliche Kompetenz und Einflussmöglichkeit, da Grundlage der Beurteilung die konzeptionellen Vorüberlegungen sind. Mithin bleibt die Befugnis zur Willensbestimmung[857] gewahrt. Die „konzentriert hochkarätige Zusammenstellung“[858] des beschließenden Ausschusses sorgt dann für eine angemessene Entlastung des Rates. Auch zählt die Entscheidung nicht zu den wichtigsten kommunalen Geschäftsbereichen, da die Sanierungsgebiete grundsätzlich auf Teile des Gemeindegebiets begrenzt sind und sie regelmäßig von einer staatlichen Subventionierung abhängen. Demzufolge muss aus dem verfassungsrechtlichen Homogenitätsgebot keine verpflichtende Annexkompetenz der Gemeindevertretung abgeleitet werden.

b) Die gemeindeinternen Zuständigkeitsregeln als Untermauerung der im Kapitel 2 gefundenen Ergebnisse: Abwägungsgebot

Die gemeindeinternen Zuständigkeitsregeln stehen auch mit der hier vertretenen Ansicht[859] in Einklang, das Zusammenspiel zwischen Abwägung und Satzungsbeschluss im Sanierungsrecht und der Bauleitplanung unterschiedlich zu beurteilen.

---

855 Siehe dazu: Kapitel 2, III. D. 6.

856 Diese ist etwa in Niedersachsen nur in engen Ausnahmen zulässig, nachdem die Bedeutungskompetenz nicht in die Gemeindeordnung aufgenommen wurde, vgl. dazu: *Nds. LT*, Drucksache 9/1961, S. 4, 24; Drucksache 9/3110, S. 5; *Nds. LT*, Stenografische Berichte der Plenarsitzungen, WP 9, Bd. 5, Sp. 9968 f.; vgl. zu einer solchen Kompetenz im Bauplanungsrecht zur Gewährleistung einer einheitlichen Abwägungsentscheidung: *OVG Lüneburg*, in: BeckRS 1998, 21445, Abschnitt II. 1, Urteil vom 22.04.1998 - 1 K 2132/96; *BVerwG*, Urteil vom 25.11.1999 - 4 CN 12/98, Rn. 23; Beschluss vom 11.11.2002 - 4 BN 52/02, Rn. 5.

857 Vgl. zu diesem Begriff: *Schmidt-Jortzig*, Kommunale Satzungen als Form materieller Rechtssetzung durch Selbstverwaltungskörperschaften, ZG 1987, 193 (199).

858 So z. B. für den Hauptausschuss in Nds.: *Schwind*, in: Blum/Häusler, NKomVG, § 74 Rn. 7.

859 Vgl. Kapitel 2, D. 6. b) cc).

Zudem untermauern sie das in Kapitel 2 gefundene Ergebnis[860] zu der dogmatischen Einordnung von Sanierungsentschluss, Sanierungskonzept und Gebietsabgrenzung, wie sich aus folgenden Erwägungen ergibt: Rechtsprechung und Literatur gehen davon aus, dass die Prüfung der Bedenken und Anregungen i. S. d. § 3 Abs. 2 Satz 4 BauGB, als Teil der Abwägung inhaltlich so eng mit dem Satzungsbeschluss verbunden sei, das sie dem Gemeindeorgan obliege, welches den Satzungsbeschluss fasse.[861] Der abschließende Beschluss stelle lediglich den finalen Akt des Abwägungsprozesses dar.[862] Mithin beruht diese Ansicht auf der Annahme, dass die einzelnen, sich beeinflussenden Schritte von der Ermittlungstätigkeit bis zum endgültigen Abwägungsergebnis nicht getrennt voneinander beurteilt werden können.

Übertragen auf das Sanierungsrecht ergibt sich folgende Konsequenz: Die Abgrenzung des Sanierungsgebiets kann nicht losgelöst von den Zielen der Sanierung, den Anregungen und Bedenken der Betroffenen, den finanziellen Verhältnissen usw. bewertet werden. Mithin würde eine Abwägungsentscheidung des Gemeinderates über das Sanierungsgebiet und, z. B. in Niedersachsen, eine Entscheidung des Verwaltungsausschusses über die Ziele und Zwecke der Sanierung eine Aufspaltung von Abwägungsvorgang und einem Teil des Abwägungsergebnisses bedeuten. Da diese künstliche Trennung dem Wesen der einheitlichen Abwägung widersprechen würde, steht die Ausgestaltung der gemeindeinternen Zuständigkeitsregelungen im Einklang mit der Ansicht, die Sanierungskonzeption als einheitliches Herzstück der Planung zu betrachten.

---

860 Vgl. Kapitel 2, D. 6. d).

861 *OVG Lüneburg*, in: BeckRS 1998, 21445, Abschnitt II. 1, Urteil vom 22.04.1998 - 1 K 2132/96; *BVerwG*, Urteil vom 25.11.1999 - 4 CN 12/98, Rn. 23; Beschluss vom 11.11.2002 - 4 BN 52/02, Rn. 5; *OVG Münster*, Urteil vom 17.06.2011 - 2 D 106/09. NE, Rn. 61; Urteil vom 14.02.2007 - 10 D 31/04.NE, Rn. 29; *Krautzberger*, in: Ernst/Zinkahn, BauGB, § 3 Rn. 58.

862 *BVerwG*, Urteil vom 25.11.1999 - 4 CN 12/98, Rn. 23; *Reidt*, in: Battis/Krautzberger/Löhr, BauGB, § 10 Rn. 3, mit dem Hinweis, dass der Satzungsbeschluss Bestandteil der planerischen Abwägung gemäß § 1 Abs. 7 sei, daher müsse die Gemeindevertretung in der Lage sein, sich über den Planinhalt und die ihm zugrunde liegenden Erwägungen ein hinreichendes Bild zu machen; globaler für den Abwägungsvorgang und die abschließende Beschlussentscheidung: *Kautz*, Bürgerbegehren und Bürgerentscheid beim Erlass von Bebauungsplänen, in: BayVBl 2005, 193 (195); ihm folgend: *Kühling/Wintermeier*, Die Bauleitplanung als Gegenstand plebiszitärer Bürgerbeteiligung, in: DVBl 2012, 317 (319); ebenso: *Durinke/Fiedler*, Zulässigkeit und Grenzen von Bürgerbegehren und Bürgerentscheiden in der Bauleitplanung, in: ZfGR 2012, 531 (532 f.).

III. Ergebnis

Aus der Verfassung können nur in geringem Umfang Vorgaben für die Gestaltung des Verwaltungsverfahrens und der Organisation entnommen werden. Ihr Aussagewert begrenzt sich auf negative oder positive Grundsätze, die je nach Art des Verfahrens vom Gesetzgeber und der Verwaltung zu konkretisieren sind. Diese Vorgaben werden für das städtebauliche Sanierungsrecht eingehalten.

C. Konfliktbewältigung in und durch Verfahren und Organisation

Da das Verfassungsrecht keine Änderungs- oder Erweiterungspflichten für die Verfahrens- und Organisationsregeln begründet, können dahingehende Vorschläge nur als politisch gewollte Entscheidung umgesetzt werden.

I. Die Vorteile weiterer Verfahrens- und Organisationsanforderungen

Die Frage nach mehr Verfahren und Organisation steht im Konfliktfeld zwischen der Gewährleistung eines effizient ausgestalteten Rechtssystems und der Möglichkeit die Verfahrens- und Organisationsfunktionen durch Ergänzungen zu optimieren. Die Diskussion um die belastende Wirkung des Verfahrensrechts bezieht sich derzeit vornehmlich auf den Wirtschaftsstandort Deutschland und notwendige Infrastrukturprojekte. Allerdings lassen sich die Argumente auf das gesamte Planungsrecht übertragen. Die Kritiker nachhaltiger Verfahrensanforderungen befürchten eine längere Verfahrensdauer, höhere Kosten und eine steigende Fehleranfälligkeit.[863] Die Realisierung dieser Befürchtungen ist allerdings nicht zwingend. Zwar können Verfahrensverzögerungen ggf. ihren Ursprung im Verfahrensrecht haben, bestehende Defizite lassen sich aber durch die Gewinnung von Routine beim Ablauf der Verfahrensschritte und ein flankierendes Zeitmanagement begrenzen.[864] Auch die „Transaktionskosten" die durch

---

863 *Pietzcker*, Das Verwaltungsverfahren zwischen Verwaltungseffizienz und Rechtsschutzauftrag, in: VVDStRL 41 (1983), 193 (194); *Pünder*, Grundlagen des Verwaltungsverfahrensrechts, in: JuS 2011, 289 (293).

864 *Ziekow*, Neue Formen der Bürgerbeteiligung? Planung und Zulassung von Projekten in der parlamentarischen Demokratie, in: NJW-Beilage 2012, 91 (92) grds. zu Planungs- und Zulassungsverfahren; *Ziekow/Windoffer/Oertel*, Evaluation von Regelungen zur Beschleunigung von Genehmigungsverfahren - Ein Ansatz zur Schließung einer Forschungslücke, in: DVBl 2006, 1469 (1473), wonach eine empirische

den Zeit-, Personal- und Sachmitteleinsatz entstehen, lohnen sich. So können die Such- und Informationskosten z. B. durch eine Erörterung mit den Beteiligten gesenkt werden, da sich Konflikte im Gespräch schneller bereinigen lassen. Durch eine im Verfahren herbeigeführte Akzeptanz werden zudem die Gefahren lang andauernder Gerichtsverfahren gesenkt, an deren Ende wohlmöglich die Aufhebung des kommunalen Aktes steht. Auch können dadurch die Durchsetzungskosten verringert werden.[865] Der Fehleranfälligkeit kann z. B. mit einem Rückgriff auf bekannte und bewährte Mittel begegnet werden.

Natürlich darf nicht übersehen werden, dass die Möglichkeit zur Beteiligung bei einigen Verfahrensarten und Organisationszusammenschlüssen von äußeren und persönlichen Faktoren wie Zeit, Alter und Bildung abhängt,[866] mit der Folge, dass bestimmte Interessengruppen besonderen Einfluss auf den Verlauf und das Ergebnis nehmen können. Diese Problematik dürfte im Sanierungsrecht aber weniger Relevanz aufweisen, weil das Engagement ausdrücklich eingefordert wird. Denn die Angesprochenen werden zumeist durch eine persönliche Betroffenheit angetrieben.

Auch verhindert ein Verfahren nicht, dass prinzipientreue Projektgegner oder Querulanten eine Planung abwenden wollen. Nichtsdestotrotz kann eine Intensivierung erhebliche Vorteile haben, wie *Pünder* aus dem amerikanischen Recht ableitet. Eine rechtsvergleichende Betrachtung brachte ihn zu dem Schluss, dass sich Verwaltungsentscheidungen mit hoher Komplexität und großem Konfliktpotenzial besser durch detailliert geregelte und gerichtlich überprüfbare Öffentlichkeitsbeteiligungen lösen ließen.[867] Das amerikanische Recht zeige, dass eine umfassende Öffentlichkeitsbeteiligung zu sachgerechten Entscheidungen führe,

---

Untersuchung von immissionsschutzrechtlichen Genehmigungsverfahren gezeigt habe, dass die Öffentlichkeitsbeteiligung keinen bedeutenden Verzögerungsfaktor aufweise.

865 Vgl. zu den Kosten: *Pünder*, Grundlagen des Verwaltungsverfahrensrechts, in: JuS 2011, 289 (293); zur neuen Institutionenökonomik: *Schuppert*, Staatswissenschaft, S. 489-497.

866 Vgl. dazu: *Prognos AG*, Engagement Atlas 2009, S. 9, 12, die auch neue Formen der Beteiligung und Meinungsäußerung wie Bürgerinitiativen und andere Formen der themenbezogenen Bürgerbeteiligung an politischen und gesellschaftlichen Entscheidungsprozessen als „politisches Engagement" erfasst haben (S. 32); *Jörke*, Bürgerbeteiligung in der Postdemokratie, Abs. 13, 14; ähnlich auch schon: *Borghorst*, Bürgerbeteiligung in der Kommunal- und Regionalplanung, S. 49-51.

867 *Pünder*, „Open Government leads to Better Government" - Überlegungen zur angemessenen Gestaltung von Verwaltungsverfahren, in: NuR 2005, 71 (72); *Pünder*, Exekutive Normsetzung in den Vereinigten Staaten von Amerika und der

weil Wissenslücken geschlossen, Alternativen beraten und einseitige Interessenbeeinflussung verhindert würden.[868] In nicht vollumfänglich determinierten Regelungsbereichen werde zudem die Akzeptanz gefördert und eine zusätzliche Kontrolle durch die Öffentlichkeit eingeführt.[869] Die Tatsache, dass auch das Verfahren einer intensiven richterlichen Kontrolle unterstellt werde, veranlasse die Behörden dazu, ihre Regelungsvorstellungen zu überdenken, wenn Zweifel an deren Rechtsmäßigkeit vorgebracht würden.[870]

II. Die Vorteile weiterer Verfahrens- und Organisationsanforderungen im Sanierungsrecht

Eine vergleichende und wertende Betrachtung sanierungsfremder Verfahrens- und Organisationsinstrumente zur Effektivitätssteigerung rechtfertigt sich im Sanierungsrecht vor diesem Hintergrund wie folgt:

Das Sanierungsrecht ist aufgrund der Eingriffswirkungen als konfliktträchtiges Rechtsgebiet zu bezeichnen, dessen Anwendung die Beurteilung eines komplexen Sachverhalts erfordert und nicht vollständig rechtlich determiniert ist. Die vorgebrachten Effizienzeinwände lassen sich vermeiden. Dagegen stimmt der von *Pünder* vorgetragene Nutzen detaillierter Regelungen mit den Verfahrensfunktionen im Sanierungsrecht[871] überein. Die Informationsdefizite auf Verwaltungs- und Betroffenenseite werden ausgeglichen, zudem lassen sich die Kontrollmöglichkeit sowie die Akzeptanz erhöhen. Auch die Möglichkeit Beeinflussungen zu reduzieren, die eine sachgerechte Entscheidung verhindern, ist für das Sanierungsrecht vorteilhaft. Denn es ist ebenfalls negativen Einflüssen[872] ausgesetzt. Dass sich die Vorteile detaillierter Regelungen für das Sanierungsrecht fruchtbar machen lassen, zeigen auch die Durchführungsprobleme, die in einem Praxisbericht des *BMRBS* zusammengestellt wurden. Als zentrale Probleme wurden u. a. die langwierigen Verhandlungen mit den Eigentümern, ihre fehlende Investitionsmöglichkeit und -bereitschaft, die Konflikte mit

Bundesrepublik Deutschland, S. 298, mit dem klarstellenden Hinweis, dass keine vollständige Übertragung der amerikanischen Regelungsvorstellungen möglich sei.

868 *Pünder*, „Open Government leads to Better Government“ - Überlegungen zur angemessenen Gestaltung von Verwaltungsverfahren, in: NuR 2005, 71 (73).

869 *Pünder*, „Open Government leads to Better Government“ - Überlegungen zur angemessenen Gestaltung von Verwaltungsverfahren, in: NuR 2005, 71 (74).

870 *Pünder*, „Open Government leads to Better Government“ - Überlegungen zur angemessenen Gestaltung von Verwaltungsverfahren, in: NuR 2005, 71 (75).

871 Vgl. dazu: Kapitel 3, B. I. 2. a).

872 Vgl. dazu: Kapitel 2, C.

sanierungsbetroffenen Bewohnern und Gewerbebetrieben sowie das Erfordernis auf Planbetroffene Rücksicht zu nehmen gesehen.[873] Sie spiegeln die von *Pünder* beschriebenen Problemlagen wider, die im Grundsatz lösbar sind. So können zeitliche Verzögerungen durch Verhandlungen mit Eigentümern im Rahmen der Durchführung reduziert werden, wenn bereits vor der Beschlussfassung der Sanierungssatzung die Mitwirkungsbereitschaft und die daran anknüpfende Zielvorstellungen der Betroffenen ermittelt werden. Deuten sich Probleme an, kann die Kommune bereits zu diesem Zeitpunkt die zwangsweise Durchsetzung von Maßnahmen prüfen oder das Vorhaben wegen fehlender Durchsetzbarkeit in angemessener Zeit anpassen bzw. verwerfen. Dadurch kann nicht nur dem Gebot der effizienten Verwaltung Rechnung getragen werden, sondern auch der Belastungsgrenze der Betroffenen. Diese Überlegungen sind ebenfalls bei der Bewertung der Investitionsmöglichkeit und -bereitschaft heranzuziehen. Gleichsam lassen sich Konflikte mit Sanierungsbetroffenen reduzieren, wenn die Problemherde frühzeitig aufgedeckt und bekämpft werden. Auch die Analyse des Praxisberichts stützt diese Sichtweise, denn danach ist der Anteil an Konfliktsituationen in kleinen Gemeinden geringer, weil ein persönlicheres informelles Kontaktnetz die Auseinandersetzungen erleichtert.[874] Daneben zeigt auch die Rechtsprechungspraxis einen Handlungsbedarf auf, denn Sanierungssatzungen werden immer wieder nach direkter oder inzidenter Prüfung[875] für rechtswidrig erklärt.

1. Abgrenzung zur aktuellen Diskussion im Fachplanungsrecht

Dieser Befund besteht, obwohl das Sanierungsrecht zu jeder Zeit vorsah, dass die Sanierung mit den Betroffenen möglichst frühzeitig erörtert werden soll und die Betroffenen zur Mitwirkung angeregt und hierbei im Rahmen des Möglichen

873 *Becker/Schäfer*, Erfahrungen mit der Sanierung nach dem Städtebauförderungsgesetz - Perspektiven der Stadterneuerung, S. 61 und Tabelle 18.

874 *Becker/Schäfer*, Erfahrungen mit der Sanierung nach dem Städtebauförderungsgesetz - Perspektiven der Stadterneuerung, S. 61 und Tabelle 18.

875 Z. B. *OVG Münster*, Urteil vom 16.10.2006 - 7 D 69/05.NE, Rn. 28, 41 ff.; Urteil vom 05.12.1996 - 22 A 2639/93, Rn. 26 ff.; *VGH Kassel*, Urteil vom 30.09.2010 - 4 C 1718/09.N, Rn. 33, 37 ff., *OVG Koblenz*, Urteil vom 24.04.1991 - 10 C 11555/90, Rn. 20 ff.; Urteil vom 18.04.2002 – 1 C 10590/01, Rn. 20 ff.; Urteil vom 10.04.2000 - 1 C 12941/98.OVG, S. 3 ff. (nicht veröffentlicht); *OVG Schleswig*, Urteil vom 01.04.2004 - 1 KN 17/03, Rn. 17, 31 ff. Urteil vom 23.04.2006 - 1 LB 8/04, Rn. 29 ff.; *VGH München*, Urteil vom 31.03.2004 - 15 B 00.3239, 15 B 00.3241, Rn. 12, 18 ff.; *OVG Lüneburg*, Urteil vom 29.01.2013 - 1 KN 2938/01, Rn. 13 ff.; zu beachten ist, dass Mängel wegen der Unbeachtlichkeitsvorschriften der §§ 214, 215 BauGB teilweise keine Auswirkungen haben, wie z. B. hier: *VG Minden*, Urteil vom 14.03.2002 - 9 K 1440/98, Rn. 40.

beraten werden sollen. Mithin stellt sich hier, anders als im Fachplanungsrecht[876], nicht die Frage nach einer fakultativen oder nach Maßgabe des § 3 Abs. 1 BauGB durchzuführenden frühzeitigen Beteiligung, sondern nach belastbaren Standards.

2. *Mögliche Maßstände der gesetzgeberischen Normierungsentscheidung*

Die Entscheidung für den Erlass weiterer gesetzlicher Regelungen setzt eine Abwägung der Vor- und Nachteile voraus, die sich nicht nur auf das „ob“ sondern auch das „wie“ des gesetzgeberischen Aktes beziehen muss. Grundsätzlich spricht neben dem Vorteil der Rechtsvereinheitlichung und Systembildung die Möglichkeit eine höhere Akzeptanz und Effektuierung zu erzielen für eine Normierung.[877] Gegen ein gesetzgeberisches Tätigwerden spricht, dass dadurch gewachsene Heterogenitäten eingeebnet werden können (Nivellierungsgefahr), auch kann das Recht seine Flexibilität und Elastizität verlieren (Zementierungsgefahr).[878] Mögliche Sanierungsregelungen müssen sich also zwischen diesen beiden Grundpositionen bewegen, können aber auch ausscheiden, wenn die Nachteile einer gesetzlichen Regelung überwiegen. Dabei ist ein besonderes Augenmerk auf die Flexibilität der Regelungen zu legen. Denn durch die jahrzehntelange Praxis haben sich mitunter funktionsgerechte Strukturen herausgebildet, die nicht zerstört werden sollen.

---

876 Vgl. zu der umfassenden und kritischen Diskussion ausgelöst durch das Projekt Stuttgart 21 z. B.: *Burgi*, Das Bedarfserörterungsverfahren: Eine Reformoption für die Bürgerbeteiligung bei Großprojekten, in: NVwZ 2012, 277-280; *Beirat Verwaltungsverfahrensrecht beim Bundesministerium des Innern*, Für mehr Transparenz und Akzeptanz - frühe Öffentlichkeitsbeteiligung bei Genehmigungsverfahren, in: NVwZ 2011, 859-860; *Schütte*, Mehr Demokratie versus Verfahrensbeschleunigung?, in: ZUR 2011, 169-170; *Steinberg*, Die Bewältigung von Infrastrukturvorhaben durch Verwaltungsverfahren - eine Bilanz, in: ZUR 2011, 340-350; *Durner*, Möglichkeiten der Verbesserung förmlicher Verwaltungsverfahren am Beispiel der Planfeststellung, in: ZUR 2011, 354-362; *Gärditz*, Angemessene Öffentlichkeitsbeteiligung bei Infrastrukturplanungen als Herausforderung an das Verwaltungsrecht im demokratischen Rechtsstaat, in: GewArch 2011, 273-279; *Franzius*, Stuttgart 21: Eine Epochenwende?, in: GewArch 2012, 225-236; *Wulfhorst*, Konsequenzen aus „Stuttgart 21“: Vorschläge zur Verbesserung der Bürgerbeteiligung, in: DÖV 2011, 581-590; *Schink*, Bürgerakzeptanz durch Öffentlichkeitsbeteiligung in der Planfeststellung: Defizite und Verbesserungsvorschläge, in: ZG 2011, 226-248.

877 *Schuppert*, Staatwissenschaft, S. 614.

878 *Schuppert*, Staatwissenschaft, S. 615.

Aus den vorhergehenden Ausführungen ergeben sich zudem weitere Anforderungen. So sollte, um die Fehleranfälligkeit des Entscheidungsprozesses nicht weiter zu erhöhen, auf bekannte Instrumente zurückgegriffen werden. Des Weiteren muss, um Verfahrensverzögerungen zu vermeiden, das Zeitmanagement berücksichtigt werden. Ebenso sollten möglichst viele Sanierungsbetroffene durch die Regelungen in das Verfahren und die Organisation eingebunden werden.

3. *Maßstäbe für die Auswahlentscheidung der Vergleichsregelungen*

Aus einem Regelungssystem lassen sich nicht per Subsumtionsschluss adäquate Verfahrens- und Organisationsregeln ableiten. Eine Bewertung kann stattdessen nur anhand von Erfahrungssätzen und Wirksamkeitsanalysen erfolgen. Dementsprechend werden im Folgenden bereits vorhandene Vorschriften hinsichtlich ihrer Übertragbarkeit auf das Sanierungsrecht überprüft. Eine dem Sanierungsrecht angepasste Übernahme bewährter Instrumente sollte die Erfüllungswirkung gewährleisten können.

Gemeinsamer Bezugspunkt der in den Vergleich einbezogenen Regelungen sind in erster Linie die mit den Verfahrens- und Organisationsvorschriften verfolgten Funktionen. Daneben erscheint eine Eingrenzung auf Instrumente, die im planungsrechtlichen Kontext dem Ausgleich bipolarer Interessen und Rechte dienen sollen, zweckmäßig. Dementsprechend werden folgende Rechtsgebiete in den Vergleich einbezogen: Bauplanungsrecht[879], städtebauliche Entwicklungsmaßnahmen[880], Umlegungsverfahren[881] und Flurbereinigung[882]. Daneben werden die Überlegungen des historischen Gesetzgebers zum StBauFG berücksichtigt. Zwar wurden diese Regelungen nicht umgesetzt, allerdings orientieren sie sich ebenfalls an vorhandenen Rechtsinstituten.

---

879 Dient der Vorbereitung und Leitung der baulichen und sonstigen Nutzung von Grundstücken in einer Gemeinde, sobald und soweit es für die städtebauliche Entwicklung und Ordnung erforderlich ist, § 1 Abs. 1 und Abs. 3 BauGB.

880 vgl. dazu: Kapitel 1, C. I.

881 Dies ist die zur Erschließung oder Neugestaltung von Gebieten mit bebauten und unbebauten Grundstücken, so dass nach Lage, Form und Größe für die bauliche oder sonstige Nutzung zweckmäßig gestaltete Grundstücke entstehen, § 45 Satz 1 BauGB.

882 Dies ist nach *Steding*, Wegweiser durch das Vokabular des Flurbereinigungsrechts, in: LKV 1992, 367 (368) die zeitliche und räumliche Konzentration aller agrar-, umwelt- und raumordnungspolitischen Maßnahmen (Wege- und Straßenbau, Wasserwirtschaft, Dorferneuerung, Naturschutz, Landschaftspflege, Bodenschutz).

a) Verfahren

Nachfolgend werden zunächst Verfahrensvorschriften[883] untersucht, die mehr Akzeptanz, Transparenz und die Möglichkeit der Partizipation in das Sanierungsverfahren bringen könnten.

aa) § 165 Abs. 7 BauGB: Begründungspflicht

Der Entwicklungssatzung ist nach § 165 Abs. 7 BauGB eine Begründung beizufügen, in der die Gründe darzulegen sind, die eine förmliche Festlegung des entwicklungsbedürftigen Bereichs rechtfertigen. Erforderlich sind danach Ausführungen über das Vorliegen der materiell-rechtlichen Voraussetzungen der förmlichen Festsetzung i. S. d. § 165 Abs. 3 Satz 1 BauGB, ebenso wie Angaben zur Abwägungsentscheidung nach § 165 Abs. 3 Satz 2 und den Ergebnissen der vorbereitenden Untersuchung als Beurteilungsgrundlage. Dieser Inhalt lässt sich nicht nur dem Sinn und Zweck der Vorschrift entnehmen, sondern entspricht auch der historischen Gesetzesentwicklung. Denn das Erfordernis der Begründung trat im Jahr 2004 an die Stelle der Berichterstellungspflicht.[884] Dessen Inhalt lehnte sich an die damals noch vorhandene sanierungsrechtliche Parallelvorschrift sowie § 165 Abs. 3 BauGB an.[885]

Die Begründung soll die förmliche Festlegung des Entwicklungsgebiets rechtfertigen, § 165 Abs. 7 Satz 2 BauGB. Damit erfüllt sie einerseits eine Legitimationsfunktion[886], weil durch den Nachweis des sachgerechten Entscheidens die Akzeptanz der Planbetroffenen herbeigeführt werden kann. Daneben dient die Begründung dem Rechtsschutzinteresse im behördlichen und im gerichtlichen Verfahren sowie der kommunalen Selbstkontrolle.

---

883 Im hier verstandenen Sinne „Verfahren und Form" umfassend, vgl. dazu bereits Kapitel 3, A. I.

884 *Deutscher Bundestag*, Drucksache 15/2996, S. 69: „[…] dass die Gemeinde, wie bisher, verpflichtet bleibt, die Gründe für die Festlegung des Entwicklungsbereichs darzulegen."

885 *Deutscher Bundestag*, Drucksache 11/6636, S. 11, 27, 31 u. a. mit Bezugnahme auf § 143 Abs. 1 BauGB 1986, dessen Inhalt in der Drucksache 10/4630, S. 20, 121 als § 142 Abs. 4 BauGB unter Bezugnahme auf § 5 Abs. 2 StBauFG („[…] ist ein Bericht über das Ergebnis vorbereitender Untersuchungen und über die Gründe, die eine förmliche Festlegung des sanierungsbedürftigen Gebiets rechtfertigen, beizufügen.") konkretisiert wurde. Die Erweiterung des § 165 Abs. 3 Satz 2 BauGB im Jahr 1993 um das Abwägungsgebot dürfte nur eine redaktionelle Änderung darstellen, vgl. dazu Drucksache 11/6636, S. 11, 31 und 12/3944, S. 4, 32.

886 Zu den Verfahrensfunktionen vgl.: Kapitel 3, A. I.

(1) Gemeinsamkeiten und Unterschiede zwischen § 165 Abs. 7 BauGB und §§ 137, 141 BauGB

Die §§ 137, 141 BauGB enthalten keine gesetzlich festgeschriebene Begründungspflicht. Obwohl die Gesetzesentwicklungen weitgehend parallel liefen, wurde die Berichterstellungspflicht im Sanierungsrecht nicht durch eine § 165 Abs. 7 BauGB entsprechende Vorschrift ersetzt. Stattdessen wurde eine ungeschriebene Pflicht, die Gründe, die eine Sanierung rechtfertigen, in darlegbarer Weise zu prüfen, begründet.[887] Die Anforderungen bleiben hinter der Begründungspflicht des § 165 Abs. 7 BauGB zurück, da sie nur eine nachvollziehbare Prüfung anhand der vorhandenen Untersuchungsunterlagen fordeRn. Damit fehlt die Verpflichtung zu einem die Prüfung vollendenden Akt, mit dem die Ergebnisse schriftlich fixiert werden.

(2) Bewertung der Unterschiede zwischen § 165 Abs. 7 BauGB und §§ 137, 141 BauGB

Unabhängig davon, ob diese Zusammenfassung der Ergebnisse in der Praxis nicht ohnehin schon weitläufig praktiziert wird, erscheint die grundsätzliche Begründungspflicht auch für das Sanierungsrecht erstrebenswert. Denn es ist durch behördliche Entscheidungsspielräume geprägt, so dass eine zusammenfassende Begründung die Nachvollziehbarkeit und damit die Akzeptanz der Betroffenen erhöhen kann. Auch unter dem Aspekt der Selbstkontrolle ist die Begründungspflicht hilfreich, weil so z. B. die Schlussfolgerungen der Ergebnisse der vorbereitenden Untersuchung zur Feststellung städtebaulicher Missstände sowie der Ziele und Zwecke der Sanierung plausibel und transparent dargelegt werden müssen. Damit wird die Gefahr sanierungsfremder Einflüsse zu Beginn der Sanierung und während der Durchführungspraxis reduziert, weil auch Zieländerungen nachvollziehbar werden.

Angesichts dieser Vorteile sind die Einwände der Bürokratisierung und fehlenden Flexibilität nicht durchschlagend. Auch sind durch die Begründungspflicht keine erheblichen Verfahrensverzögerungen zu erwarten, weil die zuständigen Gemeindeorgane die Sachlage ohnehin vor Erlass der Sanierungssatzung prüfen müssen.

Um den Funktionen der Begründungspflicht volle Wirksamkeit zu verleihen, ist die Begründung für jedermann zur Einsicht bereitzuhalten, worauf bei Bekanntgabe der Satzung hinzuweisen ist. Eine entsprechende Regelung findet sich

887 Vgl. dazu bereits: Kapitel 3, B. I. 2 a).

für die Entwicklungssatzungen in § 165 Abs. 8 Satz 2 BauGB i. V. m. § 10 Abs. 3 Satz 2 und Satz 3 BauGB.

bb) § 3 Abs. 2 BauGB: Bekanntmachung des Vorhabens, Auslegung der Unterlagen, Prüfung der vorgebrachten Bedenken und Anregungen

Das Verfahren zur Aufstellung eines Bebauungsplans ist zweistufig ausgestaltet. § 3 Abs. 1 BauGB normiert eine Grundverpflichtung zur möglichst frühzeitigen Bürgerbeteiligung. Die Öffentlichkeit ist danach über die allgemeinen Ziele und Zwecke der Planung sowie deren voraussichtlichen Auswirkungen zu unterrichten. Ihr ist Gelegenheit zur Äußerung und Erörterung zu geben. Auf eine gesetzliche Regelung von Einzelheiten des Verfahrens wurde verzichtet, um der Gemeinde die Art der Durchführung im Rahmen ihrer planerischen Verantwortung zu übertragen.[888] Nach § 3 Abs. 2 Satz 1, Satz 2 und Satz 4 BauGB sind die beschlussreifen[889] Entwürfe der Bauleitpläne öffentlich auszulegen, Ort und Dauer der Auslegung öffentlich bekannt zu geben und fristgerecht abgegebene Stellungnahmen zu prüfen.

Die Zweistufigkeit dient der Straffung des Verfahrens und soll zur Zeit- und Kosteneinsparung beitragen. Denn durch die frühzeitige Beteiligung wird die Wahrscheinlichkeit verringert, dass der Planentwurf auf Grund der im Rahmen der späteren, formalen Beteiligung eingehenden Stellungnahmen nachträglich ergänzt und erneut ausgelegt werden muss.[890]

(1) Gemeinsamkeiten und Unterschiede zwischen § 3 BauGB und §§ 137, 141 BauGB

Ein solch gestuftes Verfahren sehen die §§ 137, 141 BauGB nicht vor. Anders war dies noch in dem Entwurf der Fraktionen CDU / CSU zum StBauFG aus dem Jahr 1970[891] sowie in der Stellungnahme des Bundesrates[892] zum Entwurf der Bundesregierung, ebenfalls aus dem Jahr 1970. Diese Vorschläge wurden aber von der Bundesregierung verworfen, weil den Eigentümern bereits im Rahmen der vorbereitenden Untersuchungen Gelegenheit zur Stellungnahme gegeben werden sollte. Eine Auslegung des Entwurfs der Satzung mit der Möglichkeit, Bedenken und Anregungen vorzubringen, sei daher aus der Sicht

888 Vgl. zur Änderung der gesetzlichen Regelungen: *Deutscher Bundestag*, Drucksache 10/4630, S. 64.

889 Umkehrschluss aus § 4a Abs. 3 Satz 1 BauGB.

890 *Deutscher Bundestag*, Drucksache 15/2250, S. 31, 43, 45.

891 *Deutscher Bundestag*, Drucksache 6/434, S. 6 in § 11 StBauFG

892 *Deutscher Bundestag*, Drucksache 5/510, S. 57 in § 5 StBauFG.

des Eigentümerschutzes nicht erforderlich, zumal der Satzungsentwurf nur die Begrenzung des Sanierungsgebiets ausweise und nichts über die künftige Gestaltung und Möglichkeiten der Durchführung aussage.[893]

§ 3 Abs. 1 und §§ 137, 141 BauGB ist gemeinsam, dass sie jeweils eine frühzeitige und formlose Beteiligung der Öffentlichkeit bzw. der Sanierungsbetroffenen vorsehen. Während nach § 3 Abs. 2 BauGB die Planungsphase durch eine förmliche Beteiligung abgeschlossen wird, ist das Sanierungsrecht vor und nach der Beschlussfassung durch eine kontinuierliche und bedarfsgerechte Beteiligung gekennzeichnet.

(2) Bewertung der Unterschiede zwischen § 3 BauGB und §§ 137, 141 BauGB

Die unterschiedliche Verfahrensweise rechtfertigt sich zunächst aus der andersartigen Zielsetzung von Sanierungs- und Bauleitplanung. Der Bebauungsplan legt eine stabile Nutzungsordnung fest, die auf eine Umsetzung durch die planbetroffenen Eigentümer gerichtet ist. Demgegenüber beschreibt die Sanierungssatzung lediglich das Satzungsgebiet. Ihr liegt eine grobe Planung zu Grunde, die im weiteren Verfahrensverlauf konkretisiert und umgesetzt werden muss. Mithin erscheint hier eine „abschließende“ förmliche Möglichkeit, Einwendungen zu erheben, nicht sachgerecht.

Andererseits könnten die Vorteile der Zeit- und Kosteneinsparung auch für das Sanierungsrecht fruchtbar gemacht werden. Denn die Durchführungsphase wird u. a. durch langwierige Verhandlungen mit den Eigentümern und Konflikte mit sanierungsbetroffenen Bewohnern und Gewerbebetrieben belastet. Auch werden längst nicht alle Bewohner des Gebiets bei den Vorbereitungsarbeiten erreicht, sei es, weil kein Interesse besteht oder Erörterungsangebote aus Termingründen nicht wahrgenommen werden können. Mit dem förmlichen Auslegungsverfahren würde die Möglichkeit bestehen, die potenziell Sanierungsbetroffenen zu einem fixen Zeitpunkt vor der Beschlussfassung nochmals mit den notwendigen Informationen zu versorgen. Auszulegen wären der Begründungsentwurf[894] sowie die (anonymisierten) Unterlagen der vorbereitenden Untersuchungen. Allein die Abgrenzung des späteren Sanierungsgebiets würde nicht ausreichen, weil daraus keine Konflikte abgeleitet werden könnten. Aufgrund der Breitenwirkung der öffentlichen Bekanntmachung und Auslegung bestünde die Möglichkeit, von bisher unerkannten Anregungen, Bedenken und Hindernissen Kenntnis zu erlangen. Damit würde ein zweistufiges Verfahren geschaffen, dem ein anderer

893 *Deutscher Bundestag,* Drucksache 5/510, S. 72.

894 Siehe dazu: Kapitel 3, C. II. 3. a) bb).

Schwerpunkt als in § 3 BauGB zu Grunde liegt. Denn anders als bei der Aufstellung eines Bebauungsplans bilden die vorbereitenden Untersuchungen den Verfahrenskern, während die abschließende Bekanntmachung, Auslegung und Prüfung lediglich der Korrektur und Kontrolle dienen würde.

Mit dieser Verfahrensweise könnte die grundsätzlich wünschenswerte Flexibilität[895] hinsichtlich des Verfahrensablaufs vor der Abfassung des Satzungsbeschlusses erhalten bleiben. Auch wird die Fehleranfälligkeit der Satzung nicht signifikant erhöht, da es sich bei der Bekanntmachung und Auslegung um ein geläufiges kommunales Instrument handelt, das vor allem im Rahmen der Bauleitplanung standardisiert wurde. Ebenso wenig spricht ein bedeutend höherer Zeitaufwand gegen das zweistufige Verfahren. Zwar darf die Zeitspanne zwischen dem Einleitungsbeschluss und der förmlichen Festlegung des Sanierungsgebiets nicht allzu lang dauern, weil sich die untersuchten Strukturen weiterentwickeln und ggf. eine Anpassungen erfordern. Allerdings werden sie in der Tendenz etwa nach einem Jahr abgeschlossen,[896] so dass eine einmonatige Auslegung mit anschließender Prüfungsphase nicht wesentlich ins Gewicht fallen würde. Hinzu tritt die Chance, spätere Konflikte zu vermeiden.

In diesem Zusammenhang stellt sich die Frage, ob diese Verfahrensweise eine falsche Schwerpunktsetzung begründet. Die Verfahrensabsicherung könnte im Rahmen der Durchführungsphase, wenn es um konkrete Umsetzung der Sanierungsmaßnahme geht, wichtiger sein. Mithin könnte die Inanspruchnahme kommunaler Ressourcen und privaten Engagements zu einer späteren Verfahrensmüdigkeit führen. Gegen diesen Einwand spricht aber, dass die frühzeitige Erforschung der Problemlagen grundsätzlich geeignet ist, radikale Umplanungen und langwierige Erörterungen während der Umsetzungsphase zu vermeiden. Somit dient die kurzfristige Investition von Zeit und persönlichem Einsatz der langfristigen Umsetzung.

---

895 Zu den widerstreitenden Positionen vgl. einerseits: *Deutscher Städte- und Gemeindebund*, Vorschläge zur Vereinfachung und Fortentwicklung des Städtebaurechts, S. 23, wonach die gesetzlichen Verpflichtungen zur vorbereitenden Untersuchung und zur Erörterung mit den Betroffenen abgeschafft werden sollten, um diese Tätigkeiten ganz in den kommunalen Einschätzungsspielraum zu stellen; und andererseits: *Deutscher Bundestag*, Drucksache 8/2085, S. 5 und *Becker/Schäfer*, Erfahrungen mit der Sanierung nach dem Städtebauförderungsgesetz - Perspektiven der Stadterneuerung, S. 224, wonach die vorbereitenden Untersuchungen von den Kommunen überwiegend positiv eingeschätzt wurden.

896 *Bundesminister für Raumordnung, Bauwesen und Städtebau (Hrsg.)*, Materialien zum Baugesetzbuch, S. 117.

(a) Öffentliche Bekanntmachung

Die öffentliche Bekanntmachung der Gemeinde richtet sich nach den landesrechtlichen Regelungen, etwa § 11 Abs. 6 NKomVG oder § 4 BekanntmVO NRW. Dabei sorgt die Nutzung elektronischer Informationstechnologien (z. B. § 4a Abs. 4 Satz 1 BauGB) für eine erhöhte Transparenz[897] im Verfahren.

(b) Präklusion

Die Einführung einer Präklusionsvorschrift nach dem Vorbild des § 3 Abs. 2 Satz 2 BauGB erscheint dagegen nicht zweckmäßig. Denn die Durchführung der Sanierung wird zeit- und kostengünstig in Abstimmung und unter Mitwirkung der Eigentümer durchgeführt.

(c) Erörterungstermin

Ergeben sich aus den Einwendungen relevante Neuerungen, kann ein Erörterungstermin sinnvoll sein. Ein Vorbild für eine solche Regelung bietet beispielsweise das Regel-Ausnahme-System von § 73 Abs. 6 Satz 1 und Satz 2 HVwVfG. Laut der Gesetzesbegründung des *Hessischen Landtags* soll die Durchführung eines Erörterungstermins entfallen, wenn ein Öffentlichkeitsbeteiligungsbeitrag zur Verbesserung der Entscheidung, Erzielung eines Ausgleichs und Erhöhung der Akzeptanz nicht zu erwarten ist.[898] Eine solche Regelung würde sich auch in das System der §§ 137, 141 BauGB einfügen, welches den Inhalt der Erörterung an den jeweiligen Stand der Planung anknüpft und keine förmliche Ausgestaltung des Termins vorschreibt. Die fakultative Durchführung entspricht der nachrangigen Bedeutung dieses Termins, weil eine Erörterung bereits vorher stattgefunden haben soll.

cc) § 11 FlurbG: Ermittlung der Betroffenen

Gemäß § 11 FlurbG hat die Flurbereinigungsbehörde die Beteiligten i. S. d. § 10 nach Maßgabe der § 12 bis § 14 zu ermitteln. Dieser Ermittlungsauftrag ist nach dem Wortlaut der Norm („hat“) als Rechtspflicht ausgestaltet. Hintergrund dieser Regelung ist u. a. der gesetzgeberische Wille, den Gegenstand der Eigentumsrechte mit Hilfe der Flurbereinigung neu zu ordnen, aber die Inhaberschaft der Rechte unberührt zu lassen.[899] Die Aufklärungspflichten beziehen sich im Wesentlichen auf Eintragungen im Grundbuch, die Feststellung des Eigenbesitzes und die öffentlich bekannt gemachte Aufforderung an die Beteiligten, Rechte anzumelden. Sie dienen der Verfahrensbeschleunigung.[900]

---

897 Vgl. zur Bauleitplanung: *Deutscher Bundestag*, Drucksache 15/2250. S. 31, 45.

898 *Hessischer Landtag*, Drucksache 16/7489, S. 11.

899 *Wingerter*, in: Schwantag/Wingerter, FlurbG,§ 11 Rn. 2

900 *Wingerter*, in: Schwantag/Wingerter, FlurbG,§ 11 Rn. 1.

(1) Gemeinsamkeiten und Unterschiede zwischen § 11 FlurbG und den §§ 137, 141 BauGB

Im Sanierungsrecht ist weder die Pflicht zur Ermittlung der Betroffenen ausdrücklich gesetzlich fixiert, noch sind die Art und Weise der kommunalen Aufklärungsmaßnahmen vorgegeben. Den §§ 137, 141 Abs. 1 und Abs. 2 BauGB lässt sich lediglich mittelbar entnehmen, dass möglichst alle Betroffenen in das Verfahren einbezogen werden sollen. Denn nach dem Wortlaut soll die Erörterung mit den Betroffenen erfolgen und sich die vorbereitenden Untersuchungen auf die Betroffenen beziehen. Auch der Sinn und Zweck der Vorschriften spricht für diese Sichtweise. Denn eine hinreichende Beurteilungsgrundlage (Beurteilungsunterlagen gemäß 142 Abs. 2 BauGB) setzt voraus, dass sich die Kommune ein möglichst umfassendes Bild von der Sachlage gemacht hat.

Hinsichtlich der Art und Weise der Ermittlungsarbeit steht der Kommune ein Spielraum zu. Die Kommune kann beispielsweise Fragebögen verschicken oder telefonische und persönliche Interviews veranlassen. Auch § 138 BauGB begründet insoweit keine Einschränkung, denn die Auskunftspflicht setzt bereits die Kenntnis der persönlichen Daten des Auskunftsverpflichteten voraussetzt.

(2) Bewertung der Unterschiede zwischen § 11 FlurbG und den §§ 137, 141 BauGB

Die Kommunen bemängeln teilweise, dass Schwierigkeiten bei der Ermittlung derjenigen Personen bestehen, die Maßnahmen umsetzten sollen.[901] Mithin könnte sich auch im Sanierungsrecht eine detaillierte gesetzliche Regelung zur Verfahrensbeschleunigung anbieten.

Fraglich ist aber, ob die in § 12 bis § 14 FlurbG niedergelegten Verpflichtungen den richtigen Ermittlungsansatz darstellen. Denn sie regeln nur eine selbstverständliche Vorgehensweise zur Ermittlung der Eigentumsverhältnisse. Erforderlich wäre vielmehr ein zentrales Melderegister, auf das von den Kommunen unbürokratisch zugegriffen werden kann, um das Verfahren zu beschleunigen und zu vereinfachen. Bisher existieren solche Register nur in einigen Bundesländern.[902]

Unabhängig davon stellt sich auch die Frage, ob eine Rechtspflicht zur umfassenden Ermittlung tatsächlich zweckmäßig ist. Denn eine solche Ermittlungstätigkeit nimmt immer Zeit und Personal in Anspruch. Dagegen ist der

901 *Becker/Schäfer*, Erfahrungen mit der Sanierung nach dem Städtebauförderungsgesetz - Perspektiven der Stadterneuerung, S. 62, Tabelle 18.

902 Vgl. *BMI*, Warum gibt es kein Bundesmeldegesetz?, abrufbar unter: http://www.bmi.bund.de/SharedDocs/FAQs/DE/Themen/PolitikGesellschaft/Meldewesen/14.html.

Nutzen keineswegs immer gegeben. Denn nicht alle Eigentümer, Mieter, Pächter und sonstige zum Besitz oder zur Nutzung eines Grundstücks, Gebäudes oder Gebäudeteils Berechtigte können sachentscheidende Informationen liefern.[903] Mithin erscheint es zweckdienlich, die Kommune eigenverantwortlich darüber entscheiden zu lassen, mit welchem Betroffenen im Detail über die Pläne verhandelt werden muss, weil sein Grundstück beispielsweise eine maßgebliche Rolle spielt oder dem Erfordernis der Sozialplanung Rechnung getragen werden soll und welche Betroffenen im Rahmen allgemeiner Öffentlichkeitsarbeit über die Sanierungsmaßnahme informiert werden.

b) Zwischenergebnis

Demnach könnte das Sanierungsverfahren durch eine Begründungspflicht sowie eine öffentliche Bekanntmachung mit anschließender Auslegung und Prüfung der eingegangenen Einwendungen sowie einem fakultativen Erörterungstermin aufgewertet werden. Weitere Verfahrensanforderungen, vor allem während der Durchführungsphase, bieten sich hingegen nicht an. Denn die zeitliche und inhaltliche Fixierung weiterer Erörterungs-, Bekanntmachung- und Begründungspflichten widerspricht den Flexibilitätsanforderungen in diesem Stadium. Denn jedes Sanierungsverfahren ist durch individuelle örtliche Verhältnisse gekennzeichnet. Es wird zudem durch die Auswahl der umzusetzenden Maßnahmen oder die Einstellung der Betroffenen geprägt.

c) Organisation

Im Folgenden werden zunächst Organisationsformen untersucht, die eine Teilhabe i. S. einer Einflussnahmemöglichkeit der Betroffenen an den Sanierungsplanungen und der Durchführung ermöglichen könnten (aa). Im Anschluss soll die Einbindung Dritter (bb) und der Betroffenen (cc) zur Erzeugung von mehr Transparenz beleuchtet werden.

aa) Körperschaften des öffentlichen Rechts: Teilhabe

Körperschaften des öffentlichen Rechts werden definiert als mitgliedschaftlich verfasste, aber unabhängig vom Wechsel ihrer Mitglieder bestehende Organisationen, die durch einen Hoheitsakt errichtet werden.[904] Sie dienen stets einem

---

903 Vgl. z. B. *OVG Münster*, Urteil vom 19.01.2011 - 2 D 146/08.NE, Rn. 73, 82, wonach u. a. die Rücksendung von knapp 50% der Fragebögen für eine Haushaltsbefragung und die Ermittlung der äußeren Gebäudemängel durch Ortsbegehung eine hinreichende Beurteilungsgrundlage brachte.

904 *Detterbeck*, Allgemeines Verwaltungsrecht, Rn. 181 f.; *Hofmann*, in: Hofmann/Gerke, Allgemeines Verwaltungsrecht, Rn. 32, 39.

öffentlichen Zweck, können aber auch private Interessen befriedigen.[905] Körperschaften sind durch ihre „bottom up“ - Struktur gekennzeichnet, wonach die Mitglieder maßgeblichen Einfluss auf die Gestaltung der ihnen zugewiesenen Aufgaben haben.[906] Sie eignen sich in besonderer Weise für verschiedene Formen der Selbstverwaltung,[907] die allem voran als eigenverantwortliche Aufgabenerfüllung beschrieben wird.[908]

(1) Eigentümerverband und Eigentümergesellschaft

Der Entwurf zum StBauFG der CDU / CSU Fraktion[909] aus dem Jahr 1970 sah in den §§ 23 ff. und §§ 33 ff. die Gründung öffentlich-rechtlicher Körperschaften vor, die als Eigentümerverband und Eigentümergesellschaft bezeichnet wurden. Sie sollten nach förmlicher Festlegung des Sanierungsgebiets behördlich gegründet werden, wenn sich die Eigentümer nicht auf eine privatrechtliche oder öffentlich-rechtliche Organisationsform einigen könnten und eine festgelegte Mehrheit den Zusammenschluss beantragte, § 6 Abs. 2 und Abs. 3. Für den Fall, dass keine dieser Lösungen erzielt werden könnte, wurde die Kommune als Maßnahmenträgerin festgelegt, § 6 Abs. 3. Der Gesetzesentwurf beruhte gemäß § 6 Abs. 1 und § 19 auf dem Gedanken der eigenverantwortlichen Durchführung der Sanierungsmaßnahme durch die Eigentümer. Die Kommune sollte lediglich unterstützend tätig werden, §§ 25, 33c. Ferner sollte sie für die Bodenordnung und Erschließung zuständig sein, § 8.

---

905 *Kluth*, in: Wolff/Bachof, Verwaltungsrecht II, 2010, § 85 Rn. 12; zur heutigen Einteilung der verschiedenen Typen (Gebiets-, Personal- und Realkörperschaft) vgl. Rn. 30-33; *Stober*, in: Wolff/Bachof, Verwaltungsrecht II, 1987, § 84 Rn. 13, mit dem zutreffenden Hinweis, dass die öffentliche Zweckerfüllung nicht zur Begriffsbestimmung herangezogen werden dürfe, weil auch privatrechtlich organisierte Verbände, wie die Gewerkschaften, öffentliche Angelegenheiten wahrnähmen.

906 *Maurer*, Allgemeines Verwaltungsrecht, § 23 Rn. 40; *Kluth*, in: Wolff/Bachof, Verwaltungsrecht II, 2010, § 85 Rn. 7.

907 *Kluth*, in: Wolff/Bachof, Verwaltungsrecht II, 2010, § 85 Rn. 7.

908 *Hendler*, in: Isensee/Kirchhof, Handbuch des Staatsrechts, Bd. IV, 1999, § 106 Rn. 23, wonach für das Prinzip der Selbstverwaltung drei Merkmale konstitutiv seien, nämlich die öffentlich-rechtliche Rechtsform, das Merkmal der Betroffenenmitwirkung und die eigenverantwortliche Aufgabenerfüllung; zur streitigen Frage der Einbeziehung von privaten Organisationsformen und der Kritik an dieser Auffassung vgl. Rn. 24-26; *Erbguth*, Allgemeines Verwaltungsrecht, § 6 Rn. 17, mit dem Hinweis, dass als Selbstverwaltungskörperschaften solche Verbände bezeichnet würden, die ihre eigenen Angelegenheiten selbst wahrnehmen und verwalten.

909 *Deutscher Bundestag*, Drucksache 6/434.

Die privatrechtlichen Organisationsformen (Einzelpersonen und gesellschaftsrechtliche Zusammenschlüsse) und die Eigentümergesellschaft sollten gemäß §§ 20, 21, 33c auf die Durchführung von Einzelmaßnahmen beschränkt werden. Demgegenüber oblag dem Eigentümerverband die Erstellung eines Verbandsplanes, § 28. Er sollte aus Gründen der Zweckmäßigkeit und Wirtschaftlichkeit sicherstellen, dass die Grundstücke in dem Gebiet gemeinsam neu geordnet und bebaut würden, § 23 Abs. 1 Nr. 3. Für alle Formen sollte die Möglichkeit bestehen, externen Sachverstand hinzuzuziehen, §§ 34 ff.

Der nachfolgende Gesetzesentwurf der Bundesregierung[910] sah nicht die Möglichkeit eines Zusammenschlusses von Eigentümern in der Form einer Körperschaft des öffentlichen Rechts vor. Die Regierung erhob aber gegen eine auf Vorschlag des Bundesrates aufgenommene Länderöffnungsklausel auch keine Einwendungen.[911]

Die Vorschläge wurden letztlich durch den Ausschuss für Städtebau und Wohnungswesen verworfen. Stattdessen wurde beschlossen, den Zusammenschluss von Eigentümern, Mietern, Pächtern und sonstigen Nutzungsberechtigten in einer privatrechtlichen Gesellschaft zu regeln. Dies sollte in einem gesonderten Gesetz geschehen, um weitere Verzögerungen im Gesetzgebungsverfahren zu vermeiden.[912] Der Entwurf eines Gesetzes über Sanierungs- und Entwicklungsgemeinschaften[913] wurde nicht umgesetzt. Wohl, weil das Gesellschaftsrecht ausreichende Regelungen für den privatrechtlichen Zusammenschluss von Betroffenen zur Verfügung stellt.[914]

(a) Zur Eigentümergesellschaft

Die CDU / CSU Fraktion wollte sanierungsrechtliche Eingriffe in das Eigentum soweit wie möglich vermeiden.[915] Daher sollte mit der Eigentümergesellschaft das alte Genossenschaftsprinzip modern und zeitgerecht ausgeformt in das Städtebaurecht integriert werden.[916] Diese besondere Rechtsform beruht auf dem Gedanken einer verbandsmäßig organisierten Selbsthilfe.[917] Sie kann neben dem

---

910 *Deutscher Bundestag*, Drucksache 6/510.

911 *Deutscher Bundestag*, Drucksache 6/510, S. 63, 72.

912 *Deutscher Bundestag*, Schriftlicher Bericht zu Drucksache 6/2204, S. 8.

913 *Deutscher Bundestag*, Drucksache 7/764.

914 Vgl. zu dieser Kritik an dem Gesetzesentwurf: *Bellemann*, Die Sanierungs- und Entwicklungsgemeinschaft, in: Gemeinnütziges Bauwesen 1973, 235 (235).

915 *Deutscher Bundestag*, Plenarprotokoll Nr. 06/39 vom 18.03.1970, S. 2021, Sp. 1 und S. 2022, Sp. 1.

916 *Deutscher Bundestag*, Plenarprotokoll Nr. 06/39 vom 18.03.1970, S. 2021, Sp. 2.

917 *Schmidt*, Gesellschaftsrecht, § 41 I. 1. b).

privaten Nutzen der Mitglieder auch der Verfolgung eines öffentlichen Ziels dienen. Diese Verknüpfung privater und öffentlicher Interessen zur Erreichung desselben Zwecks kennzeichnet die öffentlich-rechtliche Genossenschaft.[918]

Zur Durchführung der Sanierung sollten die Grundstücksrechte der Eigentümer als Sachanlage dienen. Andere natürliche und juristische Personen konnten mit Sach- und / oder Geldeinlagen oder anderen finanziellen Leistungen Gesellschaftsanteile erwerben, § 33 Abs. 6 StBauFG-E der CDU / CSU Fraktion. Der langjährige Fortbestand der Gesellschaft auch nach Abschluss der Maßnahmen sollte eine langfristige Gewinnverteilung ermöglichen.[919] Neben diese privatwirtschaftliche Zwecksetzung trat das öffentliche Ziel der Missstandsbehebung.

(aa) Gemeinsamkeiten und Unterschiede zwischen §§ 33 ff. StBauFG-E der CDU / CSU Fraktion und den §§ 137, 141 BauGB

Das heutige Sanierungsrecht billigt den Betroffenen zwar ein Mitwirkungsrecht zu. Ihnen wird aber keine eigenverantwortliche Entscheidungskompetenz zugesprochen. Diese Befugnis obliegt der Kommune.

(bb) Bewertung der Unterschiede zwischen §§ 33 ff. StBauFG-E der CDU / CSU Fraktion und den §§ 137, 141 BauGB

Die Eigentümergesellschaft wurde im Gesetzgebungsverfahren von der SPD Fraktion mit der Begründung abgelehnt, es sei - jedenfalls für den Juristen - schon

918 *BVerfG*, Beschluss vom 19.06.1985, 1 BvL 57/79, Rn. 44; *Stober*, in: Wolff/Bachof, Verwaltungsrecht II, 1987, § 97 Rn. 2; vgl. andererseits § 1 Abs. 1 HS. 1 GenG für Genossenschaften des Privatrechts: „Gesellschaften von nicht geschlossener Mitgliederzahl, deren Zweck darauf gerichtet ist, den Erwerb oder die Wirtschaft ihrer Mitglieder oder deren soziale oder kulturelle Belange durch gemeinschaftlichen Geschäftsbetrieb zu fördern (Genossenschaften).“; anders: *Klein*, Die Genossenschaften des öffentlichen Rechts, in: ZfgG, 7 (1957), 145 (150-152) und *Klein/ Scheder*, Die Waldgenossenschaft in der Bundesrepublik Deutschland, in: ZfgG, 17 (1967), 241 (263), die neben der Erfüllung des doppelten Zwecks, den unmittelbaren Einfluss aller Mitglieder auf die Geschicke des Verbandes als Wesensmerkmal betont; dagegen: *Forsthoff*, Lehrbuch des Verwaltungsrechts, § 25 S. 487-489 sowie *Friesenhahn*, Die Selbstverwaltung öffentlicher Genossenschaften, in: Frank (Hrsg.), Deutsches Verwaltungsrecht, § 13 S. 265 f., die den Einfluss der Mitglieder auf die Willensbildung hervorheben, gleich ob er unmittelbar oder mittelbar über eine Vertreterversammlung oder einen Ausschuss erfolgt; dieser Ansicht in der aktuelleren Literatur folgend: *Irriger*, Genossenschaftliche Elemente bei öffentlich-rechtlichen Körperschaften, S. 33.

919 *Deutscher Bundestag*, Drucksache 6/434, S. 34.

eine gewisse Zumutung, sich eine Gesellschaft als öffentlich-rechtliche Körperschaft vorzustellen.[920]

Der Gesetzgeber ist vorbehaltlich verfassungsrechtlicher Grenzen in der Bestimmung des Organisationsrechts frei. Er kann also auch private Personen in seine Aufgabenerfüllung als Teil des Staates einbeziehen. Gängige Praxis ist dies bei der Beleihung, wenn Privaten durch oder aufgrund eines Gesetzes Hoheitsbefugnisse verliehen werden. Ihm bleibt es grundsätzlich auch unbenommen, bereits bewährte Regeln des Gesellschaftsrechts zu adaptieren, solange sie nicht der Rechtsnatur der öffentlich-rechtlichen Körperschaft widersprechen. So wurden zum Beispiel die Zwangskartelle der 1930er Jahre z. T. als öffentlich-rechtliche Organisationen zusammengeschlossen und die Ausgestaltung des Miteinanders privatrechtlichen Vereinbarungen überlassen.[921]

Auch die Möglichkeit Gewinne zu generieren, steht der öffentlich-rechtlichen Organisationsform grundsätzlich nicht entgegen. Da die Eigentümergesellschaft nicht in einen wirtschaftlichen Wettbewerb mit anderen privaten Konkurrenten tritt, wird die Tätigkeit nicht durch Regelungen des europäischen und nationalen Wirtschaftsrechts[922] begrenzt. Das Ertragsrecht[923] ist beispielsweise in § 10 Abs. 3 Satz 2 BJagdG[924] geregelt, wonach den Jagdgenossen ein Auskehrungsanspruch auf den Reinertrag von Pachtgewinnen zusteht. Auch § 22 Abs. 2 Satz 1 FischG NRW[925] sieht eine Nutzen- und Lastenverteilung zwischen den Mitgliedern der Fischereigenossenschaft vor.

Als äußerste Grenze verwaltungsrechtlicher Tätigkeit fordert das Verfassungsrecht eine kompetenzielle Rechtfertigung durch einen öffentlichen Zweck.[926] Vorliegend könnten die Regelungen der §§ 33 Abs. 1 Satz 2, 33b StBauFG-E der

920 *Deutscher Bundestag*, Plenarprotokoll Nr. 06/39 vom 18.03.1970, S. 2035, Sp. 2.

921 *Otto*, Die Zwangskartelle nach geltendem Wirtschaftsrecht, S. 8-12; *Berger*, Die Preisbildung der Zwangskartelle im Steinkohle- und Kalibergbau des Deutschen Reichs, S. 9.

922 Z. B. Art. 106 AEUV; Art. 2, 12, 14 GG; Art. 87 Abs. 1 BayGO, § 136 NKomVG.

923 Vgl. zum Ertragsrecht der Genossenschaften im Allgemeinen: *Stober*, in: Wolff/Bachof, Verwaltungsrecht II, 1987, § 97 Rn. 21.

924 Vgl. zum BJagdG: *BVerwG*, RdL 1971, 177-180, Urteil vom 25.04.1972 - I C 1.71.

925 Vgl. zum FischG: *BVerfG*, Beschluss vom 19.06.1985 - 1 BvL 57/79, Rn. 50.

926 Vgl. dazu: *Ehlers*, in: Erichsen/Ehlers, Allgemeines Verwaltungsrecht, § 1 Rn. 3, mit Verweis auf das Rechtsstaatsprinzip und die Grundrechte; *Ehlers*, Verwaltung in Privatrechtsform, S. 86-88, mit ausführlicher Herleitung; ohne Begründung: *Stober*, in: Wolff/Bachof, Verwaltungsrecht II, 1987, § 84 Rn. 13, wonach eine Körperschaft des öffentlichen Rechts nicht zu ausschließlich fiskalischen, insbesondere wirtschaftlich produktiven Zwecken geschaffen werden dürfe.

CDU / CSU Fraktion zu einem Zwiespalt zwischen den wirtschaftlichen und öffentlichen Interessen der Genossen führen. Denn die formale Bestimmung als Körperschaft des öffentlichen Rechts bleibt hinter ihren tatsächlichen Strukturmerkmalen zurück, wenn das Ziel der Gewinnverteilung gegenüber dem öffentlichen Zweck der städtebaulichen Missstandsbehebung dominiert. Dieser Fall tritt ein, wenn eine auf mehrere Jahre (§ 33 Abs. 1 Satz 2) angelegte Zwangsmitgliedschaft (§ 33 Abs. 3) begründet wird, die nach § 33 Abs. 4 nur unter Aufgabe des Eigentums beendet werden kann, obwohl der öffentliche Zweck bereits erreicht ist. Denn dann dient der Rückgriff auf die öffentlich-rechtliche Organisationsform nur dem zwangsweisen Zusammenschluss. Dieser ist dem vom Prinzip der Privatautonomie beherrschten Privatrecht in aller Regel[927] fremd, so dass ein Formwahlmissbrauch vorliegt.

Zudem begründet diese Divergenz einen verfassungsrechtlich nicht gerechtfertigten Eingriff in die Grundrechte der Mitglieder. Denn die langfristige Gewinnverteilung ist keine öffentliche Aufgabe[928], die einen Eingriff in die durch Art. 2 Abs. 1 GG geschützte Handlungs- und Dispositionsfreiheit rechtfertigen könnte. Es besteht lediglich ein gesteigertes Interesse der Gemeinschaft an der Missstandsbehebung. Die „neuen und modernen" Regelungen über die Gesellschaftsanteile und die Bestandsdauer sind auch nicht erforderlich, um den öffentlichen Zweck der Missstandsbehebung im Rahmen einer sanierungsrechtlichen Zwangsgemeinschaft zu erfüllen. Denn die Möglichkeit, diese beiden Regelungssysteme voneinander zu trennen, zeigt sich schon daran, dass sie maßgebliches Abgrenzungskriterium zwischen der Eigentümergesellschaft und dem Eigentümerverband sind.

Des Weiteren spricht auch die heutige Konzeption des Sanierungsrechts gegen die Möglichkeit, die Grundsätze über die Eigentümergesellschaft in das bestehende Regelungssystem zu integrieren. Denn die §§ 136 ff. BauGB sind als Sonderrecht ausgestaltet, das nur zur Anwendung kommt, wenn die städtebauliche Situation in zeitlicher und sachlicher Hinsicht einen qualifizierten Handlungsbedarf erfordert. Die Durchführung eines Sanierungsverfahrens ist nicht erforderlich, wenn die Betroffenen die städtebaulichen Missstände - auch

927 Vgl. zum Kontrahierungszwang als Ausnahme: *Busche*, in: Münchener Kommentar, BGB, Vor § 145 Rn. 12-23.

928 Zum Erfordernis der öffentlichen Aufgabe z. B.: *BVerfG*, Entscheidung vom 29.07.1959 - 1 BvR 394/58, Rn. 48; Entscheidung vom 25.02.1960 - 1 BvR 239/52, Rn. 40; Entscheidung vom 19.12.1962 - 1 BvR 541/57, Rn. 23; Beschluss vom 07.12.2001 - 1 BvR 1806/98, Rn. 37; *BVerwG*, Urteil vom 25.11.1971 - I C 48.65, Rn. 16; Urteil vom 30.01.1996 - 1 C 9/93, Rn. 21.

mit Unterstützung der Kommune - selbst beheben können.[929] Die Eigentümergesellschaft entspricht nicht dem Sonderrechtscharakter dieses Rechtsgebiets, weil sie die Bau- und Ordnungsmaßnahmen im Wesentlichen selbst beschließt und ausführt. Auch einen Plan, der eine einheitliche Misstandsbehebung für das gesamte Gebiet festlegt, fordert der Gesetzesentwurf nicht. Die Handlungskompetenzen der Gemeinde im Bereich der Bodenordnung und der Erschließung können zwar für das Sanierungsergebnis notwendig sein. Allerdings bewirkt diese Unterstützung keine einheitliche Durchführung, sondern eine Kooperation zweier Rechtsträger. Diese Konstruktion könnte allenfalls, privatrechtlich ausgestaltet, neben die §§ 136 ff. BauGB treten. Eine solche Möglichkeit wurde angesichts des bestehenden Gesellschaftsrechts aber bereits verworfen.

(cc) Ergebnis

Im Ergebnis lässt sich also festhalten, dass die Eigentümergesellschaft kein geeignetes Mittel ist, um den Staat im Wege mittelbarer Staatsverwaltung von Arbeitsleistung (§ 33c StBauFG-E der CDU / CSU Fraktion) und Kosten (§§ 33a Abs. 2 i. V. m. § 24 Abs. 3) zu entlasten und Mitbestimmungsrechte (§ 33a Abs. 2 i. V. m. § 24 Abs. 4) der Betroffenen zu fördeRn. Damit ist aber noch nicht entschieden, wie ein Zwangszusammenschluss im Übrigen rechtlich zu bewerten ist. Diese wird nun im Rahmen des Eigentümerverbandes vorgenommen.

(b) Zum Eigentümerverband

Mit dem Eigentümerverband sollte eine Körperschaft des öffentlichen Rechts geschaffen werden, der weitgehende Sanierungsbefugnisse eingeräumt wurden. Neben der Aufstellung des Verbandsplanes (§ 28 StBauFG-E der CDU / CSU Fraktion) sollte ihm auch die Ausführung der Ordnungs- und Baumaßnahmen obliegen (§ 31 StBauFG-E der CDU / CSU Fraktion). Die Willensbildung sollte naturgemäß durch anteilsbezogene Stimmrechte der betroffenen Eigentümer erfolgen (§ 24 Abs. 4 StBauFG-E der CDU / CSU Fraktion). Kontrolle und Unterstützung sollten durch die zuständige Aufsichtsbehörde sowie die Gemeinde gewährleistet werden.

(aa) Gemeinsamkeiten und Unterschiede zwischen §§ 23 ff. StBauFG-E der CDU / CSU Fraktion und den §§ 137, 141 BauGB

Es gilt das zur Eigentümergesellschaft Gesagte. Das heutige Sanierungsrecht billigt den Betroffenen zwar ein Mitwirkungsrecht zu. Ihnen wird aber keine

929 Vgl. dazu: Kapitel 1, A.

eigenverantwortliche Entscheidungskompetenz zugesprochen. Diese Befugnis obliegt der Kommune.

(bb) Bewertung der Unterschiede zwischen §§ 23 ff. StBauFG-E der CDU / CSU Fraktion und den §§ 137, 141 BauGB

Die Missstandsbehebung dient dem privaten Nutzen der Betroffenen und dem öffentlichen Interesse. Denn sie wertet z. B. das Eigentum in dem Sanierungsgebiet auf, verbessert die Lebensqualität der Bewohner oder korrigiert baulich und wirtschaftlich ungünstige Strukturen. Mit dieser doppelten Zweckrichtung eignet sich das Sanierungsrecht grundsätzlich für die Einführung einer bottom up - Struktur. Den betroffenen Bürgern wird damit eine besondere Möglichkeit der Partizipation geboten. Denn sie können mit ihren Stimmrechten auf die Ausgestaltung des Verbandsplanes und dessen Ausführungen einwirken. Anders als bei der Aufstellung des Sanierungskonzepts nach geltendem Recht, wird dadurch eine Identifikationsmöglichkeit geschaffen.

In der Literatur werden als weiterer Vorteil der Bürgerbeteiligung die edukatorischen Effekte betont, die eine Stärkung der Kompromissfähigkeit und die Schärfung des staatsbürgerlichen Verantwortungsbewusstseins bewirken.[930] Mithin entsteht eine neue Möglichkeit, die von den Gemeinden beklagten Konflikte mit den Sanierungsbeteiligten zu lösen.

Durch die intensive Einbindung der Eigentümer wird zudem die Möglichkeit einer bedarfsgerechten Sanierung geschaffen. Ihr fehlendes Fachwissen kann dabei durch die Beteiligungsrechte und Pflichten der Gemeinde sowie die Hinzuziehung von Erneuerungsträgern mit externem Sachverstand ausgeglichen werden.

Negativ zu bewerten ist, dass in dem Entwurf nur die Eigentümer der in die Sanierungssatzung einbezogenen Grundstücke einbezogen wurden. Andere Betroffene, wie Mieter oder Pächter, hätten ebenfalls ein Interesse an der Mitwirkung. Auch werden Effizienzeinbußen deutlich. Sie entstehen einmal durch die Einrichtung von Doppelstrukturen, weil sowohl die Aufsichtsbehörde als auch die Gemeinde in die Entscheidungen einbezogen werden. Die Kommune hat zudem die Möglichkeit die Akte des Verbandes zu beanstanden und ihn zur Durchführung bestimmter Planungen und Maßnahmen aufzufordern. Diese Vorgehensweise erfordert naturgemäß eine Begründung der Gemeinde. Können

930 *Püttner*, Die staatspolitische Funktion der kommunalen Selbstverwaltung im demokratischen Staatswesen, in: Gefährdung und Chancen der kommunalen Selbstverwaltung, S. 14 (17 f.); *Krüger*, Allgemeine Staatslehre, § 24, S. 397.

sich Verband und Gemeinde nicht auf ein Vorgehen einigen, entscheidet die Aufsichtsbehörde über die weitere Verfahrensweise (§ 25 StBauFG-E der CDU / CSU Fraktion). Ein weiterer Koordinationsaufwand entsteht dadurch, dass die zwei Kompetenzbereiche von Verband und Gemeinde miteinander verflochten sind und einer Abstimmung bedürfen. Neben der Inanspruchnahme personeller und sachlicher Mittel fordern die Kontroll-, Überprüfungs- und Abstimmungsregelungen vor allem Zeit. Ob dieses aufwendige Konzept geeignet ist, die Vorteile einer genossenschaftlichen Struktur, die durch eine Entlastung der unmittelbaren Staatsverwaltung zu einer Arbeits- und Kostenreduzierung führen soll, zu aktivieren ist daher fraglich.

Ein besonderes Problemfeld wurde bereits während des Gesetzgebungsverfahrens erkannt. In dem Verfahren wurde darauf hingewiesen, dass eine Schwierigkeit dieses Verbandes darin bestehe, denjenigen Bürgern gerecht zu werden, die sich in einen solchen Verband nicht einordnen wollten, weil sie ihre Interessen besser bei der Gemeinde gewahrt sähen als in der Gemeinschaft von Nachbarn und möglicherweise Konkurrenten.[931] In diesem Kontext ist auch die Gefahr zu nennen, dass Qualitätseinbußen dadurch eintreten können, dass die unmittelbar betroffenen Eigentümer eigenen Präferenzen zu Lasten sachgerechter Entscheidungen den Vorrang gewähren oder geleitet von persönlichen Beziehungen handeln.[932] Entgegen der Ansicht der Entwurfsverfasser sind diese Probleme nicht dadurch in den Griff zu bekommen, dass den unwilligen Eigentümern das Recht zur Veräußerung ihrer Grundstücke eingeräumt werden sollte (§ 24 Abs. 2 StBauFG-E der CDU / CSU Fraktion). Denn hierbei handelt es sich um keine Alternative, die den Bestand des Eigentums schützt. Vergleichbar wäre das Angebot einer Enteignung. Bei dieser Maßnahme würde niemand von einer sachgerechten Lösung sprechen.

In diesem Gesichtspunkt liegt auch ein entscheidender Unterschied zu anderen Genossenschaften, die an das Eigentum der Mitglieder anknüpfen. Die Ziele können dort regelmäßig mit überschaubaren und objektiv zu bewertenden Maßnahmen erreicht werden. So sind Aufgaben der Jagdgenossenschaft z.B. die Nutzung und Verwaltung des Jagdausübungsrechts[933] sowie der Ersatz des Wildschadens (§ 29 BJagdG). Die Wald- und Fischereigenossenschaften sind beispielsweise für die Bewirtschaftung[934] der Gemeinschaftsflächen zuständig.

931 *Deutscher Bundestag*, Drucksache 6/127, S. 7331, Sp. 2.

932 Vgl. zu derartigen Einflussfaktoren bereits: Kapitel 1, C.

933 Vgl. z. B. *Rose*, Jagdrecht in Niedersachsen, § 16 NJagdG, S. 95 (Musterbeispiel einer Satzung).

934 Vgl. etwa: Art. 31 BayFiG; § 22 Abs. 2 Satz 2 FischG S.-H; § 41 ThürWaldG.

Die Flurbereinigung dient der Neuverteilung des ländlichen Grundbesitzes (§ 1 FlurbG). Demgegenüber werden bei der Sanierung bereits bebaute Grundstücke mit persönlichen Werten und Präferenzen bezüglich des Zustands und der Lage einbezogen. Zudem ist Bewertung von städtebaulichen Mängeln nicht ohne weiteres für die Betroffenen nachvollziehbar. Auch werden nicht alle Grundstücke gleich behandelt, weil der jeweilige Ausgangszustand unterschiedliche Maßnahmen erfordert oder der Verband einzelnen Arealen unterschiedliche Ziele zugeordnet hat.

(cc) Ergebnis

Aus diesem Grunde dürfte ein Zwangszusammenschluss mit wesentlichen Entscheidungskompetenzen nicht das geeignete Mittel sein, um die Vorteile der Selbstverwaltung für das Sanierungsrecht fruchtbar zu machen.

(2) Teilnehmergemeinschaft

Gemäß § 16 FlurbG bilden die Eigentümer und Erbbauberechtigten des Flurbereinigungsgebiets die Teilnehmergemeinschaft, die durch Beschluss als Körperschaft des öffentlichen Rechts entsteht. Ihre Ursprünge[935] liegen in §§ 17 ff. Reichsumlegungordnung von 1937[936], in der die Teilnehmergesellschaft bereits als Körperschaft des öffentlichen Rechts qualifiziert wurde. Der Bundesgesetzgeber hat diese Rechtsform mit Erlass des FlurbG mit der Begründung beibehalten, sie sei in dieser Gestalt elastischer als juristische Personen des bürgerlichen Rechts.[937] Damit dürfte die Regelungsbalance zwischen einem mit genügend Freiheiten ausgestattetem Vorstand (§ 25 FlurbG) und der öffentlichen Aufgabenerfüllung (§ 1 FlurbG) gemeint sein.[938]

In Abgrenzung zu der Eigentümergesellschaft und dem Eigentümerverband ist die Kompetenzverteilung bei der Teilnehmergemeinschaft im Grundtypus[939]

935 Vgl. *Deutscher Bundestag*, Drucksache 1/4396, S. 3.

936 Vgl. Reichsgesetzblatt 1937 I, S. 629 (631 ff.).

937 *Deutscher Bundestag*, Drucksache 1/3385, S. 35.

938 Vgl. zu dieser Einschätzung in Bezug auf die Gemeinschaft der Reichsumlegungsordnung: *Mittlmeier*, Die Gemeinschaft der Teilnehmer nach der Reichsumlegungsordnung, S. 57.

939 Nach § 18 Abs. 2 FlurbG können die Länder Aufgaben und Befugnisse, die nach dem FlurbG der Flurbereinigungsbehörde zustehen, der Teilnehmergemeinschaft übertragen. Die Übertragung darf nicht zu einer sinnwidrigen Zerreißung des Verfahrensablaufs durch Schaffung verfahrensmäßiger Erschwerungen führen (vgl. *BVerwG*, RdL 1970 274 (276), Urteil vom 13.06.1960 - I C 172/50 und RdL 1974, 214 (215), Urteil vom 28.03.1974 - V C 33.72).

weitergehend auf die Verfahrensleitung durch die öffentliche Hand ausgerichtet. Denn die Flurbereinigungsbehörde ist im Grundsatz[940] für die Aufstellung der allgemeinen Grundsätze zur zweckmäßigen Neugestaltung des Gebiets (§ 38 FlurbG) und des Flurbereinigungsplans (§ 41 FlurbG) zuständig. Der Plan ist im Benehmen mit dem Vorstand der Teilnehmergemeinschaft aufzustellen. Das Benehmen erfordert mehr als eine einfache Unterrichtung, bleibt aber hinter der Pflicht ein Einvernehmen oder eine Zustimmung zu erzielen zurück.[941] Die Regelung fordert stattdessen eine enge Zusammenarbeit zwischen Behörde und Vorstand und eine laufende Unterrichtung.[942] Daneben stehen der Flurbereinigungsbehörde die Aufsichtsmittel nach § 17 Abs. 2 und § 137 Abs. 2 FlurbG sowie der Unterrichtung, Beanstandung und Beauftragung in analoger Anwendung der Gemeindeordnungen zu, z. B. §§ 172, 173 NKomVG.[943]

Dagegen erledigt die Teilnehmergemeinschaft die gemeinschaftlichen Angelegenheiten (§ 18 Abs. 1 FlurbG) und ist daher weitgehend Trägerin des Verfahrens[944]. Gemäß § 25 Abs. 1 Satz 1 FlurbG führt der Vorstand die Geschäfte der Teilnehmergemeinschaft aus. Er wird von den Mitgliedern gewählt, § 21 Abs. 3 Satz 1 FlurbG. Die Aufwendungen für die Flurbereinigungsausführung können den Teilnehmern nach §§ 19 Abs. 1 Satz 1, 105 FlurbG auferlegt werden, ebenso die Entschädigung für die Vorstandsmitglieder, § 24 Satz 2 HS. 2 FlurbG.

(a) Gemeinsamkeiten und Unterschiede zwischen §§ 16 ff. FlurbG und den §§ 137, 141 BauGB

Im Sanierungsverfahren nimmt jeder Betroffene seine Rechte in eigener Verantwortung war. Dies gilt sowohl für die Geltendmachung von Rechtspositionen und Einwendungen im Rahmen der Planungen als auch bei der Durchführung der Maßnahmen. Die §§ 137, 141 BauGB werden nach § 146 Abs. 3 BauGB

940 Nach § 38 Satz 1 FlurbG stellt die Flurbereinigungsbehörde im Benehmen mit der landwirtschaftlichen Berufsvertretung und den beteiligten Behörden und Organisationen die allgemeine Grundsätze auf und nach § 41 Abs. 2 FlurbG ist der Plan mit den Trägern öffentlicher Belange in einem Anhörungstermin zu erörtern.

941 *Wingerter*, in: Schwantag/Wingerter, FlurbG,§ 41 Rn. 9.

942 *Wingerter*, in: Schwantag/Wingerter, FlurbG,§ 41 Rn. 9; *OVG Lüneburg*, Urteil vom 28.09.2006 - 15 KF 19/03, Rn. 28.

943 So: *Thomas*, Verwaltungsverfahren und Organe der Teilnehmergemeinschaft, in: RdL 1997, 284 (284) für §§ 129, 130 NGO.

944 *BVerwG*, RdL 1970, 274 (275), Urteil vom 13.06.1960 - I C 172/59; auch: *BGH*, Urteil vom 15.05.1986 - III ZR 241/84, Rn. 14: zur Aufgabe der Ausführung des rechtskräftigen Flurbereinigungsplans (§ 62 FlurbG), soweit sie der Teilnehmergemeinschaft zugewiesen ist.

durch die Möglichkeit ergänzt, einen individuellen Durchführungsvertrag für Ordnungsmaßnahmen und die Errichtung oder Änderung von Gemeinbedarfs- und Folgeeinrichtungen zwischen Gemeinde und Eigentümer abzuschließen. Die Durchführung von Baumaßnahmen nach § 148 Abs. 1 Satz 1 HS. 1 BauGB obliegt von Anfang an dem jeweiligen Eigentümer des sanierungsbedürftigen Grundstücks, soweit die zügige und zweckmäßige Durchführung gewährleistet ist. Demnach sind die Regelungen der §§ 136 ff. BauGB ganz auf die Geltendmachung und Verteidigung individueller Interessen ausgerichtet. Ein freiwilliger Zusammenschluss unter den Bedingungen des zivilrechtlichen Gesellschaftsrechts ist zwar möglich, eine besondere verfahrensrechtliche Ausgestaltung existiert hierfür aber nicht.

Den Beteiligungsstrukturen folgend weisen auch die Kostentragungsregelungen Unterscheide auf: Die Teilnehmer des Flurbereinigungsverfahrens haben die Entschädigungen der Vorstandsmitglieder sowie die Ausführungskosten zu tragen. Zu den Ausführungskosten gehören z. B. die Kosten der Vermessung, Vermarktung und Wertermittlung der Grundstücke[945] sowie die Kosten für die Herstellung der den Teilnehmern dienenden Anlagen[946]. Demgegenüber sind im Sanierungsrecht die Kosten der Ordnungsmaßnahmen von der Gemeinde zu tragen und die Kosten der Baumaßnahmen von den Eigentümern.[947] Daneben haben die Eigentümer unter den Voraussetzungen der § 153 f. BauGB einen Ausgleichsbetrag für die Bodenwerterhöhung ihres Grundstücks zu leisten. Diese Regelung rechtfertigt sich daraus, dass sich die Sanierungsmaßnahmen nicht nur auf dem Grundstück positiv niederschlagen, auf dem sie ausgeführt werden. Denn der Ausgleich von Funktionsschwächen[948] oder die Behebung von Substanzmängeln[949] kann eine Ausstrahlungswirkung haben, die ganze Gebiete und damit auch Drittgrundstücke bevorteilt.

945 *Schwantag*, in: Schwantag/Wingerter, FlurbG, § 104 Rn. 3.

946 *Schwantag*, in: Schwantag/Wingerter, FlurbG, § 105 Rn. 1 f.

947 Vgl. dazu bereits Kapitel 1, B. V.

948 Vgl. dazu: *BVerwG*, Urteil vom 17.12.1992 - 4 C 30/90, Rn. 21: „Für die Werterhöhung ursächlich sind neben der Planung vor allem die in § 147 BauGB bezeichneten Ordnungsmaßnahmen, aber auch die Infrastrukturinvestitionen, die in Gemeinbedarfs- und Folgeeinrichtungen ihren sichtbaren Niederschlag finden."; *OVG Lüneburg*, Beschluss vom 24.09.1993 - 1 M 2991/93, Rn. 7: „Ob speziell auf einem Grundstück des Antragstellers eine bodenwerterhöhende Maßnahme durchgeführt wurde, ist rechtlich unerheblich."

949 Vgl. dazu: *OVG Berlin*, Beschluss vom 03.02.2012 - OVG 10 S 50/10, Rn. 5: „Allerdings kann eine Vielzahl von Bau- oder Instandsetzungsmaßnahmen an Gebäuden eines Sanierungsgebiets zu einer Lagewertverbesserung beitragen, die sich

Demnach werden den Eigentümern (Teilnehmer / Sanierungsbetroffene) sowohl im Flurbereinigungsrecht als auch im Sanierungsrecht, ungeachtet bereichsspezifischer Besonderheiten, die Kosten für die Maßnahmen auferlegt, durch die sie bevorteilt werden. Im Rahmen der Flurbereinigung zahlen die Eigentümer zusätzlich die Entschädigung für die ehrenamtliche Arbeit des Vorstandes.

(b) Bewertung der Unterschiede zwischen §§ 16 ff. FlurbG und den §§ 137, 141 BauGB

Die Vorteile der körperschaftlichen Beteiligungsstruktur wurden bereits benannt. Sie liegen in dem (un-)mittelbaren Recht zur Mitbestimmung, dem Selbsterziehungseffekt sowie der Einsparung von Personal zu Gunsten der unmittelbaren Staatsverwaltung und bedeutsameren Aufgaben. Mit der Kompetenz- und Personalverlagerung auf die Eigentümer geht, wie gerade dargelegt, eine Kostenreduzierung für die Verwaltung einher.

Positiv ist ebenfalls zu bemerken, dass der öffentlichen Hand weitgehende Einflussmöglichkeiten auf die Planungen vorbehalten bleiben. Dadurch ist das im Rahmen des Eigentümerverbandes aufgekommene Problem des gegenseitigen Misstrauens der Beteiligten zumindest abgemildert.

Die Vorschriften über die frühzeitige Erörterung sowie die Pflicht zur vorbereitenden Untersuchung müssen neben den Regelungen zur Teilnehmergemeinschaft bestehen bleiben. Denn nur so kann sich die Kommune eine hinreichende Beurteilungsgrundlage für die Festlegung der Ziele und Zwecke der Sanierung und deren fortlaufende Konkretisierung verschaffen.

Zu bedenken ist ferner, dass nach § 41 Abs. 1 FlurbG nur der Vorstand in den Prozess der Planaufstellung einbezogen wird. Hierbei handelt es sich um eine ausgewählte Gruppe von Eigentümern. Ihr Handeln wird von dem Gesamtinteresse einer verbesserten Neuordnung des Grundbesitzes geleitet. Die Situation ist nicht passgenau auf das Sanierungsrecht zu übertragen. Denn dort treten Einzelinteressen viel mehr hervor. Demgemäß könnte es zweckmäßig sein, nicht nur einzelne Vertreter an den Planungen teilhaben zu lassen. Wenn aber die Betroffenen, zur sachgerechten Umsetzung dieser Organisationsstruktur, in ihrer Gesamtheit entsprechend § 41 Abs. 1 FlurbG in die Aufstellung des Sanierungskonzepts einbezogen werden, stellt sich die Frage, ob diese Organisation noch einen Vorteil gegenüber den bestehenden Regelungen bietet. Dafür spricht zwar zunächst die zusätzliche Einwirkungsmöglichkeit auf die Planungen, als

---

mittelbar über das allgemeine Bodenwertgefüge erhöhend auf den Bodenwert des einzelnen Grundstücks selbst auswirkt."

Ausprägung des Demokratieprinzips. Dagegen könnte aber angeführt werden, dass der Vorteil der handlungsstarken und schlanken Struktur des Vorstands mit der Beteiligung aller Eigentümer aufgeweicht wird. Denn diese Form der Beteiligung wird behäbiger und kostet Zeit. Demgemäß könnte die Möglichkeit zur Teilhabe für die Sanierungsbetroffenen einfacher erreicht werden, nämlich durch eine vorbereitende Anhörung und die Auslegung des Entwurfs mit anschließender Prüfung der Einwendungen[950]. Mithin bliebe zweckmäßigerweise nur die Entscheidung zwischen einer vorstandsgeführten Körperschaft und der Abkehr von der gemeinschaftlichen Handlungsform. Für die letztbenannte Verfahrensweise spricht, dass ein Abhängigkeitsverhältnis zwischen dem Vorstand und den übrigen Betroffenen entstehen könnte. Andererseits haben alle Beteiligten weiterhin die Möglichkeit ihre Belange im Rahmen der Beteiligung nach §§ 137, 141 BauGB vorzubringen. Auch sind die Vorstandsmitglieder als ehrenamtlich Tätige verpflichtet, ihre Aufgabe unparteiisch und gewissenhaft auszuüben, § 83 VwVfG. Sie haften nach den Grundsätzen des Dienstrechtes[951] für vorsätzliche und grob fahrlässige Pflichtverletzungen. Auch die Teilnehmergemeinschaft haftet als Körperschaft des öffentlichen Rechts aus § 839 BGB i. V.m. Art. 34 GG für Schäden ihrer Mitglieder, wenn zuvor gegen falsche oder rechtswidrige Maßnahmen im Flurbereinigungsverfahren und nachfolgend im Gerichtsverfahren vorgegangen wurde.[952] Eine solche Verfahrensweise spricht aber zugleich gegen die körperschaftliche Struktur, weil sie zeitaufwendig ist.

Auch ist fraglich, ob sich der Vorteil einer mitgliedschaftlichen Beteiligung im Rahmen der Sanierungsausführung auswirkt. Zunächst ist zu bedenken, dass die Durchführung von Sanierungsmaßnahmen einen fortlaufenden Prozess bedeutet. Da nicht mehr alle Kompetenzen in einer Hand liegen, können unübersichtliche und fehleranfällige Beteiligungs- und Koordinationsstrukturen zwischen der Gemeinde, dem Vorstand, den Betroffenen und einem möglichen

950 Siehe dazu: Kapitel 3, C. II. 3. a) bb).

951 Allgemein für ehrenamtlich Tätige: *Ramsauer*, in: Kopp/Ramsauer, VwVfG, 2013, § 83 Rn. 12; *Henneke*, in: Knack/Henneke, VwVfG, Vor § 81 Rn. 9; *Laubinger*, in: Ule/Laubinger, Verwaltungsverfahrensrecht, § 13 Rn. 15; zweifelnd: *Bonk/Kallerhoff*, in: Stelkens/Bonk/Sachs, VwVfG, § 81 Rn. 6; differenzierend: *Stelkens*, Schadensersatzansprüche des Staates gegenüber Privaten, in: DVBl 1998, 300 (304 f.); speziell im Rahmen der Flurbereinigung: *Thomas*, Verwaltungsverfahren und Organe der Teilnehmergemeinschaft, in: RdL 1997, 284 (285).

952 *BGH*, Urteil vom 15.05.1986 - III ZR 241/84, Rn. 13, 17, 19, 24, 26, mit dem Hinweis auf die Möglichkeit zur Beschwerde, zum Widerspruch und zur Leistungsklage gegen eine falsche oder rechtswidrige Planung; zu den Rechtsbehelfen auch: *Schwantag*, in: Schwantag/Wingerter, FlurbG,§ 58 Rn. 2 und § 61 Rn. 1.

Sanierungsträger entstehen. Zudem stellt das System der § 146 bis § 148 BauGB flexible und schlanke Regelungen zur Verfügung, welche dem Individualinteresse der jeweiligen Eigentümer Rechnung tragen. Folglich könnte die angestrebte Staatsentlastung durch den Aufwand, der durch den Gründungsprozess und das fortlaufende Verfahren entsteht, wieder aufgehoben werden.

(c) Ergebnis

Die Teilnehmergemeinschaft bietet eine zusätzliche Einwirkungsmöglichkeit für die Betroffenen auf die Planung. Anders als bei der Flurbereinigung lässt sich im Sanierungsrecht aber kein zweistufiges Verfahren im Sinne einer Planaufstellung und Plandurchführung durchsetzen. Dadurch werden bei der Planung und vor allem bei der Durchführung der Sanierung Doppelstrukturen geschaffen, die koordiniert werden müssen und die die Fehleranfälligkeit erhöhen. Zudem dürfte sich der Zeitaufwand erhöhen.

bb) Sonstige Organisationsformen: Transparenz und Neutralität durch die Einbeziehung Dritter

Eine organisatorische Ausgestaltung kann sich eignen, um mehr Transparenz und Neutralität in das Sanierungsverfahren zu bringen. Vor allem wenn es um die Frage der Kostentragung geht, dürfte sich dieser Gedanke fruchtbar machen lassen. Aber auch bei der Sanierungsplanung und der Durchführung könnte die Einbeziehung neutraler Entscheidungsträger Vorteile bieten. In diesem Sinne existieren im Flurbereinigungsverfahren und im Umlegungsverfahren Regelungen, die möglicherweise übertragbar sind.

(1) § 31 FlurbG: Sachverständige

Gemäß § 44 Abs. 1 Satz 1 FlurbG ist jeder Teilnehmer der Flurbereinigung für seine Grundstücke mit Land von gleichem Wert abzufinden. Die Wertberechnung erfolgt, vorbehaltlich abweichender Landesregelungen[953], nach §§ 27, 31 Abs. 1 Satz 1 FlurbG in der Regel durch landwirtschaftliche Sachverständige. Zu ihrer Unterstützung können Sachverständige mit besonderen Kenntnissen berufen werden, § 31 Abs. 1 FlurbG. Sie dürfen gemäß § 20 VwVfG keine Verfahrensbeteiligten oder deren Angehörigen sein. Die Flurbereinigungsbehörde ist bei besserer Kenntnis nicht an die Feststellungen der Sachverständigen gebunden.[954]

---

953 Vgl. z. B. § 33 FlurbG i. V. m. Art. 8 Satz 1 Bay. AGFlurbG, wonach dem Vorstand die Wertermittlung obliegt.

954 *OVG Bautzen*, Urteil vom 28.09.2012 - F 7 C 18/09, Rn. 28; *Schwantag*, in: Schwantag/Wingerter, FlurbG,§ 31 Rn. 2.

(a) Gemeinsamkeiten und Unterschiede zwischen § 31 FlurbG und den §§ 137, 141 BauGB

Im Sanierungsrecht ermittelt die Gemeinde die Ausgleichsbeträge, § 154 BauGB. Hierfür kann sie sich des Gutachterausschusses (§ 196 BauGB) bedienen, § 193 Abs. 1 Satz 1 Nr. 1 BauGB. Dieser soll durch sachkundige und erfahrene Mitglieder besetzt werden, § 192 Abs. 3 Satz 1 BauGB. Die Besetzung des Ausschusses richtet sich gemäß § 192 Abs. 2 Nr. 1 BauGB nach landesrechtlichen Regelungen. Diese sehen z. B. ein Vorschlagsrecht der berufsständischen Kammern und Verbände (Architektenkammer, Baukammer, Industrie- und Handelskammer, Wirtschaftsprüferkammer u. a.) vor.[955]

Demnach liegt der Unterschied zwischen Flurbereinigungs- und Sanierungsrecht allein darin, dass die Gemeinde nach pflichtgemäßem Ermessen über die Beauftragung externer Sachverständiger entscheidet, während die Flurbereinigungsbehörde dazu verpflichtet ist und nur in atypischen Ausnahmesituationen davon absehen darf („in der Regel").

Hinsichtlich der Bindungswirkung des gutachterlichen Ergebnisses unterscheiden sich die Regelungsmaterien nicht. Sie besteht nur, soweit keine Einwände gegen die Methodik oder die zu Grunde liegenden Tatsachenbasis geltend gemacht werden können.

(b) Bewertung der Unterschiede zwischen § 31 FlurbG und den §§ 137, 141 BauGB

Die Möglichkeit die Ausgleichsbetragsbewertung von externem Sachverstand vornehmen zu lassen, gestaltet sich im Sanierungsrecht flexibel. Denn es belässt den Kommunen die Möglichkeit auf eigenes Fachpersonal zurückzugreifen. Das spart Kosten und regelmäßig auch Zeit.

Allerdings handelt es sich bei der Bewertung um eine komplexe Materie. Die angemessene Methode für das konkrete Sanierungsgebiet auszuwählen erfordert Spezialwissen und eine langjährige Berufserfahrung in der Grundstücksbewertung.[956] Daher steht der Kommune ein Spielraum bei der Bewertung der sanierungsbedingten Bodenwerterhöhung zu.[957] Dadurch wird die

---

955 Vgl. § 9 Abs. 2 Satz 3 BLN DVO-BauGB.

956 So: *BVerwG*, Urteil vom 17.05.2002 - 4 C 6/01, Rn. 29; *OVG Berlin*, Beschluss vom 03.02.2012 - OVG 10 S 50.10, Rn. 6; *Bartholomäi*, Sanierungsausgleichsbetrag - Judex calculat, in: NVwZ 2001, 1377 (1377).

957 Vgl. auch z. B. VG *Frankfurt/Main*, NvWZ, 2000 277 (277), Beschluss vom 25.08.1999 - 8 G 3502/98 (3); *OVG Berlin*, Beschluss vom 03.02.2012 - OVG 10 S 50.10, Rn. 6; *VG Göttingen*, Urteil vom 14.12.2010 - 2 A 54/09, Rn. 28; *OVG Koblenz*,

Nachvollziehbarkeit der Bewertungstätigkeit gemindert. Dementsprechend könnte die verpflichtende Beauftragung von außerhalb der Kommune stehenden Sachverständigen die Transparenz erhöhen sowie das Vertrauen der Ausgleichsbetragsschuldner stärken. Auch könnte sie die Fehleranfälligkeit der Ausgleichsbetragsbescheide senken. Dadurch könnten sich wiederum Kosten und Zeit für nachträgliche Gerichtsverfahren einsparen lassen.

(c) Ergebnis

Die verpflichtende Einholung externen Sachverstandes ist grundsätzlich geeignet, die Transparenz und das Vertrauen in die Rechtmäßigkeit der Ausgleichsbetragsbescheide zu erhöhen. Die erhöhten Kosten und der Zeitverlust für die verpflichtende Beauftragung des Gutachterausschusses könnten durch ersparte Gerichtsverfahren ausgeglichen werden.

(2) § 45 Abs. 2 BauGB: Umlegungsausschuss

Gemäß § 46 Abs. 2 Nr. 1 BauGB können die Länder bestimmen, dass von der Gemeinde Umlegungsausschüsse mit selbständigen Entscheidungsbefugnissen für die Durchführung der Umlegung gebildet werden. Eine solche Regelung enthielt auch schon § 46 Abs. 2 BBauG 1960. Vorbild dieser Regelungen waren die landesrechtlichen Bestimmungen in den Aufbaugesetzen[958], die sich in der Praxis bewährt hatten.[959] Der Einsatz unabhängiger Sachverständiger mit selbstständigen Entscheidungsbefugnissen sollte den psychologischen Widerständen gegen eine rein gemeindliche Umlegung entgegenwirken.[960]

Der Umlegungsausschuss ist selbstständig (§ 46 Abs. 2 Nr. 1 BauGB), er kann mit der Abwicklung des gesamten Umlegungsverfahrens betraut werden[961], § 46 Abs. 2 Nr. 2 BauGB. Die Ausgestaltung der landesrechtlichen Regelungen gestaltet sich zwar sehr unterschiedlich. Grundsätzlich hat sich die Zuweisung an ein Fachgremium aber als sehr hilfreich für die zügige und erfolgreiche Aufgabenerledigung herausgestellt.[962]

Urteil vom 14.09.2004 - 6 A 10530/04, Rn. 37; *BVerwG*, Urteil vom 17.05.2002 - 4 C 6/01, Rn. 29.

958 Z. B. § 18 AufbauG NRW und § 19 Nds. AufbauG.

959 *Deutscher Bundestag*, Drucksache 3/336, S. 75.

960 So schon der Entwurf eines Baugesetzbuches mehrerer Bundestagsabgeordneter: *Deutscher Bundestag*, Drucksache 2/1813, S. 70 f.

961 So z. B. § 3 Abs. 2 Satz 1 Nds. DVO-BauGB; § 3 Satz 2 NRWDVBauGB; z. T. wird die Befugnis zur Anordnung der Umlegung ausgenommen, z. B.: § 3 Abs. 1 Satz 2 BW BauGB-DVO; § 1 Abs. 2 SächsUAVO.

962 *Reith*, in: Battis/Krautzberger/Löhr, BauGB, § 46 Rn. 9.

Im Gegensatz zu den Beteiligungsformen im Rahmen einer Körperschaft des öffentlichen Rechts, haben die Sanierungsbetroffenen kein Stimmrecht, mit dem sie Einfluss auf die Sanierung nehmen können. Ihre Rechte werden stattdessen dadurch geschützt, dass die Entscheidungen von einem neutralen und fachlich geeigneten Gremium getroffen werden.

(a) Gemeinsamkeiten und Unterschiede zwischen § 46 Abs. 2 BauGB und den §§ 137, 141 BauGB

Die Sanierungsmaßnahme wird von der Feststellung des Sanierungsverdachts bis zum Abschluss der Sanierung[963] von den Gemeindeorganen getroffen[964]. Dabei können sie sich zur Erfüllung ihrer Aufgaben, in den Grenzen der §§ 157 ff. BauGB, privater Beauftragter[965] bedienen. Speziell für die Ausgleichsbetragsbewertung[966] stehen die Gutachterausschüsse als externer Sachverstand zur Verfügung.

Im Gegensatz zum Umlegungsrecht einiger Bundesländer[967] besteht keine gesetzliche Verpflichtung, außerhalb der Gemeinde stehende Sachverständige an der Sanierung zu beteiligen. Auch ist die Interessenneutralität der Beauftragten i. S. d. §§ 157 ff. BauGB nicht in dem Maße gewährleistet, wie es bei den Umlegungsausschussmitgliedern der Fall ist. Denn sie sind als Wirtschaftsunternehmen an einer langfristigen Beteiligung, auch an künftigen Verfahren, interessiert. Des Weiteren helfen sie nur bei der Vorbereitung, die endgültigen Entscheidungen werden von den Organen der Gemeinde getroffen.

(b) Bewertung der Unterschiede zwischen § 46 Abs. 2 BauGB und den §§ 137, 141 BauGB

Wie im Umlegungsverfahren treten gegen eine kommunal geleitete Sanierungstätigkeit teilweise Vorbehalte bei den Betroffenen auf. Diese können beispielsweise darauf zurückzuführen sein, dass in vorangegangenen Verwaltungsverfahren schlechte Erfahrungen mit der Gemeinde gesammelt wurden. Zudem entstehen während eines Sanierungsverfahrens mitunter Konflikte zwischen den kommunalen Interessen der Gemeinde und den Begehrlichkeiten der

963 Vgl. zum Ablauf bereits: Kapitel 1, B.

964 Vgl. zu den Zuständigkeiten im Sanierungsrecht: Kapitel 3, B. II.

965 vgl. zu den Sanierungsträgern: Kapitel 2, C. III.

966 Vgl. Kapitel 3, II. 3. c) bb) (1) (a).

967 Vgl. unter dem Vorbehalt des § 46 Abs. 4 BauGB z. B. § 3 Abs. 1 Satz 1 BW BauGB-DVO; § 1 Abs. 1 Satz 1 Bay. UmlegAusschV; § 3 Abs. 1 Satz 1 Nds. DVO-BauGB; § 1 Abs. 1 UAVO Rlp; § 1 Abs. 1 Satz 1 SächsUAVO; § 1 Abs. 1 Satz 1 ThürUaVO; anders: § 1 Abs. 1 Satz 1 UmlALVO M.-V. („kann").

Eigentümer, Mieter, Pächter und sonstigen Betroffenen. Auch kann eine einseitige Interessenbeeinflussung der Gemeindeorgane durch Dritte nicht immer ausgeschlossen werden.

In all diesen Fällen erscheint es zweckmäßig, eine unabhängige und neutrale Stelle als Entscheidungsträger einzusetzen. Zwar können auch die Sanierungsbeauftragten diese Aufgaben teilweise übernehmen. Da sie aber keine Letztentscheidungskompetenz besitzen, können sie nur als eine Art Vermittler auftreten. Das in sie gesetzte Vertrauen, und folglich auch ihre Wirkungsstärke, müssen daher hinter dem eines Umlegungsausschusses zurück bleiben.

Die Beurteilung des Ausschusses hängt auch von seiner Zusammensetzung ab. Die sachliche Unabhängigkeit wird insbesondere gewährleistet, wenn die Mehrzahl der Mitglieder nicht dem gemeindlichen Entscheidungsgremium angehört.[968] Denn andernfalls werden die benannten Konflikte unter Umständen nur verlagert. Ebenfalls sollten sonstige Verfechtungen mit der gemeindlichen Sanierungstätigkeit ausgeschlossen sein.[969] Die fachliche Kompetenz der Mitglieder wird selbstverständlich vorausgesetzt.

Auch die Ausgestaltung der Verfahrensregelungen beeinflusst die Qualität des Ausschusses. So kann die Bestimmung einer nicht öffentlichen Sitzung[970] eine unbeobachtete und unbeeinflusste Beratung und Entschließung gewährleisten. Zudem wird sichergestellt, dass personenbezogene Daten und Betriebsgeheimnisse nicht der Allgemeinheit bekannt gegeben werden. Diese Gründe sind auch geeignet eine Ausnahme vom Öffentlichkeitsgebot zu rechtfertigen. Das Öffentlichkeitsgebot ergibt sich für kommunale Gremien insbesondere aus dem Demokratieprinzip und soll u. a. eine Kontrollmöglichkeit der Bewohner bei abschließenden Entscheidungen gewährleisten.[971] Da der Ausschuss die Entscheidung der herkömmlichen Gemeindeorgane ersetzt, dürfte auch er im Grundsatz

---

968 Z. B. § 2 Abs. 1, Abs. 3 ThürUaVO; § 4 Abs. 1 NRWDVBauGB; § 4 Abs. 1, Abs. 3 Satz 1 Nds. DVO-BauGB; anders: § 3 Abs. 3 Satz 1, Satz 3 und § 5 BW BauGB-DVO, wo der Ausschuss ein echter Gemeinderatsausschuss ist, mit beratenden Sachverständigen und, optional, einem stimmberechtigten Beamten einer Vermessungsbehörde oder einem öffentlich bestellten Vermessungsingenieur.

969 Z. B. § 2 Abs. 1 Satz 1 Abs. 5 UmlALVO M.-V.; § 2 Abs. 3 SächsUAVO; § 4 Abs. 1, Abs. 3 Satz 2 Nds. DVO-BauGB

970 Z. B. § 5 Abs. 2 Satz 1 UAVO Rlp; § 5 Abs. 2 Satz 1 ThürUaVO; § 5 Abs. 2 Satz 1 SächsUAVO; § 4 Abs. 2 Satz 1 Bay. UmlegAusschV.

971 *BVerwG*, Beschluss vom 15.03.1995 - 4 B 33/95, Rn. 6; *OVG Saarlouis*, Urteil vom 22.04.1993 - 1 R 35/91, Rn. 34; *OVG Lüneburg*, NVwZ 1983, 484 (485), Beschluss vom 10.03.1982 - 6 B 63/81; *OVG Koblenz*, Urteil vom 13.06.1995 - 7 A 12186/94, Rn. 31 f.

an dieses Prinzip gebunden sein. Die Öffentlichkeit wird demnach erst mit Bekanntmachung der Entwürfe oder endgültigen Beschlussakte informiert.

Im Sinne der Verwaltungseffizienz bietet es sich an, die Sanierung im vereinfachten Verfahren von der Pflicht einen Ausschuss einzurichten auszunehmen.[972] Dann würde sich die Organzuständigkeit wieder nach den allgemeinen Regeln der landesrechtlichen Kommunalverfassungsgesetze richten.

(aa) Rechtliche Grenzen: Kommunale Selbstverwaltung

Die kommunale Selbstverwaltungsgarantie[973] steht der Einführung eines solchen Ausschusses nicht entgegen. Für das Umlegungsverfahren ist anerkannt, dass es sich bei dem Ausschuss um ein Organ der Gemeinde handelt.[974] Organe sind diejenigen Organisationseinheiten einer Kommune, denen das Gesetz selbstständige Teilfunktionen zuweist und deren Tätigkeit der Kommune zuzurechnen ist.[975] Diese rechtliche Einordnung ist auf das Sanierungsrecht übertragbar. Der Kommune werden durch die Einrichtung eines solchen Ausschusses demnach keine Aufgaben entzogen[976], sondern sie werden nur auf eine neue Organisationseinheit übertragen. Sie bleibt daher weiterhin Trägerin des Sanierungsverfahrens. Dieser Eingriff in die Organisationshoheit ist sachlich gerechtfertigt, weil er eine objektive Durchführung des Verfahrens sicherstellen soll.

Zu beachten ist ferner, dass das Gremium nicht nur mit gewählten Gemeindevertretern, sondern unter Umständen auch mit privaten Sachverständigen besetzt werden kann. Dadurch wird die in Art. 28 Abs. 2 Satz 1 GG gewährleistete Eigenverantwortlichkeit[977] der Kommunen eingeschränkt. Immerhin wird ein neues Organ mit eigenständigen Entscheidungskompetenzen geschaffen. Die Besetzung erfordert zudem die temporäre Schaffung zusätzlicher Stellen, wenn das Gremium unabhängig von der Gemeindeverwaltung und den herkömmlichen Organen entscheiden soll. Diese Beschränkung kann aber je nach Ausgestaltung der Verpflichtung gerechtfertigt sein. Denn die Einrichtung des Sanierungsausschusses

---

972 So z. B. im vereinfachten Umlegungsverfahren § 8 NRWDVBauGB.

973 Vgl. zu den Grundsätzen bereits: Kapitel 1, A. II. 6. d).

974 *BGH*, Urteil vom 12.03.1987 - III ZR 29/86, Rn. 10; Urteil vom 27.04.1981 - III ZR 71/79, Rn. 23; *Otte*, in: Ernst/Zinkahn, BauGB, § 46 Rn. 22; zur Selbstverwaltungsgarantie auch: *OLG Düsseldorf*, NJW 1968, 1096 (1097), Urteil vom 29.11.1967 - U (Baul) 2/67.

975 *Meyer*, in: Blum/Baumgarten, NKomVG, § 45 Rn. 2.

976 Vgl. grundlegend zur Hochzonung von Aufgaben: *BVerfG*, Beschluss vom 23.11.1988 - 2 BvR 1619/83, 2 BvR 1628/83, Rn. 39 ff., insbesondere Rn. 62 zum Gemeininteresse.

977 Vgl. dazu: Kapitel 1, A. II. 6 d) aa).

dient nicht nur der einfachgesetzlich ausgeformten Behebung städtebaulicher Missstände, sondern auch konkurrierenden Verfassungsrechten. Denn sie soll einerseits Gerechtigkeit schaffen (Art. 3 Abs. 1 GG) und andererseits einen schonenden Umgang mit den Individualinteressen (Art. 14 Abs. 1 Satz 1 GG, Art 2 Abs. 1 und Abs. 2 Satz 1 GG)[978] gewährleisten. Gegen einen unverhältnismäßigen Eingriff spricht, dass die Verwaltung und die Gemeindeorgane durch den Ausschuss entlastet werden. Auch muss er nur im Sanierungsfall eingerichtet werden, er besteht also zeitlich befristet. Mit einer Begrenzung auf das ordentliche Sanierungsverfahren wird ein weiterer Ausgleich geschaffen. Daneben könnten weitere Ausnahmen von der Verpflichtung zugelassen werden, die sich entweder nach der Gemeindegröße oder der Größe des Sanierungsgebiets richten. Für die Anknüpfung an die Gemeindegröße spricht, dass größere Kommunen den zusätzlichen Aufwand für die Gründung und Aufrechterhaltung des Ausschusses regelmäßig leichter auffangen können. Dagegen spricht, dass das Erfordernis eines Sachverständigenausschusses nicht an der Gemeindegröße fest zu machen ist, sondern eher von der Größe des Sanierungsgebiets abhängt. Diese Anknüpfung könnten die Gemeinden aber leicht zur Umgehung des Schwellenwertes veranlassen. Alternativ könnte eine Förderung der unabhängigen Mitglieder im Rahmen des § 164a BauGB[979] in Betracht kommen. Des Weiteren kann die rechtliche Ausgestaltung ausreichende Gestaltungsspielräume für die Kommune eröffnen. Spielräume können bei den Entschädigungsregelungen[980] beibehalten werden oder bei den Auswahlkriterien der unabhängigen Mitglieder sowie bei der konkreten Ausgestaltung des Verfahrens.

(bb) Rechtliche Grenzen: Demokratieprinzip

Eine andere Bewertung rechtfertigt auch nicht die Tatsache, dass dem Sanierungsausschuss nicht alle gewählten Mitglieder der kommunalen Volksvertretung angehören. Zwar überträgt Art. 28 Abs. 1 Satz 2 GG die in Art. 20 Abs. 1

---

978 Ebenso in den Landesverfassungen, z. B. Art. 3 Abs. 1 und Abs. 2 Satz 1 NV; Art. 4 Verf. NW.

979 Art. 104b Abs. 2 Satz 2 und Satz 3 BauGB sieht eine degressive Ausgestaltung der Finanzmittel vor (vgl. *Deutscher Bundestag*, Drucksache 16/813, S. 19). Die fallenden Fördermittelbeträge ermöglichen einen Übergang auf eine landeseigene Vollfinanzierung (vgl. *Battis/Klein/Rusteberg*, Die Auswirkungen des neuen Art. 104b GG auf die Städtebauförderung, in: DVBl 2009, 682 (683)).

980 Vgl. z. B. § 3 Abs. 6 UmlALVO M-V der hinsichtlich der sitzungsbezogenen Aufwandsentschädigung und Reisekostenvergütung einen Verweis auf die landesrechtliche Entschädigungsverordnung vornimmt; § 7 UAVO Rlp der einen Verweis auf die landesrechtlichen Entschädigungsvorschriften vorbehaltlich abweichender Regelungen der Gemeinde vorsieht.

und Abs. 2 GG getroffene Grundentscheidung der Verfassung für die Prinzipien der Volkssouveränität und der Demokratie auf die Ebene der Gemeinden.[981] Daraus folgt, dass die Gemeindevertretung, auch wenn sie kein Parlament, sondern das Organ einer Selbstverwaltungskörperschaft ist, die Gemeindebürger repräsentiert.[982] Dementsprechend könnte das Mitwirkungsrecht der Repräsentanten durch die Übertragung auf den Sanierungsausschuss in verfassungswidriger Weise beschränkt werden. Dies wäre aber nur der Fall, wenn die gesetzliche Ausgestaltung den aus dem Prinzip der repräsentativen Demokratie folgenden Grundsatz der Spiegelbildlichkeit der Zusammensetzung des Plenums[983] nicht gewährleisten könnte. Solange bei der Auswahl der Sanierungsausschussmitglieder das politische Meinungs- und Kräftespektrum beachtet wird, bestehen keine rechtlichen Bedenken. Insoweit könnten zur Wahrung des Repräsentationsprinzips z. B. die für die Zusammensetzung der kommunalen Fachausschüsse[984] geltenden Regelungen angewendet werden.

(cc) Rechtliche Grenzen: Organisationsrecht der Länder

Der Bundesgesetzgeber hat vom Erlass einer verbindlichen Regelung zur Einrichtung der Umlegungsausschüsse abgesehen. Im Gesetzgebungsverfahren zum BBauG 1960 hat der Ausschuss für Wohnungswesen, Bau- und Bodenrecht zwar erwogen, die Durchführung des Verfahrens allgemein in die Hand selbständiger Umlegungsausschüsse zu legen. Dafür hat sich auch der Rechtsausschuss ausgesprochen. Nach gemeinsamer Beratung wurde jedoch entschieden, von einer solchen Regelung Abstand zu nehmen, weil sie einen Eingriff in die verfassungsrechtlich garantierte Organisationsgewalt der Länder enthalten könne.[985]

Heute stellt sich diese Diskussion vor dem Hintergrund des vom *BVerfG* aufgestellten allgemeinen Verfassungsgrundsatzes, wonach weder der Bund noch die Länder über ihre in Art. 30, 83 ff. GG festgelegten Kompetenzen verfügen

981 Vgl. dazu: *BVerfG*, Urteil vom 31.10.1990 - 2 BvF 2/89, 2 BvF 6/89, Rn. 65; Beschluss vom 15.02.1978 - 2 BvR 134/76, 2 BvR 268/76, Rn. 41; *BVerwG*, Urteil vom 10.12.2003 - 8 C 18/03, Rn. 12; Urteil vom 27.03.1992 - 7 C 20/91, Rn. 9.

982 *BVerwG*, Urteil vom 10.12.2003 - 8 C 18/03, Rn. 12; Urteil vom 27.03.1992 - 7 C 20/91, Rn. 9; *OVG Lüneburg*, Urteil vom 27.06.2008 - 10 LC 194/07, Rn. 22.

983 Vgl. dazu: *BVerwG*, Urteil vom 10.12.2003 - 8 C 18/03, Rn. 14; Beschluss vom 07.12.1992 - 7 B 49/92, Rn. 5; Urteil vom 27.03.1992 - 7 C 20/91, Rn. 17; *OVG Bautzen*, Beschluss 14.09.2010 - 4 B 87/10, Rn. 27; *VG Oldenburg*, Beschluss vom 31.08.2004 - 2 B 2197/04, Rn. 14; *VG Regensburg*, Urteil vom 25.01.2006 - RN 3 K 05.01239, Rn. 39.

984 Z. B. § 71 Abs. 2 NKomVG; Art. 31 BayGO.

985 *Deutscher Bundestag*, Schriftlicher Bericht zur Drucksache 3/1794, S. 14.

können; Kompetenzverschiebungen zwischen Bund und Ländern sind selbst mit Zustimmung der Beteiligten nicht zulässig.[986]

Gemäß Art. 84 Abs. 1 Satz 1 GG regeln die Länder die Einrichtung der Behörden und das Verwaltungsverfahren, wenn sie Bundesgesetze als eigene Angelegenheiten ausführen. Ihnen obliegt damit die Organisationsgewalt. Diese Vorgaben gelten auch im Sanierungsrecht, das in der Gesetzgebungskompetenz des Bundes liegt.

Wenn Bundesgesetze etwas anderes bestimmen, können die Länder davon abweichende Regelungen treffen. Art. 84 Abs. 1 Satz 2 GG verleiht dem Bund und den Ländern Gesetzgebungsbefugnisse ohne nähere Eingrenzungen, so dass sie jene nach freiem politischen Ermessen ausüben können. Es bestehen keine Bindungen an Verhältnismäßigkeits-, Erforderlichkeits- oder Bedürfnisvoraussetzungen.[987]

Im Gegensatz zum Verwaltungsverfahren kann der Bundesgesetzgeber die Einrichtung von Behörden nicht abweichungsfest regeln, Art. 84 Abs. 1 Satz 2 bis 6 GG. Fraglich ist also, ob die Einrichtung eines Sanierungsausschusses nach dem Vorbild des Umlegungsrechts unter die Verfahrens- oder Organisationsregeln fällt. Verkürzt gilt, die Verfahrensregeln betreffen das WIE und die Behördenorganisation das WER.[988] Konkret unterfällt die Anordnung, ein unabhängiges Sachverständigengremium einzurichten, unter die Organisationsregeln, dagegen ist die Verfügung, hinreichenden Sachverstand für die Gesetzesausführung bereitzuhalten bzw. einzubeziehen, eine Frage des Verfahrens.[989] Damit ist die verpflichtende Regelung, einen Sanierungsausschuss einzurichten, der mit Ratsmitgliedern und Sachverständigen besetzt wird, als Organisationsregel zu qualifizieren. Sie kann von den Ländern abweichend geregelt werden.

---

986 *BVerfG*, Urteil vom 01.12.1954 - 2 BvG 1/54, Rn. 69; Beschluss vom 21.10.1971 - 2 BvL 6/69, 2 BvL 15/70, 2 BvL 20/70, 2 BvL 21/70, 2 BvL 46/71, Rn. 40; Urteil vom 20.12.2007 - 2 BvR 2433/04, 2 BvR 2434/04, Rn. 152.

987 *Kirchhof*, in: Maunz/Dürig, GG, Art. 84 Rn. 68 mit Verweis auf *BVerfG*, Urteil vom 22.05.1990 - 2 BvG 1/88, das unter Rn. 102 zur Weisungskompetenz des Bundes ausführt, neben der Pflicht zu bundesfreundlichem Verhalten gebe es keine Verfassungsgrundsätze, aus denen Schranken für die Kompetenzausübung in dem von Staatlichkeit und Gemeinwohlorientierung bestimmten Bund-Länder-Verhältnis gewonnen werden könnten; *Meyer*, Die Föderalismusreform 2006, S. 112 der aus der Systematik des Sachgebiets die Verpflichtung zum effektiven Vollzug des Bundesgesetzes ableitet.

988 *Ipsen*, Staatsrecht I, Rn. 616; *Suerbaum*, in: Epping/Hillgruber, GG, Art. 84 Rn. 15, Oebbecke, Handbuch des Staatsrechts, Bd. VI,, 2008, § 136 Rn. 23.

989 *Meyer*, Die Föderalismusreform 2006, S. 120.

Ein Verstoß gegen Art. 84 Abs. 1 Satz 7 GG würde eine solche Organisationsverpflichtung nicht bedeuten. Denn das Durchgriffsverbot untersagt nur eine Aufgabenübertragung an die Gemeinden durch den Bund. Es gilt gemäß Art. 125a Abs. 1 Satz 1 GG nicht für die bereits erlassenen Zuweisungsregeln der §§ 136 ff. BauGB. Auch liegt in der angestrebten Änderung der Organisationsstruktur keine Aufgabenübertragung. Zwar wird der Begriff der Aufgabe i. S. d. Norm weit ausgelegt und als Sachkompetenz der Gemeinden und Gemeindeverbände verstanden.[990] Mithin ist die den Gemeinden im Sanierungsrecht zugewiesene Gesetzesausführung als Aufgabe in diesem Sinne zu qualifizieren. Allerdings fehlt es an einem Übertragungsakt, unabhängig davon, ob unter das Durchgriffsverbot jede Neubegründung und Erweiterung von Aufgaben gefasst wird[991] oder ob sie als erstmalige Aufgabenübertragung, qualitative Erweiterung[992] und Änderung[993]

---

990 *Burgi*, Künftige Aufgaben der Kommunen im sozialen Rechtsstaat, in: DVBl 2007, 70 (77); *Schoch*, Verfassungswidrigkeit des bundesgesetzlichen Durchgriffs auf Kommunen, in: DVBl 2007, 261 (266); *Knitter*, Möglichkeiten der Kommunen, sich gegen eine gem. Art. 84 Abs. 1 Satz 7 GG unzulässige Aufgabenübertragung zur Wehr zu setzen, in: NdsVBl 2009, 73 (73); zustimmend: *Henneke*, Durch Bundesgesetze dürfen Gemeinden und Gemeindeverbänden Aufgaben nicht übertragen werden, in: NdsVBl 2007, 57 (66); *Ingold*, Das Aufgabenübertragungsverbot aus Art. 84 Abs. 1 Satz 7 GG als Hindernis für die bauplanungsrechtliche Gesetzgebung des Bundes?, in: DÖV 2010, 134 (135).

991 *Burgi*, Künftige Aufgaben der Kommunen im sozialen Rechtsstaat, in: DVBl 2007, 70 (77); *Schoch*, Verfassungswidrigkeit des bundesgesetzlichen Durchgriffs auf Kommunen, in DVBl 2007, 261 (263); wohl auch: *Pieroth*, in: Jarass/Pieroth, GG, Art. 84 Rn. 7.

992 Verboten: *Kirchhof*, in: Maunz/Dürig, GG, Art 84 Rn. 165, der die erstmalige Übertragung einer Aufgabe mit der qualitativen Erweiterung gleichsetzt, weil es keine Rolle spielen könne, ob eine neu geschaffene Aufgabe als Teilaufgabe an ein bereits bestehendes Gesetz anknüpfe oder erstmalig übertragen werde; *Engelken*, Kommunen und bundesrechtliche Aufgaben nach der Föderalismusreform I - Zum neuen Aufgabenübertragungsverbot nach Art. 84 Abs. 1 Satz 7 GG, in: VBlBW 2008, 457 (465); *Meyer*, Die Föderalismusreform 2006, S. 133; *Huber/Wollenschläger*, Durchgriffsverbot und landesverfassungsrechtliches Konnexitätsgebot - Das Beispiel des KiföG - in: VerwArch 100 (2009), 305 (308); *Suerbaum*, in: Epping/Hillgruber, GG, Art. 84 Rn. 29, der allgemein von Zuweisung neuer Aufgaben spricht.

993 Verboten: *Kirchhof*, in: Maunz/Dürig, GG, Art 84 Rn. 166, der die gegenteilige Auffassung nicht für überzeugend hält und darin einen Widerspruch zum Wortlaut der Norm sieht; *Meyer*, Die Föderalismusreform 2006, S. 133; *Engelken*, Kommunen und bundesrechtliche Aufgaben nach der Föderalismusreform I - Zum neuen Aufgabenübertragungsverbot nach Art. 84 Abs. 1 Satz 7 GG, in: VBlBW 2008, 457 (464 f.) und *Engelken*, Zustimmungspflichten bei Bundesgesetzen auf ihren Kern

sowie quantitative Erweiterung[994] bewertet wird und ob Selbstverwaltungsaufgaben von dem Verbot ausgenommen werden[995] oder nicht[996]. Denn die Sanierungsaufgabe ist der Gemeinde bereits in umfassender Weise zugewiesen. Die Änderung erweitert also nicht den Aufgabenbereich der Kommunen, sondern konkretisiert die Organkompetenz.

Auch der Wortlaut und der Zweck des Art. 84 Abs. 1 Satz 7 GG stützen diese Sichtweise. Denn das Durchgriffsverbot soll den Kommunen einen Schutz vor zusätzlichen Aufgabenbelastungen durch den Bund[997] bieten, um u. a. im Sinne der landesverfassungsrechtlichen Konnexitätsprinzipien die Erfüllung

---

zurückgeführt, in: BayVBl 2011, 65 (71), jeweils mit dem Hinweis auf das Erfordernis der kommunalen Mehrbelastung; a. A. *Huber/Wollenschläger*, Durchgriffsverbot und landesverfassungsrechtliches Konnexitätsgebot - Das Beispiel des KiföG - in: VerwArch 100 (2009), 305 (309 f.) mit Verweis auf Art. 125a Abs. 1 Satz 2 GG.

994 Erlaubt: *Kirchhof*, in: Maunz/Dürig, GG, Art 84 Rn. 167; *Meyer*, Die Föderalismusreform 2006, S. 133; *Henneke*, Die Kommunen in der Föderalismusreform, in: DVBl 2006, 867 (869), der von materiell-rechtlichen Erweiterungen spricht; *Huber/Wollenschläger*, Durchgriffsverbot und landesverfassungsrechtliches Konnexitätsgebot - Das Beispiel des KiföG - in: VerwArch 100 (2009), 305 (308); *Engelken*, Kommunen und bundesrechtliche Aufgaben nach der Föderalismusreform I - Zum neuen Aufgabenübertragungsverbot nach Art. 84 Abs. 1 Satz 7 GG, in: VBlBW 2008, 457 (460-464); *Maiwald*, in: Schmidt-Bleibtreu, GG, Art. 125a Rn. 3; *Meßmann*, Das Aufgabenübertragungsverbot aus Art. 84 Abs. 1 Satz 7 GG: Hindernis für die Erweiterung bereits übertragener Aufgaben und die Übertragung von Angelegenheiten der örtlichen Gemeinschaft, in: DÖV 2010, 726 (727); *Deutscher Bundestag*, Drucksache 16/3989, S. 2; *BVerfG*, Beschluss vom 04.05.2010 - 2 BvL 8/07, Rn. 145.

995 *Ingold*, Das Aufgabenübertragungsverbot aus Art. 84 Abs. 1 Satz 7 GG als Hindernis für die bauplanungsrechtliche Gesetzgebung des Bundes?, in: DÖV 2010, 134 (137 f.); *Ingold*, Nochmals: Das Aufgabenübertragungsverbot (Art. 84 Abs. 1 Satz 7 GG), in: DÖV 2010, 732 (732); *Deutscher Bundestag*, Drucksache 16/2069, S. 13; *Deutscher Bundesrat*, Drucksache 651/06, S. 17; *Maiwald*, in: Schmidt-Bleibtreu, GG, Art. 125a Rn. 3; kritisch: *Suerbaum*, in: Epping/Hillgruber, GG, Art. 84 Rn. 29.

996 *Kirchhof*, in: Maunz/Dürig, GG, Art 84 Rn. 168; *Engelken*, Kommunen und bundesrechtliche Aufgaben nach der Föderalismusreform I - Zum neuen Aufgabenübertragungsverbot nach Art. 84 Abs. 1 Satz 7 GG, in: VBlBW, 457 (466); *Meßmann*, Das Aufgabenübertragungsverbot aus Art. 84 Abs. 1 Satz 7 GG: Hindernis für die Erweiterung bereits übertragener Aufgaben und die Übertragung von Angelegenheiten der örtlichen Gemeinschaft?, in: DÖV 2010, 726 (729-731); *Pieroth*, in: Jarass/Pieroth, GG, Art. 84 Rn. 7.

997 *Deutscher Bundestag*, Drucksache 16/813, S. 15.

öffentlicher Aufgaben an einen finanziellen Ausgleich zu koppeln[998]. Durch die Einführung eines zusätzlichen Organs, das anstelle der bisherigen Gremien entscheidet, wird diesem Ziel nicht widersprochen.

(c) Ergebnis

Durch einen Ausschuss, der frei und nach eigener Überzeugung entscheidet, wird erreicht, dass objektive und interessenneutrale Entscheidungen getroffen werden. Die Einrichtung eines solchen Gremiums erscheint, auch in dem von Interessenkonflikten geprägten und auf ein gemeinschaftliches Handeln angewiesenen Sanierungsrecht, zweckmäßig. Der Bund besitzt die Gesetzgebungskompetenz um eine solche Regelung zu treffen, allerdings sind die Länder befugt, davon abweichende Regelungen zu erlassen.

cc) Sonstige Organisationsformen: Transparenz und Akzeptanz durch Einbeziehung der Betroffenen

Neben der Möglichkeit, externen Sachverstand in die Sanierung einzubringen, könnte die Transparenz des Verfahrens auch durch die organisationsgetragene Beteiligung der Betroffenen erhöht werden. Daneben könnte sich diese Art der Betroffenenbeteiligung auch positiv auf die Akzeptanz der Maßnahmen auswirken. In der Praxis werden verschiedene Formen[999] praktiziert, von denen im Folgenden zwei Ausgestaltungen vorgestellt und anschließend bewertet werden.

(1) Beispiele

(a) Sanierungskommission Hannover

Ein Beispiel ist die Sanierungskommission Hannover. Gemäß § 44 Abs. 6 GO-LHH erarbeitet sie Empfehlungen, die zur Vorbereitung eines Rats- oder Verwaltungsausschussbeschlusses in die Beratung des jeweils zuständigen Stadtbezirksrates und der Fachausschüsse eingebracht werden. Die Kommissionen werden für jeden Einzelfall nach förmlicher Festlegung des Sanierungsgebiets

998 Vgl. *Kommission von Bundestag und Bundesrat zur Modernisierung der bundesstaatlichen Ordnung*, Stenografischer Bericht vom 07.11.2003, 1. Sitzung, S. 21 f.; *Kirchhof*, in: Maunz/Dürig, GG, Art. 84 Rn. 158: nennt als die drei Normziele die Stärkung der Autonomie der Länder, der Selbstverwaltungshoheit der Kommunen und deren finanzielle Leistungsfähigkeit; zur Entstehungsgeschichte: Durch Bundesgesetze dürfen Gemeinden und Gemeindeverbänden Aufgaben nicht übertragen werden, in: NdsVBl 2007, 57 (58-65).

999 Vgl. dazu: *Becker/Schäfer*, Erfahrungen mit der Sanierung nach dem Städtebauförderungsgesetz - Perspektiven der Stadterneuerung, S. 63 f.

durch den Rat der Stadt eingerichtet.[1000] Nachfolgend wird die Anzahl der beteiligten Rats- oder Bezirksratsfrauen bzw. Rats- oder Bezirksratsherren sowie der Bürgervertreter festgelegt[1001] und die Verfahrensordnung beschlossen[1002]. Begründet wird die Einrichtung der Kommission mit der Chance, die Entscheidungskompetenz des Rates de facto in die Stadtteile zu geben und dementsprechend sehr bürgernah zu arbeiten.[1003]

Die Sanierungskommission tagt öffentlich, wenn nicht das öffentliche Wohl oder berechtigte Interessen Einzelner der Behandlung in öffentlicher Sitzung entgegenstehen.[1004] Ein besonderes Rederecht der betroffenen Öffentlichkeit besteht nicht. Der Kommission bleibt es aber selbstverständlich unbenommen, die Möglichkeit von Wortbeiträgen in die Tagesordnung der Sitzungen aufzunehmen.

(b) Sanierungsbeirat Hamburg-Mitte

In einzelnen Bezirken der Hansestadt Hamburg werden von den Bezirksversammlungen Sanierungsbeiräte eingerichtet. Im Bezirk Hamburg-Mitte besteht ihre Funktion zum einen darin, den Informationsaustausch zwischen den Beteiligten zu erhöhen. Zum anderen werden durch den Beirat Empfehlungen und Vorschläge zur Durchführung der städtebaulichen Sanierung in die zuständigen Ausschüsse der Bezirksversammlung eingebracht. Damit werden die Mitwirkung der Bezirksversammlung an der Sanierung bzw. die Kontrolle der Tätigkeit der Bezirksämter unterstützt.[1005] Um die unterschiedlichen Interessen zum Sanierungsgebiet widerzuspiegeln, setzt sich der Beirat aus Bewohnern, Funktionären und Mitgliedern der Bezirksversammlung zusammen.[1006]

1000 Vgl. z. B. Sanierungskommission Limmer: *LHH*, Beschlussdrucksache 2217/2002 N1.

1001 Vgl. z. B. Sanierungskommission Limmer: *LHH*, Beschlussdrucksache 2799/2002; und insgesamt § 44 Abs. 1 bis 5 GO-LHH.

1002 Vgl. z. B. Sanierungskommission Limmer: *LHH*, Beschlussdrucksache 2800/2002 N1.

1003 Vgl. z. B. Sanierungskommission Limmer: *LHH*, Beschlussdrucksache 2217/2002 N1.

1004 Vgl. z. B. § 4 Abs. 1 und Abs. 2 Verfahrensordnung für die Sanierungskommission Limmer.

1005 Vgl. § 1 GO für den Sanierungsbeirat Gängeviertel/ Valentinskamp; *OVG Hamburg*, Beschluss vom 11.10.2010 - 2 Bs 130/10, Rn. 32.

1006 Vgl. § 2 Abs. 1 GO für den Sanierungsbeirat Gängeviertel / Valentinskamp; *Hamburg.de*, Sanierungsbeirat: Informieren Sie sich und machen Sie mit!, http://www.hamburg.de/gaengeviertel/sanierungsbeirat/.

Die Sitzungen des Sanierungsbeirates sind öffentlich. Auch der anwesenden Öffentlichkeit wird ein Rederecht zugestanden, welches aber durch den Sanierungsbeirat per Abstimmung eingeschränkt werden kann.[1007]

(2) Gemeinsamkeiten und Unterschiede zwischen den Regelungen zur Sanierungskommission sowie zum Sanierungsbeirat und den §§ 137, 141 BauGB

Die §§ 137, 141 BauGB beziehen sich auf die Gesamtheit der Sanierungsbetroffenen. Der gegenseitige Informationsaustausch dient der Ermittlung der betroffenen Belange. Durch die Mitwirkungsmöglichkeit soll vor allem in der Durchführungsphase ein zügiges Voranschreiten gewährleistet werden.

Die Sanierungskommission sowie der Sanierungsbeirat werden mit einer kleinen Anzahl Sanierungsbetroffener besetzt. Sie spiegeln bestenfalls die in dem Gebiet bestehenden Interessengruppen wider. Ein solches Repräsentantenprinzip kennt das Sanierungsrecht nicht.

(3) Bewertung der Unterschiede zwischen den Regelungen zur Sanierungskommission sowie zum Sanierungsbeirat und den §§ 137, 141 BauGB

Die Bildung von Gremien, in denen auch die Sanierungsbetroffenen vertreten sind, ist grundsätzlich positiv zu bewerten. Denn kleine repräsentative Gruppen arbeiten in der Regel effektiver an der Entwicklung von interessengerechten Lösungen, als große Organisationseinheiten. Zudem wird die interne Kommunikation zwischen den Betroffenen gefördert, wenn die Gremiumsmitglieder im Sanierungsgebiet bereits bekannt sind oder sich als Repräsentanten den Belangen Anderer annehmen. Denn ein persönliches informelles Kontaktnetz unterstützt die Möglichkeit bestehende Konflikte zu lösen. Da die Gremien keine Entscheidungsträger sind, besteht auch nur eine geringe Gefahr, dass sich die Betroffenen durch die Einbeziehung von Nachbarn oder Konkurrenten in das Gremium in der Wahrnehmung ihrer Interessen gefährdet sehen.

Ein solches Gremium kann nur neben die Regelungen der §§ 137, 141 BauGB treten. Denn einerseits ist bei heterogenen Strukturen die Spiegelbildlichkeit zwischen den vorhandenen und im Gremium vertretenden Interessen nicht gewährleistet. Zum anderen werden die Baumaßmaßnahmen nach § 148 BauGB durch die jeweiligen Grundstückseigentümer durchgeführt, so dass zwischen ihnen und

---

1007 Vgl. § 5 GO für den Sanierungsbeirat Gängeviertel / Valentinskamp; vgl. auch *Hamburg.de*, Sanierungsbeirat: Informieren Sie sich und machen Sie mit!, http://www.hamburg.de/gaengeviertel/sanierungsbeirat/.

der Gemeinde eine Erörterung und Absprache unerlässlich ist. Auch bei der sozialverträglichen Umsiedlung im Rahmen eines Sozialplans gemäß § 180 BauGB kann nicht allein über das Gremium kommuniziert und verhandelt werden.

Die aufgeführten Beispiele haben gezeigt, dass für die Ausgestaltung eines solchen Gremiums verschiedene Möglichkeiten bestehen. So kann je nach Art der Sanierung die Zusammensetzung der Interessenvertreter variieren. Auch muss beachten werden, dass Aufwand und Nutzen einer solchen Organisation in einem angemessenen Verhältnis stehen müssen. Je kleiner eine Kommune und / oder das Sanierungsgebiet sind, desto eher kann der Aufwand unverhältnismäßig sein. Dies gilt auch deshalb, weil bereits ein informelles Kontaktnetz besteht.

Dementsprechend erscheint die verpflichtende Einrichtung eines solchen Gremiums nicht zweckmäßig. Eine dispositive Regelung ist dagegen überflüssig, weil sich die Gemeinden bereits jetzt dieser Möglichkeit bedienen (können).

(a) Rechtliche Grenzen

(aa) Kommunalverfassungsrecht der Länder

Die Kommunen können das Recht der Organisationshoheit[1008] nach Art. 28 Abs. 2 GG für sich in Anspruch nehmen. Das bedeutet, sie dürfen vorbehaltlich verfassungsrechtlicher und einfachgesetzlicher Grenzen derartige Gremien einrichten. Die Grenzen ergeben sich vor allem aus den landesrechtlichen Gemeindeordnungen. So dürfen die bestehenden Kompetenzregelungen und Entscheidungsbefugnisse nicht unterlaufen werden.[1009] Auch der Schutz von Minderheiten, der etwa in § 71 NKomVG[1010] geregelt ist, muss bei der Besetzung der fakultativ eingerichteten Gremien Beachtung finden.

Unabhängig davon, ob die Bezirke der Stadtstaaten auch unter dem Schutz der Selbstverwaltungsgarantie stehen,[1011] steht ihnen innerhalb der gesetzlichen Grenzen ein Recht auf Selbstorganisation zu.[1012]

Einige Landesgesetze sehen die Einrichtung solcher Gremien zudem ausdrücklich vor. § 72 HessGO und § 47 SächsGO regeln die fakultative Bildung

1008 Vgl. dazu bereits: Kapitel 1, A. II. 6 d) aa).

1009 *Herbert*, Beratung in der Gemeinde, in: NVwZ 1995, 1056 (1059 f.).

1010 *Ipsen*, Niedersächsisches Kommunalrecht, Rn. 311.

1011 Vgl. zu dem Streit: *Durinke*, Einheit der Abwägung und bezirkliche Selbstverwaltung in Berlin bei der Aufstellung von Bebauungsplänen, in: LKV 2011, 385 (389); *Deutelmoser*, Die Rechtsstellung der Bezirke in den Stadtstaaten Berlin und Hamburg, S. 212-218.

1012 Vgl. zu den Hamburger Bezirken und der Möglichkeit Sanierungsbeiräte einzurichten: *OVG Hamburg*, Beschluss vom 11.10.2010 - 2 Bs 130/10, Rn. 32 f.

beratender Kommissionen unter Einbeziehung sachkundiger Bürger. Die persönlichen Anforderungen der Sachkunde sind erfüllt, wenn der Bürger das Wissen um die Bedürfnisse einer bestimmten Personengruppe hat.[1013] Unter diese Definition fallen auch die im Sanierungsgebiet lebenden und von den Maßnahmen betroffenen Bürger und Unternehmer.

(bb) Speziell: Privatisierungsgrenzen

Mit Einrichtung dieser Gremien werden private Akteure in den Entscheidungsprozess der Kommune einbezogen. Herkömmlich werden drei Formen der Privatisierung unterschieden. Im Rahmen der formellen Privatisierung wird die Aufgabe auf eine privat organisierte Einrichtung übertragen. Bei der funktionalen Privatisierung bindet die öffentliche Hand einen Privaten in ihre Aufgabenerledigung mit ein. Die materielle Privatisierung bezeichnet die vollständige Aufgabenübertragung auf einen Privaten. Nur bei der letztgenannten Form zieht sich die Verwaltung restlos aus der Aufgabenerledigung und Verantwortung zurück.[1014]

Die Sanierungsmaßnahme ist eine pflichtige Selbstverwaltungsaufgabe[1015] der Gemeinde. Demnach ist sie vorbehaltlich weiterer gesetzlicher Regelungen hinsichtlich der Art und Weise der Aufgabenerfüllung frei. In diesem Rahmen kann sie auch einzelne Aufgaben an Private übertragen. Da ihr die Pflicht zur Durchführung der Sanierung obliegt, ist eine materielle Privatisierung dieser Aufgabe allerdings ausgeschlossen. Andere Formen der Privatisierung sind ihr dagegen grundsätzlich zugänglich, solange ein jederzeitiges Einwirkungsrecht und eine umfassende Kontrollmöglichkeit verbleiben, um die Aufgabenerfüllung zu gewährleisten.

Nach den benannten Kategorien handelt es sich bei der Einrichtung eines fakultativen Sanierungsgremiums um eine Form der funktionalen Privatisierung, bei der Private als Berater in die Aufgabenerfüllung einbezogen werden.

1013 So für § 47 SächsGO: *Schaffarzik*, in: Quecke/Schmid, SächsGO, § 47 Rn. 62.

1014 Vgl. zum Ganzen und zu der teilweise abweichenden Einordnung der funktionalen Privatisierung z. B.: *Ruthig*, in: Ruthig/Storr, Öffentliches Wirtschaftsrecht, § 7 Rn. 624-623; der eine funktionale Privatisierung mit und ohne Übertragung von Hoheitsrechten annimmt (z. B. Beleihung, Rn. 654); ebenso: *Ziekow*, Öffentliches Wirtschaftsrecht, § 8 Rn. 2-5 und *Stober*, Allgemeines Wirtschaftsverwaltungsrecht, § 40 und § 41; anders: *Ibler*, in: Maunz/Dürig, GG, Art. 86 Rn. 110-119 der eine funktionale Privatisierung nur annimmt, wenn keine Hoheitsrechte übertragen werden, so dass etwa die Beleihung als Form der formellen Privatisierung angesehen wird; ebenso: *Burgi*, in: Isensee/Kirchhof, Handbuch des Staatsrechts, Bd. IV, 2006, § 75 Rn. 6-9.

1015 Vgl. dazu bereits: Kapitel 1, A. II. 6. d).

Ihnen werden weder Hoheitsrechte übertragen, noch stehen ihnen eigene Entscheidungsbefugnisse zu. Mithin bleibt die Kommune nicht nur in der Erfüllungsverantwortung, sondern führt weite Teile der Sanierung auch selbst durch. Insbesondere ist sie für den Erlass und die Durchsetzung hoheitlicher Befugnisse zuständig. Demnach ist auch die Grenze des Art. 33 Abs. 4 GG nicht erreicht.

(b) Abgrenzung zu der Organisationsform des Umlegungsausschusses
Im Gegensatz zum Umlegungsausschuss, in dem es darum geht, Sachverständige in den Prozess einzubeziehen, soll durch die Sanierungskommission bzw. den Sanierungsbeirat dem Interesse der Betroffenen Rechnung getragen werden. Mithin dienen diese Gremien in erster Linie der Konfliktbewältigung. Demgegenüber soll die Besetzung des Ausschusses gesetzesmäßige Entscheidungsergebnisse gewährleisten.

Diese unterschiedliche Zielsetzung rechtfertigt dann auch eine abweichende Bewertung bei der Gestaltung der Verfahrensvorschriften. So erscheint eine nicht öffentliche Ausschusssitzung zweckmäßig, weil dieses neutrale und sachverständige Gremium unbeeinflusst zu seinen Entscheidungen kommen soll. Dagegen ist die Öffentlichkeit der Sitzung für Kommission und Beirat notwendig, um die zu bewältigenden Bürgerinteressen einbeziehen zu können.

(c) Abgrenzung zu der Organisationsform der Teilnehmergemeinschaft
Die Teilnehmergemeinschaft und die fakultativen Organisationsformen bieten für die Betroffenen die Möglichkeit, auf die Planungen der Kommune mit Vorschlägen einzuwirken. Sie unterscheiden sich hinsichtlich ihrer Kompetenzen, denn die Sanierungskommission und der Sanierungsbeirat sind auch im Rahmen der Durchführung auf ein Vorschlagsrecht begrenzt. Dadurch laufen die Kompetenzen bei der Kommune zusammen und es werden keine unnötigen Doppelstrukturen und Koordinationspflichten geschaffen. Die Regelungen bleiben schlank und flexibel.

(4) Ergebnis
Die Beteiligung von Sanierungsbetroffenen in einem kommunalen oder stadtstaatlichen Gremium ist ein zulässiges Mittel zur Konfliktbewältigung. Insbesondere bei größeren Gebieten ist seine Einrichtung zweckmäßig, um eine zusätzliche Interessenvertretung in den Sanierungsprozess zu integrieren. Eine gesetzliche Regelung erscheint angesichts der bestehenden Praxis allerdings überflüssig.

dd) Abgrenzung zur plebiszitären Beteiligung
Im Wege des Bürgerbegehrens wird der Bevölkerung auf kommunaler Ebene die Möglichkeit verschafft, unmittelbar über Selbstverwaltungsangelegenheiten zu entscheiden. Voraussetzungen und Umfang eines Plebiszits sind in den

Kommunalverfassungsgesetzen der Länder und Bezirksverwaltungsgesetzes der Stadtstaaten geregelt. Mit dem Bürgerbegehren soll ein Stück unmittelbare Volksbeteiligung in unsere repräsentative Demokratie eingeführt werden, die über eine beratende Mitwirkung hinausgeht, um Bürger in die Verantwortung einzubeziehen sowie bürgerschaftliches Interesse und kommunale Aktivitäten zu stärken.[1016] Verfassungsrechtliche Bedenken gegen die grundsätzliche Zulässigkeit von Volksabstimmungen, wie sie das Grundgesetz auf Bundesebene auslöst[1017], bestehen auf kommunaler Ebene nicht. Zwar müssen sie nach dem Homogenitätsprinzip als demokratischer Rechtsstaat verfasst sein. Für die Umsetzung der Volkssouveränität bleibt den Ländern aber ein weiter Beurteilungsspielraum.

In Niedersachen ist die Entscheidung über die Aufstellung, Änderung, Ergänzung und Aufhebung einer Sanierungssatzung als sonstige Satzung nach dem BauGB über § 32 Abs. 2 Satz 2 Nr. 6 NKomVG ausgeschlossen. Andere Ländergesetze sehen Ausschlüsse für Angelegenheiten vor, die in förmlichen Verwaltungsverfahren mit Öffentlichkeitsbeteiligung entschieden werden, z. B. § 17a Abs. 2 Nr. 7 GemO Rlp oder § 15 Abs. 3 Nr. 10 BbgKVerf. Diese Regelungen sollen aber keine formlosen Verfahren mit Betroffenenbeteiligung erfassen.[1018] Demnach unterfallen die Entscheidungen, die im Rahmen des Sanierungsverfahrens getroffen werden, nicht diesem Ausschluss. Aber auch ohne ausdrückliche Regelung erscheint ein Plebiszit in diesem Bereich nicht zweckmäßig. Bei der Frage, ob eine Sanierungsmaßnahme durchgeführt werden soll, geht es um eine am Gemeinwohl orientierte Entscheidung. Die Beurteilung der Anwendungsvoraussetzungen hängt zudem von der Bewertung eines komplexen Sachverhalts ab. Die Entscheidung für oder gegen die Ausführung einer

---

1016 So z. B. *Landtag Schleswig-Holstein*, Drucksache 12/592, S. 48.

1017 Gegen die Einführung von Volksabstimmungen auf Bundesebene ohne Verfassungsänderung sprechen folgende Argumente: 1. Das Grundgesetz sieht nur in Art. 29 Abs. 2 GG eine Volksabstimmung vor. Da es sich hierbei um die Spezialfrage der Gebietsabgrenzung handelt, wird im Umkehrschluss die grundsätzliche Zulässigkeit ausgeschlossen. 2. Systematisch sprechen die Art. 76 ff. GG gegen die Möglichkeit Volksabstimmungen durchzuführen, weil dort ein rein parlamentarisches Verfahren geregelt ist. Somit erfordert eine Volksabstimmung eine grundlegende Änderung des Gesetzgebungsverfahrens. 3. Das Gesetzgebungsverfahren muss als zentrale staatliche Funktion im Grundgesetz geregelt sein. Die Regelungen dürfen nicht durch eine Volksabstimmung umgangen werden.

1018 *OVG Münster*, Urteil vom 15.11.1996 - 15 B 2861/96, Rn. 4; *Schumacher*, in: Schumacher, BbgKVerf, § 15 Ziffer 7.4.10; wohl auch: *Landtag Rheinland-Pfalz*, Drucksache 12/2796, S. 71, der den Ausschluss u. a. mit der angemessenen Bürgerbeteiligung begründet; *Dietlein*, in: Gabler/Höhlein, GemO Rlp, § 17a Ziffer 3.3.8.

Sanierungsmaßnahme kann daher nicht auf ein schlichtes Ja oder Nein reduziert werden. Auch die Festlegung der Sanierungsziele und Zwecke eignet sich nicht für ein Plebiszit. Wie die Bauleitplanung[1019], ist die Sanierungsplanung ein dynamischer und komplexer Prozess, der sich nicht in ein Abstimmungsschema pressen lässt. Darüber hinaus ist die Sanierung durch eine fortlaufende Planung und Abstimmung mit den Eigentümern gekennzeichnet, so dass auch insoweit eine abschließende und verbindliche Entscheidung nicht möglich erscheint.

d) Zwischenergebnis

Es konnte aufgezeigt werden, dass durch die organisatorische Einbeziehung von neutralen Sachverständigen und Sanierungsbetroffenen die Transparenz und Akzeptanz des Sanierungsverfahrens erhöht werden kann. Dagegen erscheint die Übertragung von Entscheidungskompetenzen auf die Eigentümer und sonstigen Nutzungsberechtigten der im Gebiet liegenden Grundstücke aus verschiedenen Gründen nicht zweckmäßig.

e) Grundsatz der Planerhaltung

Nach *Pünder* werden die Behörden im amerikanischen Recht durch die intensive richterliche Kontrolle des Verwaltungsverfahrens dazu veranlasst, ihre Regelungsvorstellungen zu überdenken, wenn Zweifel an deren Rechtmäßigkeit vorgebracht würden.[1020] Dieser Effekt dürfte auch für das Sanierungsverfahren nicht zu bestreiten sein. Allerdings hat sich der deutsche Gesetzgeber aus Gründen der Verwaltungseffizienz für ein anderes Regelungssystem entschieden. Durch den Grundsatz der Planerhaltung wird die gerichtliche Kontrolle von Verfahrensfehlern drastisch reduziert.[1021] Da eine Änderung dieser Grundsatzentscheidung nicht zu erwarten ist, wird dieser Ansatz nicht weiter verfolgt.

1019 Vgl. *OVG Bautzen*, Beschluss vom 08.06.2000 - 3 B 500/99, Rn. 11; *VGH Mannheim*, Beschluss vom 27.06.2011 - 1 S 1509/11, Rn. 20; *OVG Münster*, Beschluss vom 06.12.2007 - 15 B 1744/07, Rn. 9; *VG Braunschweig*, Urteil vom 27.05.2004 - 1 A 103/04, Rn. 26; VG Karlsruhe, Urteil vom 30.05.2008 - 1 K 78/08, Rn. 19; *Landtag Rheinland-Pfalz*, Drucksache 12/2796, S. 71; *Niedersächsischer Landtag*, Drucksache 13/2400, S. 6; *VGH München*, Urteil vom 28.05.2008 - 4 BV 07.1981, Rn. 32; Beschluss vom 11.08.2005, 4 CE 05.1580, Rn. 31; Beschluss vom 28.07.2005 - 4 CE 05.1961, Rn. 30, jeweils mit dem Hinweis, dass das Abwägungsgebot nicht zwingend zur Unzulässigkeit einer plebiszitären Entscheidung führe, wenn durch den Bürgerentscheid lediglich Rahmenfestlegungen vorgegeben werden sollen, die einen Planungsspielraum von substanziellen Gericht beließen.

1020 Vgl. dazu: Kapitel 3, C. I.

1021 Vgl. Kapitel 3. B. I. 2. b).

f) Ergebnis

Die Untersuchung hat gezeigt, dass in das Sanierungsrecht neben den bestehenden Regelungen weitere Verfahrens- und Organisationsvorschriften integriert werden können, mit denen die Akzeptanz der Sanierungsmaßnahmen erhöht, Wissenslücken geschlossen und einseitige Interessenbeeinflussungen reduziert werden können. Ebenso können die zusätzlichen Regelungen zur Konfliktbewältigung beitragen und damit die Durchführungsprobleme reduzieren.

Positiv zu bewerten sind die Einführung einer Begründungspflicht für das Sanierungskonzept sowie einer öffentlichen Bekanntmachung mit anschließender Auslegung und Prüfung der eingegangenen Einwendungen sowie einem fakultativen Erörterungstermin. Zudem kann durch die Einführung eines Sachverständigenausschusses und der fakultativen Einrichtung eines Gremiums zur Beteiligung der Betroffenen mehr Transparenz und Akzeptanz in das Verfahren eingebracht werden.

Ergebnisse in Thesen

Abschließend lassen sich folgende Untersuchungsergebnisse zusammenfassen:

1. Das Sanierungsrecht ist durch eine Vielzahl unbestimmter Rechtsbegriffe geprägt. Diese erfahren durch Wendungen wie „erheblich", „Gesamtsituation des Einzelfalls", „deutlich positiv", „absehbarer Zeitraum" oder „gewichtige städtebauliche Belange" eine weitere Konkretisierung. Da jeder Entscheidung unterschiedliche Ausgangsbedingungen zu Grunde liegen, wie etwa die Gebietsgröße, die vorhandenen Missstände oder die kommunalen Zielvorstellungen treten Unsicherheiten bei der Rechtsanwendung und dem Rechtschutz auf.
2. Im Gegensatz zu den Bauleitplänen enthält die Sanierungssatzung keine planerischen Festsetzungen, die unmittelbar die Nutzung der einbezogenen Grundstücke regeln. Sie dient lediglich der Gebietsabgrenzung und bildet die Grundlage für weitere Eingriffsregelungen.

   Die Eingriffsbefugnisse rechtfertigen sich aus der Sozialpflichtigkeit des Eigentums, welche den sanierungsbezogenen Allgemeinwohlbelangen innewohnt und die Behebung städtebaulicher Missstände bezweckt. Das Vorliegen der Allgemeinwohlbelange sowie der städtebaulichen Missstände begründen die Befugnis zum Erlass der Sanierungssatzung. Um die Balance zwischen Eigentumsgarantie und Sozialpflichtigkeit sicherzustellen, müssen die Voraussetzungen für den Erlass der Satzungssatzung sorgsam geprüft werden. Dies gilt umso mehr, weil sie die Grundlage für das weitere Verfahren bilden und dort nicht noch einmal geprüft werden.
3. Mit der Förderung von Sanierungsmaßnahmen sollen positive wirtschaftliche Effekte erzielt werden, wie die Stärkung der regionalen Wirtschaftskraft. Diese Effekte können sich aber in das Gegenteil verkehren, wenn die Sanierungsziele zwar formal umgesetzt werden, die mit ihnen bezweckten positiven Effekte aber nicht erzielt werden oder ein städtebaulich sinnvolleres Ergebnis hätte erzielt werden können. Zudem besteht die Gefahr, durch die Sanierungstätigkeit einen Gentrifizierungsprozess auszulösen oder in dem Konfliktfeld von Politik oder kommunalen Wirtschaftsakteuren an Effektivität einzubüßen. Zudem besteht ein Spannungsfeld zwischen dem Erfordernis eines flexiblen Handlungsinstrumentes zu liefern und dem Anspruch, Fehlentwicklungen zu vermeiden.

4. Die §§ 136 ff. StGB determinieren die Verwaltung bei ihren Sanierungsarbeiten nur in geringem Maße. Es wurde gezeigt, dass das Rechtsgebiet nicht nur durch ein Planungselement gekennzeichnet ist, sondern auch eine Reihe unbestimmter Rechtsbegriffe aufweist. Dadurch werden der Kommune weite Handlungsmöglichkeiten eröffnet. Des Weiteren hat der Verfahrensablauf gezeigt, dass einige Knotenpunkten eine Angriffsfläche für Fehlentwicklungen und Fehlanwendungen bieten. Auch erfasst das Sanierungsrecht die unterschiedlichsten Gebietsstrukturen, wie § 136 Abs. 3 BauGB zeigt. Damit gehen unterschiedliche Interessen von Betroffenen, Investoren und der Kommune selbst einher, so dass die Planungen nicht immer nach einem einheitlichem Schema laufen können. Mithin wird dadurch nicht nur die Kontrolle schwieriger, sondern auch die Möglichkeit der Beeinflussung von außen begünstigt, etwa Subventionierungen oder politische Interessen zu identifizieren und als Fehler zu entlarven. So entsteht für den Bürger bisweilen der Anschein einer zweckwidrig gesteuerten Sanierung, der unbeschadet einer gerichtlichen Bestätigung einen faden Beigeschmack hinterlässt. Hin und wieder bestätigt sich auch dieser Eindruck. In diesem Zusammenhang darf auch nicht der besondere Eingriffscharakter des Sanierungsrechts außer Acht gelassen werden, der sich nicht mehr rechtfertigen lässt, wenn das angestrebte Ziele der städtebaulichen Missstandsbehebung durch zweckfremde Einflussfaktoren negativ beeinflussen wird.

Demnach besteht ein Spannungsverhältnis zwischen der Eigentumsgarantie (Schutz des Bestandes, eigenverantwortliche Nutzungsmöglichkeit) und der Sozialpflichtigkeit (Behebung städtebaulicher Missstände, Allgemeinwohlklausel) einerseits sowie der behördlichen Entscheidungsfreiheiten (Flexibilität, Komplexität, ausfüllungsbedürftige Rechtsnormen) und der Forderung nach Rechtssicherheit (Schutz vor zweckfremden Einflussfaktoren, effektive Kontrolle, Gleichheitsgrundsatz) andererseits. Dabei gilt, je größer die Eingriffsintensität eines Verwaltungshandelns ist und je weniger die nachträgliche gerichtliche Kontrolle gewährleistet werden kann, desto höher sind die Anforderungen, die, abgeleitet aus dem Justizgewährleistungsanspruch, an ein nachvollziehbares Verwaltungsverfahren gestellt werden müssen. In diesem Sinne greift das Sanierungsrecht intensiv in die Eigentumsgarantie ein, weil es mit erheblichen Einschränkungen für das Grundeigentum verbunden ist. Die konkrete Belastungshöhe kann zwar nicht losgelöst vom Einzelfall bewertet werden, allerdings gelten z. B. das Vorkaufsrecht und der Genehmigungsvorbehalt unmittelbar mit Erlass der Sanierungssatzung. Sie wirken sich damit direkt auf die Verfügungsfreiheit der Eigentümer aus. Auch lenken Entscheidungen auf einer früheren zeitlichen Ebene die nachfolgende

Durchführung. Demnach beeinflusst das erhebliche Eingriffspotenzial die kommunalen Entscheidungen auf jeder Stufe und erlaubt die Annahme, dass bereits der Erlass der Sanierungssatzung als intensiver Eingriff in die Eigentumsgarantie gewertet werden kann. Die gerichtliche Kontrolle wird dagegen durch Prognosen, Interessengeflechte, Wertungen und Auswahlentscheidungen erschwert. Daher rechtfertigt sich die Annahme, behördliche Letztentscheidungsspielräume im Sanierungsrecht einer überprüfbaren Struktur zu unterwerfen. Dabei helfen die dogmatischen Grundlagen, da die systematische Aufbereitung der Normen bei der Interpretation der Rechtsordnung hilft und der Koordination von Verhaltensweisen dient. Damit wird dann nicht nur die nachträgliche gerichtliche Kontrolle gewährleistet, sondern auch dem Rechtsanwender die Möglichkeit eröffnet, seine Entscheidung reflektiert zu treffen.

5. Die Rechtsprechung zum Sanierungsrecht bestätigen das im Rahmen der Begriffsbestimmung aufgezeigte Bild, wonach die Sanierung durch ein Zusammentreffen vielfältiger Belange und vielschichtige Interessen geprägt ist, die grundsätzlich eine Abwägungsentscheidung erfordern, um sie zu einem gerechten Ausgleich zu bringen. Gleichzeitig ist deutlich geworden, dass es Letztentscheidungsspielräume der Verwaltung geben muss, um diese komplexe Materie in den Griff zu bekommen.

   Allerdings zeigen die Entscheidungen kein einheitliches Bild bezüglich der Frage, welcher Art die Spielräume bei den verschiedenen Entscheidungen sein müssen und wie das Abwägungserfordernis im Zusammenspiel mit den subsumtionsfähigen Begriffen funktioniert.

6. Die sprachlichen Ungenauigkeiten in Rechtsprechung und Literatur hinsichtlich des Bezugspunkts der Abwägung lassen sich entflechten und auf folgende Dreiteilung zurückführen: Hinsichtlich der Entschließung, eine Sanierung durchzuführen wird der Kommune kein Ermessens- oder planerischer Abwägungsspielraum zugestanden. Unter den Voraussetzungen des § 136 Abs. 1 BauGB besteht vielmehr eine Anwendungspflicht. Bei der Subsumtion unter die Tatbestandsmerkmale wird der Gemeinde allerdings ein begrenzter Beurteilungsspielraum zugestanden. Das Sanierungskonzept basiert auf einer planerischen Abwägungsentscheidung und beinhaltet neben den Zielen und Zwecken der Sanierung auch Erwägungen zu den finanziellen, zeitlichen und räumlichen Grundlagen, den bereits bekannten betroffenen Belangen und der Durchführbarkeit im Allgemeinen. „Randkorrekturen" der Gebietsabgrenzung werden im Rahmen einer Ermessensentscheidung unter Zweckmäßigkeitsgesichtspunkten getroffen. Dem Satzungsbeschluss liegen diese Entscheidungen zu Grunde.

7. Aus der Verfassung können nur in geringem Umfang Vorgaben für die Gestaltung des Verwaltungsverfahrens und der Organisation entnommen werden. Ihr Aussagewert begrenzt sich auf negative oder positive Grundsätze, die je nach Art des Verfahrens vom Gesetzgeber und der Verwaltung zu konkretisieren sind. Diese Vorgaben werden für das städtebauliche Sanierungsrecht eingehalten.
8. Die Untersuchung hat gezeigt, dass in das Sanierungsrecht neben den bestehenden Regelungen weitere Verfahrens- und Organisationsvorschriften integriert werden können, mit denen die Akzeptanz der Sanierungsmaßnahmen erhöht, Wissenslücken geschlossen und einseitige Interessenbeeinflussungen gesenkt werden können. Ebenso können die zusätzlichen Regelungen zur Konfliktbewältigung beitragen und damit die Durchführungsprobleme reduzieren.

   Positiv zu bewerten sind die Einführung einer Begründungspflicht für das Sanierungskonzept sowie eine öffentliche Bekanntmachung mit anschließender Auslegung und Prüfung der eingegangenen Einwendungen sowie einem fakultativen Erörterungstermin. Zudem kann durch die Einführung eines Sachverständigenausschusses und der fakultativen Einrichtung eines Gremiums zur Beteiligung der Betroffenen mehr Transparenz und Akzeptanz in das Verfahren eingebracht werden.

Literaturverzeichnis

Agata, Koichiro: Staatliche Förderprogramme für Gemeinden: Programm- und Implementationsanalyse der Stadterneuerungsprogramme in Baden-Württemberg, o. O., 1992, o. V., zugleich: Dissertation, Hochschule für Verwaltungswissenschaften Speyer, 1992

Alexy, Robert: Ermessensfehler, in: JZ 1986, 701-716

Alexy, Robert: Theorie der Grundrechte, 3. Auflage, Frankfurt am Main, 1996, Suhrkamp

Altrock, Uwe / Gerlach, Ulf (u. a.) (Bearb.): Evaluierung der Städtebauförderung: Kommunale Arbeitshilfe / im Auftrag des BBSR, vorgelegt von der Universität Kassel und dem Planungsbüro Plan und Praxis, Berlin (u. a.), 2011, herausgegeben vom BMVBS

Altrock, Uwe / Hemprich, Nina (u. a.) (Bearb.): Sanierungsmaßnahmen in unseren Städten und Gemeinden: Abschlussbericht zum Forschungsprojekt „Langzeitwirkungen und Effektivierung der Städtebauförderung" / im Auftrag des BBSR, vorgelegt von der Universität Wuppertal, der Bergischen Universität Wuppertal und dem Planungsbüro Plan und Praxis, Berlin, 2011, herausgegeben vom BMVBS

Appel, Ivo: Das Verwaltungsrecht zwischen klassischem dogmatischen Verständnis und steuerungswissenschaftlichem Anspruch, in: VVDStRL 67 (2008), 227-277

Bachof, Otto: Beurteilungsspielraum, Ermessen und unbestimmte Rechtbegriffe, in: JZ 1955, 97-102

Bachof, Otto: Neue Tendenzen in der Rechtsprechung zum Ermessen und zum Beurteilungsspielraum: Zum Beschluss des Gemeinsamen Senats der obersten Gerichtshöfe des Bundes vom 17.10.1971, in: JZ 1972, 641-646

Bachof, Otto: Anmerkung zum Urteil des BVerwG vom 11.10.1956 - I C 179/54, in: DVBl 1957, 788-790

Bader, Johann / Ronellenfitsch, Michael (Hrsg.): Kommentar zum Verwaltungsverfahrensgesetz: VwVfG, Beck'scher Onlinekommentar, Edition 20 Juli 2013, München, 2013, Verlag C. H. Beck
(zitiert: *Bearbeiter*, in: Bader/Ronellenfitsch, VwVfG)

Badura, Peter: Das Planungsermessen und die rechtsstaatliche Funktion des Allgemeinen Verwaltungsrechts, in: Bay. VGH (Hrsg.), Verfassung und Verfassungsrechtsprechung: Festschrift zum 25-jährigen Bestehen des bayer. Verfassungsgerichtshofs, München, 1972, Richard Boorberg Verlag, S. 157-182

Balck, Henning / Nixdorf, Bernd / Lenz, Hans-Joachim (Bearb.): Der Planungsprozess: Eine systemtheoretisch orientierte Analyse des bau- und raumbezogenen Planungsgeschehens / im Auftrag des BMRBS, vorgelegt von Henning Balck und Bernd Nixdorf, Bonn, 1978, Schriftenreihe des BMRBS

Bartholomäi, Eberhard: Sanierungsausgleichsbetrag - Judex calculat, in: NVwZ 2001, 1377-1378

Battis, Ulrich: Öffentliches Baurecht und Raumordnungsrecht, 5. Auflage, Stuttgart, 2006, Verlag W. Kohlhammer

Battis, Ulrich / Klein, Benjamin / Rusteberg, Benjamin: Die Auswirkungen des neuen Art. 104b GG auf die Städtebauförderung, in: DVBl 2009, 682-693

Battis, Ulrich / Krautzberger, Michael / Löhr, Rolf-Peter (Begr.): Baugesetzbuch: BauGB, Kommentar, 12. Auflage, München, 2014, Verlag C. H. Beck (zitiert: *Bearbeiter*, in: Battis/Krautzberger/Löhr, BauGB)

Battis, Ulrich / Krautzberger, Michael / Löhr, Rolf-Peter (Begr.): Baugesetzbuch: BauGB, Kommentar, 4. Auflage, München, 1994, Verlag C. H. Beck (zitiert: *Bearbeiter*, in: Battis/Krautzberger/Löhr, BauGB, 4. Auflage)

Beaucamp, Guy: Ermessens- und Beurteilungsfehler im Vergleich, in: JA 2012, 193-197

Becker, Heidede / Schäfer, Rudolf (u. a.) (Bearb.): Erfahrungen mit der Sanierung nach dem Städtebauförderungsgesetz - Perspektiven der Stadterneuerung / im Auftrag des BMRBS, vorgelegt von der Fachhochschule für Verwaltung und Rechtspflege Berlin und dem Deutschen Institut für Urbanistik, Bonn (u. a.), 1986, herausgegeben vom BMRBS

Becker, Heidede / Schulz zur Wiesch, Jochen: Sanierungsfolgen: eine Wirkungsanalyse von Sanierungsmaßnahmen in Berlin, Stuttgart, 1982, Verlag W. Kohlhammer

Beirat Verwaltungsverfahrensrecht beim Bundesministerium des Innern: Für mehr Transparenz und Akzeptanz - frühe Öffentlichkeitsbeteiligung bei Genehmigungsverfahren, in: NVwZ 2011, 859-860

Bellemann, Walter: Die Sanierungs- und Entwicklungsgemeinschaft, in: Gemeinnütziges Bauwesen 1973, 235-238

Berg, Wilfried: Entwicklung und Grundstrukturen der Eigentumsgarantie, in: JuS 2005, 961-966

Berger, Erhard: Die Preisbildung der Zwangskartelle im Steinkohle- und Kalibergbau des Deutschen Reichs, Berlin. 1936, o. V., zugleich: Dissertation, Universität Jena, 1935

Berlin.de: Sozialstudien für (ehemalige) Sanierungsgebiete im Bezirk Pankow, o. J., http://www.berlin.de/ba-pankow/verwaltung/stadt/sozialstudien.html, zuletzt abgerufen am 19.01.2014

Bernt, Matthias: Stadterneuerung, Stadtumbau und Schrumpfung, in: Altrock/Simon/Sandra (Hrsg.), Sparsamer Staat – Schwache Stadt?, Kassel, 2006, Planungsrundschau, Verlag Uwe Altrock, S. 115-126

Betka, Gerd: Stadtumbaugebiet abgelehnt, in: Freie Presse, 14.02.2013, S. 9

Bibliographisches Institut GmbH: Duden, Wörterbuch, erörtern, 2013, http://www.duden.de/rechtschreibung/eroertern, zuletzt abgerufen am 19.01.2014

Bielenberg, Walter (Begr.): Städtebauförderungsgesetz: StBauFG, Kommentar, urspr. Loseblattsammlung, 13. Ergänzungslieferung Oktober 1985, München, 1986, Franz Vahlen Verlag
(zitiert: *Bearbeiter*, in: Bielenberg, StBauFG)

Bielenberg, Walter / Koppmann, Klaus-Dieter (Begr.) / Krautzberger, Michael (Hrsg.): Städtebauförderungsrecht, Loseblattsammlung, 53. Ergänzungslieferung März 2013, München, 2013, Verlag Franz Vahlen
(zitiert: *Bearbeiter*, in: Städtebauförderungsrecht)

Blum, Peter / Baumgarten, Torsten / Freese, Herbert (u. a.) (Hrsg.): Kommunalverfassungsgesetz: NKomVG, Kommentar, Praxis der Kommunalverwaltung, Landesausgabe Niedersachsen, B1, Loseblattsammlung, 37. Nachlieferung November 2013, Wiesbaden, 2013, Kommunal- und Schulverlag
(*Bearbeiter*, in: Blum/Baumgarten, NKomVG)

Blum, Peter / Häusler, Bernd / Meyer, Hubert (Hrsg.): Niedersächsisches Kommunalverfassungsgesetz: NKomVG, Kommentar, 2. Auflage, Wiesbaden, 2012, Kommunal- und Schulverlag
(zitiert: *Bearbeiter*: in: Blum/Häusler, NKomVG)

Blume, Lorenz / Geppert, Kurt (u. a.) (Bearb.): Anstoßwirkungen öffentlicher Mittel in der Städtebauförderung / im Auftrag des BBR, vorgelegt von dem Deutschen Institut für Wirtschaftsforschung Berlin, Berlin, 2004, DIW Berlin

Blümich, Walter (Begr.): Einkommensteuergesetz, Körperschaftssteuergesetz, Gewerbesteuergesetz: EStG, KStG, GewStG, Kommentar, Loseblattsammlung, 120. Ergänzungslieferung August 2013, München, 2012, Verlag Franz Vahlen
(zitiert: *Bearbeiter*, in: Blümich, *Steuerangabe*)

Bodenschatz, Harald / Heise, Volker / Korfmacher, Jochen: Schluß mit der Zerstörung?: Stadterneuerung und städtische Opposition in West-Berlin, Amsterdam (u. a.), 1983, Anabas-Verlag

Bonk, Heinz Joachim: Strukturelle Änderungen des Verwaltungsverfahrens durch das Genehmigungsverfahrensbeschleunigungsgesetz, in: NVwZ 1997, 320-330

Borghorst, Hermann: Bürgerbeteiligung in der Kommunal- und Regionalplanung: eine kritische Problem- und Literaturanalyse, Leverkusen, 1976, Heggen Verlag

Bremer, Alf / Klahr, Gabriele (u. a.) (Bearb.): Sozialstudie für das Sanierungsgebiet Komponistenviertel in Berlin-Weißensee 2009 / im Auftrag des Landes Berlin und des Bezirksamts Pankow von Berlin, vorgelegt von der gesoplan gGmbH, Berlin, 2009, o. V., auch abrufbar unter: http://www.berlin.de/imperia/md/content/bapankow/stapl/sozialstudie_komponistenviertel_2009___bildschirmfassung.pdf?start&ts=1284974925&file=sozialstudie_komponistenviertel_2009___bildschirmfassung.pdf, zuletzt abgerufen am 19.01.2014
(zitiert: *Bremer/Klahr*, Sozialstudie für das Sanierungsgebiet Komponistenviertel in Berlin-Weißensee 2009)

Breuer, Rüdiger: Die Bodennutzung im Konflikt zwischen Städtebau und Eigentumsgarantie, München, 1976, Verlag C. H. Beck, zugleich: Habilitation, Universität Bonn, 1975

Breuer, Rüdiger: Konditionale und finale Rechtssetzung, in: AöR 127 (2002), 523-574

Brohm, Winfried: Öffentliches Baurecht, Bauplanungs-, Bauordnungs- und Raumordnungsrecht, 3. Auflage, München, 2002, Verlag C. H. Beck

Brohm, Winfried: Zur Einführung: Strukturprobleme der planenden Verwaltung, in: JuS 1977, 500-506

Brügelmann, Hermann (Begr.): Baugesetzbuch: BauGB, Kommentar, Losebattsammlung, 85. Ergänzungslieferung Mai 2013, Stuttgart, 2013, Verlag W. Kohlhammer
(zitiert: *Bearbeiter*, in: Brügelmann, BauGB)

Bull, Hans Peter / Mehde, Veith: Allgemeines Verwaltungsrecht mit Verwaltungslehre, 8. Auflage, Heidelberg, 2009, C. F. Müller Verlag

Bullinger, Martin: Das Ermessen der öffentlichen Verwaltung, in: JZ 1984, 1001-1009

Bundesamt für Bauwesen und Raumordnung: Nachhaltige Stadtentwicklung - ein Gemeinschaftswerk: Städtebaulicher Bereich der Bundesregierung 2004, Bonn, 2005, heraufgegeben vom BMVBW

Bundesinstitut für Bau-, Stadt- und Raumforschung: Wissenschaftliche Programmbegleitung, o. J., http://www.bbsr.bund.de/BBSR/DE/Stadtentwicklung/Staedtebaufoerderung/WissenschaftlicheProgrammbegleitung/programmebegleitung_node.html, zuletzt abgerufen am 19.01.2014

Bundesinstitut für Bau-, Stadt- und Raumforschung: Städtebauliche Sanierungs- und Entwicklungsmaßnahmen, Veröffentlichungen, o. J., http://www.bbsr.bund.de/BBSR/DE/Stadtentwicklung/Staedtebaufoerderung/StaedtebaulicheSanierungEntwicklung/Veroeffentlichungen/veroeffentlichungen_node.html, zuletzt abgerufen am 19.01.2014

Bundesminister für Raumordnung, Bauwesen und Städtebau (Hrsg.): Materialien zum Baugesetzbuch: Berichte der Arbeitsgruppen und der Gesprächskreise zum Baugesetzbuch, Wermelskirchen, 1984, herausgegeben vom BMRBS

Bundesministerium der Finanzen: Bundespolitik und Kommunalfinanzen, Monatsbericht vom 21.09.2012, 2012, http://www.bundesfinanzministerium.de/Content/DE/Monatsberichte/2012/09/Inhalte/Kapitel-4-Analysen/4-3-bundespolitik-und-kommunalfinanzen.html#doc280176bodyText4, zuletzt abgerufen am 19.01.2014

Bundesministerium der Finanzen: Eckdaten zur Entwicklung und Struktur der Kommunalfinanzen 2002 bis 2011, o. O., 2012, o. V.

Bundesministerium des Innern: Warum gibt es kein Bundesmeldegesetz?, 2013, abrufbar unter: http://www.bmi.bund.de/SharedDocs/FAQs/DE/Themen/PolitikGesellschaft/Meldewesen/14.html, zuletzt abgerufen am 19.01.2014

Bundesministerium für Verkehr, Bau und Stadtentwicklung: Rechtliche Grundlagen der Städtebauförderung, 2006, http://www.staedtebaufoerderung.info/cln_033/nn_1087344/StBauF/DE/UeberDieStBF/RechtlicheGrundlagen/RechtlicheGrundlage__node.html?__nnn=true, zuletzt abgerufen am 19.01.2014

Bundesministerium für Verkehr, Bau und Stadtentwicklung: Städtebauförderung des Bundes und der Länder, 2006, http://www.staedtebaufoerderung.info, zuletzt abgerufen am 19.01.2014

Bundesministerium für Verkehr, Bau und Stadtentwicklung: Förderrichtlinien der Länder, 2006, http://www.staedtebaufoerderung.info/nn_486442/StBauF/DE/SanierungsUndEntwicklungsmassnahmen/Literatur/Materialien/materialien__target.html, zuletzt abgerufen am 19.01.2014

Bundesministerium für Verkehr, Bau und Stadtentwicklung: Aktive Stadt- und Ortsteilzentren, Programm, Grundlagen, 2006, http://www.staedtebaufoerderung.info/cln_030/nn_486354/StBauF/DE/AktiveStadtUndOrtsteilzentren/Programm/Grundlagen/grundlagen__node.html?__nnn=true, zuletzt abgerufen am 19.01.2014

Bundesministerium für Verkehr, Bau und Stadtentwicklung: Hintergrundinformationen zur Leipzig-Charta, Informelles Ministertreffen in Leipzig am 24. und 25. Mai 2007, 2014, http://www.bmvbs.de/SharedDocs/DE/Artikel/SW/hintergrundinformationen-zur-leipzig-charta.html?nn=35776, zuletzt abgerufen am 19.01.2014

Bundesministerium für Verkehr, Bau- und Stadtentwicklung: Städtebauliche Sanierungs- und Entwicklungsmaßnahmen, 2014, http://www.bmvbs.de/DE/StadtUndLand/Staedtebaufoerderung/SanierungUndEntwicklung/sanierung-und-entwicklung_node.html, zuletzt abgerufen am 19.01.2014

Bundesministerium für Verkehr, Bau- und Wohnungswesen: Novellierung des Baugesetzbuchs – Bericht der unabhängigen Expertenkommission, Berlin, 2002, herausgegeben vom BMVBS
(zitiert: *BMVBS*, Bericht der Expertenkommission)

Bundeszentrale für politische Bildung: Kommunale Haushaltspolitik bei leeren Kassen, 2011, http://www.bpb.de/apuz/33483/kommunale-haushaltspolitik-bei-leeren-kassen?p=all, zuletzt abgerufen am 15.03.2013

Burgi, Martin: Die dienende Funktion des Verwaltungsverfahrens: Zweckbestimmung und Fehlerfolgenrecht in der Reform, in: DVBl 2011, 1317-1324

Burgi, Martin: Das Bedarfserörterungsverfahren: Eine Reformoption für die Bürgerbeteiligung bei Großprojekten, in: NVwZ 2012, 277-280

Burgi, Martin: Künftige Aufgaben der Kommunen im sozialen Rechtsstaat, in: DVBl 2007, 70-78

Creifelds, Carl (Begr.): Rechtwörterbuch, 20. Auflage, München, 2011, Verlag C. H. Beck
(zitiert: *Creifelds*, Rechtswörterbuch, *Schlagwort*)

Dangschat, Jens S. / Blasius, Jörg: Die Aufwertung innenstadtnaher Wohngebiete - Grundlagen und Folgen, in: Blasius/Dangschat (Hrsg.), Gentrification: Die Aufwertung innenstadtnaher Wohnviertel, Frankfurt/Main (u. a.), 1990, Campus Verlag, S. 11-31

de Wall, Heinrich: Die Anwendbarkeit privatrechtlicher Vorschriften im Verwaltungsrecht: dargestellt anhand der privatrechtlichen Regeln über Rechtsgeschäfte und anhand des allgemeinen Schuldrechts, Tübingen, 1999, Mohr Siebeck Verlag

Detterbeck, Steffen: Allgemeines Verwaltungsrecht mit Verwaltungsprozessrecht, 11. Auflage, München, 2013, Verlag C. H. Beck

Deutelmoser, Anna: Die Rechtsstellung der Bezirke in den Stadtstaaten Berlin und Hamburg, Berlin, 2000, Duncker & Humblot, zugleich: Dissertation, Universität Berlin, 1998/99

Deutscher Städte- und Gemeindebund: Vorschläge zur Vereinfachung und Fortentwicklung des Städtebaurechts, 2. Auflage, Düsseldorf, 1983, herausgegeben vom Deutschen Städte- und Gemeindebund

Deutsches Notarinstitut: Sanierungsgebiet, Preisprüfung zur Genehmigung eines Kaufvertrages, in: DNotI-Report 1997, 144-146

Di Fabio, Udo: Die Struktur von Planungsnormen, in: Erbguth/Oebbecke/Rengeling/Schulte (Hrsg.), Planung: Festschrift für Werner Hoppe zum 70. Geburtstag, München, 2000, Verlag C. H. Beck, S. 75-96
(zitiert: *Di Fabio*, Die Struktur von Planungsnormen)

Di Fabio, Udo: Das Recht offener Staaten: Grundlinien einer Staats- und Rechtstheorie, Tübingen, 1998, Mohr Siebeck Verlag

Dieterich, Hartmut: Baulandumlegung: Recht und Praxis; rechtliche, technische, wirtschaftliche Aspekte, 5. Auflage, München 2006, Verlag C. H. Beck

Dolzer, Rudolf / Kahl, Wolfgang / Waldhoff, Christian (Hrsg.): Bonner Kommentar zum Grundgesetz: GG, Loseblattsammlung, 162. Ergänzungslieferung Juli 2013, Heidelberg, 2013, C. F. Müller Verlag
(zitiert: *Bearbeiter*, in: Bonner Kommentar, GG)

Dörfler, Thomas: Gentrification in Prenzlauer Berg?: Milieuwandel eines Berliner Sozialraums seit 1989, Bielefeld, 2010, transcript Verlag, zugleich: Dissertation, Universität Bayreuth, 2010

Dreier, Horst (Hrsg.): Grundgesetz: GG, Kommentar, Band 1, Präambel, Artikel 1 – 19, 3. Auflage, Tübingen, 2013, Mohr Siebeck Verlag

(zitiert: *Bearbeiter*, in: Dreier, GG)

Dreier, Johannes: Die normative Steuerung der planerischen Abwägung: Strikte Normen, generelle Planungsleitbegriffe, Planungsleitlinien und Optimierungsgebote, Berlin, 1995, Duncker & Humblot, zugleich: Dissertation, Universität Freiburg, 1994/95
(*Dreier*, Die normative Steuerung der planerischen Abwägung)

Durinke, Peter / Fiedler, Caroline: Zulässigkeit und Grenzen von Bürgerbegehren und Bürgerentscheiden in der Bauleitplanung, in: ZfBR 2012, 531-537

Durinke, Zepf: Einheit der Abwägung und bezirkliche Selbstverwaltung in Berlin bei der Aufstellung von Bebauungsplänen, in: LKV 2011, 385-395

Durner, Wolfgang: Konflikte räumlicher Planungen: Verfassungs-, verwaltungs- und gemeinschaftsrechtliche Regeln für das Zusammentreffen konkurrierender planerischer Raumansprüche, Tübingen, 2005, Mohr Siebeck Verlag

Durner, Wolfgang: Möglichkeiten der Verbesserung förmlicher Verwaltungsverfahren am Beispiel der Planfeststellung, in: ZUR 2011, 354-362

Ehlers, Dirk: Verwaltung in Privatrechtsform, Berlin, 1984, Duncker & Humblot, zugleich: Habilitation, Universität Erlangen-Nürnberg, 1984

Eifert, Martin: Letztentscheidungsbefugnisse der Verwaltung: Ermessen, Beurteilungsspielräume sowie Planungsentscheidungen und ihre gerichtliche Kontrolle, in: ZJS 2008, 336-343

Engelken, Klaas: Kommunen und bundesrechtliche Aufgaben nach der Föderalismusreform I - Zum neuen Aufgabenübertragungsverbot nach Art. 84 Abs. 1 Satz 7 GG, in: VBlBW 2008, 457-468

Engelken, Klaas: Zustimmungspflichten bei Bundesgesetzen auf ihren Kern zurückgeführt, in: BayVBl 2011, 65-73

Epping, Volker / Hillgruber, Christian (Hrsg.): Grundgesetz: GG, Beck'scher Onlinekommentar, Edition 19 November 2013, München 2013, Verlag C. H. Beck
(zitiert: *Bearbeiter*, in: Epping/Hillgruber, GG)

Erbguth, Wilfried: Abwägung als Wesensmerkmal rechtsstaatlicher Planung - die Anforderungen des Rechtsstaatsprinzips, in: UPR 2010, 281-287

Erbguth, Wilfried: Abwägung auf Abwegen? - Allgemeines und Aktuelles -, in: JZ 2006, 484-492

Erbguth, Wilfried: Allgemeines Verwaltungsrecht mit Verwaltungsprozess- und Staatshaftungsrecht, 6. Auflage, Baden-Baden, 2014, Nomos Verlagsgesellschaft

Erbguth, Wilfried / Schlacke, Sabine: Umweltrecht, 4. Auflage, Baden-Baden, 2012, Nomos Verlagsgesellschaft

Erbguth, Winfried: Abwägung als Wesensmerkmal rechtsstaatlicher Planung – die Anforderungen des Rechtsstaatsprinzips, in: UPR 2010, 281-287

Erichsen, Hans-Uwe / Ehlers, Dirk (Hrsg.): Allgemeines Verwaltungsrecht, 14. Auflage, Berlin, 2010, De Gruyter
(zitiert: *Bearbeiter*, in: Erichsen/Ehlers, Allgemeines Verwaltungsrecht)

Ernst, Werner / Zinkahn, Willy / Bielenberg, Walter (Begr.) / Krautzberger, Michael (Hrsg.): Baugesetzbuch: BauGB, Kommentar, Band III, §§ 104-186, Loseblattsammlung, 61. Ergänzungslieferung November 1999, München, 1999, Verlag C. H. Beck
(zitiert: *Bearbeiter*, in: Ernst/Zinkahn, BauGB, 1999)

Ernst, Werner / Zinkahn, Willy / Bielenberg, Walter (Begr.) / Krautzberger, Michael (Hrsg.): Baugesetzbuch: BauGB, Kommentar, Band I, Texte, Einleitung,

§§ 1-9, Loseblattsammlung, 109. Ergänzungslieferung Juni 2013, München, 2013, Verlag C. H. Beck
(zitiert: *Bearbeiter*, in: Ernst/Zinkahn, BauGB)

Ernst, Werner / Zinkahn, Willy / Bielenberg, Walter (Begr.) / Krautzberger, Michael (Hrsg.): Baugesetzbuch: BauGB, Kommentar, Band II, §§ 9a-35, Loseblattsammlung, 109. Ergänzungslieferung Juni 2013, München, 2013, Verlag C. H. Beck
(zitiert: *Bearbeiter*, in: Ernst/Zinkahn, BauGB)

Ernst, Werner / Zinkahn, Willy / Bielenberg, Walter (Begr.) / Krautzberger, Michael (Hrsg.): Baugesetzbuch: BauGB, Kommentar, Band III, §§ 36-103, Loseblattsammlung, 109. Ergänzungslieferung Juni 2013, München, 2013, Verlag C. H. Beck
(zitiert: *Bearbeiter*, in: Ernst/Zinkahn, BauGB)

Ernst, Werner / Zinkahn, Willy / Bielenberg, Walter (Begr.) / Krautzberger, Michael (Hrsg.): Baugesetzbuch: BauGB, Kommentar, Band IV, §§ 104-171f, Loseblattsammlung, 109. Ergänzungslieferung Juni 2013, München, 2013, Verlag C. H. Beck
(zitiert: *Bearbeiter*, in: Ernst/Zinkahn, BauGB)

Ernst, Werner / Zinkahn, Willy / Bielenberg, Walter (Begr.) / Krautzberger, Michael (Hrsg.): Baugesetzbuch: BauGB, Kommentar, Band V, §§ 172-249, Loseblattsammlung, 109. Ergänzungslieferung Juni 2013, München, 2013, Verlag C. H. Beck
(zitiert: *Bearbeiter*, in: Ernst/Zinkahn, BauGB)

Fehling, Michael: Eigenwert des Verfahrens im Verwaltungsrecht, in: VVDStRL 70 (2011), 278-329

Ferner, Hilmar / Kröninger, Holger / Aschke, Manfred (Hrsg.): Baugesetzbuch mit Baunutzungsverordnung, Handkommentar, 3. Auflage, Baden-Baden, 2013, Nomos Verlagsgesellschaft

Forsthoff, Ernst: Lehrbuch des Verwaltungsrechts, Erster Band: Allgemeiner Teil, 10 Auflage, München, 1973, Verlag C. H. Beck

Fraaz, Klaus: Die Bedeutung der Städtebauförderung für Wirtschaft und Arbeitsmarkt, in: Informationen zur Raumentwicklung 2001, 547-550

Franke, Thomas / Böhme, Christa (u. a.) (Bearb.): 5 Jahre LEIPZIG CHARTA – Integrierte Stadtentwicklung als Erfolgsbedingung einer nachhaltigen Stadt: Integrierte Stadtentwicklung in den 27 Mitgliedstaaten der EU und ihren Beitrittskandidaten / im Auftrag des BBSR, vorgelegt dem Deutschen Institut für Urbanistik gGmbH, Berlin (u. a.), 2012, herausgegeben vom BMVBS

Franzius, Claudio: Stuttgart 21: Eine Epochenwende?, in: GewArch 2012, 225-236

Frese, Erich (Hrsg.): Enzyklopädie der Betriebswirtschaftslehre, Band II, Handwörterbuch der Organisation, 3. Auflage, Stuttgart, 1992, Carl Ernst Poeschel Verlag (u. a.)

Friauf, Karl Heinrich / Höfling, Wolfram (Hrsg.): Berliner Kommentar zum Grundgesetz: GG, Loseblattsammlung, 42. Ergänzungslieferung August 2013, Berlin, 2012, Erich Schmidt Verlag
(zitiert: *Bearbeiter*: in: Berliner Kommentar, GG)

Friedrich, Andreas: Streit um Stadtumbau: Freistaat will Leerstand weiter abbauen / Bund für mehr Sanierung, in: Leipziger-Volkszeitung, 15.11.2007, S. 3

Friesenhahn, Ernst: Die Selbstverwaltung öffentlicher Genossenschaften, in: Frank (Hrsg.), Deutsches Verwaltungsrecht, München, 1937, Münchener Buchgewerbehaus M. Müller & Sohn KG, § 13 S. 262-281

Froessler, Rolf: Stadterneuerung mit Bewohnern: zur Konzeption einer sozialorientierten und selbstbestimmten Stadterneuerungspraxis unter besonderer Berücksichtigung ausländischer Familien, Dortmund, 1987, Dortmunder Vertrieb für Bau- und Planungsliteratur

Fürst, Dietrich: Kommunale Entscheidungsprozesse: ein Beitrag zur Selektivität politisch-administrativer Prozess, Baden-Baden, 1975, Nomos Verlagsgesellschaft, zugleich: Habilitation, Universität Köln, 1974

Gabler, Manfred / Höhlein, Burkhard (u. a.) (Bearb.): Kommunalverfassungsrecht Rheinland Pfalz, Band I, Gemeindeordnung (GemO), Kommentar, Loseblattsammlung, 37. Nachlieferung September 2013, Wiesbaden, 2013, Kommunal- und Schulverlag
(zitiert: *Bearbeiter*, Gabler/Höhlein, GemO Rlp):

Gärditz, Klaus Ferdinant: Angemessene Öffentlichkeitsbeteiligung bei Infrastrukturplanungen als Herausforderung an das Verwaltungsrecht im demokratischen Rechtsstaat, in: GewArch 2011, 273-279

Gatz, Stephan: Nebenbestimmungen zu sanierungsrechtlichen Genehmigungen, in: jurisPR-BVerwG 23/2006 Anmerkung 3 zu BVerwG, Urteil vom 24.05.2006 - 4 C 9/04

Getefeld, Rolf: Rechtsschutz im Städtebauförderungsgesetz, Klagemöglichkeit - Ermessen - Partizipation, Hamburg, 1978, Gerold & Appel Verlagsgesellschaft, zugleich: Habilitation, Universität Hamburg, 1976

Giesberts, Ludger / Reinhardt, Michael (Hrsg.): Umweltrecht, Beck'scher Onlinekommentar, Edition 29 Oktober 2013, München, 2013, Verlag C. H. Beck
(zitiert: *Bearbeiter*, in: Giesberts/Reinhardt, Umweltrecht, *Gesetzesangabe*)

Guratzsch, Dankwart: Verkehrter Stadtumbau: Die Kritik am „Stadtumbauprogramm Ost“ wird lauter, in: DIE WELT, 28.11.2006, S. 23

Haag, Theodor / Menzel, Petra / Katz, Jürgen: Städtebauliche Sanierungs- und Entwicklungsmaßnahmen: ein Handbuch für die Praxis mit zahlreichen Mustern, Beispielen, Schemata und Übersichten, Stuttgart, 2007, Verlag W. Kohlhammer

Haas, Diether: Unbestimmte Rechtsbegriffe und Ermessen?, in: MDR 1953, 651-655

Haas, Evelyn: Die Baulandumlegung - Inhalts- und Schrankenbestimmung des Eigentums, in: NVwZ 2002, 272-277

Haller, Christoph / Janke, Katharina (u. a.) (Bearb.): 40 Jahre Städtebauförderung / im Auftrag des BBSR, vorgelegt vom dem Planungsbüro Plan und Praxis, Berlin, 2011, herausgegeben vom BMVBS

Hamburg.de: Sanierungsbeirat: Informieren Sie sich und machen Sie mit!, o. J., http://www.hamburg.de/gaengeviertel/sanierungsbeirat/, zuletzt abgerufen am 19.01.2014

Hamburger.info: Schanzenviertel / Sternschanze, 2014, http://www.hamburgerinfo.de/56/hamburg-schanzenviertel-sternschanze/, zuletzt abgerufen am 19.01.2014

Heberlein, Ingo: Auswirkungen der Verwaltungsverfahrensgesetze auf die Dogmatik des Verwaltungsrechts, Band 1, Speyer, 1981, Forschungsinstitut für Öffentliche Verwaltung bei der Hochschule für Verwaltungswissenschaft Speyer

Heck, Philipp: Gesetzesauslegung und Interessenjurisprudenz, in: AcP, 112 (1914), 1-313

Heiß, Georg / Schreiner, Thomas: Der baurechtliche Sanierungsvermerk, in: NVwZ 2009, 1147-1150

Held, Jürgen: Held, Individualrechtsschutz bei fehlerhaftem Verwaltungsverfahren, in: NVwZ 2012, 461-468

Henneke, Hans-Günter: Durch Bundesgesetze dürfen Gemeinden und Gemeindeverbände Aufgaben nicht übertragen werden - Betrachtung aus Anlass der Nichtausfertigung des Verbraucherinformationsgesetzesentwurfs und der Änderung des SGB XII -, in: NdsVBl 2007, 57-67

Henneke, Hans-Günter: Die Kommunen in der Föderalismusreform, in: DVBl 2006, 867-871

Herbert, Alexander: Beratung in der Gemeinde, in: NVwZ 1995, 1056-1061

Herdegen, Matthias: Beurteilungsspielraum und Ermessen im strukturellen Vergleich, in: JZ 1991, 747-751

Hesse, Konrad: Grundzüge des Verfassungsrechts der Bundesrepublik Deutschland, 20. Auflage, Heidelberg, 1999, C. F. Müller Verlag

Hill, Hermann: Einführung in die Gesetzgebungslehre, in: JURA 1986, 57-67

Hofer-Zeni, Herbert: Das Ermessen im Spannungsfeld von Rechtsanwendung und Kontrolle, Wien (u. a.), 1981, Springer Verlag

Hoffmann-Axthelm, Dieter: Planung, Investment, Politik: Kassel, in: Wentz (Hrsg.), Stadt-Entwicklung, Frankfurt (u. a.), 1996, Campus Verlag, S. 48-62
(zitiert: *Hoffmann-Axthelm*, Planung, Investment, Politik)

Hoffmann-Riem, Wolfgang: Methoden einer anwendungsorientierten Verwaltungsrechtswissenschaft, in: Schmidt-Aßmann/Hoffmann-Riehm (Hrsg.), Methoden der Verwaltungsrechtswissenschaft, 1. Auflage, Baden-Baden, 2004, Nomos Verlagsgesellschaft, S. 9-72

Hofmann, Ekkehard: Abwägung im Recht: Chancen und Grenzen numerischer Verfahren im öffentlichen Recht, Tübingen, 2007, Mohr Siebeck Verlag, zugleich: Habilitation, Universität Hamburg, 2006

Hofmann, Harald / Gerke, Jürgen: Allgemeines Verwaltungsrecht mit Bescheidtechnik, Verwaltungsvollstreckung und Rechtsschutz, 10. Auflage, 2010, Stuttgart (u. a.), Verlag W. Kohlhammer
(zitiert: *Bearbeiter*, in: Hofmann/Gerke, Allgemeines Verwaltungsrecht)

Holm, Andrej: Wir bleiben alle!: Gentrifizierung - städtische Konflikte um Aufwertung und Verdrängung, Münster, 2010, Unrast Verlag

Hoppe, Werner: Erste Überlegungen zum „Grundsatz der Planerhaltung", in: Berkemann/Gaentzsch/Halama/Heeren/Hien/Lemmel (Hrsg.), Planung und Plankontrolle: Entwicklungen im Bau- und Fachplanungsrecht: Otto Schlichter zum 85. Geburtstag, Köln (u. a.), 1995, Carl Heymanns Verlag, S. 87-111
(zitiert: *Hoppe*, Erste Überlegungen zum „Grundsatz der Planerhaltung")

Hoppe, Werner: Abhandlung zur Struktur von Normen des Planungsrechts, Bemerkung zu rechtsstaatlichen Anforderungen an die Begriffsbildung im Planungsrecht, in: DVBl 1974, 641-647

Hoppe, Werner: Grundfragen des Planungsrechts: Ausgewählte Veröffentlichungen, Münster, 1998, Selbstverlag des Zentralinstituts für Raumordnung und des Instituts für Siedlungs- und Wohnungswesen der Universität Münster

Hoppe, Werner: Die Abwägung im EAG Bau nach Maßgabe des § 1 VII BauGB 2004 - Unter Berücksichtigung von § 2 III, IV BauGB 2004, in: NVwZ 2004, 903-910

Hoppe, Werner: Die "Zusammenstellung des Abwägungsmaterials" und die "Einstellung der Belange" in die Abwägung "nach Lage der Dinge" bei der Planung, in: DVBl 1977, 136-144

Hoppe, Werner / Bönker, Christian / Grotefels, Susan: Öffentliches Baurecht, Raumordnungsrecht, Städtebaurecht, Bauordnungsrecht, 4. Auflage, München, 2010, Verlag C. H. Beck

Hoppenberg, Michael / de Witt, Siegfried (Hrsg.): Handbuch des Öffentliches Baurechts, Band I, Baugenehmigung, Bauleitplanung, Städtebaurecht, Denkmalschutz, Naturschutz, Loseblattsammlung, 34. Ergänzungslieferung Oktober 2012, München, 2012, Verlag C. H. Beck
(zitiert: *Bearbeiter*, in: Hoppenberg/de Witt (Hrsg.), Handbuch des Öffentlichen Baurechts, Bd. I)

Huber, Peter M. / Wollenschläger, Ferdinand: Durchgriffsverbot und landesverfassungsrechtliches Konnexitätsgebot - Das Beispiel des KiföG - in: VerwArch 100 (2009), 305-341

Hufen, Friedhelm: Staatsrecht II, Grundrechte, 3. Auflage, München, 2011, Verlag C. H. Beck

Hufen, Friedhelm: Heilung und Unbeachtlichkeit grundrechtsrelevanter Verfahrensfehler? - Zur verfassungskonformen Auslegung der §§ 45 und 46 VwVfG, in: NJW 1982, 2160-2169

Hunger, Bernd: Wozu Städtebauförderung?, in: Arbeitsgemeinschaft Deutscher Sanierungs- und Entwicklungsträger (Hrsg.), Sanierungsträger schaffen Zukunft für unsere Städte und Gemeinden, Memmingen, 2011, Memminger MedienCentrum Druckerei und Verlags-AG, S. 17-24
(zitiert: *Hunger*, Wozu Städtebauförderung?)

Ibler, Martin: Die behördlichen Abwägungsspielräume bei Bauleitplanung und Planfeststellung, in: JuS 1990, 7-16

Ibler, Martin: Die Schranken planerischer Gestaltungsfreiheit im Planfeststellungsrecht, Berlin, 1988, Duncker & Humblot, zugleich: Dissertation, Universität Göttingen, 1987

Ingold, Albert: Das Aufgabenübertragungsverbot aus Art. 84 Abs. 1 Satz 7 GG als Hindernis für die bauplanungsrechtliche Gesetzgebung des Bundes?, in: DÖV 2010, 134-139

Ingold, Albert: Nochmals: Das Aufgabenübertragungsverbot (Art. 84 Abs. 1 Satz 7 GG) – Replik auf Andreas Meßmann, Das Aufgabenübertragungsverbot aus

Art. 84 Abs. 1 Satz 7 GG: Hindernis für die Erweiterung bereits übertragener Aufgaben und die Übertragung von Angelegenheiten der örtlichen Gemeinschaft?, in: DÖV 2010, 732-733

Innenministerium des Landes Schleswig-Holstein (IM S.-H.): Städtebau, Bau- und Wohnungswesen - Rechtliche Grundlagen - Bauplanung, 2012, http://www.schleswig-holstein.de/IM/DE/StaedteBauenWohnung/Rechtsgrundlagen/Bauplanung/Bauplanung_node.html#doc842546bodyText4, zuletzt abgerufen am 19.01.2014

Ipsen, Jörn: Niedersächsisches Kommunalrecht, Lehrbuch. 4. Auflage, Stuttgart (u. a.), 2011, Richard Boorberg Verlag

Ipsen, Jörn: Schutzbereich der Selbstverwaltungsgarantie und Einwirkungsmöglichkeiten des Gesetzgebers, in: ZG 1994, 194-212

Ipsen, Jörn: Staatsrecht I, Staatsorganisationsrecht, 24. Auflage, München, 2012, Verlag Franz Vahlen

Ipsen, Jörn: Richterrecht und Verfassung, Berlin, 1975, Duncker & Humblot, zugleich: Dissertation, Universität Göttingen, 1975

Irriger, Ulrich: Genossenschaftliche Elemente bei öffentlich-rechtlichen Körperschaften, Dargestellt am Beispiel der Handelsinnungen und der Wirtschaftskammern, Münster, 2001, Verlag Regensberg, zugleich: Dissertation, Universität Münster, 1991

Isensee, Josef / Kirchhof, Paul (Hrsg.): Handbuch des Staatsrechts der Bundesrepublik Deutschland, Band VI, Bundesstaat, 3. Auflage, Heidelberg, 2008, C. F. Müller Verlag
(zitiert: *Bearbeiter*, in: Isensee/Kirchhof, Handbuch des Staatsrechts, Bd. VI, 2008)

Isensee, Josef / Kirchhof, Paul (Hrsg.): Handbuch des Staatsrechts, Band V, Rechtsquellen, Organisation, Finanzen, 3. Auflage, 2007, C. F. Müller Verlag
(zitiert: *Bearbeiter*, in: Isensee/Kirchhof, Handbuch des Staatsrechts, Bd. V, 2007)

Isensee, Josef / Kirchhof, Paul (Hrsg.): Handbuch des Staatsrechts der Bundesrepublik Deutschland, Band II, Verfassungsstaat, 3. Auflage, Heidelberg, 2004, C. F. Müller Verlag
(zitiert: *Bearbeiter*, in: Isensee/Kirchhof, Handbuch des Staatsrechts, Bd. II, 2004)

Isensee, Josef / Kirchhof, Paul (Hrsg.): Handbuch des Staatsrechts der Bundesrepublik Deutschland, Band III, Das Handeln des Staates, 2. Auflage, Heidelberg, 1996, C. F. Müller Verlag

(zitiert: *Bearbeiter*, in: Isensee/Kirchhof, Handbuch des Staatsrechts, Bd. III, 1996)

Isensee, Josef / Kirchhof, Paul (Hrsg.): Handbuch des Staatsrechts der Bundesrepublik Deutschland, Band V, Allgemeine Grundrechtslehre, 2. Auflage, Heidelberg, 2000, C. F. Müller Verlag
(zitiert: *Bearbeiter*, in: Isensee/Kirchhof, Handbuch des Staatsrechts, Bd. V, 2000)

Isensee, Josef / Kirchhof, Paul (Hrsg.): Handbuch des Staatsrechts der Bundesrepublik Deutschland, Band III, Das Handeln des Staates, 1. Auflage, Heidelberg, 1988, C. F. Müller Verlag
(zitiert: *Bearbeiter*, in: Isensee/Kirchhof, Handbuch des Staatsrechts, Bd. III, 1988)

Isensee, Josef / Kirchhof, Paul (Hrsg.): Handbuch des Staatsrechts der Bundesrepublik Deutschland, Band IV, Aufgaben des Staates, 3. Auflage, Heidelberg, 2006, C. F. Müller Verlag
(zitiert: *Bearbeiter*, in: Isensee/Kirchhof, Handbuch des Staatsrechts, Bd. IV, 2006)

Isensee, Josef / Kirchhof, Paul (Hrsg.): Handbuch des Staatsrechts der Bundesrepublik Deutschland, Band IV, Finanzverfassung - Bundesstaatliche Ordnung, 2. Auflage, Heidelberg, 1999, C. F. Müller Verlag
(zitiert: *Bearbeiter*, in: Isensee/Kirchhof, Handbuch des Staatsrechts, Bd. IV, 1999)

Jäde, Henning / Dirnberger, Franz / Weiss, Josef: Baugesetzbuch: BauGB, Baunutzungsverordnung: BauNVO, Kommentar, 7. Auflage, Stuttgart (u. a.), 2013, Richard Boorberg Verlag
(zitiert: *Bearbeiter*, in: Jäde/Dirnberger/Weiss, *Gesetz*)

Jarass, Hans D. / Pieroth, Bodo (Hrsg): Grundgesetz für die Bundesrepublik Deutschland: GG, Kommentar, 12. Auflage, München, 2012, Verlag C. H. Beck
(zitiert: *Bearbeiter*, in: Jarass/Pieroth, GG)

Jellinek, Walter: Gesetz, Gesetzesanwendung und Zweckmäßigkeitserwägung: Zugleich ein System der Ungültigkeitsgründe von Polizeiverordnungen und -Verfügungen; eine staats- und verwaltungsrechtliche Untersuchung, 1. Auflage, Tübingen, 1913, Mohr Siebeck Verlag

Jesch, Dietrich: Unbestimmter Rechtsbegriff und Ermessen in rechtstheoretischer und verfassungsrechtlicher Sicht, in: AöR 82 (1957), 163-249

Jörke, Dirk: Bürgerbeteiligung in der Postdemokratie, Bundeszentrale für politische Bildung, Aus Politik und Zeitgeschichte, 2010, http://www.bpb.

de/apuz/33569/buergerbeteiligung-in-der-postdemokratie?p=all#fr-footnode11, zuletzt abgerufen am 19.01.2014
(zitiert: *Jörke*, Bürgerbeteiligung in der Postdemokratie)

Jung, Hye Young: Die verfassungsrechtliche Einordnung der städtebaulichen Umlegung auf der Basis der modernen Eigentumsdogmatik, o. O., 2004, o. V., zugleich: Dissertation, Universität Köln, 2004

Kautz, Steffen: Bürgerbegehren und Bürgerentscheid beim Erlass von Bebauungsplänen, in: BayVBl 2005, 193-201

Klein, Friedrich: Die Genossenschaften des öffentlichen Rechts, in: ZfgG 7 (1957), 145-157

Klein, Friedrich / Scheder, Thomas: Die Waldgenossenschaft in der Bundesrepublik Deutschland, in: ZfgG, 17 (1967), 241-267

Kloepfer, Michael: Umweltrecht, 3. Auflage, München, 2004, Verlag C. H. Beck

Knack, Hans Joachim / Henneke, Hans-Günter: Verwaltungsverfahrensgesetz: VwVfG, Kommentar, 9. Auflage, Köln, 2010, Carl Heymanns Verlag
(zitiert: *Bearbeiter*, in: Knack/Henneke, VwVfG)

Knitter, Janna: Möglichkeiten der Kommunen, sich gegen eine gem. Art. 84 Abs. 1 Satz 7 GG unzulässige Aufgabenübertragung zur Wehr zu setzen, in: NdsVBl 2009, 73-77

Koch, Hans-Joachim / Rüßmann, Helmut: Juristische Begründungslehre: Eine Einführung in Grundprobleme der Rechtswissenschaft, München, 1982, Verlag C. H. Beck

Köhler, Horst: Stadt- und Dorferneuerung in der kommunalen Praxis: Sanierung - Stadtumbau - Entwicklung - Denkmalschutz - Baugestaltung, 3. Auflage, Berlin, 2005, Erich Schmidt Verlag
(zitiert: *Köhler*, Stadt- und Dorferneuerung in der kommunalen Praxis)

Kopp, Ferdinand O. (Begr.) / Ramsauer, Ulrich (Hrsg.): Verwaltungsverfahrensgesetz: VwVfG, Kommentar, 13. Auflage, München, 2012, Verlag C. H. Beck
(zitiert: *Bearbeiter*, in: Kopp/Ramsauer, VwVfG, 2012)

Kopp, Ferdinand O. (Begr.) / Ramsauer, Ulrich (Hrsg.): Verwaltungsverfahrensgesetz: VwVfG, Kommentar, 14. Auflage, München, 2013, Verlag C. H. Beck
(zitiert: *Bearbeiter*, in: Kopp/Ramsauer, VwVfG, 2013)

Kraft, Ingo: Gerichtliche Abwägungskontrolle von Bauleitplänen nach dem EAG Bau, in: UPR 2004, 331-335

Krautzberger, Michael: Städtebauförderung, Eine bleibende gesamtstaatliche Aufgabe, in: Arbeitsgemeinschaft Deutscher Sanierungs- und Entwicklungsträger

(Hrsg.), Sanierungsträger schaffen Zukunft für unsere Städte und Gemeinden, Memmingen, 2011, Memminger MedienCentrum Druckerei und Verlags-AG, S. 8-14
(zitiert: *Krautzberger*, Städtebauförderung, Eine bleibende gesamtstaatliche Aufgabe)

Krüger, Herbert: Allgemeine Staatslehre, 2. Auflage, 1966, Stuttgart (u. a.), Verlag W. Kohlhammer

Kühling, Jürgen / Wintermeier, Florian: Die Bauleitplanung als Gegenstand plebiszitärer Bürgerbeteiligung, in: DVBl 2012, 317-325

Kurth, Detlef: Strategien der präventiven Stadterneuerung: Weiterentwicklung von Strategien der Sanierung, des Stadtumbaus und der sozialen Stadt zu einem Konzept der Stadtpflege für Berlin, Dortmund, 2004, Dortmunder Vertrieb für Bau- und Planungsliteratur, zugleich: Dissertation, Universität Dortmund, 2003

Küster, Otto: Das Gewaltenproblem im modernen Staat, in: AöR 75 (1949), 397-413

Larenz, Karl: Methodenlehre der Rechtswissenschaft, 6. Auflage, Berlin (u. a.), 1991, Springer-Verlag

Laubinger, Hans-Werner: Grundrechtsschutz durch Gestaltung des Verwaltungsverfahrens, in: VerwArch 73 (1982), 60-85

Lege, Joachim: Stadtumbau und städtebauliche Gebote - Neue Herausforderungen durch Stadterhaltung und Rückbau, in: NVwZ 2005, 880-886

Lerche, Peter: Die Verfassung als Quelle von Optimierungsgeboten?, in: Burmeister (Hrsg.), Verfassungsstaatlichkeit: Festschrift für Klaus Stern zum 65. Geburtstag, München, 1997, Verlag C. H. Beck, S. 197-209

Lessat, Vera: Expertise über die Anstoßwirkungen öffentlicher Mittel in der Städtebauförderung / im Auftrag des BMRBS, Berlin, 1996, Duncker & Humblot

Liebmann, Heike / Nelle, Anja (u. a.) (Bearb.): 10 Jahre Stadtumbau Ost - Berichts aus der Praxis / im Auftrag des BBSR vorgelegt von der Bundestransferstelle Stadtumbau Ost im Leibniz-Institut für Regionalentwicklung und Strukturplanung e. V., Berlin, 2012, herausgegeben vom BMVBS

Magiera, Siegfried: Parlament und Staatsleitung in der Verfassungsordnung des Grundgesetzes: Eine Untersuchung zu den Grundlagen der Stellung und Aufgaben des Deutschen Bundestages, Berlin, 1979, Duncker & Humblot, zugleich: Habilitation, Universität Kiel, 1979

Maier, Bernd / Dieser, Rosina (u. a.) (Bearb.): Sozialstudie Winsstraße 2009 / im Auftrag des Bezirksamts Pankow von Berlin und S.T.E.R.N. Gesellschaft

der behutsamen Stadterneuerung mbH, vorgelegt von der arbeitsgruppe gemeinwesenarbeit und stadtteilplanung argus GmbH, Berlin, 2009, o. V., auch abrufbar unter: http://www.berlin.de/imperia/md/content/bapankow/stapl/sanierung/sozialstudie_winsstra__e_2009.pdf?start&ts=1353397791&file=sozialstudie_winsstra__e_2009.pdf, zuletzt abgerufen am 19.01.2014
(zitiert: *Maier/Dieser*, Sozialstudie Winsstraße 2009)

Mann, Thomas / Püttner, Günter (Hrsg.): Handbuch der kommunalen Wissenschaft und Praxis, Band 1: Grundlagen und Kommunalverfassung, 3. Auflage, Berlin, 2007, Springer Verlag
(zitiert: *Bearbeiter*, in: Mann/Püttner, Kommunalverfassung)

Marie-Luise Wallraven-Lindl / Anton Strunz: Städtebauliche Gebote nach dem Baugesetzbuch, Berlin, 2010, Deutsches Institut für Urbanistik GmbH

Maunz, Theodor / Dürig, Günter (Begr.): Grundgesetz: GG, Kommentar, Loseblattsammlung, 69. Ergänzungslieferung Mai 2013, München, 2012, Verlag C. H. Beck
(zitiert: *Bearbeiter*, in: Maunz/Dürig, GG)

Maurer, Hartmut: Allgemeines Verwaltungsrecht, 18. Auflage, München, 2011, Verlag C. H. Beck

Merten, Detlef / Papier, Hans-Jürgen: Handbuch der Grundrechte, Band 2, Grundrechte in Deutschland: Allgemeine Lehren I, Heidelberg, 2006, C. F. Müller Verlag
(zitiert: *Bearbeiter*, in: Merten/Papier, Handbuch der Grundrechte, Bd. II)

Meßmann, Andreas: Das Aufgabenübertragungsverbot aus Art. 84 Abs. 1 Satz 7 GG: Hindernis für die Erweiterung bereits übertragener Aufgaben und die Übertragung von Angelegenheiten der örtlichen Gemeinschaft – Zugleich eine Erwiderung auf Albert Ingold, Das Aufgabenübertragungsverbot aus Art. 84 Abs. 1 Satz 7 GG als Hindernis für die bauplanungsrechtliche Gesetzgebung des Bundes?, in: DÖV 2010, 134 -, in: DÖV 2010, 726-732

Meyer, Hans: Föderalismusreform 2006: Konzeption, Kommentar, Kritik, Berlin, 2008, Duncker & Humblot

Meyer, Hubert: Ansatzpunkte und Maßstäbe gerichtlicher Kontrolle kommunaler Satzungen, in: JuS 2003, 117-122

Meyer, Hubert / Freese, Herbert: Konjunkturpaket II: Art. 104b GG als Ärgernis und Garant des Föderalismus, in: NVwZ 2009, 609-615

Meyer, Klaus: Betrachtungen über das Städtebauförderungsgesetz im Spannungsfeld des Grundgesetzes, in: AöR 97 (1972), 12-31

Ministeriums für Inneres und Kommunales: Geltende Erlasse (SMBl. NRW.) mit Stand vom 10.1.2014, 2014, https://recht.nrw.de/lmi/owa/

br_bes?ver=4&val=2&sg=0&menu=1&anw_nr=1&gld_nr=2&ugl_id=430&menu=1&aufgehoben=N, zuletzt abgerufen am 19.01.2014

Mittlmeier, Hans: Die Gemeinschaft der Teilnehmer nach der Reichsumlegungsordnung, 1940, Bleicherode am Harz, Verlag Varl Nieft, zugleich: Dissertation, Universität München, 1940

Möller, Andreas: Siedlungsrückbau in den neuen Ländern nach Stadtumbau- und Sanierungsrecht, Berlin, 2006, Duncker & Humblot, zugleich: Dissertation, Freie Universität Berlin, 2006

Müller, Rainer: Schanzenviertel in Hamburg: Yuppies und Randale, in: Frankfurter Allgemeine, 15.09.2009, http://www.faz.net/aktuell/wirtschaft/immobilien/wohnen/schanzenviertel-in-hamburg-yuppies-und-randale-1857649.html, zuletzt abgerufen am 19.01.2014

Niedersächsisches Ministerium für Soziales, Frauen und Familie, Gesundheit und Integration: Städtebauförderung und Stadterneuerung, 2014, http://www.ms.niedersachsen.de/themen/bauen_wohnen/staedtebaufoerderung/staedtebaufoerderung-und-stadterneuerung-13829.html, zuletzt abgerufen am 19.01.2014

Niedersächsisches Ministerium für Soziales, Frauen und Familie, Gesundheit und Integration: Wirkung des Einsatzes von Städtebauförderung, 2014, http://www.ms.niedersachsen.de/themen/bauen_wohnen/staedtebaufoerderung/wirkung_einsatzes_von_staedtebaufoerderung/13629.html, zuletzt abgerufen am 19.01.2014

Obermayer, Klaus (Begr.): Verwaltungsverfahrensgesetz: VwVfG, Kommentar, 3. Auflage, Neuwied (u. a.), 1999, Hermann Luchterhand Verlag
(zitiert: *Bearbeiter*, in: Obermeyer, VwVfG)

Oberndorfer, Peter: Strukturprobleme des Raumordnungsrechts, in: Die Verwaltung 1972, 257-272

Oebbecke, Janbernd: Kommunale Satzungsgebung und verwaltungsgerichtliche Kontrolle, in: NVwZ 2003, 1313-1317

Oldiges, Martin: Gerichtlicher Rechtsschutz gegen Gebiets- und Bereichsfestlegungen nach dem Städtebauförderungsgesetz, in: WiR 1974, 277-319

Ossenbühl, Fritz: Aktuelle Probleme der Gewaltenteilung, in: DÖV 1980, 545-553

Ossenbühl, Fritz: Verwaltungsverfahren zwischen Verwaltungseffizienz und Rechtsschutzauftrag, in: NVwZ 1982, 465-472

Otto, Paul: Die Zwangskartelle nach geltendem Wirtschaftsrecht, Emsdetten (Westfalen), 1935, o. V., zugleich: Dissertation, Universität Köln, 1934

Pache, Eckhard: Tatbestandliche Abwägung und Beurteilungsspielraum: Zur Einheitlichkeit administrativer Entscheidungsspielräume und zu deren Konsequenzen im verwaltungsgerichtlichen Verfahren – Versuch einer Modernisierung, Tübingen, 2001, Mohr Siebeck Verlag, zugleich: Habilitation, Universität Hamburg, 2001
(zitiert: *Pache*, Tatbestandliche Abwägung und Beurteilungsspielraum)

Papier, Hans-Jürgen: Rechtliche Bindung und gerichtliche Kontrolle planender Verwaltung im Bereich des Bodenrechts, in: NJW 1977, 1714-1720

Papier, Hans-Jürgen: Die rechtlichen Grenzen der Bauleitplanung, in: DVBl 1975, 461-467

Pawlowski, Hans-Martin: Einführung in die Juristische Methodenlehre: Ein Studienbuch zu den Grundlagenfächern Rechtsphilosophie und Rechtssoziologie, 2. Auflage, Heidelberg, 2000, C. F. Müller Verlag

Pawlowski, Hans-Martin: Methodenlehre für Juristen, 3. Auflage, Heidelberg, 1999, C. F. Müller Verlag

Petersen, Joerg F.: Rechtsfragen bei der Hinzuziehung von Sanierungsträgern nach dem Städtebauförderungsgesetz. Berlin, 1975, o. V., zugleich: Dissertation, Universität Freiburg im Breisgau, 1975

Pieper, Hans-Gerd: Teilweiser Abschied von der materiellen Abwägungsfehlerlehre im EAG-Bau - Folgen für die Rechtmäßigkeitsprüfung des Bebauungsplans, in: JURA 2006, 817-820

Pietzcker, Jost: Das Verwaltungsverfahren zwischen Verwaltungseffizienz und Rechtsschutzauftrag, in: VVDStRL 41 (1983), 193-227

Posser, Herbert / Wolff, Heinrich Amadeus (Hrsg.): Verwaltungsgerichtsordnung: VwGO, Beck'scher Onlinekommentar, Edition 27 Oktober 2013, München, 2013, Verlag C. H. Beck
(zitiert: *Bearbeiter*, in: Posser/Wolf, VwGO)

Prognos AG / AMB Generali Holding AG: Engagement Atlas 2009: Daten, Hintergründe, Volkswirtschaftlicher Nutzen, vorgelegt von der Prognos AG und der AMB Generali Holding AG, Aachen, o. J., o. V., auch abrufbar unter: http://www.deutscher-engagementpreis.de/fileadmin/media/pdf/Sonstige_Download-PDFs/Engagementatlas%202009_Generali.pdf, zuletzt abgerufen am 19.01.2014
(zitiert: *Prognos AG*, Engagement Atlas 2009)

Pünder, Hermamn: Exekutive Normsetzung in den Vereinigten Staaten von Amerika und der Bundesrepublik Deutschland, Berlin, 1995, Duncker & Humblot, zugleich: Dissertation, Universität Münster, 1994/1995

Pünder, Hermann: Grundlagen des Verwaltungsverfahrensrechts, in: JuS 2011, 289-296

Pünder, Hermann: "Open Government leads to Better Government" - Überlegungen zur angemessenen Gestaltung von Verwaltungsverfahren, in: NuR 2005, 71-79

Püttner, Günter: Die staatspolitische Funktion der kommunalen Selbstverwaltung im demokratischen Staatswesen, in: Gefährdung und Chancen der kommunalen Selbstverwaltung: Professorengespräch des Deutschen Landkreistages, Stuttgart (u. a.), 1974, Verlag W. Kohlhammer, S. 14-20

Quaas, Michael / Kukk, Alexander: Neustrukturierung der Planerhaltungsbestimmungen in §§ 214 ff. BauGB, in: Baurecht 2004, 1541-1559

Quaas, Michael / Zuck, Rüdiger (Hrsg.): Prozesse in Verwaltungssachen, 2. Auflage, Baden-Baden, 2011, Nomos Verlagsgesellschaft
(zitiert: *Bearbeiter*, in: Quaas/Zuck, Prozesse in Verwaltungssachen)

Quabeck, Christian: Dienende Funktion des Verwaltungsverfahrens und Prozeduralisierung, Tübingen, 2010, Mohr Siebeck Verlag, zugleich: Dissertation, Universität Heidelberg, 2009

Quecke, Albrecht / Schmid, Hansdieter (u. a.): Gemeindeordnung für den Freistaat Sachsen: ergänzbarer Kommentar mit weiterführenden Vorschriften, Loseblattsammlung, Edition 4/13 Oktober 2013, Berlin, 2013, Erich-Schmidt Verlag
(zitiert: *Bearbeiter*, in: Quecke/Schmid, SächsGO)

Redeker, Konrad: Legislative, Exekutive und Verwaltungsgerichtsbarkeit Versuch eines sachlichen Gesprächs, in: NVwZ 1996, 126-131

Redeker, Konrad: Fragen der Kontrolldichte verwaltungsgerichtlicher Rechtsprechung, in: DÖV 1971, 757-762

Reuss, Hermann: Das Ermessen, Versuch einer Begriffserklärung, in: DVBl 1953, 585-589

Reuss, Hermann: Der unbestimmte Rechtsbegriff, seine Bedeutung und seine Problematik, in: DVBl 1953, 649-655

Riedel, Ernst / Volmer, Michael / Wilsch, Harald (Begr.): Handbuch der Rechtspraxis, Band 4, Grundbuchrecht, 15. Auflage, München, 2012, Verlag C. H. Beck
(zitiert: *Bearbeiter*, in: Riedel/Volmer/Wilsch, Grundbuchrecht)

Riehm, Thomas: Abwägungsentscheidungen in der praktischen Rechtsanwendung: Argumentation - Beweis - Wertung München, 2006, Verlag C. H. Beck, zugleich: Dissertation, Universität München, 2006

Rode, Lars-Henrik: § 40 VwVfG und die deutsche Ermessenslehre, Frankfurt am Main (u. a), 2003, Verlag Peter Lang, Europäischer Verlag der Wissenschaft, zugleich: Dissertation, Universität Magdeburg, 2002

Röhl, Klaus / Röhl, Hans Christian: Allgemeine Rechtslehre, Ein Lehrbuch, 3. Auflage, Köln, 2008, Carl Heymanns Verlag

Rose, Heinz: Jagdrecht in Niedersachsen, Kommentar, 31. Auflage, Kiel, 2010, Verlag W. Kohlhammer

Rösner, Hans: Schubkraft und Ausstrahlung - Komponente Projektentwicklung als unverzichtbarer Bestandteil moderner Stadterneuerungsstrategien?, in: Arbeitsgemeinschaft Deutscher Sanierungs- und Entwicklungsträger (Hrsg.), Sanierungsträger schaffen Zukunft für unsere Städte und Gemeinden, Memmingen, 2011, Memminger MedienCentrum Druckerei und Verlags-AG, S. 38-44
(zitiert: *Rösner*, Schubkraft und Ausstrahlung - Komponente Projektentwicklung als unverzichtbarer Bestandteil moderner Stadterneuerungsstrategien?)

Roßnagel, Alexander: Verfahrensfehler ohne Sanktion?, in: JuS 1994, 927-932

Ruthig, Josef / Storr, Stefan: Öffentliches Wirtschaftsrecht, 3. Auflage, Heidelberg (u. a.), 2011, C. F. Müller Verlag

Sachs, Michael (Hrsg.): Grundgesetz: GG, Kommentar, 6. Auflage, München, 2011, Verlag C. H. Beck
(zitiert: *Bearbeiter*, in: Sachs, GG)

Säcker, Franz Jürgen (Red.): Münchener Kommentar zum Bürgerlichen Gesetzbuch: BGB, Band 1, Allgemeiner Teil, §§ 1-240, ProstG, AGG, 6. Auflage, München, 2012, Verlag C.H. Beck
(zitiert: *Bearbeiter*, in: Münchener Kommentar, BGB)

Sailer, Michael: Evaluierung auf kommunaler Ebene: Ein weiteres Modell der Erfolgskontrolle in der Stadtsanierung, Münster (u. a.), 2002, LIT Verlag, zugleich: Dissertation, Universität Potsdam, 2001

Schindele, Eva: Mieter stören: Alltag und Widerstand in einem Berliner Sanierungsgebiet, Berlin, 1980, Rotbuch-Verlag

Schink, Alexander: Bürgerakzeptanz durch Öffentlichkeitsbeteiligung in der Planfeststellung: Defizite und Verbesserungsvorschläge, in: ZG 2011, 226-248

Schlaich, Klaus (Begr.) / Korioth, Stefan (Bearb.): Das Bundesverfassungsgericht: Stellung, Verfahren, Entscheidungen: Ein Studienbuch, 9. Auflage, München, 2012, Verlag C. H. Beck
(*Bearbeiter*, in: Schlaich/Korioth, Das Bundesverfassungsgericht)

Schlichter, Otto / Stich, Rudolf / Driehaus, Hans-Joachim (Hrsg.): Berliner Kommentar zum Baugesetzbuch: BauGB, Band III, §§ 127-249, Loseblattsammlung, 25. Ergänzungslieferung November 2013, 3. Auflage, Köln, 2002, Carl Heymanns Verlag
(zitiert: *Bearbeiter*, in: Berliner Kommentar, BauGB)

Schlichter, Otto / Stich, Rudolf / Driehaus, Hans-Joachim (Hrsg.): Berliner Kommentar zum Baugesetzbuch: BauGB, 1. Auflage, Köln, 1988, Carl Heymanns Verlag
(zitiert: *Bearbeiter*, in: Berliner Kommentar, 1988, BauGB)

Schlichter, Otto / Stich, Rudolf / Tittel, Hans-Joachim (Hrsg.): Bundesbaugesetz: BBauG, Kommentar, 2. Auflage, Köln (u. a.), 1976, Carl Heymanns Verlag
(zitiert: *Bearbeiter*, in: Schlichter/Stich/Tittel, BBauG)

Schmidt, Eberhard / Gstöttner, Adolf (u. a.) (Bearb.): Städtebauförderung: Auswertung der Erfahrungen nach 10 Jahren Städtebauförderung; Dokumentation ausgewählter Maßnahmen des Bundesprogramms nach dem Städtebauförderungsgesetz / im Auftrag des BMRBS Bonn, vorgelegt von der GEWOS GmbH Hamburg, Bonn, 1982, Schriftenreihe des BMRBS
(zitiert: *Schmidt/Gstöttner*, Städtebauförderung)

Schmidt, Thorsten Ingo: Grundlagen rechtswissenschaftlichen Arbeitens, in: JuS 2003, 649-654

Schmidt, Walter: Die Programmierung von Verwaltungsentscheidungen, in: AöR 96 (1971), 321-354

Schmidt-Aßmann, Eberhard: Verwaltungsverantwortung und Verwaltungsgerichtsbarkeit, in: VVDStRL 1976 (34), 221-274

Schmidt-Aßmann, Eberhard / Groß, Thomas: Zur verwaltungsgerichtlichen Kontrolldichte nach der Privatgrundschul-Entscheidung des BVerfG, in: NVwZ 1993, 617-625

Schmidt-Bleibtreu, Bruno (Begr.) / Hofmann, Hans / Hopfauf, Axel (Hrsg.): Grundgesetz: GG, Kommentar, 12. Auflage, Köln, 2011, Carl Heymanns Verlag
(zitiert: *Bearbeiter*, in: Schmidt-Bleibtreu, GG)

Schmidt-Eichenstaedt, Gerd: Stadtumbau: Neue Aufgabe - alte Instrumente?, in: Informationen zur Raumentwicklung 2003, 695-707

Schmidt-Jortzig, Edzard: Kommunale Satzungen als Form materieller Rechtssetzung durch Selbstverwaltungskörperschaften, in: ZG 1987, 193-210

Schmidt-Preuß, Matthias: Gegenwart und Zukunft des Verfahrensrechts, in: NVwZ 2005, 489-596

Schmitt Glaeser, Walter: Partizipation an Verwaltungsentscheidungen, in: VVD-StRL 31 (1973), 179-265

Schoch, Friedrich: Verfassungswidrigkeit des bundesgesetzlichen Durchgriffs auf Kommunen, in: DVBl 2007, 261-269

Schoch, Friedrich / Schneider, Jens-Peter / Bier, Wolfgang (Hrsg.): Verwaltungsgerichtsordnung: VwGO, Kommentar, Loseblattsammlung, 24. Ergänzungslieferung August 2012, München, 2012, Verlag C. H. Beck
(zitiert: *Bearbeiter*: in: Schoch/Schneider/Bier, VwGO)

Schoch, Friedrich / Wieland, Joachim: Die Verfassungswidrigkeit des § 96 Abs. 1 Satz 1 BSHG, in: JZ 1995, 982-990

Schröder, Meinhard: Die richterliche Kontrolle des Planungsermessens - Überlegungen zum Urteil des BVerwG vom 5.7.1974 - IV C 50.72 (Flachglasfall), in: DÖV 1975, 308-312

Schrödter, Hans (Begr.): Baugesetzbuch: BauGB, Kommentar, 7. Auflage, München, 2006, Verlag Franz Vahlen
(zitiert: *Bearbeiter*, in: Schrödter, BauGB)

Schröer, Thomas: Warum städtebauliche Gebote in der Praxis nichts bewirken, in: NZBau 2007, 234-236

Schumacher, Paul (Hrsg.) / Augustesen, Jens (Bearb.): Kommunalverfassungsrecht Brandenburg, Band I, Kommunalverfassung des Landes Brandenburg, Kommentar, Loseblattsammlung, 30. Nachlieferung Dezember 2012, Wiesbaden, 2012, Kommunal- und Schulverlag
(zitiert: *Bearbeiter*, Schumacher, BbgKVerf)

Schuppert, Gunnar Folke: Staatswissenschaft, 1. Auflage, Baden-Baden, 2003, Nomos Verlagsgesellschaft

Schütte, Peter: Mehr Demokratie versus Verfahrensbeschleunigung?, in: ZUR 2011, 169-170

Schwantag, Friedrich / Wingerter, Klaus (Hrsg.) / Seehusen, August-Wilhelm (Begr.): Flurbereinigungsgesetz: Standardkommentar, 8. Auflage, Butjadingen-Stollhamm, 2008, Agricola-Verlag
(zitiert: *Bearbeiter*, in: Schwantag/Wingerter, FlurbG)

Selle, Klaus: Stadtentwicklung aus der „Gouvernance-Perspektive", Eine veränderte Sicht auf den Beitrag öffentlicher Akteure zur räumlichen Entwicklung - früher und heute, in: Altrock/Bertram (Hrsg.), Wer entwickelt die Stadt?: Geschichte und Gegenwart lokaler Governance; Akteure - Strategien - Strukturen, Bielefeld, 2012, Transcript Verlag, S. 27-48
(zitiert: *Selle*, Stadtentwicklung aus der „Gouvernance-Perspektive")

Spangenberger, Volker: Städtebauförderung - Auswirkungen der Programmvielfalt, in: UPR 2011, 180-185

Spannowsky, Willy / Uechtritz, Michael (Hrsg.): Öffentliches Baurecht: BauGB, Beck'scher Onlinekommentar, Edition 24 Dezember 2013, München, 2013, Verlag C. H. Beck
(zitiert: *Bearbeiter*, in: Spannowsky/Uechtriz, BauGB)

Spars, Guido (u. a.) (Bearb.): Wachstums- und Beschäftigungswirkungen des Investitionspaktes im Vergleich zur Städtebauförderung / im Auftrag des BBSR, vorgelegt von der Bergischen Universität Wuppertal und der DIW econ GmbH, Berlin, 2011, herausgegeben vom BMVBS

Stadler, Andreas: Die Enteignung zur Verwirklichung von Festsetzungen eines Bebauungsplans, Münster, 2001, Zentralinstitut für Raumordnung, zugleich: Dissertation, Universität Münster, 2001

Stadterneuerungs- und Stadtentwicklungsgesellschaft Hamburg mbH: Sanierungsgebiet S4 Sternschanze, o. J., http://www.steg-hamburg.de/stadterneuerung-stadtentwicklung/sanierungsgebiet-s4-sternschanze.html, zuletzt abgerufen am 19.01.2014

Statistisches Bundesamt: Pressemitteilung Nr. 444 vom 14.12.2012, 2013, https://www.destatis.de/DE/PresseService/Presse/Pressemitteilungen/2012/12/PD12_444_71137.html, zuletzt abgerufen am 19.01.2014

Steding, Rolf: Wegweiser durch das Vokabular des Flurbereinigungsrechts, in: LKV 1992, 367-368

Steffen, Gronemeyer: Die Entwicklung des Städtebauförderungsrechts 1971-1985 - Verfahren und Instrumentarium der Sanierung, in: NVwZ 1986, 92-100

Steinberg, Rudolf: Die Bewältigung von Infrastrukturvorhaben durch Verwaltungsverfahren – eine Bilanz, in: ZUR 2011, 340-350

Stelkens, Paul / Bonk, Heinz Joachim / Sachs, Michael (Hrsg.): Verwaltungsverfahrensgesetz: VwVfG, Kommentar, 7. Auflage, München, 2008, Verlag C. H. Beck
(zitiert: *Bearbeiter*, in: Stelkens/Bonk/Sachs)

Stelkens, Ulrich: Schadensersatzansprüche des Staates gegenüber Privaten, in: DVBl 1998, 300-306

Stemmler, Johannes / Hohrmann, Jörn Florian: Neues im Besonderen Städtebaurecht- Zu den am 1. Januar 2007 in Kraft getretenen Änderungen im Besonderen Städtebaurecht, in: ZfBR 2007, 224-232

Stober, Rolf: Allgemeines Wirtschaftsverwaltungsrecht: Grundlagen des deutschen, europäischen und internationalen öffentlichen Wirtschaftsrechts, 17. Auflage, Stuttgart, 2010, Verlag W. Kohlhammer

Strubelt, Wendelin: Tendenzen der Stadterneuerung in der Bundesrepublik, in: Jalowiecki/Strubelt (Hrsg.), Stadterneuerung: Probleme - Perspektiven - Ziele; Dokumentation des Fünften Polnisch-Tschechoslowakisch-Deutschen Symposiums zur Stadt- und Regionalsoziologie in Bad Homburg vom 12. bis 18. Juli 1987, Bonn 1990, Bundesforschungsanstalt für Landeskunde und Raumordnung, S. 91-104

Stüer, Berndhard: Zum autonomen (kontrollfreien) Gestaltungsspielraum von Gesetzgeber und Verwaltung, in: DVBl 1974, 314-321

Stüer, Bernhard: Handbuch des Bau- und Fachplanungsrechts: Planung - Genehmigung - Rechtsschutz, 4. Auflage, München, 2009, Verlag C. H. Beck
(zitiert: *Bearbeiter*, in: Bau- und Fachplanung)

Stüer, Bernhard: Baugebot nach § 176 BauGB - Ein "stumpfes Schwert"?, in: DÖV 1988, 337-340

Stüer, Bernhard: Planungshoheit und Planungspflicht in der Abwägungs- und Rechtsschutzpyramide. Gemeindliche Belange in der interkommunalen Abstimmung und in der Fachplanung, in: NVwZ 2004, 814-819

Thiele, Robert: Niedersächsisches Kommunalverfassungsgesetz: NKomVG, Kommentar, 1. Auflage, Stuttgart, 2011, Verlag W. Kohlhammer
(zitiert: *Thiele*, NKomVG)

Thiele, Robert: Niedersächsische Gemeindeordnung: NGO, Kommentar, 8. Auflage, Kiel, 2007, Verlag W. Kohlhammer
(zitiert: *Thiele*, NGO)

Thomas, Klaus: Verwaltungsverfahren und Organe der Teilnehmergemeinschaft, in: RdL 1997, 284-286

Tietzsch, Rainer: Soziale Sanierungsziele - Ziele ohne Mittel?, in: NVwZ 2007, 299-301

Ule, Carl Hermann: Verwaltungsverfahren und Verwaltungsgerichtsbarkeit, in: DVBl 1957, 597-603

Ule, Carl Hermann / Laubinger, Hans-Werner: Verwaltungsverfahrensrecht: Ein Lehrbuch für Studium und Praxis, 4. Auflage, Köln (u. a.), 1995, Carl Heymanns Verlag
(zitiert: *Bearbeiter*, in: Ule/Laubinger, Verwaltungsverfahrensrecht)

Vesting, Thomas: Kein Anfang und kein Ende. Die Systemtheorie des Rechts als Herausforderung für Rechtswissenschaften und Rechtsdogmatik, in: JURA 2001, 299-305

Von Mangoldt, Hermann (Brgr.) / Klein, Friedrich / Starck, Christian (Hrsg.): Kommentar zum Grundgesetz: GG, Band 1, Präambel, Artikel 1 bis 19, 6. Auflage, München, 2010, Verlag Franz Vahlen
(zitiert: *Bearbeiter*: in: v. Mangoldt/Klein/Starck, GG)

von Münch, Ingo (Begr.) / Kunig, Philip (Hrsg.): Grundgesetz: GG, Kommentar, 6. Auflage, München, 2012, Verlag C. H. Beck
(zitiert: *Bearbeiter*, in: v. Münch/Kunig, GG)

von Mutius, Albert: Grundrechtschutz contra Verwaltungseffizienz im Verwaltungsverfahren?, in: NJW 1982, 2150-2160

Voßkuhle, Andreas: Bruch mit einem Dogma: Die Verfassung garantiert Rechtsschutz gegen den Richter, in: NJW 2003, 2193-2200

Voßkuhle, Andreas: Grundwissen - Öffentliches Recht: Entscheidungsspielräume der Verwalzung (Ermessen, Beurteilungsspielraum, planerische Gestaltungsfreiheit), in: JuS 2008, 117-119

Waechter, Kay: Städtebauliche Sanierung (§§ 136 ff. BauGB), in: DVBl 2013, 613-620

Waechter, Kay: Polizeiliches Ermessen zwischen Planungsermessen und Auswahlermessen, in: VerwArch 1997, 298-333

Waechter, Kay: Kommunalrecht: Ein Lehrbuch, 3. Auflage, Köln (u. a.), 1997, Carl Heymanns Verlag

Weyreuther, Felix: Die Bedeutung des Eigentums als abwägungserheblicher Belang bei der Planfeststellung nach dem Bundesfernstraßengesetz, in: DÖV 1977, 419-426

Weyreuther, Felix: Rechtliche Bindung und gerichtlich Kontrolle planender Verwaltung im Bereich des Bodenrechts, BauR 1977, 293-309

Wiest, Karin: Die Neubewertung Leipziger Altbauquartiere und Veränderungen des Wohnmilieus: gesellschaftliche Modernisierung und sozialräumliche Ungleichheiten, Leipzig, 1997, Selbstverlag, zugleich: Dissertation, Technische Universität München, 1996

Wilkens, Winfried: Verwaltungsausschuß und Kreisausschuß in Niedersachsen: Kreation, Verfahren, Kompetenzen in rechtsdogmatischer und rechtspolitischer Sicht, Baden-Baden, 1992, Nomos Verlagsgesellschaft

Wolff, Hans J. (Begr.)/ Bachof, Otto / Stober, Rolf (Hrsg.): Verwaltungsrecht II, Besonderes Organisations- und Dienstrecht, Ein Studienbuch, 5. Auflage, München, 1987, Verlag C. H. Beck
(zitiert: *Bearbeiter*, in: Wolff/Bachof, Verwaltungsrecht II, 1987)

Wolff, Hans J. (Begr.)/ Bachof, Otto / Stober, Rolf / Kluth, Winfried (Hrsg.): Verwaltungsrecht II, Ein Studienbuch, 7. Auflage, München, 2010, Verlag C. H. Beck (zitiert: *Bearbeiter*, in: Wolff/Bachof, Verwaltungsrecht II, 2010)

Wulfhorst, Reinhard: Konsequenzen aus „Stuttgart 21": Vorschläge zur Verbesserung der Bürgerbeteiligung, in: DÖV 2011, 581-590

Ziekow, Jan: Öffentliches Wirtschaftsrecht, 2. Auflage, München, 2010, Verlag C. H. Beck

Ziekow, Jan: Neue Formen der Bürgerbeteiligung? Planung und Zulassung von Projekten in der parlamentarischen Demokratie, in: NJW-Beilage 2012, 91-94

Ziekow, Jan / Windoffer, Alexander / Oertel, Martin-Peter: Evaluation von Regelungen zur Beschleunigung von Genehmigungsverfahren - Ein Ansatz zur Schließung einer Forschungslücke, in: DVBl 2006, 1469-1477

Zippelius, Reinhold / Würtenberger, Thomas: Deutsches Staatsrecht: Ein Studienbuch, 32. Auflage, München, 2008, Verlag C. H. Beck